W9-CDI-484

L'ASIE

la Belgique
le Luxembourg
L'EUROPE
la France
la Suisse
Monaco

le Maroc
le Sahara occidental
l'Algérie
L'AFRIQUE
la Tunisie
le Liban
Israël
l'Égypte

la Mauritanie
le Mali
le Niger
le Tchad
la République centrafricaine
Djibouti
Pondichéry

le Sénégal
la Guinée
le Burkina-Faso
le Togo
le Bénin
le Gabon
le Congo
la Côte-d'Ivoire
le Cameroun
la République Démocratique du Congo
le Ruanda
le Burundi
les Comores
Mayotte (TOM)

le Laos
le Cambodge
le Viêt-nam

L'océan Indien

les Seychelles

l'Angola
Madagascar
l'île Maurice
la Réunion (DOM)

L'AUSTRALIE

la Nouvelle Amsterdam et St-Paul
Terres Australes et Antarctiques françaises (TOM)
l'archipel Crozet
l'archipel Kerguelen

N
O   E
S

Le monde francophone

Terre-Adélie

L'ANTARCTIQUE

La France

Intrigue

*Langue, culture et mystère
dans le monde francophone*

Intrigue

Langue, culture et mystère dans le monde francophone

Elizabeth Blood

Yasmina Mobarek
The Johns Hopkins University

PEARSON
Prentice
Hall

Upper Saddle River, NJ 07458

Library of Congress Cataloging-in-Publication Data

Blood, Elizabeth.
  Intrigue : langue, culture et mystère dans le monde francophone / Elizabeth Blood,
Yasmina Mobarek.
    p. cm.
  Includes index.
  ISBN 0-13-061858-6
   1. French language--Textbooks for foreign speakers--English. I. Mobarek, Yasmina. II.
Title.

PC2129.E5B56 2004
448.2′421--dc21

2003048223

Publisher: Phil Miller
Assistant Director of Production: Mary Rottino
Editorial/Production Supervision: Nancy Stevenson
Executive Marketing Manager: Eileen Bernadette Moran
Publishing Coordinator: Claudia Fernandes
Assistant Editor: Meriel Martínez Moctezuma
Assistant Manager, Prepress and Manufacturing: Mary Ann Gloriande
Prepress and Manufacturing Buyer: Brian Mackey
Full-service Project Management: Emilcomp/Preparè
Cover photo: AP Wide World

Photo acknowledgments appear on p. 329 which constitutes a continuation of the copyright page.
This book was set in 10/12 Platino typeface by Emilcomp/Preparè and was printed and bound by Courier Westford.
The cover was printed by Coral Graphics.

Printed in the United States of America
10 9 8 7 6 5 4 3 2 1

ISBN 0-13-061858-6

Pearson Education LTD., *London*
Pearson Education Australia PTY, Limited, *Sydney*
Pearson Education Singapore, Pte. Ltd.
Pearson Education North Asia Ltd. *Hong Kong*
Pearson Education Canada, Ltd. *Toronto*
Pearson Educación de Mexico, S.A. de C.V.
Pearson Education—Japan *Tokyo*
Pearson Education Malaysia, Pte. Ltd.
Pearson Education *Upper Saddle River*, New Jersey

Brief contents

Tables des Matières

Preface

Overview
Important Features of **Intrigue**
How Are the Chapters Organized?
Acknowledgments

Overview

> **intrigue** *n.* **1.** The quality or power of arousing curiosity or interest. **2.** The events and situations that complicate the plot of a story. **3.** A plotting or scheming by secret or underhand means. **4.** A secret or illicit love affair. (*Funk & Wagnall's Standard College Dictionary*)

> **intrigue** *n.f.* **1.** Menées secrètes pour faire réussir ou échouer une affaire. **2.** Liaison secrète. **3.** Combinaison des différents incidents qui forment le sujet d'une pièce, d'un roman, d'un film. (*Dictionnaire Hachette*)

Intrigue is essentially a mystery story. It is the story of a Frenchman named Jean-Louis and a Québécoise graduate student named Claire who meet, seemingly coincidentally, in New Orleans. One in search of a rare original manuscript written by a famous eighteenth-century author, and the other with hidden motives, the two become entangled in a web of adventures that take them from Louisiana to the Caribbean, West Africa, Europe, and Canada. The protagonists discover, in the course of these travels, that their meeting was not entirely coincidental and that they themselves are part of a larger international scheme of intrigue and deception.

This mystery story, however, is not written in a traditional narrative format. Rather, it evolves through the chapter dialogues, listening comprehension selections, communicative activities, and even grammar exercises of the textbook. With each activity in each chapter, the story progresses, and the students learn more about the characters' motives as they pick up clues related to the twists and turns of the story line. As they become interested in the evolving mystery story, they become engaged in learning French language and in discovering French-speaking cultures around the globe. As the title indicates, **Intrigue** aims to arouse the student's curiosity by offering a complex mystery plot in which characters use underhand means to accomplish their objectives. By offering continuity between readings, student listening recordings, classroom activities, and homework exercises, **Intrigue** draws students into using the French language in meaningful situations and understanding the cultures of the French-speaking world. In **Intrigue**, readings and activities are contextualized and relevant to the story line.

Intrigue is a comprehensive and flexible intermediate-level textbook that develops the four basic communicative skills: reading, writing, speaking, and listening. Its proficiency-oriented methodology focuses on communication, linguistic functions, and interactive exchanges. Rather than split the contents between a grammar-intensive workbook and communication-focused classroom text, thereby isolating grammar review from communicative activities, **Intrigue**

Preface **XV**

incorporates it all into one comprehensive textbook. The plot of the mystery story ties together the numerous objectives of an intermediate-level French textbook and provides a meaningful context for the presentation of language functions, vocabulary, grammar explanations, authentic literary excerpts, and cultural information. Students are introduced first to episodes of the story and then to the vocabulary, grammatical tools, and cultural information needed to fully comprehend what they are reading and to imagine themselves functioning in similar linguistic situations. Student learning is natural, as the text builds skills and recycles grammar points and functions in order to reinforce learning.

Interspersed throughout the chapters are "Centre d'information" blocks that provide grammatical tips, explain idiomatic expressions, or present vocabulary or cultural / historical information. In each chapter, personal opinion questions help the students to relate to the information presented, allow them to express ideas, encourage them to adapt vocabulary to their own circumstances, and foster critical thinking. Authentic materials are presented in conjunction with various episodes in the mystery story, and challenging literary readings also relate to the mystery story or chapter themes. These help to prepare intermediate-level language students for future upper-level courses in French literature or civilization. Vocabulary pools build upon the basics (work, travel, food, family life, clothes) and introduce some new topics (introductory business French, describing political movements, *québécismes*). Process-writing activities, plus pre-reading and post-reading exercises, foster improvement in reading and writing skills.

The *Cahier* presents additional oral and written review activities that target grammatical tools, vocabulary, verb conjugations, as well as supplementary culture and literature review activities. The online *Cahier Électronique* offers a multitude of optional "Pour aller plus loin" content-based expansion activities. These may be Internet activities or the study of additional literary texts, works of art, radio programs, news, music, films, or other cultural texts. The online "Pour aller plus loin" activities offer endless opportunities for student interaction with authentic texts in French.

The "Pour agir" section, also included in the *Cahier Electronique*, suggests related experiential, community-based, or service-learning projects. The idea of encouraging students to get out of the classroom and act on what they have learned is a truly unique feature of **Intrigue**. The aim of these projects is as much to enrich the overall educational experience of the students as to reinforce the learning of French language and Francophone cultures. While **Intrigue** prepares students for upper-level French courses, for many, the intermediate language course is merely a college requirement. Ten years after taking Intermediate French in college, most students will not remember how to conjugate the subjunctive. However, they may remember a volunteer project or a group outing of which they were a part. Experiential learning, which requires students to act on the knowledge and skills they have developed, not only makes learning French something "real" but also helps to instill more fundamental concepts such as awareness of cultural differences, openness to new ideas … and perhaps even the desire to continue studying French at the upper levels.

The activities in the textbook are designed to reach a broad range of learners, addressing those with diverse learning styles, those with varying levels of preparation in French, and nontraditional adult students. Activities to practice each function or grammar point are scaled to different levels—each one including inductive activities, discrete activities, open-ended and interactive exercises—and are varied to reach students who may be visual or tactile learners, linear thinkers, or inductive reasoners. Instructors may choose the activities that best address the needs of their students.

The design and subject of the textbook are geared toward college-level and adult students, partly in response to the growing number of nontraditional older students in today's universities and partly to offer traditional-age college students material that they will find challenging and interesting. Not cluttered with cartoons or irrelevant "eye-catching" visual material that can be distracting, the story is what will draw the students to the page. The text assumes an intellectually mature and perceptive reader hindered only by his or her limited knowledge of French. The material presented to students in **Intrigue** aims to incite lively interaction and critical reflection, encouraging students to draw on their own life experiences, thereby rendering the subject of the course relevant to them personally.

Intrigue may be used for a full-year intermediate course or compressed into an intensive one-semester grammar review. The text and workbook alone offer opportunities for a basic intermediate course. Or the text and workbook can be used with a selection of the texts and activities suggested in "Pour aller plus loin" or "Pour agir," as a standard intermediate French course or a more challenging content-based intermediate course. The "Interlude" section—which offers short synopses of the plot events, a time line, and brief descriptions of the main characters—may be used as a mid-year review for a two-semester course. This way, a student who is beginning language study at the second-semester intermediate level can quickly get up to speed on the plot and skills reviewed in the first five chapters, or a student returning from a long break can refresh his or her memory.

As concerned educators in an age dominated by pop culture, true crime stories, action-adventure mysteries, and courtroom dramas, we want to reach out to our students and help them engage with the course material. **Intrigue** allows us to offer our students the best of both worlds: all of the fun of a mystery story combined with all of the educational value of a communicative French textbook.

Important Features of **Intrigue**

• This innovative mystery-story textbook arouses student curiosity and encourages students to participate actively in understanding the story and related authentic documents, to discuss the content of chapter readings, to write about their opinions and reactions, and even to complete grammar review activities—all of which advance the plot and offer clues to solving the mystery. Students engage with the material as they work through the contextualized activities, which foster active communication and collaborative learning while lowering the affective filter.

• The textbook is designed to meet the "five C's" of the standards for foreign language learning: Communication (accurate language use, achieved through contextualized language activities), Cultures (understanding different cultural perspectives, achieved through contextualized cultural information and authentic texts), Connections (interdisciplinary explorations, presented in the text and expanded in the "Pour aller plus loin" activities), Comparisons (insight into the nature of language / culture, achieved through comparative questions in the text and workbook), and Communities (use of language beyond the classroom setting, targeted by the "Pour agir" experiential learning suggestions).

• Vocabulary-building activities in the first episode of each chapter encourage students to draw on their knowledge of basic vocabulary and add new vocabulary pools, including *québécismes*, literary analysis, and an introduction to Business French!

• Process-writing activities in each chapter, at the end of each episode, guide students through the writing process. The "À l'écrit" activities successively target vocabulary development, question formation, and practical writing. These first three activities lead to a more formal essay or letter-writing assignment in the final section of each chapter.

• Pre-reading and post-reading activities assist students in developing strategies for understanding meaning from context. Original readings that expose the plot of the mystery story are accompanied by realia and other authentic texts such as newspaper articles, songs, poems, or literary excerpts. Readings become progressively more complex in each subsequent chapter and include examples of the grammatical structures or language functions learned in the chapter.

• Grammar review and language function activities are designed to address the needs of students with varying levels of language preparation and diverse learning styles. Grammar explanations in English ensure students will have a clear understanding of the structures, but students are also exposed to grammatical terminology in French to facilitate in-class discussions of grammar in the target language.

• All activities are incorporated into one convenient and comprehensive textbook, including a student audio program that allows students to hear dialogues read by native speakers. It also presents listening comprehension selections that correspond to activities in the text and further advance the story.

• Students are drawn into the vibrancy and diversity of cultures in the French-speaking world through the characters presented in context of the mystery story. The "Centre d'information" blocks offer historical and cultural background information about Francophone cultures or useful tips about French language usage.

• The workbook includes oral and written review activities and there are endless opportunities for student contact with authentic documents and texts in the online workbook or *Cahier électronique*. The "Pour aller plus loin" content-based activities encourage students to explore other literary texts, works of art, films, music, interdisciplinary topics, and websites that relate to the chapter topics. Also online are the "Pour agir" suggestions for community exchanges, service-learning projects, or other experiential learning activities designed to engage the students' minds and bodies in learning about Francophone cultures. The instructor may choose to incorporate any or all of these materials into the course, depending on his or her own teaching style and pedagogical goals.

• The content and design of the textbook are age-appropriate for college-level students and adult (nontraditional) students.

How Are the Chapters Organized?

Each of the ten chapters is composed of a short preview called "Avant-Propos," three main sections or "Épisodes," and a "Dénouement" or synthesis section. Each section develops the story and all four language skills, while focusing on particular skills and / or language functions. Interspersed throughout the four sections are relevant visuals to aid in learning, "Centre d' information" blocks that offer cultural background or language tips, and "Pour aller plus loin" blocks that suggest optional content-based expansion activities found on the text's website.

The student workbook offers oral and written review activities. The workbook website, or *Cahier électronique*, houses the "Pour aller plus loin" and "Pour agir" expansion activities. The instructor's resource manual includes rationales and suggestions for using the chapter activities, as well as tapescripts, sample tests, and other resources.

As you read through the text, notice that the story line develops principally in the four main reading / listening texts of each episode ("Lecture," "À l'ecoute," "Correspondance," and "À suivre") but also in many of the student activities. The textbook is designed such that the main reading / listening sections are crucial to following the mystery story plot, but the plot developments in the grammar review activities are not essential to follow the story. This way, instructors and students are not obliged to complete *all* of the textbook activities in class, and instructors may select activities that work best in their particular classrooms.

Chapter Structure

Avant-propos : Introduction / Schema

This one-page *preview to the chapter* begins with a proverb, saying, or quotation that serves the dual purpose of *introducing the cultural context* of the chapter and providing a clue to the story. The instructor's resource guide suggests ways to use the proverb to introduce the cultural context and pique student interest. It also offers pronunciation work, as students may repeat aloud or memorize the saying. The preview page also offers a synopsis of the developments of the mystery story in each chapter, without giving away the plot twists, to give students a *pre-reading context* and to entice them to read on.

Épisode 1   Exposition

The first section introduces a new episode in the development of the mystery story, a cultural context, and a pool of vocabulary. Activities practice all four skills, but the *focus is on reading skills and vocabulary building*, including a quick writing activity to brainstorm vocabulary for upcoming writing assignments. The opening episode in the story also introduces all of the grammar tools and language functions that will be the focus of the chapter, thereby providing rich inductive material.

Épisode 2   Développement

In this section, students will draw on the vocabulary presented in the first episode and concentrate on developing correct usage of the *grammatical tools* (articles, pronouns, and so on) that are needed for the chapter language functions. Again, activities span all four skills, but the *focus in this section is on aural / oral skills*. A listening comprehension activity (full text available in instructor's resource manual only) continues the mystery story and requires attentive listening. Oral and written activities are designed to target conversational speaking and informal writing.

Épisode 3 Nœud

The third section also emphasizes structures needed for the language functions of the chapter, with a particular *focus on verb conjugations and accurate use of verb tenses in practical speaking / writing contexts*. Some activities in this section of each chapter will intermingle tenses, ensuring that students remember how to form those learned earlier in the course and can demonstrate proper usage in realistic situations. A short reading in this section in the form of real-life correspondence (a letter, e-mail, fax) brings the action of the mystery story to a peak, further involving the students in the mystery plot, and serves as an example for a practical writing activity that includes the vocabulary and structures practiced in the two earlier episodes.

Dénouement: Conclusion/Synthèse

The final section of each chapter offers *activities that synthesize the material* presented in the chapter (vocabulary, grammar structures, language functions, cultural information). Interactive activities, such as games, role-playing, and debates, recycle chapter functions and themes in a meaningful and fun way. Writing activities, including a more formal essay-writing assignment, also recycle the material learned in this and previous episodes. A *literary excerpt* related to the chapter material further expands students' reading and speaking skills while introducing them to major authors of the Francophone world. A final short conclusion to the chapter's mystery story episode is an open-ended "À suivre" section with questions that allow students to reflect critically on the character's actions thus far and to hypothesize about upcoming events or scenarios.

Ancillaries

- *Intrigue* **Student Audio Program:** The student CD, which accompanies the textbook, contains the "Dialogue" listening comprehension selection (found in Épisode 2 of each chapter).
- *Intrigue Cahier:* This print version of the student workbook contains the "Pour réviser" oral and written review activities that target vocabulary, language functions, grammar structures, culture, and literature.
- *Intrigue Cahier* **Audio Program:** A master CD contains the audio material for the oral review section of the workbook ("Pour réviser: activités orales").
- *Intrigue Cahier Électronique:* The student "online workbook" website contains the "Pour aller plus loin" content-based, expansion activities, the "Pour agir" experiential, community-based or service project suggestions, and the "Pour vous aider" online French-English and French dictionary tools.
- *Intrigue* **Instructor's Resource Manual:** The manual contains rationales for each activity (whether structured input, inductive, discrete, open-ended, or creative), teaching suggestions, dialogue tapescripts, sample tests, and additional resources for instructors.

Acknowledgments

Thanks to our families and to all of our friends for their support and encouragement. A special thanks to Ben Jackson (story consultant), Dan O'Sullivan, Renee Cardona, Ann Damoiseaux, Karen Schneider RSM, Brian Thompson,

Thierry Gustave, Louissa Abdelghany, Betsy Lynch, Ariane Duffy, Dana Hale, and Jeff Haus.

We wish to thank the following reviewers for their thoughtful comments and suggestions:

Susanne Akins, *San Antonio College*
Dr. Debra L. Bell, *University of Georgia*
Anne L. Birberick, *Northern Illinois University*
Sylvie E. Blum, *University of Florida*
Cheryl Krueger, *University of Virginia*
Jin Lu, *Purdue University, Calumet*
Daniel E. O'Sullivan, *University of Mississippi*
Scott Sheridan, *Illinois Wesleyan University*
Brian Thompson, *University of Massachusetts, Boston*
Kelle S. Truby, *University of California, Riverside*

Elizabeth Blood
Yasmina Mobarek

To the Student

Three Keys to Success in the Second Language Classroom
Five Simple Tips to Improve Fluency
Ten Reasons to Become Fluent in French

> *"I didn't have a very good French teacher in high school."*
> *"It's been so long since I took a French class. I've forgotten everything."*
> *"I'm just not good with languages. I don't understand anything."*
> *"I've only had one year of French. The other students seem more advanced."*

Excuses! We've heard them all! The fact is that language is one of the most natural things that human beings learn to use, and everyone is good at languages on some level. If you can read this and you can speak English, you can also learn to read and speak a second language. However, you are still in the early stages of learning French, and you will often feel that you are in over your head. Be assured that this is completely normal! You will not understand every word you read or hear using this program. In the second language classroom, you are always presented with language that is above your level. We do this on purpose so that you always have room to grow and improve your use of the language. So, no more excuses! Dive in and do what you can to stay afloat. Soon, you'll be swimming laps with ease.

Three Keys to Success in the Second Language Classroom

Here are three key techniques to learning a second language, like French, that may help you to stay afloat at this post-beginner level: (1) memorization & practice, (2) trial & error, and (3) curiosity & open-mindedness.

- MEMORIZATION & PRACTICE

Learning vocabulary, grammar and good pronunciation always starts with memorization and practice. If you devote the time to memorizing vocabulary, verb conjugations and grammar rules, and you practice the structures presented in class by speaking and writing as often as possible, you will improve your French. In this book, you will be re-introduced to the basic structures you learned in your beginning French classes. If you don't remember them well, now is the time to focus on learning them. Memorization requires time and self-discipline, but if you are in college, you've already proven you can do it.

- TRIAL & ERROR

Don't be afraid to make mistakes! In fact, if you are not making any mistakes, you are not being a good student of French. No mistakes usually means no attempts to use new words or structures. Just try to communicate as best you can. And, take risks! You must make assumptions from context and try to use the words and grammar you know in order to improve. The worst that can happen is that someone corrects you … and then, you've learned something new! Even people who have no knowledge of French can grasp the meaning of simple phrases by looking for English cognates. The fact is that 40% of French vocabulary words are derived from English, and in English we use a great number of French-derived words as well. Think about the French words "le marketing," "le pull-over," "le weekend," or the English words "cuisine," "port," "camouflage." There are many words that are spelled the same or similarly in both languages, like "adoration," "balance," "canal," "double," "déclaration," etc… They are often pronounced differently—and sometimes you may come across "false friends" (*faux amis*) that look the same but mean something entirely different—but generally you'll find that cognates have similar root meanings. Even the title of this book "intrigue" is both a French word and an English word, pronounced differently and with similar meanings, though "une intrigue" in French also means "a plot or storyline."

• CURIOSITY & OPEN-MINDEDNESS

Consider yourself a detective! In order to really excel at learning a second language, you must engage with the material and be curious about the things you will learn—about how language works and how cultural perspectives differ. This book centers on a mystery story involving characters from French-speaking countries. The readings, dialogues, listening comprehension, and even grammar activities are all parts of the story that give you clues to what is happening. We hope that, as you become interested in the characters and the story, you will learn vocabulary, grammar, and communication skills, but you will also learn about a variety of French-speaking (Francophone) cultures. Keep an open mind as you learn about the way of life, traditions, and customs in those cultures. The materials suggested in the "Pour aller plus loin" activities, found on the text's website, are related to the cultures and situations in the story and will give the curious student the opportunity to take his or her French skills to an even higher level.

Five Simple Tips to Improve Fluency

You know some French, but you have problems expressing yourself accurately. This is normal for an intermediate learner and easy to change. Here are five tips to improve your fluency in French.

• DON'T TRANSLATE!

The impulse to translate from English to French, or vice versa, is natural in the early stages of language-learning, but real fluency will begin once you abandon translation and begin communicating directly in the language. The emphasis here is on understanding others and making yourself understood. Don't get hung up on trying to find the exact word you would have used in English. When speaking, use the French words you know instead of searching to translate more difficult words or sentence structures from English.

Also, when writing, don't ever use online translators—they do not work! Trust us. Translation programs translate sentences literally, and therefore inaccurately, creating utterances which are incomprehensible to native speakers. If you need to know a word, look it up in a bilingual dictionary which offers multiple options according to context, part of speech and meaning desired. There are some good dictionaries online which are available in the "Pour vous aider" section of the online workbook.

- USE CIRCUMLOCUTION!

What *is* circumlocution, you ask? It's finding a way to express an idea with words you know. You will not always be able to say exactly what you want to say in French (or the way you would say it in English) because you may lack some grammar or vocabulary and because French sentences are just constructed differently than English ones. Instead of giving up and using English or asking for a translation, try to communicate your idea in another way—with easier words you already know, gestures, or even facial expressions.

Example:

You want to say "I go to the laundromat every morning" (= *"Je vais à la laverie automatique tous les matins"*). However, you don't know the words for "laundromat" or how to say "every morning." Don't give up! Maybe you do know "I wash," "clothes," and "morning." You could simply say *"Je lave les vêtements le matin."* Or, if you don't know the word for "clothes," you could even just say *"Je lave … le matin"* while pointing to your clothes. It is not exactly what you wanted to say (because the listener doesn't know where you wash your clothes), but it is close enough to communicate the essential idea. Your listener may respond by asking if you wash your clothes at home or at the laundromat, and you will learn the vocabulary that you were lacking. As you continue to speak and listen, you will pick up more vocabulary and will soon find that you don't need to use circumlocution as often as you did at first.

- ASK QUESTIONS AND REPEAT!

Use every activity in the target language to learn new words and phrases. At first, you may find that you can understand more words than you can actually generate yourself. One way to rectify that situation is by active "listening and repeating" in classroom conversations with your teacher and your peers … or out in French-speaking communities. You will remember the words better if you take action and say them aloud, rather than just passively hearing them in conversation. If someone uses a word or phrase you don't know, or don't understand, ask her to repeat it. Listen attentively. Ask what it means. Repeat it yourself (out loud!) to be sure you have grasped the phrase. Use the same technique when reading. If you come across a word or phrase you don't know, look it up in a dictionary, say it out loud, and repeat it several times.

Useful phrases:

Qu'est-ce que c'est?	*What is that?*
Que veut dire _____?	*What does _____ mean?*
Comment dit-on _____?	*How do you say _____?*
Répétez, s'il vous plaît.	*Please repeat that.* (formal)
Excusez-moi, je n'ai pas compris.	*I'm sorry, I didn't understand that.* (formal)
Encore une fois…	*One more time…*
Comment?	*Huh? What?* (less formal)

- READ OUT LOUD!

Reading aloud at home is good practice for pronunciation and a great way to build your vocabulary. Your friends and family may think you're nuts, but if you read out loud in French for 10–15 minutes a day, your accent, vocabulary, and overall fluency *will* improve. Some hints for reading out loud: Try to focus on the pronunciation of difficult letters (like "u" or "r") as well as intonation. Read your homework aloud to kill two birds with one stone!

- LISTEN TO THE NEWS IN FRENCH!

Check out news on the web! Try **www.rfi.fr** (Radio France Internationale has world news in French; look for the "Infos en français facile," which offers a simplified version, if you're having difficulty understanding the main broadcast) or **www.tf1.fr** (Télé-France 1 has streaming live video of TV news broadcasts from Paris downloadable with RealPlayer). Listen for just 10 minutes a day. Not only will your listening comprehension and vocabulary improve, you'll learn about what's going on in the Francophone world!

Ten Reasons to Become Fluent in French

You're wondering if it's worth it to continue your studies of French? The answer is "yes"! French is not only a beautiful language that allows you access to a rich heritage of literature and philosophy, it is also a valuable asset in today's global marketplace. Here are ten reasons to keep studying French until you become truly fluent in the language.

✓ **Proficiency in French increases your job prospects!** A U.S. State Department study of the international job market at the turn of the millenium indicates that **over 50%** of international jobs require or prefer candidates to speak French.

✓ **French is the second most influential language in the world!** *Language Today*, a publication for language professionals, ranks French second only to English.

✓ **French is an official language in the United States!** The State of Louisiana's official languages are French and English.

✓ **Canada, whose official languages are French and English, is the primary trading partner of the United States!** And, with NAFTA, more and more products will be marketed in Canada and companies will require French-speaking employees.

✓ **France is the #1 tourist destination in the world!** The number of people visiting France per year is *greater than* its entire population. Oh là là!

✓ **In over 20 African countries, French is used for government or business!** There is a strong French influence in North Africa, West Africa and Central Africa.

✓ **French is an official language of many international organizations!** It is an official language at the United Nations, the Red Cross, the International Monetary Fund, the World Health Organization, UNESCO & the International Olympic Committee!

✓ **French is spoken on dozens of islands all over the globe!** Including islands in the South Pacific, the Caribbean, the Indian Ocean and the Mediterranean.

✓ **France ranks 4th in the world in terms of Gross National Product!** Plus, over 1,200 French companies have investments in the U.S. and these French companies employ over 400,000 Americans annually.

✓ **All three branches of the European Union are headquartered in French-speaking countries!** EU headquarters are located in Brussels (Belgium), Strasbourg (France) and Luxembourg City (Luxembourg).

(Source: The American Association of Teachers of French **http://aatf.utsa.edu***)*

1 Un séjour en Louisiane

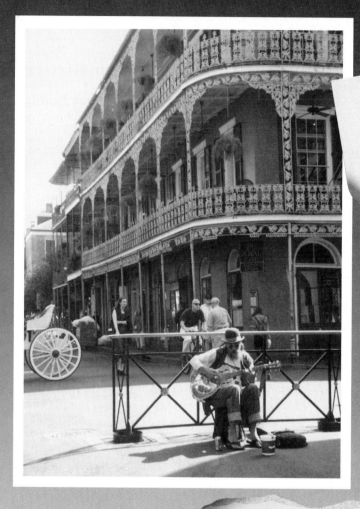

Les haricots sont pas salés.

—expression cajun-créole

Un musicien joue devant le Royal Café, un restaurant dans le Vieux Carré à la Nouvelle-Orléans.

ℹ Culture

Le **Vieux Carré** est l'ancien quartier français à la Nouvelle-Orléans, une ville fondée par les Français en 1718. La rue la plus célèbre du Vieux Carré est la rue Bourbon. On y fête Mardi gras chaque année vers la fin de l'hiver.

À lire

Dans le foyer de l'Hôtel Le Moyne, situé rue Dauphine, dans le Vieux Carré, à la Nouvelle-Orléans, dans l'état de la Louisiane, au sud des États-Unis, en Amérique du Nord, une jeune femme québécoise rencontre un Français. C'est le mois d'août, et il fait très très chaud. Claire, la Québécoise, fait de la recherche littéraire pour la thèse de doctorat qu'elle prépare à l'Université de Sainte-Foy au Québec. C'est une bonne raison de braver la chaleur humide et oppressive de l'été louisianais. Mais Jean-Louis, le Français, pourquoi est-il là ? Et pourquoi est-ce que Claire rencontre ce Français partout où elle va ? Que fait-il à la Nouvelle-Orléans ?

L'arrivée

Avant de lire

Langue

Une **auberge de jeunesse** est une résidence pour les touristes, souvent jeunes, qui offre des lits à un prix raisonnable. Souvent, dans les auberges de jeunesse, il faut partager une chambre et une salle de bains avec d'autres touristes. Une **pension** est un petit hôtel où on est logé et nourri. Une **chambre d'hôte** est une chambre louée dans une maison privée. Normalement, une famille choisit d'accueillir des touristes pour se faire un peu d'argent supplémentaire.

Pour aller plus loin : CULTURE

ACTIVITÉ A : Apprenez un peu sur l'histoire de la Louisiane et de la Nouvelle-Orléans. Consultez votre cahier électronique !

1. Vos voyages

Répondez aux questions suivantes. Discutez de vos réponses avec vos camarades de classe et n'hésitez pas à poser des questions supplémentaires si vous voulez en savoir plus.

1. Est-ce que vous voyagez souvent ? de temps en temps ? rarement ? jamais ?
2. Quand vous voyagez, est-ce que vous prenez la voiture, le train, l'avion, ou un autre mode de transport ?
3. Quand vous voyagez, partez-vous avec votre famille, vos amis, un groupe de touristes que vous ne connaissez pas, ou préférez-vous voyager tout(e) seul(e) ?
4. Où aimez-vous aller ? dans les grandes villes ? au bord de la mer ? à la campagne ? à la montagne ? en Europe ? en Afrique ? en Asie ? en Amérique (du Nord ou du Sud) ? aux Antilles ?
5. Que faites-vous pour vous amuser ? Est-ce que vous faites du sport, du tourisme, du shopping, du camping ? Allez-vous à la plage ? Aimez-vous visiter des musées ou des sites historiques ?
6. Où préférez-vous vous loger ? dans un hôtel (de luxe ou modeste) ? chez des amis ? dans un terrain de camping ? dans une pension ? dans une chambre d'hôte ? dans une auberge de jeunesse ?

2. Le Vieux Carré

Regardez le plan de la Nouvelle-Orléans que Claire apporte dans son sac à dos et répondez aux questions d'après vos observations. Discutez de vos réponses avec la classe.

1. Où est le Vieux Carré ? Où est la rue Dauphine ?
2. Quelles sont les rues du Vieux Carré ? Leurs noms sont-ils tous français ?
3. Pouvez-vous identifier l'influence d'autres cultures en observant les noms des rues ? À votre avis, quelles autres cultures ont contribué à la culture créole de la Nouvelle-Orléans ?
4. Quels sont les monuments, musées, parcs ou sites historiques proches du Vieux Carré ?

3. Les rencontres

Quand on voyage, on rencontre beaucoup de gens. Parfois, les rencontres sont heureuses, parfois elles sont désagréables. En groupes, lisez les phrases suivantes et indiquez si les phrases sont : (a) formelles ou familières ? et (b) polies ou impolies ? (N'oubliez pas que le «vous» peut indiquer une situation formelle ou le pluriel.)

1. Bonjour ! Comment allez-vous aujourd'hui ?
2. Salut, toi ! Quoi de neuf ?
3. Je vous connais, non ? Vous êtes le chauffeur de taxi.

Un plan de la Nouvelle-Orléans.

4. Très heureux de faire votre connaissance, madame.
5. Permettez-moi de me présenter. Je m'appelle Jean-Louis Royer. Et vous ?
6. Salut, les filles. Venez boire un coup avec nous !

4. Le bavardage

Quand on parle avec une personne que l'on vient de rencontrer, il faut être poli(e) et parler de sujets légers (c'est à dire, bavarder). Lisez les phrases suivantes et indiquez si le sujet de conversation est **convenable** ou **non-convenable** pour une première rencontre avec quelqu'un. Donnez votre avis personnel et discutez avec des camarades de classe.

1. Quel temps ! Il fait chaud aujourd'hui, n'est-ce pas ?
2. Oh là là ! Il faut être riche pour porter un costume Armani.
3. Vous avez un accent bizarre. D'où venez-vous ?
4. Ma sœur va bientôt divorcer. Je suis bouleversée.
5. Que pensez-vous de la Nouvelle-Orléans ?
6. Aimez-vous la cuisine créole ?

LECTURE : *L'arrivée*

La porte du taxi s'ouvre devant l'Hôtel Le Moyne. Une jeune femme descend et attend devant l'entrée pendant que le chauffeur vient retirer du coffre ses bagages, une valise et un sac à dos. Il les dépose près d'elle pendant qu'elle fouille dans son sac à main à la recherche de son portefeuille. Elle lui donne de l'argent et se dirige vers le foyer de l'hôtel. Elle s'approche de la réception, mais il n'y a personne derrière le comptoir. Claire examine la grande salle aux murs jaunes ; des ventilateurs rotatifs pendent du plafond et des portes en verre donnent sur une cour ensoleillée. Au centre de la cour se trouve une piscine entourée de palmiers et de chaises longues. Un paradis ! Les meubles dans la salle intérieure semblent dater du 18ème siècle. Un homme en costume bleu, assis dans un fauteuil, lit un guide touristique. Il lève les yeux et regarde la jeune Québécoise.

JEAN-LOUIS : Bonjour.

CLAIRE : Bonjour.

JEAN-LOUIS : Bienvenue à la Nouvelle-Orléans. Vous êtes une touriste comme moi ? *Il montre la couverture de son guide Michelin.*

CLAIRE : Non, pas exactement, mais je compte visiter la ville pendant mon séjour.

JEAN-LOUIS : Moi aussi. Je viens de Paris. Je fais un voyage d'affaires, mais je profite de quelques jours de congé pour visiter la Nouvelle-Orléans. Je trouve cette ville fascinante. Qu'est-ce qu'on dit ? «Laissez les bons temps rouler», hein ? *Il se lève et tend la main à la jeune femme.* Permettez-moi de me présenter. Je m'appelle Jean-Louis Royer.

CLAIRE : Enchantée. Je suis Claire Plouffe. *Elle lui serre la main un peu brusquement.*

JEAN-LOUIS : C'est un plaisir de faire votre connaissance. Ne vous inquiétez pas, Philippe... eh, c'est l'hôtelier... il reviendra dans un instant.

CLAIRE : Excusez-moi si j'ai l'air un peu énervé. Ça fait des heures que je voyage, le vol a été retardé de 2 heures à cause d'orages, et je suis un peu fatiguée.

JEAN-LOUIS : Ce n'est pas grave. Vous avez un petit accent... peut-être martiniquais ? algérien ? suisse ? acadien ? canadien ?

CLAIRE : Je suis Québécoise.

À ce moment, l'hôtelier arrive à la réception, et Jean-Louis retourne à son fauteuil.

PHILIPPE : Bonjour, madame.

CLAIRE : Bonjour, monsieur.

PHILIPPE : Bienvenue à l'Hôtel Le Moyne. Excusez-moi de vous avoir fait attendre. Avez-vous réservé une chambre ?

CLAIRE : Oui, oui. C'est au nom de Plouffe. Claire Plouffe.

PHILIPPE : Pouvez-vous épeler votre nom de famille ?

CLAIRE : P-L-O-U-F-F-E. Comme le son d'une pierre qui tombe dans l'eau.

PHILIPPE : Ah, oui ! Je vois. Vous voulez une chambre pour une personne, non-fumeur, avec salle de bain et balcon. Vous restez combien de nuits ?

CLAIRE : Six, je crois. Mais il y a une petite possibilité que ça change si je ne trouve pas ce que je cherche. Enfin, serait-il possible de rester plus longtemps, si nécessaire ?

PHILIPPE : Pas de problème. L'hôtel n'est pas au complet. On est loin du Mardi gras et cette saison humide décourage la plupart des touristes. Il faut faire attention. Il y a déjà eu trois morts à cause de la chaleur en Louisiane cet été. Mais ne vous inquiétez pas, madame, je vous assure que toutes les chambres sont climatisées. Comment désirez-vous payer ?

CLAIRE : Par carte de crédit. Voilà.

PHILIPPE : Très bien, et voici votre clé. La femme de ménage a déjà préparé votre chambre. Le petit déjeuner est servi ici dans la grande salle le matin de 7h30 à 10h00, et on sert du champagne et des hors-d'œuvre dans la cour le soir de 6h00 à 8h00. Je m'appelle Philippe Aucoin, et si vous avez des questions ou si je peux vous rendre service, n'hésitez pas à m'appeler.

CLAIRE : Merci. Au fait, cela coûte combien en supplément, le petit déjeuner ?

PHILIPPE : Mais, c'est compris dans le prix de la chambre, ainsi que le champagne. C'est gratuit.

CLAIRE : Quel luxe !

PHILIPPE : Mais nous sommes ravis de vous servir, madame. Allez ! Je vous accompagne à votre chambre. Votre valise a l'air assez lourd et il n'y a pas d'ascenseur dans ce vieux bâtiment. Nous prendrons l'escalier. *Ils se dirigent vers l'escalier.* Ah, monsieur Royer ! Je vous présente Claire Plouffe, une autre francophone qui vient juste d'arriver du Québec.

JEAN-LOUIS : On s'est déjà rencontré.

CLAIRE : Oui. *Elle sourit.* Bonne journée, monsieur Royer.

JEAN-LOUIS : Au revoir, madame. À la prochaine !

Il continue de regarder la jeune femme alors qu'elle monte l'escalier de fer forgé. — Voilà une jeune femme bien intéressante, pense-t-il.

VOCABULAIRE

Les voyages

être retardé (de)	*to be delayed (flight, transportation)*
le vol	*flight*
la valise	*suitcase*
le sac à dos	*backpack*
le sac à main	*handbag*
le portefeuille	*wallet*
le guide (touristique)	*guidebook*
l'orage (*m.*)	*storm*
la chaleur	*heat*

À l'hôtel

épeler	*to spell*
se serrer la main	*to shake hands*
rendre service (à)	*to be of service (to)*
être au complet	*to be full, no vacancy*
le/la client(e)	*hotel guest, client*

la femme de ménage	*cleaning woman*
l'hôtelier / l'hôtelière	*innkeeper, hotel owner*
la grande salle	*great room, main room*
le foyer	*entranceway, lobby*
les meubles	*furniture*
le fauteuil	*living-room chair*
la réception	*check-in desk*
la cour	*courtyard*
le balcon	*balcony*
l'escalier (*m.*)	*stairs*
l'ascenseur (*m.*)	*elevator*
la piscine	*pool*
le fer forgé	*wrought iron*
la clé	*key*
fumeur, non-fumeur	*smoking, nonsmoking*
climatisé(e)	*air-conditioned*
gratuit(e), compris(e)	*free, included*

Après avoir lu

5. Avez-vous compris ?

Répondez aux questions suivantes. Justifiez vos réponses en citant le texte.

1. Qui sont Claire et Jean-Louis ? Quelles sont leurs nationalités ?
2. Comment est-ce que Jean-Louis se présente à Claire ? Que dit-il ? Que fait-il ? Est-ce une rencontre typique ?
3. Pourquoi Jean-Louis est-il assis dans le foyer de l'hôtel quand Claire arrive ? Pensez-vous qu'il s'apprête à faire du tourisme ou non ? Pourquoi ?

4. Comment trouvez-vous cet hôtel ? Décrivez l'ambiance. Voudriez-vous être un client dans cet hôtel ? Pourquoi ou pourquoi pas ?
5. Qui est Philippe Aucoin ? Quelle est sa profession ? sa nationalité ? Que dit-il pour saluer (*to greet*) Claire quand elle arrive à l'hôtel ?
6. Pourquoi est-ce que Philippe et Jean-Louis disent «madame» à Claire ? Est-ce qu'elle est mariée ou est-ce un signe de respect (comme «*Ms.*» au lieu de «*Miss*» en anglais) ?
7. Pour combien de temps Claire va-t-elle rester dans cet hôtel ? Est-elle contente d'être à la Nouvelle-Orléans ?

6. D'accord ou pas d'accord ?

Indiquez si vous êtes d'accord ou pas avec les phrases suivantes, d'après votre compréhension du récit. Justifiez votre opinion en citant le texte, si possible. Discutez de vos réponses avec la classe.

	D'accord	Pas d'accord
1. Claire Plouffe a voyagé à la Nouvelle-Orléans en voiture.	_____	_____
2. Claire et Jean-Louis se connaissent très bien.	_____	_____
3. En été, il y a beaucoup de touristes dans cet hôtel.	_____	_____
4. L'hôtel est très chic et très moderne.	_____	_____
5. Claire est intelligente et opiniâtre (*opinionated*).	_____	_____
6. Jean-Louis est détendu (*relaxed*) et gentil.	_____	_____
7. Claire a l'habitude de loger dans des hôtels de luxe.	_____	_____
8. Philippe Aucoin est un hôtelier très professionnel.	_____	_____

7. Vous êtes d'où ?

Jean-Louis essaie de deviner la nationalité de Claire, et il mentionne plusieurs possibilités. Devinez la nationalité, la langue ou le nom du lieu qui manquent dans le schéma suivant. Ne vous inquiétez pas si vous ne savez pas toutes les réponses. Vous en apprendrez plus au sujet de ces cultures dans les prochains chapitres. Discutez vos réponses avec la classe.

nationalité ou identité	langue(s) parlée(s)	pays/région
Français(e)	le français	la France
Américain(e), Acadien/Créole	???	???
???	???	le Québec
Martiniquais(e)	???	???
???	le wolof, le français	le Sénégal
Algérien(ne)	l'arabe, le français	???
???	le français, l'italien, l'allemand	???

ℹ Langue

Vous rappelez-vous les conjugaisons des **verbes irréguliers** suivants : **être, avoir, aller, faire, venir, vouloir** et **pouvoir** ? Si non, mémorisez leurs conjugaisons avant de continuer !

- **être** (*to be*) : je suis, tu es, il/elle/on est, nous sommes, vous êtes, ils/elles sont
- **avoir** (*to have*) : j'ai, tu as, il/elle/on a, nous avons, vous avez, ils/elles ont
- **aller** (*to go*) : je vais, tu vas, il/elle/on va, nous allons, vous allez, ils/elles vont
- **faire** (*to do, to make*) : je fais, tu fais, il/elle/on fait, nous faisons, vous faites, ils/elles font
- **venir** (*to come*) : je viens, tu viens, il/elle/on vient, nous venons, vous venez, ils/elles viennent
- **vouloir** (*to want*) : je veux, tu veux, il/elle/on veut, nous voulons, vous voulez, ils/elles veulent
- **pouvoir** (*to be able, can*) : je peux, tu peux, il/elle/on peut, nous pouvons, vous pouvez, ils/elles peuvent

---

8. Votre identité

Posez des questions à un partenaire et répondez à votre tour.

1. Quel est votre nom ?   —Je m'appelle…
2. Pouvez-vous l'épeler, s'il vous plaît ?   —Oui, c'est…
3. D'où venez-vous ?   —Je viens de (+ *nom d'une ville*)…
4. Quelle est votre nationalité ?   —Je suis…
5. Quelles langues parlez-vous ?   —Je parle…

9. Les voyages

Regardez les mots de vocabulaire qui suivent. Dans chaque ligne, il y a un mot qui n'appartient pas au groupe de mots. Entourez le mot qui ne va pas avec les autres et essayez d'expliquer pourquoi. **Attention :** il y a parfois plusieurs bonnes réponses. Il faut justifier votre choix !

1. la valise	le sac à dos	le livre	les bagages
2. le taxi	le train	la voiture	l'avion
3. l'escalier	l'ascenseur	le trottoir (*sidewalk*)	le remonte-pentes (*ski lift*)
4. l'appareil-photo	le billet d'avion	le passeport	le permis de conduire
5. une chambre	une salle de bains	un balcon	une salle d'exercices
6. un restaurant	un monument	un musée	une boutique
7. luxueux	gratuit	bon marché	cher
8. des espèces (*cash*)	un chèque	une carte de crédit	un chèque de voyage

10. Le courriel (*e-mail*)

www

Pour aller plus loin : CULTURE

ACTIVITÉ B : Trouvez un hôtel de luxe à la Nouvelle-Orléans ! Consultez votre cahier électronique !

Dans sa chambre, Claire prend une douche rafraîchissante et puis branche (*plug in*) son ordinateur portable (*laptop computer*). Elle connecte facilement à son fournisseur d'accès à l'internet (*Internet service provider*) en composant un des numéros de téléphone locaux que la compagnie fournit aux clients voyageant à l'étranger. Elle écrit un petit message au courriel (un *e-mail*) à sa sœur pour la rassurer qu'elle est bien arrivée à sa destination. Remplissez les blancs avec un mot ou une expression convenable de la liste suivante.

salle, hôtel, gratuit, client, climatisée, taxi, balcon, cour, chambre, bagages, hôtelier

Chère Marie,

Salut ! Je suis bien arrivée à la Nouvelle-Orléans ! Air Canada n'a pas perdu mes _____, et j'ai facilement trouvé un _____ à l'aéroport pour venir en ville. L'_____ est adorable ! Un vrai bâtiment historique du 18ème siècle. Il y a une grande _____ jaune et une _____ ensoleillée au rez-de-chaussée. Ma _____ est au 2ème étage, et j'ai un _____ avec vue sur les rues du Vieux Carré. Les gens ici sont gentils. L'_____, qui s'appelle Philippe Aucoin, est très sympa. Il y a un Français qui est aussi un _____ et loge dans cet hôtel comme moi. Ici, il fait très chaud, mais ma chambre est _____. Ce soir, je vais boire du champagne dans la cour (imagine, c'est _____ !) et je vais me reposer. Si je reçois du courrier (*regular mail*) de l'université, dis-le-moi tout de suite. J'attends une réponse à propos de ma bourse (*scholarship/fellowship*) pour l'année prochaine. Amuse-toi à la campagne et embrasse Maman et Papa pour moi. À bientôt !

Gros bisous, Claire

Pour **être poli(e)**, on emploie parfois **le conditionnel** et non l'indicatif. Par exemple, au lieu de dire «je veux» (impoli), on dit «je voudrais» (poli). Voici quelques verbes souvent utilisés au conditionnel pour exprimer la politesse :

- **vouloir** (*want* → *would like*) : je voudrais, tu voudrais, il/elle/on voudrait, nous voudrions, vous voudriez, ils/elles voudraient — Je voudrais aller à la rue Dauphine°
- **pouvoir** (*can* → *could*) : je pourrais, tu pourrais, il/elle/on pourrait, nous pourrions, vous pourriez, ils/elles pourraient — Pourrais-je vous poser une question ?
- **avoir** (*have* → *would have*) : j'aurais, tu aurais, il/elle/on aurait, nous aurions, vous auriez, ils/elles auraient — Auriez-vous l'heure ?
- **être** (*be* → *would be*) : je serais, tu serais, il/elle/on serait, nous serions, vous seriez, ils/elles seraient — Nous vous serions très reconnaissantes si vous pouviez nous aider.
- **savoir** (*know* → *would know*) : je saurais, tu saurais, il/elle/on saurait, nous saurions, vous sauriez, ils/elles sauraient—Sauriez-vous où se trouve la rue Dauphine ?

N'oubliez pas que pour être poli(e), il faut employer souvent **des expressions** comme **merci, excuse(z)-moi** et **s'il vous/te plaît**. Aussi, il faut vous adresser aux gens que vous ne connaissez pas bien en employant **monsieur** ou **madame**, et en les vouvoyant ! Vous allez en apprendre plus sur le conditionnel au Chapitre 7.

11. L'heure du champagne

Claire descend à la cour à 7h du soir pour prendre un verre de champagne avec les autres clients de l'hôtel. Là, elle revoit Jean-Louis qui parle avec un homme aux cheveux gris. Choisissez un des mots ou une des expressions entre parenthèses et lisez le dialogue à haute voix par groupes de 3 personnes. Quand vous voyez «???», vous pouvez imaginer votre propre expression.

JEAN-LOUIS : Bonsoir, Madame Plouffe ! Quelle coïncidence !

CLAIRE : (Bonsoir ! / Vous encore !) Je vous dérange ?

JEAN-LOUIS : Pas du tout ! Claire Plouffe, (je vous présente / permettez-moi de vous présenter) Henri Hébert. C'est un vrai Cajun qui vient de Lafayette pour affaires.

CLAIRE : (Très heureuse de faire votre connaissance. / Enchantée.)

HENRI : (Bonsoir, madame. / Enchanté, madame.)

JEAN-LOUIS : Madame Plouffe est ici pour faire des recherches, c'est ça ?

CLAIRE : Enfin, oui, mais comment… ?

HENRI : Excusez-moi. J'ai un rendez-vous à 7h30. Il faut vraiment que je parte. C'était (un plaisir de faire votre connaissance / un plaisir de vous parler). Amusez-vous bien en Louisiane !

CLAIRE : (Au revoir / Bonne soirée !)

JEAN-LOUIS : (Au revoir / À bientôt !) *Il regarde Claire.* Vous allez bien ce soir ?

CLAIRE : (Très bien, merci. / Pas mal. / Je suis un peu fatiguée mais ça va.) Et vous ?

JEAN-LOUIS : Ça va bien. Il fait (chaud / froid / beau) ce soir, non ?

CLAIRE : Oui. C'est (rafraîchissant / insupportable / ???).

JEAN-LOUIS : Que pensez-vous de (cet hôtel / la Nouvelle-Orléans) ?

CLAIRE : C'est (charmant / passionnant / intéressant). J'adore (voyager / visiter les monuments historiques / ???).

JEAN-LOUIS : Moi aussi. Mais je déteste (visiter les musées / aller aux bars / ???). Écoutez, je vais dîner chez Olivier ce soir. C'est un très bon restaurant créole. Voudriez-vous m'accompagner ?

CLAIRE : (C'est tentant / J'aimerais beaucoup / ???), mais j'ai déjà mangé et je voudrais (me reposer / être seule / ???) ce soir.

JEAN-LOUIS : Ah, bon. Une autre fois, peut être ?

CLAIRE : Oui, (bien sûr / peut être / faut pas rêver).

JEAN-LOUIS : Écoute, je n'aime pas trop les formalités. On se tutoie ?

CLAIRE : (D'accord ! / Pourquoi pas ?)

JEAN-LOUIS : Alors, puis-je t'offrir un autre verre de champagne ?

CLAIRE : Non, merci. Je suis (très fatiguée / déjà ivre / un peu malade / ???). Je vais monter à ma chambre, mais je te souhaite (une bonne soirée / un bon dîner / ???). Bonsoir.

JEAN-LOUIS : Salut, Claire. À demain.

ℹ Culture

Créole ou Cajun ? Les **Acadiens**, que beaucoup de gens appellent les Cajuns, habitent les paroisses acadiennes et sont les descendants des Français-Acadiens qui ont été exilés de l'Acadie (aujourd'hui la Nouvelle-Écosse, au Canada) en 1755 par les Anglais. Ils ont des traditions, une musique et un dialecte français qui leur sont particuliers. Il y a 22 paroisses acadiennes qui se trouvent à l'est et au nord-est de la Nouvelle-Orléans, près de la ville de Lafayette. Les Acadiens ont des origines françaises, mais culturellement ils se distinguent des Créoles. Les **Créoles** étaient pour la plupart les descendants des Français venus directement de la France pour établir la colonie de la Louisiane et la ville de la Nouvelle-Orléans en 1718. Parmi eux, il y avait des gouverneurs, des entrepreneurs, des criminels et des prostituées (envoyés en exil comme châtiment), des réfugiés des îles antillaises (aux Caraïbes), et des esclaves africains. Les Créoles, alors, peuvent être d'origine française aussi bien que d'origine espagnole, africaine, allemande, anglaise ou bien amérindienne. Bien sûr, les Amérindiens vivaient en Louisiane bien avant la «découverte» de cette terre par les Européens.

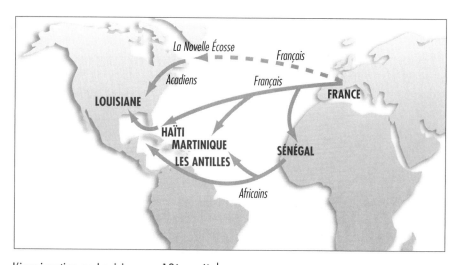

L'immigration en Louisiane au 18ème siècle.

Comment dire *les rencontres*

	Formal	*Informal*
Greetings	Bonjour/Bonsoir, monsieur/madame/mademoiselle	Salut/Bonjour/Bonsoir
Small talk	Comment allez-vous ? Vous allez bien ? Très bien merci. Et vous ? Il fait beau/chaud/froid/frais/mauvais, n'est-ce pas ? Quel(le) chaleur/vent/pluie ! Que pensez-vous de… ? Sauriez-vous… ? Voudriez-vous ? Pourriez-vous me dire si… ?	Ça va ? Tu vas bien ? Ça va. Pas mal. Et toi ? Quoi de neuf ? Qu'est-ce qui se passe ? Tu as vu/entendu que… ? Ça te dit de… ? Tu peux me dire si… ?
Introductions	Permettez-moi de me présenter. Je m'appelle… et vous ? Je vous présente… (mon collègue, etc.) Enchanté(e). Très heureux/se de faire votre connaissance. On s'est déjà rencontré.	Salut, je suis… et toi ? C'est/Voici… (mon ami, etc.) Salut. Ça va ? On se connaît.
Fillers	Eh… Alors… En somme… Enfin…	Eh… Alors… Bon, ben…
Good-byes	Au revoir, monsieur/madame/mademoiselle. À bientôt ! À la prochaine ! À demain !	Salut/Ciao/Au revoir ! À la prochaine ! À bientôt ! À demain !

Culture

Tutoyer ou **vouvoyer** ? Le verbe **tutoyer** veut dire utiliser le «tu» familier avec quelqu'un. L'autre possibilité est de **vouvoyer**, ou utiliser le «vous» formel. En général, on tutoie les amis, la famille et les parents, et les enfants. On vouvoie les personnes qu'on ne connaît pas très bien (les inconnus et les gens qu'on vient de rencontrer dans une situation formelle) et les personnes à qui on veut témoigner du respect en raison de leur âge ou de leur statut social ou de la distance que l'on veut imposer (les professeurs, les policiers, les juges, les gens qui travaillent dans les magasins, etc.). Bien sûr, il n'y a pas de règle fixe, et l'usage du «tu» ou du «vous» dépend des circonstances de chaque rencontre (des traditions culturelles de la région, des goûts individuels, etc.). Si vous n'êtes pas sûr(e), utilisez le «vous» ou écoutez bien et utilisez ce que l'autre personne utilise avec vous.

12. À vous

Imaginez que vous êtes dans les situations suivantes. Que dites-vous ? Avec des partenaires, écrivez des petits dialogues pour chaque situation. Jouez des scènes pour la classe.

1. Vous êtes dans l'avion en direction de la Nouvelle-Orléans. Présentez-vous au passager assis près de vous.
2. Bavardez avec le chauffeur de taxi qui vous amène à l'hôtel.
3. Parlez à un enfant qui joue dans la cour de votre hôtel.
4. Parlez à l'hôtelier que vous croisez dans l'escalier.
5. Vous allez au restaurant avec Jean-Louis quand vous voyez un ami que vous avez perdu de vue depuis longtemps. Présentez-vous et bavardez.

13. Êtes-vous poli ou impoli ?

Pendant son voyage, Claire a rencontré des gens assez impolis. Les voyages seraient plus agréables si les gens savaient être polis. Posez les questions suivantes à un camarade de classe. Répondez poliment ou impoliment, selon votre humeur.

1. Bonjour. Comment allez-vous aujourd'hui ?
2. Il fait beau ce soir, n'est-ce pas ?
3. Connaissez-vous mon ami Henri ?
4. Pourriez-vous m'aider avec ma valise ?
5. Désirez-vous boire quelque chose ?
6. Au revoir ! À la prochaine !

14. Circulez et bavardez

Imaginez que vous êtes dans la cour de l'Hôtel Le Moyne à l'heure du champagne. Chaque étudiant dans la classe est un client de l'hôtel (vous pouvez inventer des personnages si vous voulez). Vous ne connaissez personne, sauf l'hôtelier Philippe Aucoin (joué par le professeur), mais vous voulez rencontrer des gens et vous faire des amis. Circulez dans la salle, présentez-vous aux gens, faites des présentations et bavardez. Soyez polis ! Essayez de rencontrer toutes les personnes à la soirée.

À l'écrit   *première étape*

15. Une carte postale

Vous êtes à la Nouvelle-Orléans. Choisissez un étudiant dans votre classe de français et écrivez-lui sur une feuille de papier le texte d'une carte postale que vous allez lui envoyer. N'oubliez pas de :

• saluer.
• parler du temps qu'il fait.
• donner votre opinion de l'hôtel.
• dire ce que vous aimez, ce que vous détestez à la Nouvelle-Orléans.
• terminer avec un adieu.

Échangez vos cartes postales. Offrez des corrections possibles et écrivez une courte réponse à votre camarade de classe.

L'excursion

Culture

Un **beignet** est une pâte frite qui ressemble à un *doughnut* rectangulaire et sans trou. C'est une spécialité qu'on trouve partout à la Nouvelle-Orléans. Au **Café du Monde**, près du fleuve Mississippi, on mange des beignets couverts de sucre en poudre avec un bon café au lait, et on écoute les musiciens qui jouent sur la place Jackson.

Un petit déjeuner au célèbre Café du Monde à la Nouvelle-Orléans : beignets et café au lait.

Structures *les articles définis et indéfinis*

16. Au petit déjeuner

Au petit déjeuner, le matin après son arrivée, Claire discute avec l'hôtelier Philippe Aucoin. Lisez le dialogue en analysant l'usage des **articles définis** (le, la, les) et **indéfinis** (un, une, des). Dans quelles circonstances utilise-t-on les articles définis ? et les articles indéfinis ? Essayez de décrire les circonstances vous-mêmes. Ensuite, lisez l'explication (**Comment Faire**) et analysez encore l'usage des articles.

PHILIPPE : Bonjour, madame. Vous avez bien dormi ?

CLAIRE : Bonjour. Oui, très bien ! **Le** lit dans ma chambre est parfait, et **la** vue du balcon est superbe.

PHILIPPE : Je peux vous servir **un** café, **un** thé ou **un** jus de fruit ?

CLAIRE : **Un** café au lait, s'il vous plaît. Je ne peux pas me réveiller sans café **le** matin. J'adore **le** café.

PHILIPPE : Très bien. Voudriez-vous **des** beignets ? **Les** beignets sont **une** spécialité nouvelle-orléannaise. Ou bien voudriez-vous **des** œufs ? **une** omelette ?

CLAIRE : Je déteste **les** œufs, mais j'aimerais bien essayer **un** beignet, et qu'avez-vous comme fruits ?

PHILIPPE : Nous avons beaucoup de fruits ce matin. Comme vous voyez, il y a **des** oranges, **des** poires, et il me reste **une** pêche. Pourtant, il n'y a plus de bananes.

CLAIRE : Je prendrai **la** pêche, s'il vous plaît.

PHILIPPE : Excellent. Vous parlez très bien français, madame. Est-ce votre langue maternelle ?

CLAIRE : Oui, **le** français est **la** langue officielle du Québec, mais nous avons **un** accent un peu différent de celui des Français et nous employons **des** mots différents de temps en temps.

PHILIPPE : Ah, oui. **Le** Québec, c'est comme **la** Louisiane. C'est **une** ancienne colonie française, n'est-ce pas ?

CLAIRE : Oui, c'est vrai. Connaissez-vous bien l'histoire des francophones de la Louisiane ?

PHILIPPE : Pas très très bien, mais c'est **un** sujet qui m'intéresse. Allez ! Je vais vous chercher votre petit déjeuner. Je reviens tout de suite.

Comment faire   *les articles définis et indéfinis*

Articles are used differently in French than in English and often do not translate easily. In choosing between the *definite article* (**l'article défini : le, la, l', les**) and the *indefinite article* (**l'article indéfini : un, une, des**), it may be useful to think about two concepts : (1) whether the noun is *identifiable* in a given context and (2) whether the noun represents *the generic whole group* or a subset of a group.

Is it *identifiable ?*

Yes ! Use the *definite article* (**le, l', la, les**) to talk about *identifiable* nouns. A noun is *identifiable* if you can point to it in front of you, if it has been referred to previously in conversation, or if it is simply known to the speakers in a particular context. For example, in the conversation above, the following nouns are readily identifiable by the two speakers :

• **Le** lit dans ma chambre… **la** vue du balcon
• Je prendrai **la** pêche

No ! Use the *indefinite article* (**un, une, des**) to talk about nouns that are *not identifiable* in the context and exist only as an abstract concept in the minds of the speakers. For example :

• Je peux vous servir **un** café, **un** thé ou **un** jus de fruit ?
• **Un** café au lait
• Voudriez-vous **des** beignets… ? **une** omelette ?

Does it represent *the generic whole group ?*

Yes ! Use the *definite article* (**le, l', la, les**) to talk about *the whole group* or *whole class*, in a generic sense. In other words, use the *definite article* to refer to all of the members of the group or all of the elements of the class in general. For example, in the conversation above, the following nouns represent the *generic whole group* :

• J'aime **le** café (all coffee, in general)
• Je déteste **les** œufs (all eggs, in general)

No ! Use the *indefinite article* (**un, une, des**) to talk about nouns that represent a subset of a generic whole group. For example :

- Il y a **des** oranges. (*not the whole generic group of oranges, but a subset of oranges*)
- Nous employons **des** mot différents. (*not all the different words that exist, but a subset of different words*)

Note some special uses of the *definite article*. It is often used :

- With reference to *times or seasons* : Je ne peux pas me réveiller sans café **le** matin. (*every morning, in the morning in general*) C'est **l'**été. (*It's summer.*)
- With reference to *languages* : **Le** français est la langue officielle. However, *no article* is used before a language with the verb **parler** (Vous parlez français).
- With reference to *geographic locations* : **le** Québec, **la** Louisiane, **la** Nouvelle-Orléans, **les** États-Unis, **la** France. However, normally, cities *do not* take an article (je vais à Paris) and often geographic locations require prepositions (je vais en Louisiane, j'habite au Canada). You will review the use of prepositions with geographic locations in Chapter 5.
- In contractions *with the prepositions* **à** (*to/at* → **au, aux**) and **de** (*from/of* → **du, des**) : «différent **des** Français», «**au** petit déjeuner». Do not confuse the *indefinite article* **des** with the contraction **des** (de + les, *of the/from the*).

Note that **de** is used alone in several specific situations :

- *After a negative*, in place of an *indefinite article* : Il n'y a plus **de** bananes. However, the definite article does not change after the negative. (Je n'aime pas le café.)
- With *expressions of quantity* — **beaucoup de, un peu de, un kilo de, un verre de** : Nous avons beaucoup **de** fruits.
- To *specify a particular variety of something* : un jus **de** fruits.
- Before a plural noun qualified by *a preceding adjective* : Ce sont **de** grands beignets. (vs. Ce sont des beignets énormes.)

The *partitive* **(le partitif : du, de la, de l')** is used exclusively with mass nouns; that is, nouns that cannot be counted and exist in mass or as an idea only (du sucre, de la joie, etc.). You will review the use of the partitive in Chapter 2.

17. **Le petit déjeuner** (*suite*)

Le petit déjeuner continue… Remplissez les blancs avec un **article défini**, un **article indéfini** ou **de** tout seul.

PHILIPPE : Voici trois beignets, _____ pêche et _____ café au lait.

CLAIRE : Merci bien, monsieur. Est-ce que je pourrais avoir un jus _____ orange aussi ?

PHILIPPE : Oui, certainement.

CLAIRE : Où sont _____ autres clients ce matin ?

PHILIPPE : Ils ne se lèvent pas de si bonne heure. _____ clients aiment dormir tard, en général, parce que _____ bars ferment très tard et on fait la fête toute _____ nuit.

CLAIRE : Pas moi. Je dois travailler.

PHILIPPE : Ah, ouais. Si je me souviens bien, vous cherchez quelque chose.

CLAIRE : Oui, je cherche _____ livre.

PHILIPPE : C'est simple, alors. Vous trouverez _____ livres de toute sorte à _____ bibliothèque municipale. Ils ont beaucoup _____ livres là-bas.

CLAIRE : Non, je cherche _____ manuscrit très rare du 18ème siècle qui ne se trouve pas à _____ bibliothèque. Je crois qu'_____ personne créole qui habite ici à la Nouvelle-Orléans possède _____ seule copie qui existe au monde. À _____ bibliothèque, je vais faire de la recherche généalogique et étudier _____ famille de François Fontenot, _____ homme qui a immigré en Louisiane en 1792. C'est _____ homme qui a apporté le manuscrit aux États-Unis. Enfin, je pense.

PHILIPPE : Ça a l'air bien intéressant, votre histoire. J'espère que vous réussirez à trouver le manuscrit que vous cherchez.

18. Et vous ?

Imaginez que vous prenez le petit déjeuner à l'Hôtel Le Moyne aussi. Que dites-vous pour communiquer vos idées à Philippe Aucoin ? Faites des questions ou des phrases avec les verbes et noms suivants. Attention à l'usage des **articles définis** et **indéfinis** !

J'aime…	chambre
J'ai beaucoup…	train
Je voudrais…	valise
Il y a…	livres
Je déteste…	musées
Je n'ai pas…	balcon
C'est…	meubles
Voilà…	clés
Avez-vous…	piscine
Ce sont…	portefeuille
	guides touristiques
	??? (à vous !)

Structures *la négation*

19. Les haricots sont salés

Deux jours plus tard, Claire parle avec Philippe Aucoin. Elle n'a pas encore réussi à trouver les descendants de François Fontenot. Mais Philippe est optimiste. Il voit toujours le bon côté des choses. Transformez ces phrases négatives en phrases affirmatives en éliminant **la négation** ! Ajoutez des mots, s'il le faut. En analysant vos changements, pouvez-vous décrire comment fonctionnent les expressions négatives avec (a) le présent, (b) l'impératif, (c) les verbes réfléchis, (d) l'infinitif et (e) l'inversion ?

1. Vous n'allez pas trouver le manuscrit.
2. Ne mangez ni beignets ni fruits de mer !
3. Jean-Louis n'est plus ici.
4. Vous ne vous connaissez pas encore.
5. Je préfère ne jamais travailler le weekend.
6. Il n'y a rien à faire à Lafayette ce weekend.
7. Personne ne peut louer de voiture.
8. Ne vous souvenez-vous pas de notre devise : Laissez les bons temps rouler ?

Comment faire *la négation*

To make a phrase *negative*, add a negative expression to the phrase. Common negatives are :

ne … pas	*not*
ne … pas encore	*not yet (opposite :* **déjà**, *already)*
ne … plus	*no longer (opposite :* **toujours**, *still)*
ne … jamais	*never (opposite :* **toujours**, *always or* **souvent**, *often)*
ne … personne	*nobody, no one (opposite :* **tout le monde**, *everyone)*
ne … rien	*nothing (opposite :* **tout**, *everything or* **beaucoup**, *a lot)*
ne … ni … ni	*neither… nor (opposite :* **et**, *and)*

- With a *simple verb phrase*, place the **ne** before the verb and the **pas**, or other expression, just after the verb : Tu ne travailles pas. Tu ne connais personne.
- With *neither nor*, place the **ne** before the verb and each **ni** before the term it modifies, without using any articles : Tu ne veux ni beignets ni café au lait. Il ne veut ni parler ni chanter.
- With *inversion*, place the **ne** before the verb and the **pas**, or other expression, after the subject. Ne travailles-tu pas ?
- With *pronominal verbs* (reflexives) *or verbs that are preceded by object pronouns*, place the **ne** after the subject and the **pas**, or other expression, after the verb : Tu ne te lèves pas tôt. Il ne vous embête pas.
- With *inverted pronominal verbs*, place the **ne** before the pronoun and the **pas**, or other expression, after the subject : Ne te lèves-tu pas tôt ?
- With *compound verbs or infinitives*, place the negative expression around the conjugated verb, following the usual rules above, OR *before* the infinitive (or before the pronoun + infinitive), depending on which verb you want to negate : Je ne veux pas travailler demain (*I don't want to work tomorrow*), Je veux ne pas travailler (*I want to not work at all*), Je ne décide pas de me lever tard (*I don't decide to get up late*), Je décide de ne pas me lever tard (*I decide to not get up late*)
- When the negatives **personne** or **rien** *are the subject* of the sentence, they come before the **ne** and verb : Personne ne travaille ici (*Nobody works here*), Rien ne se passe ici (*Nothing is happening here*).

20. Un autre matin

Un jour, Jean-Louis arrive pour le petit déjeuner et s'assied près de Claire. Il essaie de bavarder avec elle, mais elle est préoccupée par son projet de recherche. Alors, il commence une conversation avec un autre client qui est de mauvaise humeur ce matin. Transformez les phrases à la forme négative en employant une expression négative. Variez les expressions négatives.

MODÈLE : Il fait chaud aujourd'hui. →
Il ne fait pas encore trop chaud.

1. Je voyage souvent.
2. J'aime me promener dans le Vieux Carré.
3. Le prix de ma chambre est raisonnable.
4. Les chambres sont climatisées.
5. L'hôtelier me connaît très bien.
6. Aimes-tu les beignets ?
7. Philippe se réveille à 5h du matin.

8. Il prépare tous les beignets lui-même.
9. J'adore bavarder et discuter avec les autres clients.
10. Te lèves-tu toujours aussi tôt ?

21. Ne faites pas ça !

Faites une liste de six (6) activités qu'on ne fait pas normalement quand on voyage. Puis, transformez vos phrases en questions et posez les questions à un partenaire.

MODÈLE : Quand on voyage, on ne travaille pas.
—**Ne travaillez-vous pas quand vous voyagez ?**
—**Non, je ne travaille jamais quand je voyage.** *ou*
—**Si, je travaille tout le temps quand je voyage !**

Structures   *l'interrogatif*

22. Claire pose des questions

Vendredi, après une semaine de travail à la bibliothèque, toujours sans succès, Claire rentre à l'hôtel. Elle pose des questions à Philippe. Bien sûr, Jean-Louis, qui arrive à la réception au même moment, écoute attentivement. Transformez chaque question en une phrase. Vous pouvez simplement rayer (*cross out*) des mots ou des signes de ponctuation, ou vous pouvez récrire la phrase. En analysant vos changements, pouvez-vous décrire cinq (5) façons de poser une question simple ?

1. Est-ce qu'il y a un guichet automatique (*ATM*) près d'ici ?
2. Le guichet automatique n'est pas dans la rue Bourbon ?
3. Il va pleuvoir demain, n'est-ce pas ?
4. Y a-t-il un festival à Lafayette ce weekend ?
5. Est-ce que l'agence de location est loin d'ici ?
6. Vous êtes né à la Nouvelle-Orléans, n'est-ce pas ?
7. Ne connaissez-vous pas quelqu'un qui s'appelle Fontenot ?
8. Je peux laisser mes affaires dans ma chambre, non ?

Comment faire   *l'interrogatif (questions simples)*

To form a *yes/no question*, you may use one of the following methods :

- Use *intonation* by adding a question mark to the end of the sentence and raising your intonation near the end : Vous savez l'heure ? Il parle français ? Note that in casual conversation, most speakers use simple *intonation* to ask a question.
- Use *inversion* by placing the subject after the verb and connecting the two with a hyphen : Savez-vous l'heure ? Parle-t-il français ? (Remember that if a verb ends in a vowel and the subject begins with a vowel, you must add a **t** to facilitate pronunciation). Note that *inversion* is often used in written French or formal conversations but is less frequently used in casual conversation (except with certain formulaic phrases like "Comment allez-vous ?").
- Use **est-ce que** by inserting it at the beginning of the sentence : Est-ce que vous savez l'heure ? Est-ce qu'il parle français ?
- Use **n'est-ce pas** by adding it onto the end of the sentence : Il est 8 heures, n'est-ce pas ? Il parle français, n'est-ce pas ? Note that «n'est-ce

pas» sounds awkward after questions that require more than a yes/no response; thus it would not be commonly used with questions like : Vous avez l'heure ?

- Use *expressions* like **hein ?** or **non ?** in very informal speaking situations by adding one onto the end of the sentence : Il est 8 heures, non ? Il est français, hein ?

In Chapter 2, you will review the use of the interrogative in forming information questions : **qui, que, quand, où, pourquoi, comment**.

23. L'interrogatoire

Samedi matin, au petit déjeuner, Jean-Louis pose des questions à Claire juste avant son départ pour la ville de Lafayette. Avec un partenaire, jouez une scène entre Jean-Louis et Claire.

(a) **Vous êtes Jean-Louis**. Changez les mots donnés en questions. (N'oubliez pas les articles !) Variez la forme de chaque question que vous posez à votre partenaire.

(b) **Vous êtes Claire**, et vous n'aimez pas les questions de Jean-Louis. Répondez à chaque question par une autre question. Variez la forme de vos questions.

MODÈLE : Tu/aimes/beignets →
(a) **Tu aimes les beignets, non ?**
(b) **Est-ce que *tu* aimes les beignets ?**

1. Tu/aimes/cuisine/créole
2. Tu/restes/à/bibliothèque/toute la journée
3. Tu/étudies/littérature française
4. Tu cherches/livre particulier
5. Ton séjour/est/agréable

24. Et vous ?

Est-ce que vous avez des questions à poser à Philippe Aucoin ? Par groupes de 2 ou 3 personnes, écrivez 6 questions à propos de l'hôtel, des clients (Claire, Jean-Louis ou Henri Hébert), ou bien de la Nouvelle-Orléans. Échangez vos questions avec un autre groupe et répondez aux questions que vous recevez. Utilisez votre imagination !

MODÈLE : Est-ce que Jean-Louis est agréable ?
—**Oui, il est assez agréable.**

Avant d'écouter

25. Avant l'excursion

En petits groupes, posez les questions suivantes et répondez selon vos goûts personnels.

1. Aimez-vous la musique ? Quel type de musique : le rock, le hip-hop, le jazz, le blues, la musique classique, la techno, le rap, la musique alternative, le reggae, le zydeco ? Pourquoi ?
2. Aimez-vous danser ? Pourquoi ou pourquoi pas ? Sur quelle musique aimez-vous danser ?

3. Où est-ce que vous dansez ? Peut-on danser à une fête, à une fête de mariage, dans un bar, en boîte de nuit, dans les rues, dans la salle de classe, à la bibliothèque… ?

4. Pourquoi est-ce qu'on danse : pour rencontrer des gens, pour se détendre, pour bouger, pour s'amuser… ?

5. Aimez-vous lire ? Quels types de livres préférez-vous : des romans d'amour, des romans policiers, des romans de suspense, de la science-fiction, des biographies ?

6. Quel est le titre de votre roman préféré ? Pourquoi aimez-vous ce livre ?

À L'ÉCOUTE : *L'excursion*

Après une semaine aux archives de la bibliothèque municipale, Claire n'a toujours pas de succès. Elle n'arrive pas à trouver les documents nécessaires pour identifier les descendants vivants de François Fontenot, un homme qui a immigré à la Nouvelle-Orléans en 1792 et la dernière personne à posséder le manuscrit. Quelle malchance ! Pour se changer les idées, Claire décide de faire une excursion à la ville de Lafayette pour mieux connaître la culture acadienne. Elle loue un «char» (le mot québécois pour une voiture) et conduit deux heures et demie pour arriver à Lafayette, une ville au centre des paroisses acadiennes. C'est au moment de la Fête des Acadiens, et il y a un «fais do-do» ce soir. Pourquoi ne pas rester la nuit, pense-t-elle. Ça pourrait être amusant. Ce qu'elle ne sait pas, c'est que Jean-Louis a eu la même idée qu'elle…

 Regardez le vocabulaire qui suit, et puis **écoutez le dialogue sur votre CD**.

ℹ Culture

Choderlos de Laclos est un écrivain français du 18ème siècle. Son chef d'œuvre est le roman épistolaire *Les Liaisons dangereuses*. Dans ce roman à lettres, il y a beaucoup d'histoires d'amour et de trahisons. Hollywood a fait plusieurs films basés sur ce roman, y compris le film populaire *Cruel Intentions*. Vous pouvez lire un extrait de ce roman dans la dernière partie de ce chapitre. *Les Liaisons dangereuses* est connu comme le seul roman que Laclos ait écrit et publié de sa vie.

ℹ Culture

Un fais do-do est une fête traditionnelle dans le sud de la Louisiane où on écoute de la musique cajun et **zydeco**, et on danse le «two-step» et la valse. Selon la tradition, les familles viennent à la fête avec des petits enfants qui «font do-do» (qui dorment) pendant que les parents et les jeunes adultes dansent et s'amusent. Le zydeco est une musique créole influencée par la musique traditionnelle cajun. Le nom «zydeco» vient d'une chanson célèbre «Les haricots sont pas salés», et «le zydeco» est dérivé de «les haricots».

Les voyages		un roman	*a novel*
se détendre	*to relax, unwind*	un roman policier	*a detective novel*
se reposer	*to relax, rest*	un roman épistolaire	*an epistolary novel*
faire une excursion	*to take a short trip*	la science-fiction	*science fiction*
faire do-do	*to go night-night*		
un fais do-do	*a dance party (reg. Acadia)*	**Le travail et les vacances**	
louer	*to rent*	s'ennuyer	*to get bored*
conduire	*to drive*	danser	*to dance*
une paroisse	*a parish/geographical area (reg. Acadia)*	la chanson	*song*
		se tromper de	*to be mistaken*
		être bien habillé(e)	*to be well dressed*
La littérature		un boulot	*a job, work (slang)*
écrire une thèse	*to write a thesis*	les grandes vacances	*summer vacation*
lire	*to read*	exprès	*on purpose*
un descendant	*a descendant*	le costume	*man's suit*
la recherche	*research*	les affaires (*f. pl.*)	*business*
un auteur	*an author*	les yeux (*m. pl.*), un œil	*eyes, an eye*
un siècle, le 18ème siècle	*a century, the 18th century*	un copain, une copine	*a friend or boy/girlfriend*
la littérature	*literature*	ravissant(e)	*ravishing, beautiful*
un bouquin	*a book (slang)*	un(e) fan(atique)	*a fan, a lover of something*
un livre	*a book*		

Langue

En principe, les étudiants de français langue étrangère apprennent à parler et à écrire un **français standard**. Or, en réalité, il existe plusieurs **registres linguistiques** et **niveaux de langue**, et il faut savoir choisir ses mots selon le contexte dans lequel on se trouve. Vous savez déjà, par exemple, qu'il existe une différence entre la conversation **formelle** et **familière** (l'usage du **vous** ou du **tu**, des formules de politesse, des gestes différents, etc.), mais il y a beaucoup d'autres situations sociolinguistiques où il faut faire attention à votre façon de vous exprimer. En lisant ce manuel, vous allez trouver des mots de vocabulaire et des expressions qu'on n'utilise que dans certains contextes spécifiques. Afin de vous aider à ne pas vous tromper, on va vous indiquer les mots et expressions qui font partie de l'**argot** (*slang*), qui sont **vulgaires** (*vulgar*) ou qui sont des **régionalismes** (une expression louisianaise, québécoise, antillaise, sénégalaise, maghrébine, provençale, suisse, etc.). Alors, quand vous apprenez un nouveau mot ou une nouvelle expression, faites attention aux limites de son usage !

Après avoir écouté

26. Avez-vous compris ?

Répondez aux questions après avoir écouté le dialogue entre Claire et Jean-Louis au fais do-do. Discutez de vos réponses en classe.

1. Où sont Claire et Jean-Louis ? Pourquoi ?
2. Quelle est la réaction de Claire quand elle rencontre Jean-Louis ?
3. Quels types de questions est-ce que Jean-Louis pose à Claire ? Est-ce qu'elle répond à toutes ses questions ?
4. Comment est-ce que Claire s'excuse à la fin ?

27. D'accord ou pas d'accord

Après avoir écouté le dialogue entre Claire et Jean-Louis au fais do-do, lisez les phrases suivantes et donnez votre opinion. Discutez en petits groupes.

	D'accord	Pas d'accord
1. Jean-Louis est vraiment surpris de voir Claire.	_____	_____
2. Claire est contente de voir Jean-Louis.	_____	_____
3. Claire écrit une thèse sur un auteur du 18ème siècle.	_____	_____
4. Laclos a écrit des romans policiers.	_____	_____
5. Jean-Louis adore la littérature française.	_____	_____
6. Jean-Louis va bientôt retourner à Paris.	_____	_____
7. Claire a un petit ami au Québec.	_____	_____

Comment dire *les rencontres (suite)*

Talking about habits	normalement, en général, souvent, parfois, quelquefois, de temps en temps, rarement, jamais
Stating preferences	adorer, aimer, être fanatique de, avoir envie de, préférer, ne pas trop aimer, ne pas aimer du tout, détester, avoir horreur de
Expressing surprise	Tiens ! C'est toi ! / Tenez ! C'est vous ! Ça me fait plaisir de te/vous voir ! Je suis content(e) de te/vous revoir ! Quelle surprise ! Quelle coïncidence ! Imagine(z) ! Figure-toi ! / Figurez-vous ! Que fais-tu ici ? / Qu'est-ce que vous faites ici ? Vraiment ? Moi aussi ! C'est bizarre/amusant/parfait/chanceux, non ? En effet ! Absolument !
Breaking the ice	Tu viens ici souvent ? / Vous venez ici souvent ? Tu as/Avez-vous une cigarette ? Tu as/Avez-vous l'heure ? Je te/vous connais, non ? On s'est déjà rencontré, non ? Tu aimes/Vous aimez cette musique/cette chanson ? Tu veux danser ? Danse avec moi ! / Voudriez-vous danser avec moi ? Tu as l'air ravissant/joli/charmant/séduisant/troublé/inquiet ce soir. Tu as/Vous avez de beaux yeux / un beau sourire.

28. Vos préférences

Utilisez une expression de chaque colonne pour former des phrases. Puis, avec un partenaire, exprimez vos préférences et posez des questions.

MODÈLE : Normalement, je déteste danser. Et toi ?
—Moi, j'adore danser.

normalement	j'aime	écouter de la musique
en général	je déteste	porter un jean
de temps en temps	j'ai envie de	travailler dans un hôtel
	j'adore	lire des romans d'amour
	je n'aime pas trop	aller aux musées

j'ai horreur de   chanter sous la douche
me détendre
me lever très tôt
????? (Utilisez votre imagination !)

ACTIVITÉ C : Voulez-vous
mieux connaître la musique acadienne et créole de la Louisiane ?
Consultez votre cahier
électronique !

29. Rompez la glace

Imaginez que vous êtes au fais do-do et que vous voulez rencontrer des gens.
Qu'est-ce que vous pourriez dire aux personnes suivantes pour commencer
une conversation ? N'oubliez pas de les saluer et de vous présenter (révisez
Épisode 1, si nécessaire) avant de commencer à parler ou à poser des questions.

1. Deux vieilles dames qui vendent des beignets
2. Une jolie jeune femme qui danse toute seule
3. Un beau jeune homme qui lit un roman
4. Vos amis de l'université (quelle surprise !)
5. Des enfants qui ne peuvent pas dormir
6. Vos parents et leurs amis (quelle surprise !)
7. Votre professeur de français (quelle coïncidence !)
8. Les musiciens pendant leur break

30. Quelle surprise !

Sur une feuille de papier, écrivez une phrase pour indiquer quelque chose
que vous aimez ou que vous détestez qui est surprenante. N'y mettez pas
votre nom ! Échangez vos papiers au hasard. Lisez la phrase sur le papier
que vous recevez, et circulez dans la classe pour trouver l'auteur. Ne montrez pas le papier, et posez des questions SANS utiliser les mots de vocabulaire sur le papier. Trouvez l'auteur, et vous gagnez !

Modèle :   «De temps en temps, j'aime chanter sous la douche.»
—**Est-ce que tu aimes la musique ?**
—**Tu aimes écouter, danser ou autre chose ?**
—**Que fais-tu dans la salle de bains ?**

À l'écrit   *deuxième étape*

31. Ne faites pas do-do !

Imaginez que vous êtes à Lafayette au fais do-do avec Claire et Jean-Louis.
Écrivez un dialogue dans lequel :

- Vous vous présentez à Claire ou à Jean-Louis.
- Vous posez des questions afin de savoir s'il/elle est là pour travailler ou
  pour s'amuser.
- Vous posez des questions afin de savoir ce qu'il/elle aime ou n'aime pas.
- Vous imaginez les réponses (polies ou impolies !).

Finalement, avec un partenaire, révisez vos dialogues et lisez-les à haute voix.

ÉPISODE 3 *La bourse*

Structures   *l'infinitif et le présent*

32. Le travail

Faites correspondre la profession (à gauche) avec son activité professionnelle (à droite). Pour chaque activité professionnelle, indiquez si le verbe est **régulier** ou **irrégulier**. Comment le savez-vous ?

Profession	Activité professionnelle
1. le boulanger, la boulangère	a. danse
2. le policier, la policière	b. combat les feux et les incendies; conduit un camion rouge avec des pompes à eau
3. l'infirmier, l'infirmière	c. prépare et vend de la viande
4. le pompier	d. vole en avion; synonyme de pilote
5. le professeur	e. joue un rôle dans une pièce de théâtre ou dans un film
6. l'avocat, l'avocate	f. utilise ses compétences techniques et scientifiques pour concevoir ou organiser des projets et des machines
7. le médecin	g. prépare et vend du pain
8. l'acteur, l'actrice	h. aide le médecin, surtout dans un hôpital
9. le boucher, la bouchère	i. écrit des romans, des poèmes ou des pièces de théâtre
10. l'aviateur, l'aviatrice	j. travaille dans le commerce, la gestion, l'administration, ou à la direction d'une compagnie et s'occupe de questions financières
11. l'homme/la femme d'affaires	k. répond au téléphone, fait des photocopies, tape des documents à l'ordinateur
12. le chauffeur	l. protège les gens et arrête les criminels
13. l'ingénieur	m. s'occupe de gens malades et les soigne
14. l'auteur	n. enseigne à l'université et fait de la recherche
15. le danseur, la danseuse	o. conduit une grande voiture ou un taxi
16. le/la secrétaire	p. étudie les lois et défend les cas en justice

33. Questions personnelles

Répondez aux questions suivantes. Vous pouvez mentionner d'autres professions qui ne sont pas sur la liste ci-dessus !

1. Quelles professions vous intéressent ? Êtes-vous capable d'exercer ces professions ? Pourquoi ?
2. Quelles professions ne vous intéressent pas du tout ? Pourquoi pas ?
3. Quelles professions sont dangereuses ? ennuyeuses ? amusantes ?
4. Que pensez-vous de la décision prise par Claire de devenir professeur de littérature ? Est-ce que les professeurs font des choses intéressantes ? Est-ce qu'ils sont bien payés ? Ont-ils beaucoup de temps libre ?

34. Travailler c'est trop dur

Au fais do-do à Lafayette, Claire entend une chanson zydeco de Zachary Richard qu'elle aime beaucoup parce que la chanson exprime la fatigue d'une personne qui travaille trop. Elle commence à douter de la possibilité de trouver le manuscrit. Bref, elle perd aussi l'envie de travailler. Faites les activités suivantes avec un partenaire :

www   **Pour aller plus loin : CULTURE**

ACTIVITÉ D : Trouvez l'emploi de vos rêves dans un pays francophone ! Consultez votre cahier électronique !

1. *Avant* de lire les paroles de la chanson, faites une liste de tous les verbes que vous associez à la profession de musicien.
2. Lisez la chanson à haute voix.
3. Soulignez tous les verbes à l'infinitif (non-conjugués). Peut-on traduire tous les infinitifs en anglais comme «*to* —» ? Si non, quels sont les autres possibilités ? Pouvez-vous décrire comment/quand utiliser l'infinitif ? (Bonus : Pouvez-vous trouver un infinitif réfléchi ?)
4. Entourez tous les verbes au présent. Pouvez-vous donner l'infinitif de chaque verbe ? Est-il un verbe régulier ou irrégulier ? Comment le savez-vous ?
5. Comparez votre liste de verbes associés aux musiciens avec les verbes que vous avez soulignés et entourés. Combien sont les mêmes ?
6. Discutez : Quand ce musicien travaille, que fait-il ? Est-ce qu'il gagne beaucoup d'argent ? Est-ce qu'il aime son travail ? Est-ce que vous aimez travailler ? Étudier, c'est travailler, à votre avis ? Quand vous voulez éviter le travail, qu'est-ce que vous aimez faire ?

Travailler c'est trop dur

de Zachary Richard

Travailler c'est trop dur,°	*hard*
Et voler° c'est pas beau;	*to fly (to take off, slang)*
Demander la charité	
C'est quelque chose que je peux pas faire	
Chaque jour que moi je vis°	*I live*
On me demande de quoi moi je vis	
Je dis que je vis sur l'amour,	
Et j'espère de vivre vieux.	
Moi je prends mon violon,	
Et j'attrape mon archet,°	*a bow*
Et je joue ma vieille valse,°	*a waltz*
Pour faire mes amis danser.	
Vous connaissez mes chers amis	
La vie est bien, bien trop courte	
Pour se faire des misères°	*to trouble oneself*
Allons danser ce soir.	
Moi je fais la musique	
C'est presque tous les soirs.	
Trainer° tout par tout	*to hang around*
Chanter dans les wiskies-bars.	
Et des fois,° tu connais,	*sometimes*
J'aimerais lâcher,° pis° m'en aller,°	*to give up/ditch out (slang)*
Mais je suis venu ce soir	*then (reg. Acadia)*
Pour le plaisir de chanter.	*to take off*

**Pour aller plus loin :
CULTURE**

ACTIVITÉ E : Qui est Zachary Richard ? Apprenez un peu sur sa vie, sa musique et sa philosophie quant à son bilinguisme en Louisiane. Consultez votre cahier électronique !

A. The *infinitive* (**l'infinitif**) is the unconjugated form of the verb. As you see above, the infinitive can be used to talk about a concept in an abstract way : "Travailler c'est trop dur", "pour le plaisir de chanter". It is also used to refer to an action or state, often in conjunction with other verbs ("Allons danser"). The French infinitive often does not translate into English as "to—," which is commonly given as its only translation.

- **Note** that some verbs require a preposition when followed by an infinitive : J'essaie de chanter, N'hésitez pas à me contacter. You will learn more about verbs that require prepositions in Chapter 7.
- Note also that, if you have a pronominal verb in infinitive form, you must make the pronoun agree with the subject of the main verb in the sentence even though you are not conjugating the verb : Nous aimons nous lever tôt. Je veux me coucher.

B. The *present tense* (**le présent**) of regular verbs (**-er**, **-ir**, **-re**) is formed by adding the appropriate endings for each subject to the verb stem. The present tense of regular pronominal verbs (**se** + verb) is conjugated in the same way, except you also add the correct form of pronoun before the verb : **je me, tu te, il/elle se, nous nous, vous vous, ils/elles se** + verb.

- **-er** verbs like **travailler** or **se réveiller** : Add endings **-e, -es, -e, -ons, -ez, -ent**
  Other common **-er** verbs are : **aimer, détester, adorer, (se) parler, marcher, chanter, danser, visiter, préparer, penser, apprécier, arriver, discuter, donner, jouer, sembler, (se) téléphoner, se contenter de, s'habiller, se réveiller, se raser, se brosser (les dents), se coiffer, se coucher.**
- **-ir** verbs like **finir** : Add endings **-is, -is, -it, -issons, -issez, -issent**
  Other common **-ir** verbs are : **choisir, grandir, grossir, maigrir, obéir, (se) réunir, réfléchir, réussir, rougir, vieillir, réjouir, accomplir, fleurir, aboutir.**
- **-re** like **attendre** : Add **-s, -s, —, -ons, -ez, -ent**
  Other common **-re** verbs are : **défendre, descendre, (s')entendre, fondre, répondre, vendre, rendre, rendre visite à, se rendre compte, pendre, perdre, se détendre.**

C. The *present tense* (**le présent**) *of slightly irregular* **-er**, **-ir** and **-re** verbs is formed with minor deviations from the regular conjugation. Usually, these changes are required to maintain proper pronunciation of the verb forms.

- **-ger** verbs (like **manger**) require the addition of an **e** before the ending in the **nous** form to preserve the pronunciation of the soft **g** sound (**nous mangeons**). Otherwise, they are conjugated like regular **-er** verbs. Some other **-ger** verbs are : **changer, voyager, nager, ranger, venger.**
- **-cer** verbs (like **commencer**) require the addition of a cedilla (**ç**) on the **c** in the **nous** form to preserve the pronunciation of the soft "c" sound (**nous commençons**). Otherwise, they are conjugated like regular **-er** verbs. Some other **-cer** verbs are : **avancer, balancer, placer, remplacer.**
- **-yer** verbs (like **essayer**) require that you change the **y** to an **i** in all forms *except* the **nous** and **vous** forms,which require the stronger **y** sound. Otherwise, the endings are regular **-er** endings. Other verbs like this are : **ennuyer, envoyer, nettoyer, payer.**
- **-eler** and **-eter** verbs (like **appeler**) require that you double the **l** or the **t** in all forms *except* the **nous** and **vous** forms. Note that a word cannot

end in the combination **e-consonant-e** in French; sometimes the consonant is doubled and other times an **accent grave** is added (see below) to aid pronunciation. The endings are regular **-er** endings. Other verbs like this are : **s'appeler, rappeler, jeter, rejeter**.

- Verbs like **lever** require that you add an **accent grave** to the middle e (**è**) in all forms *except* the **nous** and **vous** forms. Otherwise, the endings are regular **-er** endings. Other verbs like this are : **se lever, acheter, élever, mener, amener, emmener, (se) promener**.
- Verbs like **préférer** require that you change the accent on the middle e to an **accent grave** (**è**) in all forms *except* the **nous** and **vous** forms. Otherwise, the endings are regular **-er** endings. Other verbs like this are : **répéter, espérer, considérer, posséder**.
- Verbs like **ouvrir** are conjugated with the regular **-er** endings *instead* of the **-ir** endings. Other verbs like this are : **découvrir, offrir, souffrir**.
- Verbs like **prendre** are conjugated like regular **-re** verbs in the singular, but have different plural forms which require you to drop the **d** in all plural stems and to double the **n** in the third person plural (nous prenons, vous prenez, ils/elles prennent). Other verbs like this are : **apprendre, comprendre, entreprendre, s'éprendre de**.

35. Le travail de Philippe

Quand Claire rentre à l'Hôtel Le Moyne après son weekend à Lafayette, elle rencontre Philippe dans la grande salle. Il travaille à la réception. Conjuguez les verbes entre parenthèses au présent.

Les verbes -er

CLAIRE : Bonjour, Philippe. Vous (travailler) _____ toujours !

PHILIPPE : Oui, mais j'(adorer) _____ cette vie. Je (se lever) _____ à 5h, je (visiter) _____ mes amis au marché, et j'(acheter) _____ des produits frais. Puis, mon assistant et moi, nous (préparer) _____ le petit déjeuner et nous (discuter) _____ des nouvelles. Les clients (arriver) _____ dans la salle et tout est prêt ! Nous (s'amuser) _____ beaucoup à faire ce travail.

CLAIRE : Et nous (apprécier) _____ votre hospitalité.

Les verbes -ir

PHILIPPE : Cela me (réjouir) _____ le cœur d'avoir des clients satisfaits. Est-ce que vous avez fini vos travaux de recherche à la bibliothèque ?

CLAIRE : Ah, mais, les travaux de recherche (ne pas s'achever) _____ si facilement !

PHILIPPE : Hélas, c'est vrai. Tout de même, il faut profiter du moment. La vie passe vite… les fleurs (fleurir) _____, les enfants (grandir) _____ et vous (vieillir) _____ ! Laissez les bons temps rouler, hein !

CLAIRE : Vous avez raison. Même si je ne trouve pas le manuscrit ici, au moins je (découvrir) _____ un tas de choses intéressantes sur l'histoire de cette ville merveilleuse.

Les verbes -re

JEAN-LOUIS : (*arrivant brusquement*) Quoi ? Qu'est-ce que j'(entendre) _____ ? Tu as réussi à trouver le manuscrit ?

CLAIRE : Non, non, pas encore.

JEAN-LOUIS : Tu (ne pas perdre) _____ confiance en toi, j'espère.

CLAIRE : Non, mais aujourd'hui, je (se détendre) _____. Je (ne pas descendre) _____ aux archives de la bibliothèque quand il fait si beau dehors.

PHILIPPE : Allez, vous deux ! Il ne fait pas trop chaud et vous (perdre) _____ votre temps ici. Vous (s'entendre) _____ assez bien. Pourquoi pas aller faire un tour des marécages (*swamps*) ensemble ? Ils (vendre) _____ des billets à demi-tarif cet après-midi. Je peux vous arranger ça très facilement. Qu'est-ce que vous en dites ? Que me (répondre) _____-vous ?

JEAN-LOUIS : Je (répondre) _____ «oui !». Et toi, Claire ?

CLAIRE : D'accord. Cet après-midi vers 3h ?

JEAN-LOUIS : Parfait. À cet après-midi, alors.

36. Aux marécages

À trois heures pile (*on the dot*), Claire et Jean-Louis quittent l'hôtel pour aller aux marécages. Lors de leur tour en bâteau dans les marécages, ils se parlent de leurs vies. Choisissez un des verbes donnés et conjuguez ce verbe au **présent** pour remplir les blancs.

attendre, commencer, essayer, travailler, se coucher, s'intéresser, visiter, prendre, se lever, finir

JEAN-LOUIS : Alors, parle-moi de tes recherches. C'est fascinant.

CLAIRE : Quoi ? Normalement, les gens ne _____ pas trop à la littérature du 18ème siècle.

JEAN-LOUIS : Ouais, mais, tu _____ beaucoup de villes exotiques et tu _____ de résoudre le mystère du manuscrit perdu de Laclos.

CLAIRE : Ma vie au Québec n'est pas aussi intéressante. Quand je suis chez moi, c'est la routine. Mais, Jean-Louis, qu'est-ce que tu fais comme travail ?

JEAN-LOUIS : Oh, moi, je suis barman. Je _____ à Mulligan's, un bar irlandais à Paris. C'est une vie assez déréglée. On dort tard et on _____ tard, vers 1h de l'après-midi. On _____ le petit-déjeuner à l'heure du déjeuner et le déjeuner à l'heure du dîner.

CLAIRE : Ça doit être un peu bizarre.

JEAN-LOUIS : En effet, et mon partenaire et moi, nous _____ à travailler vers 6h du soir, et nous _____ le travail vers 3h du matin. Je rentre chez moi et je _____ à 6h du matin, quand tout le monde se réveille. C'est une vie assez difficile.

CLAIRE : Et tu _____ patiemment toute l'année le mois d'août parce que le bar ferme pendant le mois des grandes vacances ?

JEAN-LOUIS : Non, le bar est ouvert au mois d'août, mais j'aime voyager en été. Je suis comme la cigale (*cicada/grasshopper*) qui chante tout l'été.

CLAIRE : Mais attention, c'est la fourmi travailleuse qui triomphe à la fin de cette fable.

JEAN-LOUIS : Tu as raison, mais c'est la cigale qui s'amuse le plus, n'est-ce pas ?

37. Et vous ?

Que faites-vous dans les situations suivantes ? Interviewez quelqu'un dans la classe.

1. Quand tu n'as pas envie de travailler…
2. Quand tu veux faire de l'exercice…
3. Quand tu es à la plage…
4. Quand tu veux contacter un(e) ami(e)…
5. Quand tu as besoin d'argent…
6. Quand tu es triste…

7. Quand tu veux te détendre…
8. Quand il pleut…
9. Le matin avant de quitter la maison…
10. Le soir avant de t'endormir…

ACTIVITÉ F : Lisez la fable de La Fontaine : «La Cigale et la fourmi». Il s'agit de diverses opinions sur le travail. Consultez votre cahier électronique.

38. Une carrière intéressante

Avec un partenaire, choisissez une profession bizarre ou intéressante. Sur une feuille de papier, écrivez 10 phrases courtes pour décrire les activités typiques d'une personne qui fait ce travail. Échangez vos papiers et essayez de deviner les carrières décrites par vos camarades de classe.

Quand Claire retourne à l'hôtel, elle y trouve un fax qui vient d'être transmis. Ce fax a l'air assez important…

CORRESPONDANCE : *La bourse*

Québec, le 26 août 2003
Mademoiselle Claire PLOUFFE
Hôtel Le Moyne, rue Dauphine
La Nouvelle-Orléans, Louisiane 70130 USA
FAX : 504-525-8422

Chère Mademoiselle,

J'ai le grand plaisir de vous annoncer la décision du Département de Lettres Modernes de vous nommer bénéficiaire d'une bourse° de recherche pour l'année universitaire 2003/2004. Cette somme considérable vous permettra d'achever° votre ambitieux projet de recherche sur le manuscrit perdu de Laclos. C'est aussi une distinction importante accordée par les membres du Département qui pensent, comme moi, que votre projet a du mérite. La découverte de ce manuscrit sera une vraie contribution à l'histoire littéraire.

a stipend/fellowship

to complete/to achieve a goal

Je suis très heureux de pouvoir vous attribuer cette bourse car° je pense que vous la méritez pleinement, et je vous félicite° sincèrement. Je souhaite° que vos projets aboutissent° comme vous l'espérez. Vous recevrez une lettre des Services Financiers avec tous les détails sur le versement° de l'argent sur votre compte.° N'hésitez pas à me contacter si vous avez des questions. Je serai en France cet automne, et j'espère que nous aurons l'occasion de nous rencontrer.

for

to congratulate

to wish
to complete/to reach a goal

deposit
account (bank account)

Je vous prie de croire, chère Mademoiselle, à l'assurance de mes sentiments les meilleurs.

P.F. Thuillier

Le Directeur de la Recherche et
des Études Littéraires
L'Université de Sainte-Foy

Après avoir lu

39. D'accord ou pas d'accord

Après avoir lu la lettre ci-dessus, lisez les phrases suivantes et donnez vos opinions personnelles. Discutez en petits groupes.

	D'accord	Pas d'accord
1. Claire et Monsieur Thuillier sont de très bons amis.	_____	_____
2. Claire va recevoir beaucoup d'argent de son université.	_____	_____
3. Le projet de recherche de Claire est intéressant.	_____	_____
4. M. Thuillier a confiance en Claire.	_____	_____
5. Claire n'a pas le soutien (*support*) de tout le département.	_____	_____
6. Claire va aller en France pour continuer ses recherches.	_____	_____

Comment dire   *écrire une lettre*

	Formal	Informal
Greetings	Monsieur/ Madame/Mademoiselle	Cher/Chère (prénom), Salut (prénom)
Wishes	Je suis très heureux (-euse) pour vous Je pense que vous méritez… Je vous félicite sincèrement Je pense/Je crois/J'espère que vous… N'hésitez pas à me contacter si…	Ça va ? Tu vas bien ? Je suis très content(e) d'apprendre que… Félicitations ! Je pense/Je crois/J'espère que tu… Écris-moi/Téléphone-moi si…
Closings	• Je vous prie de croire, Monsieur/Madame/Mademoiselle, à l'assurance de mes sentiments respectueux/les meilleurs/les plus cordiaux • Je vous prie de recevoir, cher/chère Monsieur/Madame/Mademoiselle, mes salutations respectueuses/distinguées	• En espérant te voir bientôt • Amitiés/Amicalement • Je t'embrasse (affectueusement) • Gros bisous/Grosses bises • Je pense bien à toi • À très bientôt/Au plaisir de te lire

ℹ Langue

Dans une lettre formelle à quelqu'un que vous avez déjà rencontré, vous pouvez commencer avec «Cher Monsieur» ou «Chère Madame» ou «Chère Mademoiselle». L'usage du mot **«cher»** indique que vous connaissez assez bien le destinataire. Alors, «Monsieur» est plus formel que «Cher Monsieur», et on utilise le premier pour les gens qu'on ne connaît pas personnellement ou à qui on veut témoigner un plus grand respect.

40. Formalités

Cette lettre est assez formelle. Transformez les phrases suivantes pour rendre le ton plus familier. **Attention :** Il faut changer les **vous** en **tu**, mais vous pouvez aussi changer des mots ou introduire des expressions plus familières.

1. Chère Mademoiselle
2. J'ai le grand plaisir de vous annoncer la décision du Département de Lettres Modernes de vous nommer bénéficiaire d'une bourse de recherche.
3. Je souhaite que vos projets aboutissent comme vous l'espérez.
4. N'hésitez pas à me contacter si vous avez des questions.
5. Je vous prie de croire, chère Mademoiselle, à l'assurance de mes sentiments les meilleurs.

41. Le courriel ou le courrier ?

Avec un partenaire, choisissez une salutation, des vœux (*wishes*) et un adieu qu'on peut employer pour chacune des situations suivantes. Aussi, décidez s'il faut envoyer chaque lettre par courriel (courrier électronique) ou par courrier normal.

1. Pour féliciter une amie qui vient d'avoir un bébé
2. Pour souhaiter «joyeux anniversaire» à votre oncle qui va avoir 50 ans
3. Pour remercier une collègue québécoise qui vous invite à un dîner (malheureusement, vous n'êtes pas libre !)
4. Pour souhaiter «bon voyage» à vos voisins avant leur départ pour Paris

À l'écrit   *troisième étape*

42. Vos vacances de rêve à la Nouvelle-Orléans

Imaginez que vous êtes en vacances à la Nouvelle-Orléans. Un(e) camarade de classe décide de visiter la ville la semaine prochaine et veut savoir comment vous contacter pendant la journée. Écrivez-lui une brève lettre ou un courriel avec votre emploi du temps pour la journée. Faites une liste de huit activités. Échangez votre liste avec celle d'un(e) de vos camarades de classe (par courriel, si vous voulez !) et offrez-lui une réponse et quelques corrections possibles.

Dénouement

Une enseigne historique à la Nouvelle-Orléans.

Activités de révision

43. Votre ville

Imaginez qu'un groupe de Français viennent dans votre ville pour faire du tourisme. Ils ont seulement une journée pour découvrir la ville et/ou la région. Ils arrivent à 7h00 et partent à 21h00. En petits groupes, imaginez un itinéraire et quelques activités. N'oubliez pas de suggérer des restaurants pour les repas. Comparez votre itinéraire avec ceux de vos camarades !

44. Compatibilité

Vous cherchez quelqu'un : un compagnon de voyage, un(e) camarade de chambre ou bien un(e) fiancé(e). C'est à vous de choisir ! Répondez aux questions suivantes (vérités ou mensonges sont acceptables). Puis, circulez dans la salle de classe et posez des questions à vos camarades. Vous voulez trouver quelqu'un qui soit compatible avec vous !

1. Quand vous voyagez, vous préférez vous loger où ?
2. Vous avez une heure à passer à la Nouvelle-Orléans, que faites-vous ?
3. Quelle cuisine ethnique préférez-vous ?
4. Quelle est la carrière de vos rêves ?
5. Quelle musique aimez-vous ?
6. Pour votre lune de miel (*honeymoon*), vous voulez absolument aller où ?

Avant de lire   Les Liaisons dangereuses

45. Les contraires s'attirent

Imaginez deux personnes complètement incompatibles : une femme très dévote (qui aime la religion et la vie sage) et un homme libertin (qui aime laisser les bons temps rouler). En gros, ce sont les caractères des deux personnages principaux du texte que vous allez lire. Regardez les activités suivantes et, avec un partenaire, décidez si ce sont les activités d'une personne dévote ou celles d'une personne libertine. Conjuguez les verbes **au présent**. Justifiez vos choix.

MODÈLE :   se coucher à 9h du soir
→ **Une personne dévote se couche à 9h du soir.**

1. assister à la messe à 8h du matin
2. se confesser au prêtre
3. rencontrer des amis dans un bar
4. rendre visite à des parents âgés
5. danser toute la nuit
6. se promener tout(e) seul(e) à la campagne
7. jouer au poker avec des hommes riches
8. jouer aux cartes avec une vieille dame
9. ne pas se marier
10. donner de l'aide aux pauvres
11. acheter des vêtements (*clothes*) très chic et très chers
12. rester dans un hôtel de luxe

46. Premières impressions

Lisez l'extrait suivant, tiré d'une lettre du roman *Les Liaisons dangereuses* de Choderlos de Laclos, sans essayer de comprendre chaque mot. Après votre première lecture (*reading*) du texte, répondez aux questions. Ensuite, relisez le texte une deuxième fois, plus attentivement.

1. Est-ce un homme ou une femme qui écrit cette lettre ?
2. Qui va recevoir cette lettre, un homme ou une femme ? un(e) ami(e) ou un(e) inconnu(e) ?
3. Est-ce que le ton de la lettre est formel ou familier ? on se vouvoie ou on se tutoie ?
4. Est-ce que le ton est plutôt passionné ou plutôt mélancolique ?
5. Où se situe l'action ? à Paris ou à la campagne ?

LITTÉRATURE : *Les Liaisons dangereuses*

L'intrigue du roman de Choderlos de Laclos se passe en France au 18ème siècle, période pendant laquelle l'aristocratie est en déclin. Deux aristocrates, le Chevalier de Valmont et son ancienne maîtresse la Marquise de Merteuil, se livrent à un libertinage plus ou moins déclaré. Dans cette lettre adressée à sa complice, Valmont décrit son projet de séduire une femme dévote et mariée qu'il a rencontrée dans la maison de campagne de sa vieille tante. La Marquise de Merteuil, elle, veut que Valmont séduise une jeune femme qu'elle connaît à Paris, mais Valmont l'informe de son intention de rester chez sa tante. Voici ce que Valmont écrit à son amie la Marquise…

de Choderlos de Laclos

Les Liaisons dangereuses (extrait)

Ne vous fâchez pas et écoutez-moi. Dépositaire de tous les secrets de mon cœur, je vais vous confier° le plus grand projet que j'aie jamais formé. Que me proposez-vous ? de séduire une jeune fille qui n'a rien vu, ne connaît rien; qui, pour ainsi dire, me serait livrée° sans défense; qu'un premier hommage° ne manquera pas d'enivrer,° et que la curiosité mènera° peut-être plus vite que l'amour. Vingt autres peuvent y réussir comme moi. Il n'en est pas ainsi° de l'entreprise qui m'occupe. […]

to confide

delivered / compliment
to intoxicate
to lead / thus

Vous connaissez la présidente de Tourvel, sa dévotion, son amour conjugal, ses principes austères. Voilà ce que j'attaque; voilà l'ennemi digne° de moi; voilà le but° où je prétends° atteindre. […]

worthy / goal
to aspire to

Vous saurez donc que le président est en Bourgogne, à la suite d'un grand procès° (j'espère lui en faire perdre un plus important). Son inconsolable moitié° doit passer ici tout le temps de cet affligeant° veuvage.° Une messe chaque jour, quelques visites aux pauvres du canton,° des prières du matin et du soir, des promenades solitaires, de pieux° entretiens° avec ma vieille tante, et quelquefois un triste wisk,° devaient être ses seules distractions. Je lui en prépare de plus efficaces.° Mon ange m'a conduit ici, pour son bonheur et le mien. Insensé !° je regrettais vingt-quatre heures que je sacrifiais à des égards d'usage.° Combien on me punirait, en me forçant de retourner à Paris ! Heureusement il faut être quatre pour jouer au wisk; et comme il n'y a ici que le curé° du lieu, mon éternelle tante m'a beaucoup pressé° de lui sacrifier quelques jours. Vous devinez° que j'ai consenti.

trial
(other) half
sorrowful / widowhood
district
pious / interview/meeting
a card game / efficient
madman / social obligations

parish priest
to urge / to guess

Après avoir lu

47. Avez-vous compris ?

En petits groupes, discutez de vos réponses aux questions suivantes.

1. Quel est le «plus grand projet» de Valmont ? Que pensez-vous de ce projet ?
2. Pourquoi est-ce que Valmont rejette la jeune fille innocente et choisit la présidente de Tourvel ?
3. Où est le mari de la présidente de Tourvel ? Pourquoi ?
4. Quelles sont les activités habituelles de la présidente de Tourvel ? Est-ce que ce sont les activités d'une personne dévote ? Est-ce que ce sont les activités habituelles de Valmont ?

5. Pourquoi est-ce que la tante invite Valmont à rester quelques jours de plus ?
6. Imaginez que vous recevez une lettre comme celle-ci d'un(e) ami(e) en vacances à la campagne. Comment réagissez-vous ? Que dites-vous à votre ami(e) ?

48. D'accord ou pas d'accord ?

Réfléchissez sur l'extrait du roman de Laclos. Ensuite, lisez les phrases suivantes et donnez votre opinion. Discutez de vos réponses en petits groupes.

	D'accord	Pas d'accord
1. La présidente de Tourvel est une femme malheureuse.	_____	_____
2. Valmont est amoureux de la présidente de Tourvel.	_____	_____
3. Valmont est un homme respectable.	_____	_____
4. On s'amuse bien à la maison de campagne de cette tante.	_____	_____
5. La vieille tante a beaucoup d'amis.	_____	_____

49. Analyse littéraire

Examinez ce texte de près. Répondez aux questions suivantes et discutez de vos réponses en classe.

1. Quel est le ton du texte ? Qu'est-ce qui contribue à ce ton (le vocabulaire, le style d'écriture, la forme du texte) ?
2. Y a-t-il des images ou des couleurs qui dominent dans ce texte ? Comment est-ce que ces images ont influencé votre lecture du texte ?
3. Quel temps domine dans ce texte (le présent, le passé, le futur, etc.) ? Quel est l'effet de l'usage de ce temps (un sens d'urgence, une distance impersonnelle, la nostalgie, la possibilité, la certitude ou l'incertitude, l'orgueil, etc.) ? Y a-t-il un moment où les temps changent ? Quel en est l'effet ?
4. Y a-t-il d'autres éléments structurels (ponctuation, répétitions, phrases longues ou courtes, contrastes, métaphores, etc.) que l'auteur emploie systématiquement ? Si oui, quels sont les effets de l'emploi de ces éléments ?

Pour aller plus loin : CINÉMA

ACTIVITÉ H : Regardez les films américains *Dangerous Liaisons* et *Cruel Intentions* et comparez les scènes de la rencontre entre Valmont et Tourvel avec l'original que vous avez lu ! Consultez votre cahier électronique.

Synthèses

50. Réfléchissons à la culture

Voici quelques éléments de la culture louisianaise que vous avez étudiés dans ce chapitre. En petits groupes, répondez aux questions et discutez de vos impressions avec vos camarades.

Mardi gras   un fais do-do   les Cajuns

1. Définissez ou décrivez chaque élément.
2. Pourquoi chaque élément est-il important dans cette culture ? Y a-t-il un phénomène historique ou social qui explique son importance ?
3. À votre avis, est-ce que ces éléments témoignent de la richesse et de la diversité de la culture louisianaise de nos jours, ou sont-ils au contraire stéréotypiques ? Pourquoi ?
4. Est-ce que votre impression de cette culture est différente maintenant que vous avez commencé à l'étudier ? Si oui, comment et pourquoi ? Si non, pourquoi pas ?

51. À débattre

Lisez les questions suivantes et discutez en groupes. Si possible, parlez de vos expériences personnelles relatives aux questions.

1. **Les stéréotypes !** Les Français accusent les Américains d'être superficiels quand il s'agit des rapports d'amitié. On dit que les Américains, en général, sont très amicaux à la première rencontre et posent tout de suite des questions personnelles, mais deux jours après, ils peuvent être distants ou même «oublier» de vous avoir parlé. Par contre, on dit que les Français semblent être plus distants et plus réservés à la première rencontre, mais quand ils se font des amis, ils sont plus constants. Qu'en pensez-vous ?

2. **Pourquoi voyage-t-on ?** Michel de Montaigne, un grand philosophe français, a écrit la phrase suivante : «Je réponds ordinairement à ceux qui me demandent raison de mes voyages : que je sais bien ce que je fuis (*flee*), et non pas ce que je cherche.» Êtes-vous d'accord ? Quand vous voyagez, est-ce que vous fuyez quelque chose ou est-ce que vous cherchez quelque chose ?

3. **Travailler, c'est trop dur ?** On dit que les jeunes gens aujourd'hui ne veulent plus travailler. Tout le monde a envie d'être riche, mais on ne veut pas sacrifier son énergie et son temps libre pour réussir. Les jeunes rêvent de gagner à la loterie ou de recevoir de l'argent en héritage. Ils ne rêvent pas d'un bon emploi stable et permanent. La nouvelle génération n'a pas la même éthique de travail que l'ancienne. Êtes-vous d'accord ? Pourquoi ou pourquoi pas ?

52. À l'impromptu

Voici des situations de rencontre. Avec une ou deux autres personnes, choisissez une scène et improvisez devant la classe. Si vous ne voulez pas improviser, écrivez votre dialogue avant et puis jouez-le pour la classe.

1. (a) Vous êtes à la terrasse d'un café à la Nouvelle-Orléans quand vous remarquez un touriste francophone à la table d'à côté. Dites-lui bonjour et essayez d'entamer une conversation. Ne vous découragez pas si, d'abord, la personne semble un peu distante. Vous savez que la compagnie lui manque et qu'il aimerait bavarder avec quelqu'un.

   (b) Vous êtes touriste français dans un café à la Nouvelle-Orléans. Vous êtes fatigué. Il fait trop chaud et l'hôtel où vous êtes descendu est minable (*seedy*). La seule chose que vous voulez faire, c'est de lire votre guide touristique en paix. Une personne américaine, qui souhaite pratiquer son français avec vous, essaie d'attirer votre attention. Vous n'avez aucune envie de lui parler.

2. (a) Vous travaillez dans un bureau à Lafayette. Votre poste est important. Votre emploi de temps est très chargé. Vous êtes assailli par de nombreuses questions que vous pose l'équipe avec laquelle vous collaborez. Malheureusement, le temps vous manque. En effet, vous avez rendez-vous d'affaires avec des collègues très haut-placés dans votre société (*company*) cet après-midi.

   (b) Vous voulez présenter le nouvel employé (personne «c») à votre patron (personne «a»). Vous savez que votre patron est très occupé, mais vous devez interrompre son travail pour faire les présentations.

(c) Vous venez d'être engagé dans un bureau francophone à Lafayette. Vous allez rencontrer votre patron pour la première fois. Vous voulez discuter de vos responsabilités professionnelles, mais vous voulez aussi faire la connaissance de vos nouveaux collègues. Asseyez-vous et bavardez avec eux.

3. (a) Vous êtes dans le foyer d'un hôtel à Lafayette au cœur du pays acadien. Vous remarquez un homme qui ressemble fort au chanteur louisianais Zachary Richard. Présentez-vous et essayez d'établir son identité. Le chanteur est là incognito, mais soyez persistent ! Lâche pas la patate !

(b) Vous êtes réceptionniste dans un hôtel à Lafayette. Vous êtes acadien et vous adorez la musique zydeco, mais vous n'êtes pas musicien. Un touriste vous prend pour un célèbre musicien et vous pose un tas de questions ! Restez poli et répondez à toutes ses questions. Vous ne voulez pas perdre votre pourboire (*tip*).

www Pour aller plus loin : LITTÉRATURE

ACTIVITÉ I : Lisez un extrait du roman *Manon Lescaut* de l'Abbé Prévost. C'est un roman français du 18ème siècle. Dans l'extrait, Manon et son fiancé décrivent leur arrivée à la Nouvelle-Orléans.

À l'écrit *étape finale*

53. Une lettre de la Nouvelle Orleans

Vous êtes en vacances à la Nouvelle-Orléans, et vous restez à l'Hôtel Le Moyne. Révisez et élaborez vos travaux d'écriture de ce chapitre (activités 15, 31 et 42). Rédigez une lettre formelle à votre professeur de français. Utilisez le **présent** autant que possible. N'oubliez pas les éléments suivants :

- salutation
- déscription des activités pendant une journée typique
- discussion des gens que vous connaissez (Claire, Jean-Louis, Philippe)
- questions sur vos camarades de classe ou votre université (vous ne voulez pas avoir l'air complètement égoïste !)
- vœux (c'est l'anniversaire de votre professeur !)
- adieu

À suivre

Le matin suivant, Claire retourne à la bibliothèque. Les bibliothécaires annoncent qu'ils ont trouvé le nom et l'adresse de la seule descendante vivante de François Fontenot. Elle s'appelle Sandrine Fontenot-Chardin, et elle habite à la Nouvelle-Orléans ! François Fontenot, son parent éloigné, n'est pas venu directement de la France, après tout. C'est un homme de couleur qui a immigré en Louisiane de Saint-Domingue (l'île qui est aujourd'hui partagée entre Haïti et la République dominicaine) au moment de la Révolution haïtienne. Il est possible que Sandrine Fontenot-Chardin possède le manuscrit inédit de Laclos sans savoir son importance. Claire décide de lui rendre visite le lendemain…

54. Qu'est-ce qui va se passer ?

Imaginez ce qui va se passer dans le prochain chapitre. Écrivez 6 phrases et parlez de vos idées avec vos camarades de classe.

Si vous voulez bouger et faire quelque chose pour mieux connaître la Nouvelle-Orléans et la Louisiane, ou pour aider les autres à mieux comprendre l'influence française aux Etats-Unis, consultez la section **Pour agir** dans votre cahier électronique ! Il y a tant de choses à faire :

- **Vendez des beignets** et du café au lait sur votre campus et contribuez l'argent que vous gagnez à une organisation qui préserve les maisons et bâtiments historiques ou les cimetières historiques de la Nouvelle-Orléans.
- **Enseignez** ce que vous savez de la culture de la Louisiane à des enfants de l'école primaire.
- **Entrez en contact** avec des Francophones d'Amérique du nord.
- **Écrivez une brochure touristique** en français pour attirer des touristes francophones à votre communauté.
- **Organisez un voyage** à la Nouvelle-Orléans pour les vacances de printemps.
- **Cuisinez !** Préparez un vrai repas créole avec vos camarades de classe.

VOCABULAIRE UTILE

Les voyages

auberge (f.) de jeunesse	youth hostel
chaleur (f.)	heat
chambre (f.) d'hôte	guest room
conduire	to drive
espèces (m. pl.)	cash
être retardé (de)	to be delayed (flight, transportation)
faire do-do	to go night-night (slang)
faire une excursion	to take a short trip
fais do-do (m.)	a dance party (reg. Acadia)
guide (touristique) (m.)	guidebook
louer	to rent
orage (m.)	storm
paroisse (f.)	parish/geographical area (reg. Acadia)
permis de conduire (m.)	driver's license
portefeuille (m.)	wallet
remonte-pente (m.)	ski lift
sac à dos (m.)	backpack
sac à main (m.)	handbag
se détendre	to relax, unwind
se reposer	to relax, rest
terrain (m.) de camping	camp ground
trottoir (m.)	sidewalk
valise (f.)	suitcase
vol (m.)	flight

À l'hôtel

ascenseur (m.)	elevator
balcon (m.)	balcony
clé (f.)	key
client(e)	hotel guest, client
climatisé(e)	air-conditioned
cour (f.)	courtyard
courriel (m.)	e-mail
épeler	to spell
escalier (m.)	stairs
être au complet	to be full, no vacancy
fauteuil (m.)	living-room chair
femme de ménage (f.)	chambermaid
fer forgé (m.)	wrought iron
foyer (m.)	entranceway, lobby
fumeur, non-fumeur	smoking, nonsmoking
grande salle (f.)	great room, main room
gratuit(e), compris(e)	free, included
hôtelier, hôtelière	innkeeper, hotel owner
meubles (m. pl.)	furniture
pension (f.)	bed-and-breakfast
piscine (f.)	pool
réception (f.)	check-in desk
rendre service (à)	to be of service (to)
se serrer la main	to shake hands

La littérature

auteur (m.)	author
bouquin (m.)	book (slang)
descendant(e)	descendant
écrire une thèse	to write a thesis
littérature (f.)	literature
recherche (f.)	research
roman épistolaire (m.)	epistolary novel
roman policier (m.)	detective novel
roman (m.)	novel
science-fiction (f.)	science fiction
siècle (m.) (le 18ème siècle)	century (the 18th century)

Le travail et les vacances

affaires (f. pl.)	business
boulot (m.)	job, work (slang)
chanson (f.)	song
copain (m.), copine (f.)	friend or boy/girlfriend
costume (m.)	man's suit
danser	to dance
être bien habillé(e)	to be well dressed
exprès	on purpose
fan(atique)	fan, a lover of something
grandes vacances (f. pl.)	summer vacation
ravissant(e)	ravishing, beautiful
se tromper de	to be mistaken
s'ennuyer	to get bored
yeux (m. pl.) (un œil)	eyes (an eye)

2 Une recette créole

> L'okra ne se mange pas d'un seul doigt.
> —proverbe haïtien

i Culture

La France a colonisé **Saint-Domingue** (aujourd'hui **Haïti**) en 1697. Les Français y ont transplanté des esclaves en grand nombre de plusieurs pays d'Afrique, comme le Bénin et le Congo, pour travailler sur les plantations. En 1792, suivant l'exemple des révolutionnaires français et américains, les populations d'esclaves, de personnes de couleur libres (*free people of color*) et d'esclaves affranchis (*freed slaves*) se sont unies et se sont révoltées contre l'oppression des Français. Cette violente et complexe révolution a été un succès. En 1804, les révolutionnaires ont expulsé les troupes françaises du nouvel empereur Napoléon, et ils ont renommé le pays Haïti, qui veut dire «île montagneuse» en **arawak**, la langue d'un peuple indigène à l'île. La première «république noire» était fondée au Nouveau Monde. Le pays est aujourd'hui une république indépendante malgré deux siècles de problèmes économiques et politiques—y compris une série de dictateurs violents, plusieurs régimes militaires, des crises agriculturelles et l'occupation militaire du pays par les États-Unis de 1915 à 1934.

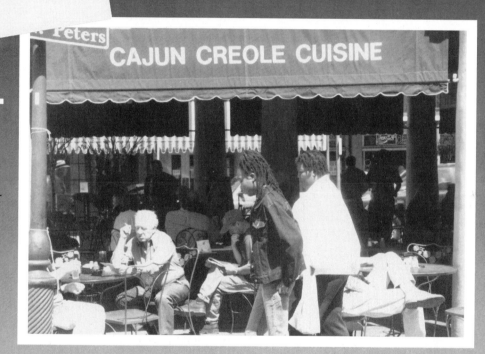

Un restaurant à la Nouvelle-Orléans.

À lire

Claire rend visite à Sandrine Fontenot-Chardin, descendante de François Fontenot, un homme de couleur qui a échappé à la violence de la Révolution haïtienne en immigrant à la colonie française de la Louisiane. Claire croit que Fontenot a transporté à la Nouvelle-Orléans le manuscrit inédit d'un deuxième roman de l'écrivain Choderlos de Laclos. Elle espère que Sandrine possède toujours ce manuscrit important ou encore qu'elle sait où le trouver. Pourtant, le rendez-vous avec Sandrine ne va pas comme prévu, et ensuite Claire doit prendre une décision difficile.

Chez les Fontenot

Avant de lire

1. Vos préférences gastronomiques

Répondez aux questions suivantes. Discutez de vos réponses avec vos camarades de classe et n'hésitez pas à poser des questions supplémentaires si vous voulez en savoir plus.

1. Quel type de cuisine préférez-vous ? la cuisine américaine ? italienne ? chinoise ? Quel est votre plat (*dish*) préféré ?
2. À quelle heure est-ce que vous prenez le petit déjeuner ? le déjeuner ? le dîner ? Quel est votre repas (*meal*) préféré ?
3. Aimez-vous la viande, la volaille (*poultry*), le poisson ou les fruits de mer (*seafood*) ?
4. Que buvez-vous le plus souvent : de l'eau, du coca, du jus de fruit, du lait ?
5. Est-ce que vous dînez au restaurant souvent ? de temps en temps ? rarement ? jamais ? Avec qui allez-vous au restaurant ? Préférez-vous aller au restaurant ou dîner chez vous ?
6. Préférez-vous un restaurant élégant, un bistro ou un café ? Pourquoi ? Quel est l'aspect le plus important dans votre choix de restaurant : le prix, l'ambiance, la distance ou la qualité de la nourriture ? Pourquoi ?

ℹ Langue

Un **restaurant** est d'habitude plus formel qu'un **bistro**. Le bistro sert de bons repas à un prix raisonnable et à une ambiance animée. Au **café**, on peut prendre une boisson ou bien un petit repas. On y trouve aussi une ambiance animée, mais les plats sont d'habitude plus simples.

2. Êtes-vous gastronomes ?

En petits groupes, écrivez une liste de types de nourriture dans chaque catégorie suivante. Ne regardez ni dans le dictionnaire ni dans le glossaire de ce livre ! Pensez à des mots de vocabulaire que vous connaissez déjà !

1. types de viandes
2. types de volaille (*poultry*)
3. types de fruits de mer
4. types de légumes
5. types de produits laitiers (*dairy*)
6. types de fruits
7. types de boissons
8. types de desserts

3. Des ordres !

Avec un partenaire, décidez si Claire a entendu les ordres suivants dans la cuisine d'**une maison privée**, ou dans **un restaurant**, *ou* s'il est possible d'entendre ces phrases dans **les deux endroits**.

1. Apportez-moi un steak, s'il vous plaît.
2. À table ! Mangeons pendant que c'est chaud !
3. Pierre, va chercher le tire-bouchon (*corkscrew*) !
4. Passe-moi le sel, s'il te plaît.
5. Tenez, voici ma carte de crédit !
6. Patientez un moment, s'il vous plaît ! Votre plat va arriver d'une minute à l'autre.

LECTURE : *Chez les Fontenot*

Claire arrive à l'adresse que les bibliothécaires lui ont donnée, une jolie maison rouge avec un balcon de fer forgé, pas loin du cimetière Saint-Louis au nord du Vieux Carré. Elle sonne, et une femme potelée et aux yeux vifs ouvre la porte. C'est Sandrine Fontenot. Claire se présente et explique pourquoi elle est là… qu'elle cherche un manuscrit du 18ème siècle et qu'elle a des questions à poser à propos de François Fontenot. Sandrine, qui doit avoir la cinquantaine d'après Claire, l'invite à entrer. Elles s'assoient autour d'une table dans la cuisine, où Sandrine est en train de préparer le dîner.

SANDRINE : Je peux vous servir quelque chose à boire ? Un café ?

CLAIRE : Volontiers. Merci. Qu'est-ce que vous cuisinez ? Comme ça sent bon !

SANDRINE : Je prépare une étouffée. C'est une ancienne recette de famille. Vous savez, ma famille habite la Nouvelle-Orléans depuis 1792, quand François Fontenot est arrivé de Saint-Domingue. Il était restaurateur, et il a fait fortune ici avec son restaurant créole. C'est à cause de lui que toute ma famille adore la nourriture créole piquante !

CLAIRE : Qu'est-ce qu'on met dans une étouffée ? Comment est-ce qu'on la prépare ?

SANDRINE : Oh, c'est facile. On achète des écrevisses ou du poisson chat, des tomates, des oignons et beaucoup d'épices. Dans une grande poêle ou une marmite, mettez tous les ingrédients sauf les fruits de mer, faites-les sauter quelques minutes, ajoutez un peu de farine et remuez. Puis, ajoutez les écrevisses ou le poisson et faites mijoter. Et vous, mademoiselle, je devine que vous mijotez quelque chose aussi, non ? Vous voulez acquérir ce manuscrit ?

CLAIRE : Vous avez raison. Est-ce que vous sauriez si ce manuscrit existe parmi les affaires laissées en héritage par François ?

SANDRINE : Répondez-moi franchement. Pourquoi voulez-vous ce manuscrit ?

CLAIRE : Enfin, il est très important à mon projet de recherche sur la littérature française du 18ème siècle.

SANDRINE : Dites-moi la vérité. Est-ce la seule raison ?

CLAIRE : Oui, je vous assure. Je veux l'étudier, c'est tout. Trouver un manuscrit non-publié d'un auteur comme Laclos qui a publié un seul roman de sa vie, ce serait une grande découverte intellectuelle. Vous pensez que le manuscrit existe ? Savez-vous où il se trouve ?

SANDRINE : Vous avez l'air très sincère. Alors, je vais vous dire ce que je sais, mais je vous avertis que ce manuscrit porte malheur. À mon avis, il vaut mieux le laisser tomber dans l'oubli. Je ne l'ai jamais vu moi-même, mais mon grand-père l'avait dans sa bibliothèque privée. Des hommes l'ont menacé. Une nuit, ils ont même essayé de voler ce manuscrit. Pendant le vol, mon grand-père a eu une crise cardiaque, et il est mort sur le coup. Les voleurs se sont échappés, sans avoir trouvé le manuscrit. Mon père a vendu toute la bibliothèque le lendemain à un bouquiniste (*bookseller*) parisien qu'il connaissait depuis ses jours en France comme soldat pendant la Seconde Guerre mondiale. Figurez-vous que mon père n'avait rien dit à propos de l'auteur du manuscrit, et le bouquiniste ne savait même pas qu'il était parmi les livres achetés.

CLAIRE : Quelle histoire ! Et les voleurs ? On les a arrêtés ?

SANDRINE : Non, jamais. Mais le lendemain, ma grand-mère a fait une offrande au Baron Samedi, un des loas (*Vodun spirits*) les plus puissants, et les voleurs n'ont jamais essayé de recontacter notre famille. En fait, vous êtes la première personne à nous parler de ce manuscrit depuis ce temps-là.

CLAIRE : Connaissez-vous le nom de ce bouquiniste ? On dit que les familles de bouquinistes à Paris vendent leurs livres du même endroit au bord de la Seine pendant des générations. Il est possible que le manuscrit perdu de Laclos y soit encore ! Pourriez-vous me donner l'adresse du bouquiniste ?

SANDRINE :   D'accord, mais méfiez-vous, mademoiselle ! Soyez prudente et gardez pour vous ce que je viens de vous confier. Soyez prudente !

Claire accepte les conseils de Sandrine et quitte sa petite maison avec la recette de l'étouffée et le nom d'un bouquiniste parisien. L'air triomphant, en route pour l'hôtel, elle traverse le cimetière Saint-Louis, numéro 1. Elle s'arrête un petit moment près du tombeau de Marie Laveau, la célèbre reine du vaudou à la Nouvelle-Orléans au 19ème siècle, et elle repense à l'histoire que Sandrine lui a racontée. Elle achète une fleur blanche à une vieille femme qui a le visage caché par un grand foulard noir. Claire met la fleur devant le tombeau et repart. Bizarrement, la femme suit Claire jusqu'à la porte du cimetière et lui crie «Méfiez-vous des voleurs, mademoiselle !»

Le tombeau de Marie Laveau dans le cimetière Saint-Louis, numéro 1, à la Nouvelle-Orléans.

ℹ️ Culture

Dans les **cimetières historiques** de la Nouvelle-Orléans, on enterre les corps dans des tombeaux au-dessus du sol (*above ground*) à cause des fréquentes inondations qui agiteraient les cercueils (*caskets*) sous terre. Le tombeau de **Marie Laveau**, une vaudouiste très célèbre à la Nouvelle-Orléans dans les années 1880, est très ancien. Beaucoup de gens gravent des croix sur le tombeau et demandent de l'aide à l'esprit de Marie Laveau. Pourtant, cette pratique n'est pas une tradition acceptée et elle détruit le tombeau historique. Selon les traditions du vaudou, il vaut mieux laisser une offrande (*offering*) comme des fleurs, du rhum ou de l'argent.

ℹ️ Culture

Le **vaudou** est une religion d'origine africaine pratiquée en Afrique, à Haïti, à la Nouvelle-Orléans et dans beaucoup d'autres lieux dont la population est d'origine africaine ou haïtienne. Cette religion est souvent mal-représentée par les média. En réalité, les pratiquants de vaudou font des prières aux esprits (qu'on appelle les *loas*) et leur font des offrandes afin de demander du bonheur pour leurs familles et leurs amis. À Haïti, la plupart des gens (80%) pratiquent le catholicisme, mais la moitié (50%) pratiquent le vaudou en même temps, sans y voir de contradiction.

VOCABULAIRE

Dans la cuisine

boire	*to drink*
faire cuire	*to cook*
sentir	*to smell*
ajouter	*to add*
faire sauter	*to sautée*
faire mijoter	*to simmer*
remuer	*to stir*
une écrevisse	*a crawfish*
un poisson chat	*a catfish*
une recette	*a recipe*
une épice	*a spice*
une poêle	*a frying pan*
une marmite	*a pot*
piquant(e)	*spicy/sharp*

Décrire un événement

mijoter un projet	*to hatch a scheme*
voler	*to steal*
s'échapper	*to escape*
se méfier de	*to beware of*
confier	*to confide/disclose*
sur le coup	*on the spot/instantly*
une offrande	*an offering*
un endroit	*a place*
le lendemain	*the next day*
parmi	*among*

Après avoir lu

ACTIVITÉ A : Apprenez un peu sur la religion vaudou. Consultez votre cahier électronique !

4. Avez-vous compris ?

Répondez aux questions suivantes. Justifiez vos réponses en citant le texte.

1. Pourquoi est-ce que François Fontenot a quitté Saint-Domingue ?
2. Comment est-ce que le grand-père de Sandrine est mort ?
3. Quand est-ce que le père de Sandrine a vendu la bibliothèque familiale ? À qui l'a-t-il vendue ? Qu'est-ce qui était parmi les livres ? Pourquoi est-ce qu'il n'a rien dit au bouquiniste à propos du manuscrit ?
4. Qu'est-ce que la grand-mère de Sandrine a fait pour protéger sa famille des voleurs ? Croit-elle aux êtres surnaturels ?
5. Comment trouvez-vous Sandrine Fontenot-Chardin ? Voudriez-vous dîner chez elle un soir ? Pourquoi ou pourquoi pas ?
6. Quels conseils est-ce que Sandrine donne à Claire ?

5. D'accord ou pas d'accord ?

Indiquez si vous êtes d'accord ou pas avec les phrases suivantes, d'après votre compréhension du récit. Justifiez votre opinion en citant le texte, si possible. Discutez de vos réponses avec la classe.

	D'accord	Pas d'accord
1. Sandrine a fait bon acceuil à Claire.	_____	_____
2. Claire a bu un café et a mangé de l'étouffée.	_____	_____
3. Il est facile de faire cuire une étouffée.	_____	_____
4. Sandrine a vendu le manuscrit de Laclos.	_____	_____
5. Le manuscrit était maudit (*cursed*).	_____	_____
6. La visite chez Sandrine a été un succès pour Claire.	_____	_____

ℹ Langue

Dérouillez-vous la mémoire ! Rappelez-vous les mots pour **la nourriture**. S'il y a des aliments que vous adorez qui ne sont pas là, cherchez les mots dans le dictionnaire !

- VIANDES et VOLAILLE : du bœuf, du porc, du jambon (*ham*), du veau (*veal*), du poulet (*chicken*), de la dinde (*turkey*), du canard (*duck*)
- POISSONS et FRUITS DE MER : de la sole, du saumon (*salmon*), du thon (*tuna*), des moules (*mussels*), des crevettes (*shrimp*), des huîtres (*oysters*), du homard (*lobster*)
- LÉGUMES : une carotte, une tomate, un oignon, un concombre, des brocoli, du céleri, de la salade (*lettuce*), une aubergine (*eggplant*), une courgette (*zucchini*), une pomme de terre (*potato*), un poivron (*bell pepper*), des haricots (*beans*), du maïs (*corn*)
- FRUITS : une orange, une banane, une pomme, une pêche, une poire (*pear*), un ananas (*pineapple*), du raisin (*grapes*), un citron (*lemon*), une fraise (*strawberry*), une framboise (*raspberry*), des fruits des bois (*berries*)
- PRODUITS LAITIERS : du lait, du fromage, du yaourt, du beurre, de la crème, de la glace (*ice cream*), des œufs (*eggs*)
- ASSAISONNEMENTS et PRODUITS DE PREMIÈRE NÉCESSITÉ : du sel, du poivre, de l'ail (*garlic*), du basilic (*basil*), de l'huile, du vinaigre, de la moutarde, de la mayonnaise, du sucre, du miel (*honey*), de la farine (*flour*), du riz (*rice*)

6. La nourriture américaine

Pendant son séjour à la Nouvelle-Orléans, Claire remarque que les Américains mangent toutes sortes de plats ethniques. Faites correspondre le plat (à gauche) avec la description du plat (à droite).

1. le sushi

2. le pain perdu

3. les spaghetti

4. le riz frit au porc

5. les tacos

6. la choucroute (*sauerkraut*)

7. le barbecue

8. le hummus

a. une spécialité allemande faite de saucisses sur un lit de choux cuits

b. un plat chinois fait avec des œufs, du porc, des petits pois, des oignons et du riz

c. un pain mexicain rempli de viande hâchée épicée et garni de tomates, d'oignons et de fromage

d. un rouleau japonais rempli de riz et de poisson cru, entouré d'une feuille d'algue et coupé en morceaux

e. une spécialité du moyen-orient faite de pois chiches moulus avec du citron, de l'huile d'olive et de l'ail

f. une spécialité du sud des Etats-Unis faite de viande grillée couverte d'épices

g. un plat italien où des pâtes sont couvertes d'une sauce à la tomate, à l'ail et au basilic, servi avec du fromage râpé

h. un plat français qu'on sert souvent aux États-Unis pour le petit déjeuner, fait de tranches de pain trempées (*dipped*) dans des œufs battus, cuites au beurre et servies avec du sirop d'érable

7. Le bien manger

Regardez les mots de vocabulaire qui suivent. Dans chaque ligne, il y a un mot qui ne va pas avec les trois autres. Entourez ce mot et essayez d'expliquer pourquoi. **Attention :** Il y a parfois plusieurs bonnes réponses. Il faut justifier votre choix !

1. une table	une chaise	un four (*oven*)	un meuble à tiroirs (*cabinet*)
2. une poêle	une assiette	une marmite	un bol (*bowl*)
3. un couteau	une cuillère	une fourchette	des baguettes (*chopsticks*)
4. un hamburger	un po'boy	un beignet	une étouffée
5. mijoter	sauter	ajouter	rôtir (*to roast*)
6. doux (*sweet*)	épicé	amer (*bitter*)	crémeux
7. du bœuf	du porc	du poulet	du saumon
8. des tomates	des citrons	des ananas	des œufs

8. Le courriel

De retour à l'Hôtel Le Moyne, Claire branche son ordinateur portable. Elle écrit un petit message au courriel à sa sœur pour parler de sa rencontre avec Sandrine. Remplissez les blancs avec un mot ou expression convenable de la liste suivante.

poisson, mijoter, recette, marmite, cuisine, bourse, ingrédients, épices

Chère Marie,

Salut ! Aujourd'hui j'ai rencontré Sandrine Fontenot, la descendante de l'homme qui a transporté le manuscrit de Laclos en Louisiane ! Elle était très gentille. Elle m'a accueillie dans sa maison et nous avons parlé dans la _____ pendant qu'elle préparait une étouffée. Elle m'a donné la _____ de ce plat traditionnel. Il paraît qu'on met tous les

_____, des oignons, des poivrons et des tomates, dans une grande _____. Puis on ajoute beaucoup d'_____ pour que le plat ait un goût piquant. Et finalement, il faut laisser _____ l'étouffée quelque temps. Sandrine a fait ce plat avec des écrevisses, mais on peut aussi utiliser du poulet ou du _____. Ça a l'air délicieux, non ? Oui, je sais, tu veux savoir si j'ai trouvé le manuscrit. Hélas, le père de Sandrine l'a vendu à un bouquiniste parisien, il y a trente ans (*30 years ago*). Je ne sais pas s'il vaudra la peine d'être lu, mais comme je viens de recevoir cette _____ de l'université et que j'ai assez d'argent, je pense y aller moi-même pour parler avec la famille du bouquiniste. Au pire, je perds un peu de temps. Enfin, je vais réfléchir un peu avant de prendre une décision. Autrement, tout va bien ici. Et toi ? Tu te reposes à la campagne ?

Bisous, Claire

Pour aller plus loin : CULTURE

ACTIVITÉ B : Apprenez à préparer des recettes françaises ! Consultez votre cahier électronique !

9. L'heure du champagne

Claire descend à la cour à 19h pour prendre un verre de champagne avec les autres clients de l'hôtel, comme d'habitude. Là, elle revoit Jean-Louis qui l'invite à dîner au restaurant. Choisissez une des expressions entre parenthèses et lisez le dialogue à haute voix avec un partenaire. Quand vous voyez ???, imaginez votre propre expression.

JEAN-LOUIS : Bonsoir, Claire. Comment ça va ?

CLAIRE : Bonsoir. (Je vais bien. / Pas mal. / ???) Et toi ?

JEAN-LOUIS : Ça va. Je te conseille de goûter ces (hors d'œuvre / amuse-gueule) que notre hôtelier vient de préparer. Ils sont vraiment (extraordinaires / délicieux) !

CLAIRE : (Merci / Bonne idée) !

JEAN-LOUIS : Ce fromage me rappelle la fondue de ma grand-mère.

CLAIRE : (Vraiment ? / Pas possible ! / ???) La fondue est une spécialité suisse, non ?

JEAN-LOUIS : Tu as raison. Ma famille vient d'une petite ville près de la frontière suisse. On y trouve (le meilleur fromage / beaucoup de vaches) ! Écoute, j'ai (très faim / une faim de loup). Ça te dit de dîner au restaurant avec moi ce soir ?

CLAIRE : Eh, j'aimerais bien, mais j'allais souper ici dans ma chambre…

JEAN-LOUIS : Allez ! (Laisse-toi convaincre ! / Viens avec moi au restaurant créole.) Je n'ai pas envie de dîner seul ce soir.

CLAIRE : Bon, d'accord. À vrai dire, j'ai très envie de découvrir une étouffée, mais apporte ton parapluie ! Il va (pleuvoir / neiger) ce soir.

JEAN-LOUIS : (Super ! / Formidable ! / ???) Essayons ce petit restaurant à côté de l'hôtel. Il a l'air intéressant.

CLAIRE : Entendu.

JEAN-LOUIS : Et puis, tu me parleras de ta journée ! Tu as réussi à trouver ton manuscrit ?

CLAIRE : Oh, ça ! Ne m'embête pas avec des questions sur mon travail. Allons souper et parlons d'autres choses !

 Langue

Remarquez que Claire emploie le mot «souper» dans ce dialogue. C'est un **québécisme**. Pour **parler des repas** au Québec, on appelle le repas du matin «le déjeuner», et le repas du midi c'est «le dîner». Le repas du soir ? C'est «le souper». Alors, on déjeune le matin quand on est vraiment à jeun (*on an empty stomach*).

les invitations

	Formal	*Informal*
Invitations	Voudriez-vous m'accompagner à… ? Seriez-vous libre de… ? Je vous invite à…	Tu veux venir… ? Tu es libre ? Je t'invite à… ! Ça t'intéresse ? Ça te dit de… ?
Acceptances	Merci, j'aimerais bien… J'accepte avec plaisir.	D'accord ! Bien sûr ! Pourquoi pas ! Allons-y !
Refusals	C'est très gentil, mais… Malheureusement, je suis pris(e). Je voudrais bien, mais je ne peux pas me libérer. Je suis très occupé(e) en ce moment. Un autre jour, peut-être ?	Zut ! Je ne suis pas libre. Je ne peux pas. Je suis pris(e) Désolé(e) ! Je ne peux pas (parce que…) Pas question ! Jamais de la vie ! Faut pas rêver ! Va te faire cuire un œuf ! (impoli !)
Encouragements	Venez avec moi ! Ne me laissez pas seul ! Soyez gentil(le)/aimable/ courageux(-euse) ! Allons-y ! J'insiste !	Laisse-toi convaincre ! Viens ! Ne me laisse pas tomber ! Sois gentil(le)/aimable/ courageux(-euse) ! Allons-y ! J'insiste !

10. À vous

Imaginez que vous êtes dans les situations suivantes. Que dites-vous ? Avec un partenaire, choisissez des expressions pour chaque situation.

1. Vous voulez inviter Claire et Jean-Louis à dîner avec vous.
2. Vous ne voulez pas aller au cinéma avec votre cousin, un homme contrariant (*annoying*).
3. Vos amis ne veulent pas aller au café avec vous. Il faut les convaincre !
4. Un petit garçon que vous rencontrez dans le parc veut de la glace au chocolat. Refusez d'en acheter une pour lui.
5. Votre copain veut aller à un concert de jazz, mais vous êtes fatigué(e). Essayez de refuser.
6. Une personne mystérieuse vous invite à visiter les marécages (*swamps*). Acceptez.

11. Samedi soir

Sur une feuille de papier, écrivez une phrase pour décrire une activité que vous ne voudriez *pas* faire le samedi soir ! Puis, circulez dans la salle de classe et invitez vos camarades à faire cette activité avec vous. Essayez de convaincre autant de personnes que possible !

i Langue

Vous rappelez-vous les conjugaisons des **verbes irréguliers** suivants : **croire**, **boire**, **recevoir**, **devoir** et **voir** ? Si non, mémorisez leurs conjugaisons avant de continuer !

- **croire** (*to believe*) : je crois, tu crois, il/elle/on croit, nous croyons, vous croyez, ils/elles croient
- **boire** (*to drink*) : je bois, tu bois, il/elle/on boit, nous buvons, vous buvez, ils/elles boivent
- **recevoir** (*to receive*) : je reçois, tu reçois, il/elle/on reçoit, nous recevons, vous recevez, ils/elles reçoivent
- **devoir** (*to have to, must, to owe*) : je dois, tu dois, il/elle/on doit, nous devons, vous devez, ils/elles doivent
- **voir** (*to see*) : je vois, tu vois, il/elle/on voit, nous voyons, vous voyez, ils/elles voient

12. À la carte

Claire et Jean-Louis décident de manger au restaurant Bienville ensemble. Voici le menu ! Consultez-le et puis répondez aux questions suivantes.

Entrées

Soupe à l'oignon gratinée	$6
Gumbo maison	$7
Escargots à l'ail (8)	$8
Crabe farci (*stuffed*)	$9
Salade de chèvre chaud	$8
Salade verte	$5

Plats

Saumon en sauce blanche avec moules	$18
Crevettes créole et riz	$16
Rôti de porc avec sauce piquante et pommes sautées	$17
Poulet à l'étouffée et riz	$16
Filet de sole au citron avec haricots verts et courgettes	$18
Alligator sauté avec des pommes de terre rôties	$19
Bœuf bourguignon	$17
Riz et haricots rouges	$10

Desserts

Mousse au chocolat	$6
Glaces au choix (chocolat, vanille, fruits des bois)	$5
Fromages au choix (brie, chèvre, camembert, bleu)	$5
Tarte du jour	$6

Boissons

Eaux minérales	$2
Apéritifs et digestifs	$5
Carafe de vin (litre ou demi-litre)	$18/$11
Café ou thé	$3

1. Sur le menu, il y a des spécialités créoles et des plats plus traditionnellement français. Pouvez-vous les identifier ?
2. Voyez-vous des fruits de mer sur le menu ? Nommez-les.
3. Qu'est-ce qu'on peut commander (*order*) si on est végétarien(ne) ?

4. Quels plats aimeriez-vous goûter ? Pourquoi ? Y a-t-il des plats qui vous dégoûtent ? Pourquoi ?

5. Croyez-vous que le menu présente un bon choix de plats ? Quelles modifications voudriez-vous faire ?

6. Est-ce que vous recevez souvent des amis chez vous ? Si non, pourquoi pas ? Si oui, servez-vous des plat comme ceux qu'on trouve dans ce restaurant ? Pourquoi ou pourquoi pas ?

7. Imaginez que vous dînez dans ce restaurant ce soir. Qu'est-ce que vous prendriez comme entrée ? comme plat principal ? comme dessert ?

8. Qu'est-ce que vous buvez avec le dîner ? et après ?

9. Combien devez-vous payer pour votre dîner ? et combien allez-vous laisser comme pourboire (*tip*) au serveur ?

À l'écrit *première étape*

13. Un dîner élégant

Vous invitez des amis francophones à dîner chez vous. Choisissez les plats que vous allez servir et faites une liste des ingrédients que vous devez acheter au supermarché. N'oubliez pas qu'il vous faut : des hors d'œuvre, une entrée (*first course*), un plat principal (*main course*) avec des légumes, une salade, un dessert et des boissons. Ensuite, échangez votre menu et votre liste d'ingrédients avec un camarade de classe. Vérifiez que votre partenaire a pensé à tous les ingrédients nécessaires, ajoutez des ingrédients, ou faites des suggestions, si nécessaire.

WWW **Pour aller plus loin : CULTURE**

ACTIVITÉ C : Soyez «critique gastronomique» ! Consultez votre cahier électronique !

L'invitation

Structures   *le partitif*

ℹ Culture

Pendant les dernières décennies du 20ème siècle, beaucoup d'Haïtiens ont quitté leur pays afin de trouver des emplois et se faire une vie ailleurs. On trouve des communautés de cette **diaspora haïtienne** en France (surtout à Paris), au Canada (surtout à Montréal), dans plusieurs pays francophones de l'Afrique et aux États-Unis (surtout à Miami, à New York et à Boston).

14. Au restaurant créole

Claire et Jean-Louis s'assoient à une petite table au Restaurant Bienville. Le serveur leur décrit les plats du jour. Réfléchissez à l'usage des articles (voir le premier chapitre). Dans quelles circonstances utilise-t-on les articles définis ? les articles indéfinis ? Quand est-ce qu'on emploie **de** tout seul ? Lisez le petit dialogue et faites attention à l'usage du *partitif* (en caractères gras) : **du**, **de l'**, **de la**. Pouvez-vous décrire les conditions pour l'usage du *partitif* par rapport aux autres articles ?

SERVEUR :   Bonsoir, madame et monsieur. Bienvenu au restaurant Bienville. Aujourd'hui, nous avons plusieurs plats du jour. Notre chef vous propose comme entrée des bananes des Antilles (*plantains*) qui sont frites et servies avec une sauce piquante. C'est une spécialité haïtienne. Et comme plat principal, nous vous proposons également **du** poulet Port-au-Prince avec une salsa antillaise.

JEAN-LOUIS :   Qu'est-ce que c'est que le poulet Port-au-Prince ?

SERVEUR :   C'est **du** poulet rôti aux épices haïtiennes servi avec **du** riz et **de la** salsa. Dans la salsa antillaise, il y a de belles tomates fraîches, des oignons, **de la** mangue, **du** maïs et **du** jus de citron vert. C'est très léger et très savoureux. Nous avons aussi **du** homard farci accompagné d'un beurre au citron. Il est servi avec des légumes à la vapeur (*steamed*).

CLAIRE :   Est-ce possible de commander l'étouffée avec des écrevisses au lieu du poulet ?

SERVEUR :   Oui, oui. Pas de problème, madame. Vous êtes prêts à commander ?

JEAN-LOUIS :   Non, donnez-nous encore quelques minutes, s'il vous plaît. Je n'ai pas encore choisi.

ℹ Culture

La ville de **Port-au-Prince** est la capitale de la République d'Haïti. Haïti et la République dominicaine occupent chacune une partie de la même île située aux Antilles, dans la mer des Caraïbes. Haïti se trouve à l'ouest et la République dominicaine se trouve à l'est de l'île. D'autres îles voisines sont Cuba au nord-ouest et la Jamaïque au sud-ouest. La **cuisine haïtienne** représente un mélange de cultures qui ont influencé la culture créole haïtienne : des peuples indigènes (les Caraïbes), des colonisateurs européens (la France et l'Espagne), des cultures africaines, des influences antillaises des îles voisines, aussi bien que la culture américaine. Aujourd'hui, cependant, la sous-alimentation reste un problème sérieux à Haïti où la situation économique demeure précaire.

www   **Pour aller plus loin : CULTURE**

ACTIVITÉ D : Pour en savoir davantage sur l'histoire et la culture d'Haïti, consultez votre cahier électronique !

le partitif

The *partitive* (**le partitif : du, de la, de l'**), much like the *indefinite article* (**l'article indéfini : un, une, des**) you reviewed in Chapter 1, is used to refer to nouns that are *not identifiable* in a given context.

In deciding whether to use the *partitive* or the *indefinite article* to describe a noun, it is helpful to consider whether the noun is functioning as a *mass noun* (uncountable or unspecified quantity) or a *count noun* (countable). Some nouns can only be count nouns but some can be either, depending on the context. For example, live chickens in a chicken coop are count nouns (**un** poulet, **deux** poulets, **trois** poulets, **des** poulets). However, if you are having chicken for dinner, this uncountable or unspecified quantity is a mass noun (**du** poulet). Of course, you can specify a quantity using an indefinite article (**un** demi-kilo de poulet). Likewise, if the chef is serving spicy sauces tonight, the *indefinite article* is used (countable quantity : **une** sauce piquante, **deux** sauces piquantes, etc.). However, if some of one of the sauces is served on your plate, the *partitive* is used (unspecified quantity : **de la** sauce piquante). By this definition, the *partitive* can never be plural (plural nouns are countable) and exists only in the singular.

Is the noun *countable* ?

No ! Use the *partitive* (**du, de la, de l'**) to refer to mass nouns : **du** poulet rôti, **de la** mangue, **du** maïs et **du** jus de citron vert.

Yes ! Use the *indefinite article* (**un, une, des**) : **une** sauce piquante, **des** bananes, **une** salsa antillaise.

Note that the partitive resembles the *definite article* when contracted with the preposition **de** (**du, de la, de l'**, *of the/from the*), just as it resembles the plural indefinte article (**des**). Be careful to distinguish between the two. Some examples of contractions with **de** are : plats **du** jour (specials *of the* day), bananes **des** Antilles (some bananas *from the* Antilles).

Remember that **de** alone is used after a negative (il n'y a pas **de** problème) or before a plural noun qualified by a preceding object (**de** belles tomates) or when specifying a quantity (beaucoup **de** fruits) or a variety of something (du jus **de** citron vert).

Une jeune Haïtienne avec des fruits.

15. Au restaurant créole *(suite)*

Le dîner continue… Remplissez les blancs avec un **article défini**, un **article indéfini**, le **partitif** ou **de** tout seul. Il y a parfois plus d'une bonne réponse.

JEAN-LOUIS : Alors, vous aimez _____ écrevisses ?

CLAIRE : Je ne sais pas, mais je voudrais essayer _____ écrevisses à l'étouffée.

JEAN-LOUIS : On étouffe (*smother*) les écrevisses avec _____ oignons et _____ tomates, c'est ça ?

CLAIRE : Oui, et beaucoup _____ épices créoles.

JEAN-LOUIS : Moi, je voudrais _____ fruits de mer aussi. Je mange souvent _____ poisson. C'est très bon pour la santé. Je ne veux pas _____ poulet, mais _____ poulet Port-au-Prince a l'air très bon.

CLAIRE : C'est vrai. Il y a trop _____ choix ! Moi, je veux commencer avec _____ salade. Je crois que je vais prendre _____ salade comme entrée, et puis je prendrai _____ écrevisses à l'étouffée.

JEAN-LOUIS : C'est dommage qu'il n'y ait pas _____ ratatouille au menu. C'est un de mes plats favoris. Ma mère fait une ratatouille exceptionnelle avec _____ aubergines, _____ oignons, _____ tomates, _____ ail et _____ champignons. Mais on est en Louisiane, alors il faut manger _____ fruits de mer !

16. Des fêtes américaines

Imaginez que vous parlez avec Claire et Jean-Louis. Ils veulent savoir ce que les Américains mangent pour célébrer leurs jours de fête. Décrivez tous les plats que vous préparez pour célébrer les fêtes suivantes chez vous, et parlez des principaux ingrédients qu'il faut acheter afin de les préparer ! N'oubliez pas les boissons et les desserts. Attention à l'usage des articles !

1. le jour de Thanksgiving (en automne)
2. le jour de l'indépendance (le 4 juillet)
3. la veille de la Toussaint (le 31 octobre)
4. la fête de la Saint-Valentin (le 14 février)
5. la fête des mères (au printemps)

17. Votre repas préféré

Avec un partenaire, faites la liste des ingrédients d'un de vos plats préférés (une pizza, des lasagnes, des burritos, des biscuits, etc.). Puis, lisez votre liste à haute voix. Vos camarades de classe vont deviner (*to guess*) de quel plat il s'agit !

Structures   *l'interrogatif*

18. Quoi ?

Pendant le dîner, Claire écoute les gens qui parlent à la table d'à côté, et elle entend beaucoup de questions. Décidez si les questions suivantes concernent (**a**) une personne ou une chose, (**b**) un événement ou une activité, (**c**) le temps ou l'heure, (**d**) un lieu (*place*) ou (**e**) une raison. Marquez la lettre appropriée à gauche. Pouvez-vous décrire comment utiliser les expressions interrogatives en analysant vos réponses ?

_____ 1. Qu'est-ce que vous voulez boire ?
_____ 2. Qui est-ce que tu as rencontré ?
_____ 3. Qui est le président de ce pays ?
_____ 4. Où est-ce qu'on trouve ce musée ?
_____ 5. Pourquoi est-ce que tu ne manges pas ?
_____ 6. Qu'est-ce qui s'est passé ?
_____ 7. Comment était le concert ?
_____ 8. Qu'est-ce que vous voudriez comme dessert ?
_____ 9. Quand est-ce que tu pars ?
_____10. De quoi parles-tu ?
_____11. Avec qui est-ce que tu voyages ?
_____12. À quelle heure est-ce que tu te lèves demain ?

Comment faire *l'interrogatif*

To form an *information question*, use an interrogative expression. Common interrogatives are :

who   Qui (+ *verb*) or Qui est-ce qui (+ *verb*)
        Qui est-ce que (+ *subject* + *verb*)
        (*Preposition*) + qui (+ *est-ce que* or *inverted verb-subject*)

what   Qu'est-ce qui (+ *verb*)
        Que (+ *inverted verb-subject*) or Qu'est-ce que (+ *subject* + *verb*)
        (*Preposition*) + quoi (+ *est-ce que* or *inverted verb-subject*)

when   Quand (+ *est-ce que* or *inverted verb-subject*)
        À quelle heure (+ *est-ce que* or *inverted verb-subject*)

where Où (+ *est-ce que* or *inverted verb-subject*)

why   Pourquoi (+ *est-ce que* or *inverted verb-subject*)
        Pour quelle raison (+ *inverted verb-subject*)

how   Comment (+ *est-ce que* or *inverted verb-subject*)
        Combien (+ *est-ce que* or *inverted verb-subject*)
        Combien de (+ *noun* + *est-ce que* or *inverted verb-subject*)

- The question *who ?* usually begins with **qui** and the question *what ?* usually begins with **que**, unless there is a preposition involved; however, the endings are determined by the grammatical function of the phrase. When the interrogative expression is a subject, it ends with **qui** (followed directly by a verb) and when it is an object, it ends in **que** (followed by a subject and verb).

- The term **quoi** can be used after a preposition (De quoi te mêles-tu ?), or it can be used alone to ask *what ?* in familiar situations if you did not clearly hear someone or understand something (Quoi ?).

- When asking about *time*, **quand** refers to a general time-frame, while **à quelle heure** is used to ask the specific hour something occurs.

- The term **comment ?** means *how ?* but can also be translated as *what ?* in certain English contexts (Comment était le voleur ? → *What did the robber look like ?*). **Comment ?** can also be used alone to ask *what ?* if you did not hear someone or understand something ("Comment ?"). The term **combien ?** means *how much ?* (Combien coûte le vin ?) or *how many ?* when followed by **de** (Combien de touristes visitent Haïti chaque année ?).

- Most *interrogative expressions* are usually followed by either **est-ce que ?** or inversion.

19. Claire pose des questions

Claire pose des questions personnelles à Jean-Louis. Remplissez les blancs avec une expression interrogative.

1. _____ est-ce que tu es né ?
   Jean-Louis : Je suis né à Annecy, une petite ville près de la frontière suisse.

2. _____ ta famille a-t-elle déménagé (*moved*) à Paris.
   Jean-Louis : Parce que la famille de mon père habite la région parisienne.

3. _____ est-ce que tu as commencé à travailler au bar irlandais ?
   Jean-Louis : L'année dernière.

4. _____ tu vas faire demain ?

Jean-Louis : Je ne sais pas. Je pense aller au musée du Mardi gras pour voir les masques.

5. Avec _____ vas-tu au musée ?

Jean-Louis : Personne. J'y vais tout seul. Tu veux m'accompagner ?

6. _____ tu connais à la Nouvelle-Orléans ?

Jean-Louis : Personne. Je connais bien Henri Hébert, mais il habite à Lafayette.

7. _____ est-ce que tu as trouvé l'Hôtel Le Moyne ?

Jean-Louis : Un ami m'a dit que c'était un bon hôtel au cœur du Vieux Carré.

8. _____ t'intéresses-tu ? à la politique ? à la musique ?

Jean-Louis : Je m'intéresse à tout. En ce moment, je m'intéresse beaucoup à la littérature.

20. Qu'est-ce qui se passe ?

Faites une liste de huit (8) questions que vous voulez poser à quelqu'un que vous venez de rencontrer afin de mieux la ou le connaître. Puis, posez vos questions à un ou une partenaire et répondez à votre tour.

MODÈLE : «Où est-ce que vous habitez ?»
—J'habite à la résidence universitaire. Et vous ?
—Moi, j'ai un appartement en ville.

Avant d'écouter

21. Avant l'invitation

Regardez les questions suivantes et décidez si c'est un serveur ou un client qui pose la question. Ensuite, imaginez une courte réponse polie.

1. Vous avez déjà choisi ?
2. Est-ce que vous voudriez voir la carte de vins ?
3. Qu'est-ce que vous nous conseillez comme entrée ?
4. Aimeriez-vous encore du pain ?
5. Quel vin utilisez-vous dans votre bœuf bourgignon ?
6. Vous désirez autre chose ?
7. L'addition (*bill*), s'il vous plaît ?
8. Encore un peu de café, madame ?

À L'ÉCOUTE *L'invitation*

Au Restaurant Bienville, Claire et Jean-Louis commandent leurs repas. Ensuite, Jean-Louis pose des questions à Claire, et Claire reçoit une invitation inattendue…

 Regardez le vocabulaire qui suit, et puis **écoutez le dialogue sur votre CD.**

Discuter au restaurant			
commander	*to order*	il vaut mieux	*it's better, it would be better*
apporter	*to bring (things)*	perdre confiance en	*to lose confidence in*
valoir	*to be worth*	on verra	*we'll see*
il vaut la peine	*it's worth the trouble*	ça dépend	*it depends*
		remercier	*to thank*

 Culture

Vous connaissez déjà quelques **expressions et proverbes** comme «Les haricots sont pas salés», «Laissez les bons temps rouler» et «L'okra ne se mange pas d'un seul doigt». Une autre expression louisianaise est «Lâche pas la patate !». Il y a aussi beaucoup de proverbes français, parmi lesquels : «Qui ne risque rien n'a rien» et «On ne fait pas d'omelette sans casser d'œufs». Pouvez-vous expliquer leur sens sans traduire en anglais ? Qu'est-ce que tous ces proverbes et expressions nous révèlent au sujet des cultures qu'ils représentent ?

Après avoir écouté

22. Avez-vous compris ?

En petits groupes, répondez aux questions suivantes.

1. Quand est-ce que Claire va quitter la Nouvelle-Orléans ? et Jean-Louis ?
2. Où vont-ils aller ? Pourquoi est-ce qu'ils vont partir ?
3. Décrivez le problème en face de Claire. À votre avis, doit-elle abandonner son projet de recherche ?
4. Quelle est l'invitation de Jean-Louis ? Que pensez-vous de cette invitation ?
5. Qu'est-ce que Claire et Jean-Louis commandent (*order*) ? Est-ce qu'ils ont bien choisi leurs repas ?
6. Que pensez-vous du dîner en général ? Est-ce que Claire et Jean-Louis s'amusent ?

23. D'accord ou pas d'accord

Après avoir écouté le dialogue entre Claire et Jean-Louis au restaurant, lisez les phrases suivantes et donnez votre opinion. Discutez en petits groupes.

	D'accord	Pas d'accord
1. Jean-Louis aime les fruits de mer.	_____	_____
2. Personne ne mange de bœuf.	_____	_____
3. Claire préfère l'eau minérale et ne boit pas de vin.	_____	_____
4. Claire ne veut pas entendre les conseils de Jean-Louis.	_____	_____
5. Jean-Louis et Claire vont bientôt quitter la Louisiane.	_____	_____
6. Claire va rester chez Jean-Louis à Paris.	_____	_____

Comment dire *dîner au restaurant*

Ordering food	Je prends…
	Je voudrais essayer…
	J'aimerais…
	Apportez-moi…
	Donnez-moi…
Asking questions	Qu'est-ce que vous me conseillez ?
	Qu'avez-vous comme entrées/fruits de mer/desserts/etc. ?
	Pourrais-je avoir encore du pain/de l'eau/etc. ?
	Quels sont les ingrédients dans le/la… ?
	Comment est-ce qu'on prépare le poisson/le poulet/etc. ?

Où sont les toilettes ?
Est-ce que nous pourrions avoir l'addition, s'il vous plaît ?
Est-ce que le service est compris (*included*) ?

24. Que dites-vous ?

Qu'est-ce qu'on peut dire pour se faire comprendre dans les situations suivantes ? Avec un partenaire, décidez quelles questions vous pouvez poser.

1. Vous voulez savoir les ingrédients qui figurent dans le gumbo.
2. Vous voulez vous laver les mains avant de commencer à manger.
3. Vous voulez un cendrier (*ashtray*) pour fumer votre cigare. (*ou* : Vous ne voulez plus vous asseoir à côté de ces gens qui fument !)
4. Vous voulez payer et vous voulez savoir si le restaurant accepte les cartes de crédit.
5. Vous voulez savoir si le poisson est frais ou congelé (*frozen*).
6. Vous ne voulez pas de dessert aux noix (*nuts*) à cause de votre allergie.
7. Vous voulez savoir combien coûte le plat du jour.
8. Vous voulez une autre tasse de café.

Pour aller plus loin : CINÉMA

ACTIVITÉ E : Regardez le film *Le Dîner de cons*, une comédie basée sur l'idée de réunir amis et inconnus pour un dîner un peu spécial. Consultez votre cahier électronique !

Comment dire — *demander et donner une opinion*

Asking for an opinion

Que pensez-vous de… ? Qu'en pensez-vous ?
Qu'est-ce que vous me suggérez ? Qu'en dites-vous ?
Que me conseillez-vous ?
Dis/Dites-moi ce que vous pensez de…
Dis/Dites-moi la vérité !
Sois/Soyez franc(he)/honnête !
Sans mentir ! Franchement.

Giving your opinion :
encouragements
and warnings

Je crois/pense que…
Tu devrais/Vous devriez…
Ne perds/perdez pas confiance !
Allez, il faut continuer/essayer/persévérer/arrêter !
Sois/Soyez courageux(-euse)/prudent(e)/patient(e) !
Aie/Ayez du courage !
Ne t'inquiète pas ! Ne vous inquiétez pas !
Méfie-toi de… ! Méfiez-vous de… !
Attention à… ! Réfléchis/Réfléchissez bien à… !

ℹ Langue

Rappelez-vous l'usage de **l'impératif**. Pour donner des ordres ou des directions, pour encourager ou pour avertir quelqu'un, ou bien pour suggérer une solution, on emploie l'impératif.

- Pour les **verbes réguliers**, les formes sont souvent les mêmes que le **tu**, **nous**, et **vous** au temps présent, mais sans sujet. Notez qu'il faut omettre la lettre **-s** après "e" ou "a" (surtout avec les verbes en **-er**) à la deuxième personne du singulier (manger/tu → Mange !). Exemples : Mange ! Mangeons ! Mangez ! Finis ! Finissons ! Finissez ! Attends ! Attendons ! Attendez !

- Il y a quelques **verbes irréguliers** à l'impératif, comme **être** (sois, soyons, soyez), **avoir** (aie, ayons, ayez) et **savoir** (sache, sachons, sachez). Exemples : Soyons patients ! Ayez du courage ! Sache que je vais t'aider !

- Quand il y a **un pronom**, le pronom suit le verbe à la forme affirmative et les pronoms **me** et **te** deviennent **moi** et **toi**. Aussi, on n'omet pas le **-s** des verbes **-er** si le pronom commence avec une voyelle. À la forme négative, le pronom précède le verbe. Exemples : Donnez-moi un café ! Ne me donnez pas de beignets ! Écoutons-le ! Ne l'écoutons pas ! Manges-en ! N'en mange pas ! Vas-y ! N'y va pas !

25. À votre avis

Imaginez que vous déjeunez chez un(e) ami(e). Avec un partenaire, jouez de petites scènes pour chaque situation suivante. Attention à l'usage de l'impératif !

1. Votre ami(e) veut savoir comment préparer le repas que vous venez de lui servir. Vous expliquez la recette et donnez des suggestions pour des plats complémentaires.

2. Votre ami(e) gagne beaucoup d'argent mais déteste son travail. Il y a beaucoup de chômage (*unemployment*) en ce moment ! Donnez votre opinion. Avertissez ou encouragez votre ami(e).

3. Votre ami(e) cherche un bon restaurant. Dites-lui ce que vous savez des restaurants du coin (*in your neighborhood*).

4. Votre ami(e) veut faire un voyage en Louisiane et vous invite à l'accompagner. Cela vous intéresse ?

5. Votre ami(e) est allergique aux fruits de mer et commence à manger votre bouillabaisse (une soupe aux fruits de mer). Avertissez-le/la !

www Pour aller plus loin : LITTÉRATURE

ACTIVITÉ F : Lisez un extrait du livre comique *Gargantua* de François Rabelais dans lequel l'auteur décrit un festin bizarre. Consultez votre cahier électronique.

26. Quel dilemme !

Avec un partenaire, imaginez un dilemme ou une situation difficile. Sur une feuille de papier, décrivez cette situation (n'y mettez pas votre nom). Échangez vos papiers au hasard, donnez votre opinion et écrivez des encouragements ou des avertissements.

À l'écrit *deuxième étape*

27. Un dîner élégant

Vous êtes en train d'organiser un dîner chez vous pour vos amis francophones. Un(e) ami vous pose des questions afin d'avoir plus de renseignements sur votre soirée. Imaginez un dialogue où il/elle vous pose huit (8) questions à propos du dîner (où allez-vous dîner ? à quelle heure ? pourquoi ?, etc.) et donnez vos réponses aux questions. Finalement, avec un partenaire, révisez vos dialogues et lisez-les à haute voix.

ÉPISODE 3 Un mot de Sandrine

Structures   *le passé composé et l'imparfait*

28. Une recette de famille

Claire et Jean-Louis continuent à bavarder au Restaurant Bienville. Claire parle de la recette de l'étouffée que Sandrine Fontenot lui a donnée. Remarquez que les verbes dans la recette sont à l'**impératif** (voir Épisode 2) et que les verbes dans la description de Claire sont au **passé composé** et à l'**imparfait**. Donnez **l'infinitif** de chaque verbe en **caractères gras**. Pouvez-vous décrire comment fonctionnent le passé composé et l'imparfait en analysant ces verbes ?

Ecrevisses à l'étouffée

1 livre d'écrevisses	1 tomate en cubes
¹/₂ tasse de beurre	le jus d'un citron
1 oignon coupé en dés	de l'eau
2 gousses d'ail émincées	des épices créoles
1 cuillère à thé de farine	
1 cuillère à thé de sel	
¹/₄ cuillère à thé de poivre de cayenne	

Faites fondre le beurre dans une casserole, *ajoutez* l'oignon et *faites sauter* quelques minutes.

Ajoutez la farine et *remuez*. Faites votre sauce en ajoutant la tomate, l'ail, le sel, le poivre de cayenne, les épices créoles, le jus de citron et un peu d'eau. Puis, *mijotez* 20 minutes. Ajoutez encore de l'eau si nécessaire. Finalement, *mettez* les écrevisses dans la casserole et faites cuire encore 8 minutes. *Assaisonnez* et *servez* avec du riz. *Buvez* un bon vin blanc ou de la bière avec ce plat.

JEAN-LOUIS : Alors, pourquoi ce désir de manger des écrevisses ce soir ? Tu **n'as jamais mangé** d'écrevisses ?

CLAIRE : Non, jamais. Mais aujourd'hui, Sandrine Fontenot **préparait** une étouffée pendant que nous **parlions**, et j'**étais** inspirée par le fumet (*smell*) de cuisine… toutes ces épices qui **mijotaient** ensemble ! Et elle m'**a enseigné** comment préparer ce plat selon une ancienne recette de famille.

JEAN-LOUIS : Bon, **raconte**-moi comment on la prépare.

CLAIRE : D'abord, Sandrine **a fait** fondre du beurre, et puis elle **a ajouté** un oignon et elle **a fait sauter** l'oignon quelques minutes. Puis, elle a ajouté de la farine, une tomate, de l'ail, des épices et de l'eau. Tous ces ingrédients **ont mijoté** quelques minutes, et finalement Sandrine **a mis** des écrevisses dans la casserole. D'habitude, elle m'a dit, sa grand-mère **servait** l'étouffée avec du riz. Normalement, ils **buvaient** du vin blanc ou de la bière avec ce plat.

JEAN-LOUIS : Alors, ce sauvignon blanc **était** un bon choix comme vin, non ?

29. À vous

En petits groupes, répondez aux questions suivantes.

1. Quand vous étiez petit(e), qu'est-ce que vous aimiez manger ? — J'aimais…
2. Est-ce qu'il y avait des plats que votre famille mangeait souvent ? — Nous mangions souvent…
3. Alliez-vous aux restaurants quand vous étiez petit(e)s ? Auxquels ? Dans les restaurants éthniques, des restaurants fast-food, des restaurants élégants ? — Nous allions souvent à… Une ou deux fois, nous sommes allé(e)s à… — Nous n'allions jamais à…
4. Connaissez-vous des recettes de famille qui ont passé d'une génération à l'autre ? Si oui, décrivez comment préparer un de ces plats. Si non, décrivez comment préparer un plat que vous aimez maintenant (utilisez l'impératif).
5. Est-ce que vous avez essayé de préparer un repas élégant récemment ? Si oui, dites quand et décrivez le repas. Si non, dites pourquoi pas. — J'ai préparé… — Je n'ai pas préparé de repas élégant récemment parce que…
6. Qu'est-ce que vous avez mangé hier ? — Au petit déjeuner, j'ai mangé… Au déjeuner, j'ai mangé… Au goûter (*snack*), j'ai mangé… Au dîner, j'ai mangé…

Comment faire *le passé composé*

Le passé composé : avoir/être + *participe passé*

Use The **passé composé** is used to describe a completed past event or series of events.

Formation The **passé composé** is composed of two parts — the *auxiliary verb*, **avoir** or **être** in the present tense, and the *past participle* of the verb you are conjugating in the past tense.

* *Choosing* **avoir** *or* **être** : Most verbs take **avoir**, except *reflexive verbs* (**se +** *verb*) and the following *"coming and going"* verbs that take **être** : **devenir, revenir, monter, rentrer, sortir, venir, aller, naître, descendre, entrer, retourner, tomber, rester, arriver, mourir, partir, passer.**
* *Forming* **le participe passé** : The *past participle* of regular **-er, -ir,** and **-re** verbs is simple to form, by dropping the infinitive ending and adding the following endings :

-er verbs → **é**	parler → **j'ai parlé**
-ir verbs → **i**	choisir → **j'ai choisi**
-re verbs → **u**	vendre → **j'ai vendu**

However, some verbs have *irregular past participles* that must be memorized. To review irregular past participles, consult the verb tables in the back of this book. Some common irregular past participles are :

être → j'ai été	**avoir** → j'ai eu	**faire** → j'ai fait
vouloir → j'ai voulu	**pouvoir** → j'ai pu	**boire** → j'ai bu
venir → je suis venu(e)	**croire** → j'ai cru	**devoir** → j'ai dû
voir → j'ai vu	**recevoir** → j'ai reçu	**prendre** → j'ai pris
ouvrir → j'ai ouvert	**offrir** → j'ai offert	**mettre** → j'ai mis

• Examples :

vendre	**partir**	**se lever**
j'ai vendu	je suis parti(e)	je me suis levé(e)
tu as vendu	tu es parti(e)	tu t'es levé(e)
il/elle/on a vendu	il/elle/on est parti(e)	il/elle/on s'est levé(e)
nous avons vendu	nous sommes parti(e)s	nous nous sommes levé(e)s
vous avez vendu	vous êtes parti(e)(s)	vous vous êtes levé(e)(s)
ils/elles ont vendu	ils/elles sont parti(e)s	ils/elles se sont levé(e)s

Attention ! Remember these rules and exceptions :

• *Dual auxiliaries* : verbs like **descendre**, **monter**, and **passer** usually take **être**, *unless* they are followed by a *direct object*, in which case they take **avoir** : "Je suis passé(e) par l'hôtel," BUT "J'ai passé une semaine à la Nouvelle-Orléans."

• *quitter* : Although the verb **quitter** means "to leave," it is always followed by a *direct object* and therefore always takes **avoir** in the **passé composé**.

• *Agreement* : The past participle must agree with (a) the feminine or plural *subject* of "coming and going" verbs that take **être**, (b) the feminine or plural *reflexive pronoun* of reflexive verbs that take **être** (when the reflexive is a direct object), or (c) the *preceding direct object* of verbs that take **avoir**. For example :

   a. Ils sont parti**s**, et elle est all**ée** au café où ces femmes sont entr**ées**.
   b. Nous nous sommes couch**és** au moment où elle s'est réveill**ée**.
   c. Elle a donné ses valises à Jean-Louis, et il les a donn**ées** à Philippe. Voilà la femme qu'ils ont vu**e** hier.

• *Negatives* : In the **passé composé**, the negative expression surrounds the *auxiliary verb* and *not* the past participle. For example : Je **n'**ai **jamais** chanté. Ils **ne** se sont **pas encore** couchés.

30. Qu'est-ce qui s'est passé ?

Pendant le dîner au restaurant, Jean-Louis continue à poser des questions à propos du manuscrit perdu de Laclos. Finalement, Claire décrit sa visite chez Sandrine Fontenot, mais sans divulguer tous les détails parce qu'elle se rappelle l'avertissement de Sandrine : «Méfiez-vous, mademoiselle !» Conjuguez les verbes entre parenthèses au **passé composé**.

Bon, ce matin, je (se lever) _____ à 8 heures et je (descendre) _____ à la grande salle. Je (prendre) _____ le petit déjeuner à l'hôtel. Philippe (servir) _____ des beignets et du café au lait à moi et à deux autres clients. Est-ce que tu (rencontrer) _____ ce couple marocain qui est à l'hôtel depuis hier ? Non ? Enfin, ensuite des touristes italiens (arriver) _____ à la réception et Philippe (partir) _____. Alors, nous (boire) _____ nos cafés, et je (quitter) _____ l'hôtel vers 9 heures.

Je (décider) _____ d'aller d'abord à la bibliothèque pour parler à nouveau avec les bibliothécaires. Ils (ne… jamais, trouver) _____ le volume d'enregistrement des naissances (*birth registry*) qui manquait. Pourtant, une bibliothécaire (découvrir) _____ le nom et l'adresse de Sandrine Fontenot-Chardin dans un site généalogique sur l'internet. Je (rester) _____ à la bibliothèque quelques heures. Puis, je (décider) _____ d'aller directement à l'adresse car je n'avais pas le numéro de téléphone. Je (frapper) _____ à la porte. Une femme m'(inviter) _____ à entrer, et nous (parler) _____. Nous (s'entendre) _____ bien _____. Et voilà, elle (raconter) _____ comment son père avait vendu les livres de François Fontenot il y a 30 ans. Sandrine ne sait pas où se trouve le manuscrit aujourd'hui. Après, on (discuter) _____ de la préparation des plats créoles. Et voilà toute l'histoire.

Comment faire *l'imparfait*

L'imparfait : radical + terminaisons (-ais, -ais, -ait, -ions, -iez, -aient)

Use The **imparfait** is used to describe *habitual actions* in the past (I used to travel a lot.), *ongoing* or *incomplete actions* in the past (I was traveling last August), *background information*, *feelings*, or *description* (It was hot, I felt hungry, and the hotel was empty).

Formation The **imparfait** is formed by adding the imperfect endings (**-ais**, **-ais**, **-ait**, **-ions**, **-iez**, **-aient**) to the **nous** form of the verb minus the **-ons**.

- *Example* : je faisais, tu faisais, il/elle/on faisait, nous faisions, vous faisiez, ils/elles faisaient

Attention ! Remember these rules !

- *Irregular stem* : Only **être** has an irregular imperfect stem **ét-** but still takes the regular imperfect endings (j'étais, tu étais, il/elle/on était, nous étions, vous étiez, ils/elles étaient)
- *Slightly irregular -er verbs* : **-ger** and **-cer** verbs that normally take an extra "**e**" or a cedilla "**ç**" in the third-person plural form also take these changes in *all* the **imparfait** forms *except* the **nous** and **vous** : je mang**e**ais, tu mang**e**ais, il/elle/on mang**e**ait, nous mangions, vous mangiez, ils/elles mang**e**aient; je commen**ç**ais, tu commen**ç**ais, il/elle/on commen**ç**ait, nous commencions, vous commenciez, ils/elles commen**ç**aient.

31. Comment était-elle ?

Claire continue à raconter ce qui s'est passé chez Sandrine Fontenot parce que Jean-Louis veut savoir comment était cette femme. Conjuguez les verbes entre parenthèses à **l'imparfait**.

Sandrine (être) _____ très gentille et très ouverte. Il (faire) _____ un peu chaud dans sa cuisine parce qu'elle (préparer) _____ le dîner. Comme je viens de t'expliquer, il y (avoir) _____ une étouffée qui (mijoter) _____ sur la cuisinière. Je (ne... pas, se préoccuper) _____ de la chaleur parce que j'(avoir) _____ tellement envie d'entendre parler du manuscrit. Sandrine m'a dit que ses grands-parents (parler) _____ de temps en temps d'un manuscrit inédit quand elle (être) _____ petite. Elle (prendre) _____ le manuscrit en question pour un manuscrit authentique de Choderlos de Laclos. Pourtant, son père l'avait vendu et elle ne l'a jamais lu. De toute façon, elle (commencer) _____ à s'ennuyer de mes questions sur le manuscrit, et je ne (vouloir) _____ pas l'embêter, alors on a parlé de la cuisine créole. Et voilà.

32. Et vous ?

Qu'est-ce que vous avez fait hier à l'heure du dîner ? Comment était votre soirée ? Avec un partenaire, écrivez une liste de six activités que vous avez terminées (utilisez **le passé composé**), et écrivez six phrases pour décrire le temps, le lieu ou vos sentiments (utilisez **l'imparfait**).

33. Philippe pose des questions

Après le dîner, Claire et Jean-Louis rentrent à l'hôtel où ils rencontrent Philippe Aucoin. Jean-Louis s'excuse et monte à sa chambre lorsque Philippe pose des questions à Claire à propos du Restaurant Bienville. Imaginez ses questions ! Utilisez des **expressions interrogatives** (voyez Épisode 2) et choisissez le **passé composé** ou **l'imparfait** selon la réponse !

1. _____ ?

   Claire : Le restaurant **était** fantastique.

2. _____ ?

   Claire : Nous **avons mangé** des fruits de mer.

3. _____ ?

   Claire : Nous **sommes partis** du restaurant il y a 10 minutes.

4. _____ ?

   Claire : Nous **sommes rentrés** parce que j'étais fatiguée.

5. _____ ?

   Claire : Oui, nous **nous sommes** très bien **entendus**.

6. _____ ?

   Claire : Non, je ne **savais** pas qu'il y **avait** une lettre pour moi à la réception. Un petit garçon a remis cette lettre cet après-midi, vous dites ? C'est un peu bizarre.

www | **Pour aller plus loin :** LITTÉRATURE

ACTIVITÉ G : Lisez un extrait de *Madame Bovary*, un roman de Gustave Flaubert. Dans l'extrait, Emma Bovary décrit un dîner élégant chez des amis très riches. Consultez votre cahier électronique.

CORRESPONDANCE : *Un mot de Sandrine*

La Nouvelle-Orléans, le 29 août 2003
Mademoiselle Claire PLOUFFE
aux bons soins de l'Hôtel Le Moyne
rue Dauphine

   Chère Mademoiselle Plouffe,

   C'était un vrai plaisir pour moi de vous rencontrer cet après-midi. Après votre départ, mon mari est rentré. Je lui ai raconté comment vous étiez venue me parler à la maison. Puis, j'ai décrit votre projet de recherche parce qu'il voulait savoir pourquoi vous poursuivez ce manuscrit. Deux heures plus tard, quand vous avez téléphoné, je faisais la vaisselle° et je ne pouvais pas répondre au téléphone. C'est pour cette raison que mon mari a répondu et qu'il savait tout sur votre visite. Enfin, il m'a communiqué votre question, et je me suis souvenue° que vous étiez descendue à l'Hôtel Le Moyne. Nous partons en vacances demain et donc je ne vais pas pouvoir recevoir votre appel.° Alors, je vous écris avec la réponse au lieu d'attendre que vous me rappeliez.°

to do the dishes

to remember

a call
to call back/again

   Vous vouliez savoir le nom de mon père et les dates de son service militaire ? Je vous ai déjà dit, je crois, que mon père s'appelait Henri Pierre Fontenot. Il était dans l'armée américaine de 1941 à 1945, et il était en garnison à Paris pendant le printemps de 1945. Il a rencontré Monsieur Gustave, le bouquiniste, le lendemain de son arrivée à Paris et ils se sont vus souvent pendant que mon père était en France.

   J'espère que vous trouverez ce dont vous avez besoin à Paris, et je vous répète encore de faire attention. Méfiez-vous des personnes sournoises° et réfléchissez bien à ce que vous faites. Je serai très contente de recevoir de vos nouvelles, que vous réussissiez ou non à trouver ce manuscrit. Je vous prie de croire, chère Mademoiselle, à l'assurance de mes sentiments les meilleurs.

sly/shifty

Sandrine Fontenot-Chardin

Après avoir lu

34. D'accord ou pas d'accord

Après avoir lu la lettre ci-dessus, lisez les phrases suivantes et donnez vos opinions personnelles. Discutez en petits groupes.

	D'accord	Pas d'accord
1. Claire est partie de chez Sandrine avant le retour de son mari.	_____	_____
2. Quand il a répondu au téléphone, le mari de Sandrine ignorait que Claire avait parlé avec sa femme plus tôt dans la journée.	_____	_____

3. Pendant sa visite chez Sandrine, Claire a dit qu'elle descendait à l'Hôtel Le Moyne. _____ _____
4. Claire a téléphoné parce qu'elle ne se souvenait plus du nom du grand-père de Sandrine. _____ _____
5. Henri Pierre Fontenot était un soldat français. _____ _____
6. Claire ne va plus contacter Sandrine. _____ _____

Comment dire *parler du passé*

To indicate a point in time
- aujourd'hui, ce matin, cet après-midi, ce soir, plus tôt dans la journée (*earlier today*)
- hier, avant-hier (*the day before yesterday*), la veille (*the day before*), l'avant-veille (*two days before*)
- le jour où… (*the day when/that…*), le lendemain (*the day after*), le surlendemain (*two days after*)
- la semaine dernière, la semaine d'avant/précédente (*the week before*), la semaine d'après/suivante (*the week after*)
- le mois dernier, l'année dernière
- il y a un an / voilà un an / cela fait un an / ça fait un an (*one year ago*)

*To advance the plot (commonly used with the **passé composé**)*
d'abord, puis, ensuite, alors, tout d'un coup, tout de suite, soudain, quand, un jour, une fois, peu après, plus tard

*To describe habits (commonly used with the **imparfait**)*
tous les jours, normalement, généralement, habituellement, d'habitude, parfois, de temps en temps, pendant ce temps

To relate actions in the recent past
venir de (+ *infinitive*)

 Langue

Pour parler du **passé récent**, on emploie le verbe **venir** au présent ou à l'imparfait avec **de** et l'infinitif du verbe d'action. Exemple : Je viens de recevoir cette lettre. (*I just received this letter*). Pour parler du **futur proche** ou, plus proprement dit, d'un événement futur assez certain, on emploie le verbe **aller** au présent avec l'infinitif du verbe d'action. Exemple : Je vais téléphoner à Sandrine demain. (*I'm going to call Sandrine tomorrow.*)

35. Comme c'est curieux !

En lisant la lettre de Sandrine, Claire devient toute rouge. Philippe Aucoin, qui remarque ce changement, lui demande ce qui ne va pas. Voici son explication. Récrivez le récit de Claire et **ajoutez des expressions** de la liste ci-dessus pour indiquer le moment précis dans le passé, pour avancer l'histoire, et/ou pour souligner qu'il s'agit d'habitudes.

CLAIRE : Comme c'est curieux ! Je viens de recevoir cette lettre de la femme que j'ai vue aujourd'hui. Dans la lettre, elle parle d'un coup de téléphone, mais je ne lui ai jamais téléphoné. J'ai quitté sa maison vers 5 heures. J'étais très contente de moi. J'ai traversé le cimetière. Il y avait une femme bizarre. Je suis rentrée à l'hôtel. Je suis montée à ma chambre. Quand j'étais à Québec, je travaillais beaucoup. Je faisais la sieste de 6 heures à 7 heures. Je lisais un peu avant la sieste. J'ai lu quelques pages d'un roman de Flaubert. J'ai fait une petite sieste. J'ai envoyé un e-mail à ma sœur. Je suis descendue à la cour. Je suis sortie avec Jean-Louis. Je viens de rentrer. Pensez-vous que quelqu'un lui ait téléphoné en faisant semblant d'être moi ? Je vais téléphoner à Sandrine demain pour résoudre ce mystère.

i Culture

La **cuisine québécoise** est marquée par les traditions françaises et anglaises et fortement influencée par les produits régionaux. La **tourtière** (*a minced pork pie*), un plat traditionnel québécois, est une tarte salée qu'on prépare avec du porc hâché. Les **pets-de-nonne** (*nun's farts*) sont des petits beignets frits qu'on mange souvent au Québec. On dit qu'ils sont légers comme des pets et célestes comme des religieuses. On les sert avec du **sirop d'érable** (*maple syrup*), qui est abondant au Québec à la fin de l'hiver et au printemps. Beaucoup de familles à la campagne ont des **cabanes à sucre** et font leur propre sirop d'érable chaque année. Les **madeleines**, pourtant, sont une spécialité française. Ce sont de petits gâteaux au citron que l'auteur Marcel Proust a rendues célèbres dans son œuvre *À la recherche du temps perdu* (vous pouvez en lire un extrait à la fin de ce chapitre !).

36. La réponse de Marie

De nouveau dans sa chambre, Claire trouve une réponse de sa sœur Marie. Choisissez un des verbes donnés et conjuguez ce verbe au **passé composé (PC)** ou à l'**imparfait (I)**, selon les indications entre parenthèses. Chaque verbe ne peut être utilisé qu'une seule fois.

être, faire, aller, vouloir, manger, adorer, préparer, demander

Chère Claire,

Salut ! Je suis contente de savoir que ton rendez-vous avec Madame Fontenot s'est bien passé. La recette pour l'étouffée a l'air intéressante. Cet après-midi, il _____ (I) un peu froid, alors je _____ (PC) à maman de nous préparer une tourtière. Elle a dit «oui», et alors je _____ (PC) au supermarché pour acheter les ingrédients. Puis, papa _____ (I) des pets-de-nonne avec du sirop d'érable. Alors, nous _____ (PC) les pets-de-nonne ensemble. Te souviens-tu de combien nous les _____ (I) quand nous _____ (I) petites ? J'aime toujours ces petits beignets. C'est comme la madeleine de Proust, les pets-de-nonne me rappellent les beaux jours de notre enfance. Sont-ils similaires aux beignets que vous mangez en Louisiane ? Enfin, nous _____ (PC) tous nos plats préférés aujourd'hui ! J'avais l'impression d'être dans la cabane à sucre au mois de mars. Et maintenant je n'en peux plus (*I'm stuffed*) ! Tu nous manques beaucoup ! À demain !

Bisous, Marie

37. Où étiez-vous ?

Avec un partenaire, posez les questions suivantes et répondez à votre tour. Attention à l'usage du **passé composé** (pour décrire des actions terminées) ou de l'**imparfait** (pour décrire vos émotions, l'ambiance ou la situation).

1. Qu'est-ce que vous avez mangé hier matin ?
2. Où est-ce que vous avez dîné hier ? et avant-hier ?
3. Où étiez-vous la veille du jour de l'an 2000 ? Quel temps faisait-il ? Qui était avec vous ?
4. Où étiez-vous l'avant-veille du jour de l'an 2000 ? et le lendemain du jour de l'an 2000 ?
5. Quand est-ce que vous avez commencé vos études universitaires ? Comment étiez-vous pendant votre première semaine à l'université ? et pendant la semaine suivante ?
6. Qu'avez-vous fait pendant l'été il y a 4 ans ? et l'été dernier ?

www Pour aller plus loin :
CULTURE

ACTIVITÉ H : Apprenez un peu plus sur la culture et la nourriture québecoises. Consultez votre cahier électronique !

38. Une soirée mémorable

Pensez à une soirée intéressante, bizarre ou amusante de votre passé. Quand s'est passée cette soirée ? Où ? Comment était le décor ? Qui était invité ? Qu'est-ce que vous avez fait ? Qu'avez-vous mangé ? Puis, circulez dans la classe et posez des questions à vos camarades de classe à propos de leurs soirées mémorables. Essayez d'interviewer au moins 3 ou 4 personnes !

À l'écrit *troisième étape*

39. Votre invitation

Imaginez que vous continuez les préparations pour votre dîner avec des amis francophones. Vous avez déjà décidé de votre menu, du lieu, de la date et de l'heure et des amis qui vont venir. Maintenant, écrivez une lettre d'invitation à envoyer à vos amis. Soyez formel parce que le dîner va être élégant ! Échangez votre invitation avec celle d'un de vos camarades de classe (par courriel, si vous voulez !) et offrez-lui une réponse et quelques corrections possibles.

Dénouement

Activités de révision

40. La chronologie

Voici un résumé des événements qui ont culminé avec la visite de Claire Plouffe chez Sandrine Fontenot. Avec un partenaire, faites un récit — à l'écrit ou à l'oral — en mettant les verbes au **passé composé** (actions terminées) ou à **l'imparfait** (description). Ajoutez des mots pour lier des phrases, indiquer le moment ou avancer l'histoire.

1782 Choderlos de Laclos **finit** d'écrire *Les Liaisons dangereuses*; le roman **est** un best-seller en France; François Fontenot **arrive** à Paris pour faire des études culinaires.

1789 Laclos **écrit** un deuxième roman; la Révolution française **commence**.

1790 François Fontenot **retourne** à Saint-Domingue.

1792 C'**est** le début de la Révolution haïtienne; François Fontenot ne **veut** pas mettre sa famille en danger; ils **quittent** Saint-Dominque et **vont** en Louisiane; Laclos **envoie** son nouveau manuscrit à son ami François Fontenot.

1803 Laclos **meurt** en France; son manuscrit **reste** dans la bibliothèque privée de François Fontenot en Louisiane; il n'**est** jamais publié.

1806 François Fontenot **ouvre** un restaurant créole à la Nouvelle-Orléans; il **aime** lire; il **achète** beaucoup de livres.

1822 François Fontenot **meurt** en Louisiane; il **a** une grande famille; ils **sont** tristes.

1941 Henri Pierre Fontenot **fait** son service militaire; c'**est** la 2ème Guerre mondiale.

1945 Henri Pierre Fontenot **rencontre** Lionel Gustave; il **est** bouquiniste à Paris; ils **deviennent** amis.

1972 Le père d'Henri Pierre Fontenot **meurt** d'une crise cardiaque pendant une tentative de vol (*attempted robbery*); le père de Sandrine Fontenot **a** peur; il **vend** tous les livres de François Fontenot à Monsieur Gustave.

2001 Claire **fait** des études supérieures en lettres françaises au Québec; elle **lit** un article au sujet d'un manuscrit inédit de Laclos.

2002 Claire **découvre** le nom de François Fontenot dans les archives de la Bibliothèque Nationale à Paris; le nom **figure** dans une lettre écrite à la main par Laclos mais jamais envoyée; la lettre **décrit** un «paquet» donné à François Fontenot; Claire **photocopie** la lettre.

2003 Claire **reprend** ses recherches avec une bourse de l'université; elle **rend** visite à Sandrine Fontenot à la Nouvelle-Orléans.

41. Vos menus, vos recettes

Imaginez que vous êtes traiteurs (*caterers*) et que vous devez inventer des menus pour les événements suivants. En petits groupes, proposez des plats, décrivez vos recettes pour ces plats, demander les opinions de vos partenaires et prenez des décisions. Si vos clients sont satisfaits, vous ferez de bonnes affaires !

1. un pique-nique pour une réunion de famille
2. un déjeuner d'affaires pour des clients importants
3. le mariage d'un jeune couple
4. une fête pour célébrer le Nouvel An
5. une fête pour un vieux couple qui prennent leur retraite

Avant de lire   *À la recherche du temps perdu*

42. Les souvenirs gastronomiques

Vous écrivez un article pour un magazine culinaire. Le sujet est «Les souvenirs gastronomiques». Circulez dans la salle de classe et posez des questions à vos camarades. Essayez de trouver les réponses les plus intéressantes !

1. Quelle est votre nourriture préférée ? Vous souvenez-vous de la première fois (*the first time*) que vous avez essayé cette nourriture ? Où ? Quand ? Avec qui ? Pourquoi ?
2. Quels aliments détestez-vous ? Quelle était la dernière fois (*the last time*) que vous avez goûté cet aliment ? Où ? Pourquoi ? Comment était-il ?
3. Quelle nourriture vous rappelle le plus votre enfance ? de la glace, des bonbons, un dessert, des hotdogs… ?

ℹ️ Langue

On utilise souvent **le passé simple** dans la narration littéraire ou historique pour parler d'actions accomplies au passé. On ne l'utilise pas normalement en français parlé, et (ne vous inquiétez pas !) on ne vous demandera pas d'écrire au passé simple ! Pourtant, quand vous lisez des textes littéraires ou historiques, il est utile de pouvoir reconnaître ce temps. Les formes du passé simple sont assez simples :

- **Pour les verbes en -er** : on laisse tomber le **er** et on ajoute : **-ai, -as, -a, -âmes, -âtes, -èrent**
- **Pour les verbes en -ir et en -re** : on laisse tomber le **ir** ou le **re** et on ajoute : **-is, -is, -it, -îmes, -îtes, -irent**
- **Pour les verbes irréguliers** : au radical irrégulier, on ajoute les mêmes terminaisons qu'on utilise pour les verbes en **-ir/-re** ou bien on ajoute les terminaisons suivantes : **-us, -us, -ut, -ûmes, -ûtes, -urent**

Pouvez-vous identifier l'infinitif des verbes au **passé simple** dans l'extrait littéraire qui suit ?

43. Premières impressions

Lisez l'extrait suivant, qui vient du recueil *À la recherche du temps perdu* de Marcel Proust, sans essayer de comprendre chaque mot. Après votre première lecture du texte, répondez aux questions. Ensuite, relisez le texte une deuxième fois, plus attentivement.

1. Qui parle ? un petit garçon, un homme adulte, un vieillard ?
2. Quand se passe cette histoire ? en été, en automne, en hiver, au printemps ?
3. Où se passe l'histoire ?
4. Qu'est-ce que le narrateur mange ? Pourquoi ?
5. Analysez l'expérience du narrateur. Est-elle positive ou négative ? amusante, mystérieuse, intéressante, agaçante (*annoying*), désagréable… ?

LITTÉRATURE : *À la recherche du temps perdu*

Cet extrait vient du roman de Marcel Proust Du côté de chez Swann, *un des romans de son recueil qui s'intitule* À la recherche du temps perdu. *Ici, il s'agit d'un homme qui rend visite à sa mère au village de Combray, en France, où il a grandi. Dans cet extrait, le narrateur décrit comment la nourriture l'aide à ressentir des impressions de son enfance qu'il croyait avoir perdues.*

de Marcel Proust

À la recherche du temps perdu (extrait)

Il y avait déjà bien des années que, de Combray, tout ce qui n'était pas le théâtre et le drame de mon coucher,° n'existait plus pour moi, quand un jour d'hiver, comme je rentrais à la maison, ma mère, voyant que j'avais froid, me proposa de me faire prendre, contre mon habitude, un peu de thé. Je refusai d'abord et, je ne sais pourquoi, me ravisai.° Elle envoya chercher un de ces gâteaux courts et dodus° appelés Petites Madeleines qui semblent avoir été moulés° dans la valve rainurée° d'une coquille de Saint-Jacques.° Et bientôt, machinalement,° accablé° par la morne° journée et la perspective d'un triste lendemain, je portai à mes lèvres une cuillerée° du thé où j'avais laissé s'amollir° un morceau de madeleine. Mais à l'instant même où la gorgée° mêlée de miettes° de gâteau toucha mon palais,° je tressaillis,° attentif à ce qui se passait d'extraordinaire en moi. Un plaisir délicieux m'avait envahi,° isolé, sans la notion de sa cause. Il m'avait aussitôt rendu les vicissitudes de la vie indifférentes, ses désastres inoffensifs, sa brièveté illusoire, de la même façon qu'opère l'amour, en me remplissant° d'une essence précieuse : ou plutôt cette essence n'était pas en moi, elle était moi. J'avais cessé° de me sentir médiocre, contingent, mortel. D'où avait pu me venir cette puissante° joie ? Je sentais qu'elle était liée au goût° du thé et du gâteau, mais qu'elle le dépassait infiniment, ne devait pas être de même nature. D'où venait-elle ? Que signifiait-elle ? Où l'appréhender ? Je bois une seconde gorgée où je ne trouve rien de plus que dans la première, une troisième qui m'apporte un peu moins que la seconde. Il est temps que je m'arrête, la vertu du breuvage° semble diminuer. Il est clair que la vérité que je cherche n'est pas en lui, mais en moi.

bedtime

to change one's mind / plump
to mould / grooved
a scallop shell / automatically
overwhelmed / gloomy
a spoonful / to soften
a gulp/mouthful / crumbs
the palate / to tremble
to invade

to fill
to stop
powerful / the taste

a beverage

Après avoir lu

44. Avez-vous compris ?

En petits groupes, discutez de vos réponses aux questions suivantes.

1. Quand le narrateur retourne chez sa mère à Combray, est-ce qu'il est content ? Pourquoi ou pourquoi pas ?
2. Comment était l'enfance du narrateur ? Pourquoi est-ce que le «drame du coucher» est le seul souvenir de son enfance ? Croyez-vous que l'heure du coucher soit un moment simple pour le narrateur ?
3. Le goût du thé mélangé avec des madeleines déclenche (*unleashes*) des sentiments ou des souvenirs qui étaient cachés dans la mémoire du narrateur. Est-ce qu'il y a des goûts, des parfums, des vues ou des sons qui vous font penser à votre jeunesse ?
4. Quels sont les souvenirs que le goût du thé avec de la madeleine provoquent chez le narrateur ? Est-ce que ce sont des souvenirs détaillés ?

Pour aller plus loin : LITTÉRATURE

ACTIVITÉ I : Qui est Marcel Proust ? Apprenez un peu sur sa vie et son œuvre. Consultez votre cahier électronique !

5. Pourquoi est-ce que le narrateur dit que la vérité n'est pas dans le goût mais en lui ?

6. Le narrateur prend le thé chez sa mère, même si c'est contre son habitude. Imaginez une journée typique dans la vie du narrateur. Que fait-il d'habitude ?

45. D'accord ou pas d'accord

Après avoir lu l'extrait du roman de Proust, lisez les phrases suivantes et donnez votre opinion. Discutez de vos réponses en petits groupes.

	D'accord	Pas d'accord
1. Le narrateur buvait du thé tous les jours.	_____	_____
2. Les madeleines sont des fruits de mer.	_____	_____
3. Le narrateur se sentait immortel à cause du goût du thé mélangé avec des miettes de gâteaux.	_____	_____
4. Les goûts provoquent toujours des souvenirs d'enfance.	_____	_____
5. Les souvenirs sont rarement indéfinis et abstraits.	_____	_____

46. Analyse littéraire

Examinez ce texte de près. Répondez aux questions suivantes et discutez de vos réponses en classe.

1. Quel est le ton du texte ? Qu'est-ce qui contribue à ce ton (le vocabulaire, le style d'écriture, la forme du texte) ?

2. Y a-t-il des images ou des couleurs qui dominent dans ce texte ? Comment est-ce que ces images ont influencé votre lecture du texte ?

3. Quel temps domine dans ce texte (le présent, le passé, le futur, etc.) ? Quel est l'effet de l'usage de ce temps (un sens d'urgence, une distance impersonnelle, la nostalgie, la possibilité, la certitude ou l'incertitude, l'orgueil, etc.) ? Y a-t-il un moment où le temps change ? Quel en est l'effet ?

4. Y a-t-il d'autres éléments structurels (ponctuation, mots ou sons répétés, phrases longues ou courtes, contrastes, métaphores, etc.) que l'auteur emploie systématiquement ? Si oui, quels sont les effets de l'emploi de ces éléments ?

Pour aller plus loin : CULTURE

ACTIVITÉ J : En France, beaucoup de fermiers agriculteurs résistent à la mondialisation. Ils font des manifestations contre les restaurants internationaux à succursales multiples (*chain restaurants*) comme McDonald's. Apprenez pourquoi ! Consultez votre cahier électronique.

47. Un dîner très mémorable

Imaginez que vous dînez au restaurant avec des gens que vous ne connaissez pas très bien. En petits groupes, asseyez-vous autour d'une table, saluez les gens, présentez-vous et commandez votre dîner (utilisez le menu de l'Épisode 1, ou imaginez votre propre menu avant de commencer). Puis, pendant le repas, chaque personne raconte un souvenir provoqué par le plat qu'il/elle est en train de manger.

EXEMPLE : «Cette soupe à l'oignon me rappelle le jour où j'ai appris à faire de la bicyclette.»

Les autres posent des questions supplémentaires, comme : «Où avez-vous grandi ?».

Synthèses

48. Réfléchissons à la culture

Voici quelques éléments des cultures francophones (la Louisiane, l'Haïti, le Québec) que vous avez étudiés dans ce chapitre. En petits groupes, répondez aux questions et discutez de vos impressions avec vos camarades.

le vaudou   le kreyòl haïtien   la cuisine traditionnelle

1. Définissez ou décrivez chaque élément.
2. Pourquoi chaque élément est-il important à ces cultures ? Y a-t-il un phénomène historique ou social qui explique son importance ?
3. À votre avis, est-ce que ces éléments témoignent de la richesse et de la diversité des cultures francophones de nos jours, ou sont-ils stéréotypiques ? Pourquoi ?
4. Est-ce que votre impression de ces cultures est différente maintenant que vous avez commencé à les étudier ? Si oui, comment et pourquoi ? Si non, pourquoi pas ?

49. À débattre

Lisez les questions suivantes et discutez en groupes. Si possible, parlez de vos expériences personnelles relatives aux questions.

1. **Le fast food !** On dit que les Américains, en général, mangent mal. Ils mangent trop de fast food trop vite et n'apprécient pas la bonne cuisine. Par contre, les Français ont la réputation d'être gastronomes et de prendre du plaisir à dîner lentement et avec beaucoup de cérémonie. Pourtant, les Français commencent à manger plus souvent dans des restaurants de fast food et les Américains commencent de plus en plus à apprécier la bonne cuisine. Est-ce que ces stéréotypes sont démodés ? Qu'en pensez-vous ?

2. **Vivre pour manger ou manger pour vivre ?** Georges Jacques Danton, un des grands hommes de la Révolution française, a dit, «Après le pain, l'éducation est le premier besoin du peuple». Êtes-vous d'accord ? Pourquoi ou pourquoi pas ?

3. **Qui dort dîne ?** La pauvreté et la sous-alimentation (*malnutrition*) sont de grands problèmes à Haïti aujourd'hui, comme dans beaucoup de pays du «tiers monde» qui ont été colonisés par les états européens. Est-ce que ce sont des problèmes mondiaux, nationaux ou régionaux ? On dit que les jeunes Américains d'aujourd'hui sont égoïstes et ne pensent pas aux autres, surtout pas aux autres qui habitent des pays pauvres et lointains. Êtes-vous d'accord ? Pourquoi ou pourquoi pas ?

50. À l'impromptu

Voici des situations interactives. Avec une ou deux autres personnes, choisissez une scène et improvisez devant la classe. Si vous ne voulez pas improviser, écrivez votre dialogue avant et puis jouez-le pour la classe.

1. (a) Vous dînez dans un restaurant qui est plein à craquer. Une personne entre et vous demande de bien vouloir partager la table que vous et votre ami occupez. Vous aimez faire de nouvelles connais-

www   **Pour aller plus loin :**
LITTÉRATURE

ACTIVITÉ K : Lisez des articles haïtiens en français ou en kreyòl ! Consultez votre cahier électronique.

sances. Acceptez donc et essayez d'en savoir davantage sur la vie de cette personne.

(b) Vous êtes l'ami de la personne assise à cette table et au contraire vous êtes fatigué et vous n'avez pas du tout envie de rencontrer quelqu'un que vous ne connaissez pas. Soyez poli, mais essayez de convaincre votre ami de ne pas accepter une autre personne à votre table.

(c) Vous êtes un voleur, et une des personnes assise à cette table a un sac à dos qui a attiré votre attention. Essayez de vous faire accepter à leur table et de savoir ce que le sac contient.

2. (a) Vous dînez dans ce même restaurant. Vous venez de quitter un job que vous détestiez pour ouvrir une librairie dans le Vieux Carré de la Nouvelle-Orléans. Demandez à votre ami son opinion sur ce changement récent.

(b) Vous êtes en train de dîner avec un ami qui vient de démissionner afin d'ouvrir une librairie à la Nouvelle-Orléans. Demandez à votre ami la raison de cette décision sans oublier de l'encourager dans son entreprise.

(c) Vous travailler comme serveur dans le restaurant, mais vous n'aimez pas trop cet emploi. Annoncez à vos clients les plats du jour et prenez leurs commandes. Vous les entendez parler d'ouvrir une librairie. Vous êtes intéressé. Posez-leur des questions discrètement afin de savoir s'ils ont besoin de quelqu'un.

3. (a) Vous êtes un agent de police que l'on vient d'appeler pour enquêter (*to investigate*) un vol dans un restaurant à la Nouvelle-Orléans. On a volé le porte-monnaie d'un client. Menez votre enquête en interrogeant les clients du restaurant.

(b) Vous êtes le gérant (*manager*) du restaurant. Vous parlez du vol dont vous venez d'être témoin (*witness*) à un agent de police. Aidez-le en décrivant la scène du vol. Aussi, offrez-lui quelque chose à boire ou à manger. Vous êtes, après tout, dans un restaurant !

À l'écrit *étape finale*

51. Le lendemain de votre dîner

Votre dîner élégant avec vos amis francophones était hier soir. Révisez et élaborez vos travaux d'écriture de ce chapitre (Activités 13, 27 et 39) et rédigez une lettre formelle à votre professeur de français. Décrivez comment était votre soirée. Utilisez le **passé composé** et l'**imparfait**. N'oubliez pas les éléments suivants :

• Saluez.
• Parlez de ce que vous avez servi.
• Décrivez les gens que vous avez invités.
• Parlez de ce que vous avez fait avant et après le dîner.
• Donnez votre opinion du dîner.

• Invitez votre professeur à venir chez vous la prochaine fois.

À suivre

Le lendemain de sa visite chez Sandrine, Claire se lève très tôt et essaie de téléphoner à Sandrine pour parler de la lettre qu'elle a reçue la veille. Pas de réponse. Elle essaie encore quelques heures plus tard, mais toujours sans succès. Sandrine et son mari sont déjà partis en vacances. Alors, Claire doit prendre une décision : aller à Paris à la recherche du manuscrit, ou rentrer chez elle et trouver un nouveau sujet de thèse ? Finalement, elle décide d'aller à Paris. Elle trouve une place sur un vol qui part le jour suivant à 8 heures du soir. Elle passe ses dernières 24 heures à se promener dans le Vieux Carré, et le jour de son départ, elle règle son compte avec Philippe Aucoin et quitte l'Hôtel Le Moyne sans voir personne. Elle laisse un petit mot pour Jean-Louis à la réception : «Ça a été un plaisir de te rencontrer. Je te souhaite une bonne fin de séjour à la Nouvelle-Orléans. Claire.» Le taxi arrive. Claire s'en va, direction Paris…

52. Qu'est-ce qui s'est passé ?

Pensez à ce qui s'est passé depuis le début de l'histoire. Écrivez 6 phrases au passé pour décrire les événements les plus importants. Parlez de vos idées avec vos camarades de classe.

53. Qu'est-ce qui va se passer ?

Imaginez ce qui va se passer dans le prochain chapitre. Écrivez 6 phrases et parlez de vos idées avec vos camarades de classe.

**Pour agir :
HAÏTI !**

Si vous voulez bouger et faire quelque chose pour mieux connaître Haïti, ou pour aider les autres à mieux connaître les cultures francophones, consultez la section **Pour agir** dans votre cahier électronique ! Il y a tant de choses à faire :

• **Vendez des livrets de recettes** et contribuez l'argent que vous gagnez à une organisation qui préserve les forêts ou qui aident les pauvres à Haïti.
• **Cliquez et aidez** des gens pauvres qui meurent de faim. Visitez des sites sur l'internet qui font un don d'argent pour chaque personne qui visite leur site (pour vous, c'est gratuit !).
• **Enseignez** ce que vous savez de la culture de Haïti à des enfants de l'école primaire. Lisez-leur des contes haïtiens traduits en anglais ou faites-les danser sur de la musique de Wyclef Jean, un chanteur haïtien-américain.
• **Entrez en contact** avec des haïtiens qui vivent dans votre communauté ou ailleurs aux États-Unis.
• **Organisez un voyage** au Québec pour les vacances de printemps.
• **Cuisinez !** Préparez un vrai repas québécois ou antillais avec vos camarades de classe.

Dans la cuisine

ajouter	*to add*
amère	*bitter*
baguettes *(f. pl.)*	*chopsticks*
boire	*to drink*
bol *(m.)*	*bowl*
doux, douce	*sweet*
épice *(f.)*	*spice*
épicé(e)	*spicy*
faire cuire	*to cook*
faire mijoter	*to simmer*
faire sauter	*to sautée*
four *(m.)*	*oven*
marmite *(f.)*	*pot*
meuble *(m.)* à tiroirs	*cabinet*
piquant(e)	*spicy/sharp*
poêle *(f.)*	*frying pan*
recette *(f.)*	*recipe*
remuer	*to stir*
rôtir	*to roast*
sentir	*to smell*

Viandes et volailles

bœuf *(m.)*	*beef*
canard *(m.)*	*duck*
dinde *(f.)*	*turkey*
jambon *(m.)*	*ham*
porc *(m.)*	*pork*
poulet *(m.)*	*chicken*
veau *(m.)*	*veal*

Poissons et fruits de mer

crevette *(f.)*	*shrimp*
écrevisse *(f.)*	*crawfish*
homard *(m.)*	*lobster*
huître *(f.)*	*oyster*
moules *(f. pl.)*	*mussels*
poisson chat *(m.)*	*catfish*
saumon *(m.)*	*salmon*
sole *(f.)*	*sole*
thon *(m.)*	*tuna*

Légumes

aubergine *(f.)*	*eggplant*
brocoli *(m. pl.)*	*broccoli*
carotte *(f.)*	*carrot*
céleri *(m.)*	*celery*
concombre *(m.)*	*cucumber*
courgette *(f.)*	*zucchini*
haricot *(m.)*	*bean*
maïs *(m.)*	*corn*
oignon *(m.)*	*onion*
poivron *(m.)*	*bell pepper*
pomme *(f.)* de terre	*potato*
salade *(f.)*	*lettuce/salad*
tomate *(f.)*	*tomato*

Fruits

ananas *(m.)*	*pineapple*
banane *(f.)*	*banana*
citron *(m.)*	*lemon*
fraise *(f.)*	*strawberry*
framboise *(f.)*	*raspberry*
fruits des bois *(m. pl.)*	*berries*
orange *(f.)*	*orange*
pêche *(f.)*	*peach*
poire *(f.)*	*pear*
pomme *(f.)*	*apple*
raisin *(m.)*	*grapes*

Produits laitiers

beurre *(m.)*	*butter*
crème *(f.)*	*cream*
fromage *(m.)*	*cheese*
glace *(f.)*	*ice cream*
lait *(m.)*	*milk*
œuf *(m.)*	*egg*
yaourt *(m.)*	*yogurt*

Assaisonnements et produits de première nécessité

ail *(m.)*	*garlic*
basilic *(m.)*	*basil*
farine *(f.)*	*flour*
huile *(f.)*	*oil*
mayonnaise *(f.)*	*mayonnaise*
miel *(m.)*	*honey*
moutarde *(f.)*	*mustard*
poivre *(m.)*	*pepper*
riz *(m.)*	*rice*
sel *(m.)*	*salt*
sucre *(m.)*	*sugar*
vinaigre *(f.)*	*vinegar*

Décrire un événement

confier	*to confide/disclose*
endroit *(m.)*	*place*
lendemain *(m.)*	*the next day*
mijoter un projet	*to hatch a scheme*
offrande *(f.)*	*offering*
parmi	*among*
se méfier de	*to beware of*
s'échapper	*to escape*
sur le coup	*on the spot/instantly*
voler	*to steal*

Discuter au restaurant

apporter	*to bring (things)*
ça dépend	*it depends*
commander	*to order*
il vaut la peine	*it's worth the trouble*
il vaut mieux	*it's better, it would be better*
on verra	*we'll see*
perdre confiance en	*to lose confidence in*
remercier	*to thank*
valoir	*to be worth*

3 En vogue à Paris

Il ne faut pas vendre la peau de l'ours avant de l'avoir tué.

—proverbe français

La flânerie parmi les livres des bouquinistes à Paris.

ℹ Culture

Le **Quartier Latin** est le quartier des étudiants de la Sorbonne, l'Université de Paris fondée en 1215 quand les professeurs enseignaient encore en latin. Ce quartier se trouve sur la rive gauche de **la Seine**. La cathédrale de **Notre-Dame** de Paris se trouve sur **l'île de la Cité**, une des deux îles sur la Seine. L'autre s'appelle **l'île Saint-Louis**. De chaque côté du fleuve on trouve **des bouquinistes** qui vendent des bouquins (des livres), des affiches, des gravures (*engravings*) et des souvenirs.

À lire

Claire arrive à Paris, mais il y a un problème avec ses bagages à l'aéroport Charles de Gaulle. Donc, elle va à l'Hôtel Quasimodo, dans le Quartier Latin près de la cathédrale de Notre-Dame, sans valise. En se promenant à côté des bouquinistes qui longent les bords de la Seine près de Notre-Dame, Claire rencontre son ami Jean-Louis Royer. Cette fois, ce n'est pas une coïncidence, et Jean-Louis lui fait un aveu. Jean-Louis aussi travaillait pendant son séjour à la Nouvelle-Orléans...

ÉPISODE 1 *Au voleur !*

Avant de lire

1. Vous et vos affaires

Répondez aux questions suivantes. Discutez de vos réponses avec vos camarades de classe et n'hésitez pas à poser des questions supplémentaires si vous voulez en savoir plus.

1. Est-ce que vous pensez beaucoup à vos vêtements ? Combien de fois par an achetez-vous de nouveaux vêtements ? Où ? au centre commercial ? dans de petites boutiques ? dans les grands magasins ?
2. Quand vous vous habillez le matin, est-ce que vous changez de vêtements plusieurs fois pour trouver le bon «look» ? Ou décidez-vous de vos vêtements la veille avant de vous coucher ?
3. Portez-vous des vêtements de couleurs plutôt vives (jaune, orange, rouge, vert, violet) ou de couleurs plutôt sombres (noir, gris, brun, bleu marine) ? Pourquoi ?
4. Quand vous sortez le matin ou le soir, apportez-vous des affaires (*possessions/things*) personnelles avec vous, comme un portefeuille, un sac à main, un sac à dos, un porte-documents (*briefcase*) ? Qu'est-ce que vous mettez dans ces choses ?
5. Êtes-vous plutôt grand(e), moyen(ne) ou petit(e) ? Avez-vous les cheveux noirs, bruns, blonds ou roux ? Avez-vous les yeux marron, bleus, gris ou verts ?

2. Les grands magasins

Il y a beaucoup de petites boutiques à Paris, mais il y a aussi de grands magasins où on peut trouver tout pour s'habiller, pour décorer la maison et pour se divertir. Pendant son vol de la Nouvelle-Orléans à Paris, Claire lit une brochure qu'elle trouve dans la pochette en face d'elle. Elle y trouve le plan d'un grand magasin parisien qui a cinq étages, un rez-de-chaussée et un sous-sol. Consultez le plan et répondez aux questions suivantes.

1. Où est-ce qu'on achète une poupée (*doll*) pour une petite fille ? des CD du rappeur français MC Solaar ? des sandales ? des ustensiles de cuisine ? un aspirateur (*vacuum cleaner*) ? un dessus de lit (*bedspread*) ? une nouvelle montre (*watch*) ? un imperméable (*raincoat*) ?
2. Où pouvez-vous trouver quelque chose à porter pour une soirée élégante à l'Opéra ? et pour une journée à la plage ?
3. Où va-t-on pour prendre quelque chose à boire ? et pour acheter des billets d'avion ?
4. À quel service s'adresse-t-on quand on va se marier et on veut préparer une liste de cadeaux possibles ? quand on veut se faire rembourser pour un pull qu'on vous a acheté mais qui est trop petit ? quand on veut laisser son manteau et ses sacs quelque part pendant qu'on fait du shopping ? quand on a perdu quelque chose dans le magasin ?
5. Avez-vous besoin de quelque chose ? Pouvez-vous le trouver quelque part dans ce magasin ? Où ?

Pour aller plus loin : CULTURE

ACTIVITÉ A : Apprenez un peu sur la mode et faites une visite virtuelle d'un des grands magasins à Paris. Consultez votre cahier électronique !

Guide du
Magasin Lutèce

5ème Restaurant Panoramique

Ameublement - Linge de Table - Arts de la Table
Literie - Tapis - Éclairage - Encadrement - Bagages

4ème Mode Femme

Chemisiers - Jupes - Pantalons - Pulls - Robes
Tailleurs - Lingerie - Bas et Collants
Couturiers - Robes de Mariée

3ème Mode Homme

Costumes - Vestes - Pantalons - Chemises - Pulls
Pyjamas - Sous Vêtements - Manteaux
Pardessus - Fourrure

2ème Mode Enfant

La Future Maman - Mode Ado - Jeux et Jouets
Accessoires Enfants

1er Sport Femme - Sport Homme

Maillots de bain - Espace Jean - Chaussures

RdC Espace Beauté

Accessoires - Cravates - Foulards - Maroquinerie
Bijouterie - Horlogerie - Parfumerie

SS Café

Loisirs - Librairie - Papeterie - Disques -
Électroménager

Services

Acceuil (RdC)
Agence de voyage (SS)
Change bébé (2)
Listes de Mariage (5)
Objets trouvés (SS)
Réclamations (SS)
Toilettes (SS, 1, 3, 5)
Vestiaire (RdC)

Culture

La ville de Paris est divisée en 20 **arrondissements** ou secteurs urbains. Le premier arrondissement est au centre de la ville, près de l'île de la Cité, et les numéros des arrondissements augmentent selon une spirale. Alors, plus le numéro est petit, plus on est proche du centre ville. Le Quartier Latin, par exemple, s'étend du 5ème au 6ème arrondissement.

3. Plan de Paris

Claire trouve aussi un petit plan de Paris dans la pochette en face d'elle. Elle le consulte afin de trouver l'hôtel que Philippe Aucoin lui a suggéré : l'Hôtel Quasimodo, dans le 5ème arrondissement, sur la rive gauche. Regardez le plan ci-dessus et répondez aux questions.

1. L'Hôtel Quasimodo, dans le 5ème arrondissement, est près de quels monuments parisiens ?
2. La Place de la Bastille, où la Révolution française a commencé, est dans quel arrondissement ?
3. La Tour Eiffel est dans quel arrondissement ?
4. Le fleuve, la Seine, traverse quels arrondissements ?
5. Quels monuments sont sur la rive gauche ? Lesquels trouve-t-on sur la rive droite ?
6. À votre avis, quel arrondissement semble être le plus intéressant ? Où voudriez-vous habiter si vous alliez à Paris ?

PARIS

LECTURE : *Au voleur !*

    L'avion atterrit à l'aéroport Charles de Gaulle à Paris vers huit heures du matin. Claire, fatiguée, n'ayant pas pu dormir pendant le vol, se dirige vers la livraison des bagages enregistrés. Elle y trouve une grande foule de gens qui attendent leurs bagages. Elle se met loin de la sortie des bagages pour éviter qu'on lui marche sur les pieds, et elle regarde les valises qui tombent l'une après l'autre sur le tapis roulant. Après quelques minutes, elle voit sa grande valise verte et s'avance pour la prendre. Pourtant, avant de pouvoir d'en saisir, un homme la prend et s'en va, disparaissant dans la foule. Étonnée, Claire croit d'abord avoir mal identifié sa valise. Il se peut que d'autres gens aient des valises presque identiques à la sienne. Mais après avoir attendu une heure, nulle trace de sa valise, elle commence à penser que cet homme l'a volée. Tout d'un coup, comme si elle venait de voir le vol, elle crie à haute voix : «Au voleur ! Au voleur !» Un agent de sécurité arrive, et ne voyant rien de suspect, essaie de calmer la jeune Québécoise.

L'AGENT :   Madame, madame, calmez-vous. Qu'est-ce qui se passe ?

CLAIRE :   Quelqu'un a volé ma valise ! La valise verte, c'était la mienne, pas la sienne ! Arrêtez-le !

L'AGENT :	Je ne vois personne, et je ne vois pas de valise verte.
CLAIRE :	Non, ça s'est passé il y a une heure ! Mais il est peut-être toujours dans l'aéroport !
L'AGENT :	Calmez-vous, madame. Racontez-moi ce qui s'est passé.
CLAIRE :	Bon, d'accord. *Elle respire un peu.* Excusez-moi.
L'AGENT :	Allez, racontez ce que vous avez vu.
CLAIRE :	Bon, je suis descendue de l'avion et je suis arrivée à la livraison des bagages enregistrés. Il y avait une grande foule, alors je suis restée là, un peu plus loin, mais près du tapis roulant. J'ai vu sortir une valise verte que j'ai prise pour la mienne. Pourtant, un homme s'est avancé, et il l'a prise. J'ai pensé au début que je m'étais trompée et que c'était la sienne. Mais, maintenant, toutes les valises sont sorties de l'avion et la mienne n'est toujours pas là !
L'AGENT :	Est-ce que vous pouvez décrire votre valise ?
CLAIRE :	Oui, oui. Ma valise est verte, rectangulaire, assez grande, avec de petites roulettes. Il y avait un ruban rose attaché à la poignée et une fiche d'identité aussi.
L'AGENT :	Et l'homme que vous avez vu, comment était-il ?
CLAIRE :	Je l'ai vu avant le vol. J'avais remarqué qu'il était assez beau. Il était de taille moyenne, un peu mince, et il avait les cheveux blonds. Il portait des lunettes, et il avait le visage carré. Il avait de petits yeux bleus, un nez pointu et des lèvres minces aussi. Ses oreilles étaient assez petites aussi. Il n'avait ni moustache ni barbe.
L'AGENT :	Des cicatrices ? Des tatouages ?
CLAIRE :	Non, je ne crois pas.
L'AGENT :	Qu'est-ce qu'il portait comme vêtements ?
CLAIRE :	Enfin, un pantalon beige et un t-shirt gris, des tennis blancs aux pieds, sans chaussettes, et une ceinture en cuir. Aussi, il avait un porte-documents noir.
L'AGENT :	Et dans votre valise, qu'est-ce qu'il y avait ?
CLAIRE :	Rien d'extraordinaire — des vêtements, des chaussures, des articles de toilette, un du maquillage, quelques souvenirs des États-Unis et un dossier avec des notes et des papiers pour mes recherches — mais il n'y avait rien d'important. J'ai apporté mon ordinateur portable et mes disquettes avec moi dans l'avion, et j'ai mis tout mon argent, mes documents, mon appareil photo et mon baladeur dans mon sac à dos.
L'AGENT :	Vous n'aviez pas de bijoux dans votre valise ?
CLAIRE :	Non, je ne porte pas de bijoux avec moi quand je voyage … au cas où, vous savez.
L'AGENT :	Alors, nous allons probablement trouver vos affaires quelque part dans l'aéroport. Les voleurs cherchent des bijoux, de l'argent ou des appareils électroniques de grande valeur, et s'ils n'en trouvent pas, normalement ils abandonnent la valise avant de quitter l'aéroport. Tout de même, il nous faudra une liste détaillée du contenu de votre valise avec une description de vos vêtements. Remplissez cette fiche et n'oubliez pas d'y mettre votre nom aussi bien que le nom et l'adresse de votre hôtel à Paris. Comme ça, nous pourrons vous contacter si nous trouvons vos affaires.

Claire remplit la fiche et quitte l'aéroport. Elle décide de prendre un taxi pour aller à son hôtel, l'Hôtel Quasimodo, dans le 5ème arrondissement …

À l'aéroport

atterrir	*to land*
se diriger	*to make one's way*
la livraison des bagages enregistrés	*baggage claim area*
la foule	*crowd*
le tapis roulant	*conveyor belt*
ramasser	*to pick up/gather up*
disparaître	*to disappear*
crier	*to yell/shout*
le/la mien(ne)	*mine*
le/la sien(ne)	*his/hers*
se tromper	*to be mistaken*
les roulettes (*f.*)	*little wheels*
le ruban	*ribbon*
la poignée	*handle*
la fiche	*form, sheet*
au cas où	*just in case*

Les gens

la taille	*size, height*
moyen(ne)	*medium*
mince	*thin*
les cheveux (*m. pl.*)	*hair*
les lunettes (*f. pl.*)	*glasses*
le visage	*face*
carré(e)	*square*
les yeux (*m. pl.*)	*eyes*
le nez	*nose*
pointu(e)	*pointy*
les lèvres (*f. pl.*)	*lips*
les oreilles (*f. pl.*)	*ears*
la cicatrice	*scar*
le tatouage	*tattoo*
la moustache	*mustache*
la barbe	*beard*

Les affaires personnelles

le pantalon	*pants*
le t-shirt	*tee-shirt*
les tennis	*sneakers*
les chaussettes	*socks*
la ceinture	*belt*
le cuir	*leather*
du maquillage	*make-up*
le dossier	*file*
un appareil photo	*camera*
un baladeur	*Walkman*™
les bijoux (*m.*)	*jewels, jewelry*

Après avoir lu

4. Avez-vous compris ?

Répondez aux questions suivantes. Justifiez vos réponses en citant le texte.

1. Immédiatement après avoir vu le vol, qu'est-ce que Claire a fait ? Qu'a-t-elle fait une heure plus tard ? À votre avis, pourquoi est-ce qu'elle a attendu avant de crier ?
2. Comment était le voleur ? Décrivez cette personne.
3. Qu'est-ce qu'il y avait dans la valise de Claire ? Qu'est-ce que Claire a apporté avec elle dans l'avion ? À votre avis, est-ce qu'elle avait trop de bagages ?
4. Est-ce que l'agent de sécurité était gentil ? Que pensez-vous de sa réaction au vol des bagages ?
5. Qu'est-ce que Claire a dû faire après avoir parlé avec l'agent et avant de pouvoir quitter l'aéroport ?

5. D'accord ou pas d'accord

Indiquez si vous êtes d'accord ou pas avec les phrases suivantes, d'après votre compréhension du récit. Justifiez vos opinions en citant le texte, si possible. Discutez de vos réponses avec la classe.

	D'accord	Pas d'accord
1. Claire est très fatiguée quand elle arrive à Paris.	_____	_____
2. Claire a vu le voleur de sa valise.	_____	_____
3. Le voleur était un vieil homme aux cheveux gris.	_____	_____
4. Le voleur portait un short beige et une chemise grise.	_____	_____
5. Le voleur a pris l'ordinateur et les disquettes de Claire.	_____	_____
6. L'agent de sécurité va trouver la valise bientôt.	_____	_____

décrire les vêtements et les affaires personnelles

Unisex clothes	un pantalon, un jean, un short, un t-shirt, un jogging, un pull-over, des sous-vêtements, un slip (*briefs*), un maillot de bain, un manteau, un anorak, un imperméable, des chaussettes, des chaussures, des bottes, des tennis, des sandales, un chapeau
Women's clothes	un chemisier, un foulard, une tenue, une jupe, une robe, un gilet (*cardigan*), un soutien-gorge (*bra*), un collant (*pantyhose*), talons hauts/plats (*high/low heels*)
Men's clothes	une chemise, une cravate, un costume, un veston (*sport jacket*)
Textile patterns	à fleurs (*floral*), à rayures (*striped*), tartan/écossais (*plaid*)
Toiletries	une brosse à dents, du dentifrice, une brosse à cheveux, un peigne, du shampooing, un sèche-cheveux, du savon, du maquillage (*makeup*), un rasoir, du parfum, du déodorant, des médicaments
Jewelry	une bague, un collier, un bracelet, une broche, des boucles d'oreille, une montre
Miscellaneous	un parapluie, un porte-feuille, un porte-documents, un sac à main, un sac à dos, un baladeur, un téléphone mobile (un portable), un ordinateur portable, un appareil-photo, une pellicule (*film*), des lunettes
Materials	en cuir (*leather*), en coton, en rayonne, en laine (*wool*), en polyester, en soie (*silk*), en paille (*straw*), en feutre (*felt*), en plastique, en or (*gold*), en argent (*silver*)

6. Les affaires

Regardez les mots de vocabulaire qui suivent. Dans chaque ligne, il y a un mot qui cloche avec les trois autres. Entourez le mot qui ne va pas avec les autres et essayez d'expliquer pourquoi. Attention : il y a parfois plusieurs bonnes réponses. Il faut justifier votre choix !

1. des tennis   des chaussettes   des chaussures   un chapeau
2. les yeux   le nez   les oreilles   les mains
3. grand   mince   petit   moyen
4. se tromper   atterrir   se diriger   s'en aller
5. une cicatrice   une moustache   une boucle d'oreille   un tatouage
6. une fiche   un plan   un passeport   un dossier

 Langue

Vous rappelez-vous les conjugaisons des **verbes irréguliers** suivants : **mettre**, **partir**, **sortir** et **tenir** ? Si non, mémorisez leurs conjugaisons avant de continuer !

- **mettre** (*to put, to put on*) : je mets, tu mets, il/elle/on met, nous mettons, vous mettez, ils/elles mettent; participe passé = mis (j'ai mis, etc.); d'autres verbes conjugués comme **mettre** sont **admettre**, **omettre**, **permettre**, **promettre**, **remettre** et **soumettre**. Notez qu'on utilise **mettre** pour l'acte de s'habiller et qu'après s'être habillé on emploie le verbe **porter**.
- **tenir** (*to hold*) : je tiens, tu tiens, il/elle/on tient, nous tenons, vous tenez, ils/elles tiennent; participe passé = tenu (j'ai tenu, etc.). Notez qu'on utilise **apporter** pour dire "to carry" et que **tenir à** quelque chose veut dire "to value something" or "to hang onto an idea".
- **partir** (*to leave*) : je pars, tu pars, il/elle/on part, nous partons, vous partez, ils/elles partent; participe passé = parti (je suis parti/e, etc.); un synonyme est l'expression **s'en aller**.
- **sortir** (*to go out*) : je sors, tu sors, il/elle/on sort, nous sortons, vous sortez, ils/elles sortent; participe passé = sorti (je suis sorti/e, etc.).

7. La fiche

Voici la liste du contenu de la valise de Claire qu'elle a remise à l'agent de sécurité avant de quitter l'aéroport. Lisez-la et puis répondez aux questions. Discutez de vos réponses avec la classe.

une paire de chaussures noires	des sandales en cuir	un jean et un pantalon beige
une jupe noire en rayonne	une jupe grise en laine	une robe noire en coton
un short olive en coton	trois t-shirts blancs	un t-shirt bleu marine
un gilet rouge	un pull-over bleu clair	un chemisier à fleurs
un foulard à rayures	un collant noir	des sous-vêtements en coton
des chaussettes blanches	un pyjama vert	un imperméable
un parapluie	du maquillage	des articles de toilette
une tasse à café du Café du Monde	un dossier de recherche	des notes écrites à la main

1. Est-ce que Claire a apporté beaucoup d'affaires avec elle dans sa valise ? Quand vous voyagez, est-ce que vous apportez les mêmes choses ? Qu'est-ce que vous apportez de plus ou de moins ?
2. Les vêtements qu'elle a apportés sont des vêtements pour sortir en quelle(s) saison(s) ? Pourquoi pensez-vous ainsi ?
3. À votre avis, qu'est-ce que Claire a mis comme vêtements le matin de son départ de la Nouvelle-Orléans ? Qu'est-ce qu'il y avait dans son sac à dos au moment du vol à l'aéroport de Paris ?
4. Jean-Louis aussi est rentré à Paris récemment. Imaginez les affaires qui sont dans sa valise à lui et faites-en une liste. Est-ce une liste différente de celle de Claire ? En quoi est-elle différente ?
5. Imaginez que vous avez gagné un voyage et que vous partez à Paris pour un weekend. Que mettez-vous dans votre valise ? Que tenez-vous à la main ? Faites vos propres listes.

Langue

Vous connaissez déjà les **couleurs fondamentales** : blanc(he), jaune, orange, rouge, rose, vert(e), bleu(e), violet(te), brun(e), gris(e), noir(e). Il y a plein d'autres **couleurs plus nuancées** comme : **ivoire, beige, bronzé(e), moutarde, lavande, mauve, turquoise, olive, saumon**. On peut aussi qualifier les couleurs de **clair** (*light*) ou de **foncé** (*dark*) : **une chemise bleu clair, une cravate bleu foncé**. Notez que les couleurs qualifiées d'adjectifs sont invariables (les mêmes formes au masculin et au féminin) et que les couleurs qui sont aussi des noms (**une olive, une orange, de la lavande, de la moutarde, du saumon, un marron**, etc.) sont toujours invariables. Remarquez aussi qu'on emploie des mots différents quand on parle des couleurs des parties du corps. On dit «**les cheveux roux**» (pas rouges !) ou «**les yeux marron**» (pas bruns !).

8. Qu'est-ce qu'on met ?

À l'aéroport, Claire voit beaucoup de gens qui partent en voyage partout dans le monde. Imaginez les vêtements que portent les gens suivants et décrivez-les ! Faites des dessins, si vous voulez, pour illustrer vos idées.

1. Un homme d'affaires qui part pour une réunion à Genève en Suisse.
2. Deux femmes d'un certain âge qui passent leurs vacances à Tahiti, une île tropicale française en Polynésie.
3. Une jeune femme très branchée qui voyage à Milan en Italie.
4. Des étudiants universitaires qui vont au Québec pour un stage (*internship*) de six mois, jusqu'au mois de février.
5. Une famille de touristes américains qui viennent d'arriver à Paris.
6. Un jeune couple BCBG qui est en lune de miel (*honeymoon*) en Tunisie en Afrique du nord.

ℹ️ Culture

En France, pour décrire **le look** ou **le style vestimentaire** d'une personne, on emploie plusieurs adjectifs descriptifs. Voici quelques expressions courantes. Vous identifiez-vous avec un de ces styles vestimentaires ?

- **BCBG** (Prononcez «**bécébégé**»; acronyme de «bon chic, bon genre») : vêtements bien fabriqués et de grandes marques connues (*brand names*), contours d'une grande netteté, souvent portés par la classe bourgeoise qui habite les quartiers chic
- **baba-cool** vêtements larges et de style décontracté, parfois froissés (*wrinkled*), inspirés par les hippies des années 60 ou par des motifs ethniques, souvent portés par les jeunes, les artistes ou les bohémiens
- **branché(e)** vêtements modernes et toujours à la mode, changeants à chaque saison, souvent portés par les jeunes gens qui sortent en ville dans les clubs également branchés
- **classique** vêtements conservateurs et de styles traditionnels qui ne sont jamais démodés, souvent portés par les cadres ou les professionnels
- **sportif (-ive)** vêtements confortables et de style actif et fonctionnel, souvent portés par les jeunes, les étudiants et bien sûr tous ceux qui font du sport

9. Le témoin

Après avoir interviewé Claire, l'agent de sécurité est abordé par un homme asiatique bien habillé qui pense avoir vu un voleur dans les toilettes de l'aéroport. L'agent lui pose des questions. Avec un partenaire, lisez le dialogue à haute voix. Où vous voyez des expressions entre parenthèses, choisissez celle qui vous intéresse le plus.

L'AGENT : (Comment vous appelez-vous / Quel est votre nom), monsieur ?

M. PHAN : Phan, François Phan.

L'AGENT : Monsieur Phan, est-ce que vous êtes (citoyen français / touriste) ?

M. PHAN : Je suis né (à Paris / à Marseille / à Lyon). Mes parents ont immigré en France du Vietnam dans les années 50. Je viens de rentrer d'un séjour chez mes grand-parents.

L'AGENT : Très bien, alors, racontez-moi ce que vous avez vu dans (les toilettes / l'aéroport).

M. PHAN : Ben, il y avait un homme qui fouillait les affaires d'une grande valise. J'ai pensé que c'était bizarre parce que (il n'y avait que des vêtements de femme / l'homme avait l'air nerveux).

L'AGENT : C'était à quelle heure ?

M. PHAN : C'était vers (huit heures et demie / neuf heures) du matin.

L'AGENT : Pouvez-vous décrire (l'homme / la valise) ?

M. PHAN : Oui. C'était (un homme blond et mince qui portait un pantalon beige et un t-shirt gris / une grosse valise verte avec de petites roulettes).

L'AGENT : Pouvez-vous décrire (le visage de l'homme / la couleur des yeux de l'homme) ?

M. PHAN : Non, malheureusement, je n'ai vu cet homme que (de dos / très rapidement).

L'AGENT : Habitez-vous à Paris ?

M. PHAN : Oui, dans le 4ème. J'ai une épicerie vietnamienne dans la rue de Turenne et moi et ma famille, nous habitons (au-dessus / à côté) du magasin.

L'AGENT : Écrivez votre adresse et votre numéro de téléphone ici au cas où on aurait besoin (de plus de détails / de vous poser encore des questions). Et merci beaucoup de votre témoignage. En effet, une valise verte a été volée ce matin.

M. PHAN : Je suis content de pouvoir vous aider. (Au revoir / Bonne chance) !

L'AGENT : Au revoir, et merci encore.

ℹ️ Culture

En France, surtout dans les grandes villes comme Paris, on trouve une **société multiculturelle**. En effet, environ 4% de la population immigrée en France est **d'origine vietnamienne**. Le Vietnam a été une colonie française pendant cent ans : depuis l'invasion militaire par les forces de Napoléon III en 1857 jusqu'à la bataille de **Dien Bien Phu** en 1954, dernière bataille de la guerre d'Indochine, où beaucoup de soldats français sont morts. À cette époque, à Genève, la France a signé un traité de paix avec le Vietnam et la plupart des Français qui y vivaient sont rentrés en France. Aussi, un grand nombre de Vietnamiens ont immigré en France depuis cette époque à cause de la situation politique au Vietnam et à cause des liens culturels entre les Vietnamiens et la France.

Pour aller plus loin : CULTURE

ACTIVITÉ B : Apprenez un peu sur la culture vietnamienne. Consultez votre cahier électronique !

Comment dire *décrire les objets*

Expressions C'est / Ce sont…
C'est une chose/un truc/un objet/un machin qu'on utilise pour…
C'est une espèce/un type/une sorte de…
C'est un lieu/un endroit où…

Shapes rond(e), ovale, carré(e), rectangulaire, triangulaire, voûté (*vaulted*), en spirale

Sizes grand(e), gros(se), énorme, moyen(ne), normal(e), petit(e), mince, minuscule, comme ça (Montrez avec vos mains !)

Materials en bois (*wood*), en verre, en pierre (*stone*), en fer (*iron*), en aluminium, en métal, en plastique, en tissu (*cloth*), en liquide

Feel mou/molle (*soft*), dur(e), tranchant(e) (*sharp*), inégal(e) (*uneven*), lisse (*smooth*)

ℹ️ Culture

La conquête romaine de **la Gaule** (territoire qui ressemble à la France d'aujourd'hui) était au 1er siècle avant J.-C. (*first century B.C.*). Les Romains ont donné le nom de **Lutèce** à la ville principale (aujourd'hui Paris). Les **Arènes de Lutèce**, un amphithéâtre au style romain qui se trouve aujourd'hui près du Quartier Latin à Paris, datent de cette époque. Lors des invasions des **Francs** (peuple germanique) au 3ème siècle, les Gaulois se sont réfugiés sur l'île de la Cité, ancien site de la capitale de la tribu **Parisii** (vaincu par les Romains). C'étaient au 4ème siècle qu'on a renommé la ville Paris et au 5ème siècle, sous le règne de Clovis 1er (le premier roi catholique), que les Francs se sont unis au peuple gaulois. Clovis 1er a nommé le pays la **France** et a choisi la ville de **Paris** comme capitale.

10. Les monuments parisiens

À Paris, il y a beaucoup de monuments très connus. Regardez la liste des monuments suivants et les descriptions des monuments en bas. Pour chaque description, décidez de quel monument il s'agit. (Si vous ne connaissez pas du tout les monuments de Paris, consultez l'Internet avant de faire cette activité !)

> **la Tour Eiffel, l'Arc de Triomphe, la Pyramide du Louvre, l'Obélisque de la place de la Concorde, la Basilique du Sacré-Cœur, le Pont des Arts, les Arènes de Lutèce**

1. C'est une grande structure carrée, construite de pierre, avec des sculptures sur la façade. Il y a une voûte au centre pour laisser passer des défilés militaires.
2. C'est une assez grande structure faite en verre avec des soutiens en fer, et elle a quatre côtés triangulaires.
3. C'est une énorme structure blanche, construite de pierre, avec des toits arrondis mais pas tout à fait ronds.
4. C'est une structure en bois avec des soutiens en fer qui est très longue et large, mais pas très haute.
5. C'est une structure en fer très célèbre qui est grande en bas et devient plus petite en haut.

6. C'est une très ancienne structure en pierre, très grande, avec une pointe tout en haut. Il y a des dessins égyptiens gravés sur les quatres côtés rectangulaires.

7. C'est une grande structure circulaire, faite en pierre, qui a des côtés assez hauts (avec des trous en bas) et un espace ouvert au centre.

Culture

Pour aller plus loin : CULTURE

ACTIVITÉ C : Participez à un jeu afin de mieux connaître les monuments, les musées et l'histoire de la ville de Paris. Consultez votre cahier électronique !

Paris est connue pour et par ses **monuments**. La **Tour Eiffel** a été construite entre 1887 et 1889 pour l'Exposition universelle de 1889. Son ingénieur Gustave Eiffel était spécialiste de l'architecture métallurgique. Eiffel a aussi travaillé sur l'armature métallique de la Statue de la Liberté. La Tour Eiffel, aujourd'hui le symbole de la ville de Paris reconnu partout dans le monde, a été critiquée à l'époque de sa construction comme laide et abominable. La situation était pareille à l'époque où I. M. Pei a construit la **Pyramide** dans la cour du musée du Louvre dans les années 1980. Aujourd'hui la Pyramide est aussi un symbole de la ville de Paris dont les Parisiens sont fiers.

11. Des achats

Imaginez que vous avez besoin d'acheter les choses suivantes à Paris, mais que vous ne connaissez pas les mots de vocabulaire suivants. Que dites-vous pour vous faire comprendre dans les grands magasins ? Avec des partenaires, écrivez des descriptions des choses. Puis, lisez des descriptions à haute voix et vos camarades de classes devineront l'objet que vous décrivez.

1. une brosse à dents
2. des pansements adhésifs (*Band-Aids* ®)
3. un porte-feuille
4. des lunettes de soleil
5. un petit réveil-matin (*alarm clock*)
6. de nouveaux écouteurs (*earphones*) pour votre baladeur
7. un pull-over
8. ??? (à vous de choisir ! Utilisez votre imagination !)

Comment dire — *décrire les gens (l'aspect physique)*

Expressions	C'est quelqu'un qui est… (+ *adjectif*) Il/Elle a… (+ *nom* + *adjectif*)
Size	grand(e), moyen(ne), petit(e) gros(se), fort(e), potelé(e), musclé(e), normal(e), bien proportionné(e), mince, costaud
Facial features	le visage (rond, ovale, carré), les yeux (marron, gris, verts, bleus), les sourcils (épais, minces), les cheveux (noirs, bruns, châtain, roux, blonds, gris; frisés, bouclés, raides; longs, courts), le nez (pointu, épais), les oreilles (décollées), la bouche, les lèvres (minces, épaisses), le menton (carré, fuyant), le front (large, fuyant), le cou (mince, épais, long, court)
Body parts	la tête, les épaules (*shoulders*), le bras, le coude (*elbow*), le poignet (*wrist*), la main, les doigts, les ongles, la poitrine (*chest*), le ventre (*stomach*), le dos, la jambe, le genou (*knee*), la cheville (*ankle*), le pied, les doigts de pied

L'adjectif **décollées**, utilisé pour décrire des oreilles qui ne restent pas contre la tête, vient du verbe **coller** (*to glue, to stick*) et du nom **la colle** (*glue*). On voit l'influence de cette racine dans le mot **collant** parce que les collants collent aux jambes des femmes. On parle aussi d'une robe **décolletée** (*low-cut*) qui ne «colle» pas au cou. On remarque aussi le **décollage** d'un avion; c'est à dire, le moment où l'avion quitte la terre et commence à voler. Et vous avez, peut être, fait des **collages** artistiques où l'on rassemble des images variées et les colle sur un papier.

ACTIVITÉ D : Lisez un extrait des *Caractères* de La Bruyère, un auteur français du 17ème siècle, dans lequel il décrit un homme qui est l'esclave de la mode. Consultez votre cahier électronique !

12. Circulez et bavardez

Hier, il y a eu un vol sur votre campus ! Quelqu'un a volé tous les livres du bureau de votre professeur de français. Vous avez vu une personne très agitée près de son bureau hier juste avant le vol. Imaginez cette personne, et puis circulez dans la salle et décrivez la personne (physiquement, vêtements et les affaires qu'il portait) aux autres étudiants. En même temps, posez des questions aux autres «témoins» que vous rencontrez. Essayez de trouver quelqu'un qui a vu la même personne que vous.

À l'écrit   *première étape*

13. Des préparatifs

Vous avez besoin de vacances et vous décidez de faire un petit voyage. Choisissez une destination et faites une liste de toutes les choses que vous mettez dans votre valise. N'oubliez pas :

- les documents nécessaires
- des vêtements appropriés pour le climat
- des appareils électroniques
- d'autres articles personnels

Échangez votre liste avec celle d'un camarade de classe. Suggérez des choses que votre partenaire a peut-être oubliées et écrivez un petit message en bas de page pour lui souhaiter un bon voyage !

ÉPISODE 2 *L'aveu*

Un magasin dans le Marais, le 4ème arrondissement de Paris.

Structures *les adjectifs descriptifs*

14. Un coup de téléphone

Claire arrive finalement à l'Hôtel Quasimodo, fatiguée et sans valise. Elle dîne dans sa chambre et se couche tôt. Le matin, elle est réveillée par le téléphone qui sonne très fort. C'est l'agent de sécurité de l'aéroport. Lisez le dialogue et puis décidez si les adjectifs en **caractères gras** sont : (a) **masculins ou féminins**, (b) **singuliers ou pluriels**. Comment le savez-vous ? Aussi, décidez si ces adjectifs sont placés (c) **avant ou après** le nom qu'ils modifient. Pouvez-vous décrire comment fonctionnent les adjectifs en analysant ces exemples ?

CLAIRE : Allô ?

L'AGENT : Bonjour, Madame Plouffe. C'est Étienne Duroc, et j'ai de **bonnes** nouvelles.

CLAIRE : Bonjour, Monsieur Duroc. Avez-vous trouvé ma valise ?

L'AGENT : Tout à fait. Grâce à un témoin **scrupuleux** qui a repéré le voleur dans les toilettes, on a pu récupérer la plupart de vos affaires.

CLAIRE : Un témoin ?

L'AGENT : Oui, oui, un homme qui tient une épicerie **vietnamienne** dans le 4ème. Il a vu un **jeune** homme **blond** qui fouillait dans vos affaires. En effet, deux minutes plus tard, nous avons cherché et nous avons trouvé votre **grande** valise **verte** dans les toilettes.

CLAIRE : Et vous avez dit qu'on a récupéré *la plupart* de mes affaires ?

L'AGENT : Eh, oui. D'après votre liste, tout est là sauf la **petite** tasse à café et le gilet **rouge**.

CLAIRE : Bizarre. Et mon dossier **précieux** avec mes notes de recherche ?

L'AGENT : Oui, oui. Enfin, j'espère que tous vos papiers sont là. Il y a six pages de notes écrites à la main. Elles étaient dans la poubelle (*garbage can*).

CLAIRE : Et les deux pages photocopiés d'un **vieux** manuscrit des *Liaisons dangereuses* de Laclos ?

L'AGENT : Désolé, madame, mais on n'a pas cherché des photocopies. Sur la fiche de déclaration, vous avez marqué seulement des notes écrites à la main et un dossier. C'étaient des photocopies d'un manuscrit **ancien**, vous dites ? Elles étaient **importantes** ?

CLAIRE : Non, pas tellement. Mon **ancien** professeur de littérature me les avait données. C'était juste pour voir comment était l'écriture de Laclos. Je cherche un **autre** manuscrit qu'il a écrit, mais enfin, je suis **heureuse** de pouvoir récupérer la plupart de mes affaires **personnelles**. Merci beaucoup, monsieur.

L'AGENT : Je vous en prie, madame. On envoie vos affaires à votre hôtel cet après-midi.

Comment faire | *les adjectifs descriptifs*

Descriptive adjectives (**les adjectifs descriptifs**) are used to modify nouns and must agree in *number* and *gender* with the nouns they modify.

To make an adjective agree with the *gender* :

- Usually add an **-e** to make a masculine adjective *feminine* : un sac **vert**, une valise **verte**.
- Some adjectives are *invariable* (those ending in an unaccented **-e** in the masculine and feminine forms AND those derived from nouns) : un **jeune** homme/une **jeune** femme, des yeux **marron**.
- Some adjectives require the *doubling of a final consonant* in the feminine form (**-ien/-ienne, -el/-elle, -il/-ille, -os/-osse**) or the *addition of an accent* (**-er/-ère**) : des papiers **personnels**/des affaires **personnelles**, le mois **dernier**/la semaine **dernière**.
- Some adjectives follow *slightly irregular* patterns (such as those ending in **-eux** or **-aux**) : **heureux/heureuse(s), précieux/précieuse(s), faux/fausse(s)**.
- Some adjectives are *completely irregular*, such as : **beau(x)/belle(s), nouveau(x)/nouvelle(s), bon(s)/bonne(s), vieux/vieille(s)** (note that **beau, nouveau,** and **vieux** all have irregular masculine/singular forms when placed before a noun that begins with a vowel or **silent h** : un **bel** ami, un **nouvel** ami, un **vieil** ami).

To make an adjective agree in *number* :

- Usually add an **-s** to make an adjective *plural* : une **petite** tasse, de **petites** tasses (unless the singular form already ends in **-s** or **-x**).
- Sometimes add an **-x** to form the *masculine plural* : un **nouveau** sac/de **nouveaux** sacs.

Descriptive adjectives are placed in a sentence according to the following rules :

- The adjective is normally placed *after a noun it modifies* : un gilet **rouge**
- The adjective is placed after **être** if it *modifies a subject* : elles étaient **importantes.**
- A limited number of specific adjectives that describe Beauty (**beau, joli**), Age (**jeune, vieux, nouveau**), Goodness (**bon, mauvais**), and Size (**petit, grand, gros, autre**), normally *precede the noun* : un **jeune** homme blond.
- Some adjectives may be used either *before or after the noun*, depending on meaning (see table below).

	BEFORE the noun	AFTER the noun
ancien/ancienne	un ancien prof *old, former*	un manuscrit ancien *old, ancient*
cher/chère	mon cher ami *dear, cherished*	un ordinateur cher *dear, expensive*
dernier/dernière	la dernière fois *last, in a series*	le mois dernier *last, previous*
grand/grande	un grand auteur *great, famous*	un homme grand *tall*
pauvre	le pauvre touriste *poor, unfortunate*	un touriste pauvre *poor, broke*
prochain/prochaine	la prochaine fois *next, following*	le mois prochain *next, coming up*
propre	ma propre chemise *own (property)*	une chemise propre *proper, clean*

15. Le courriel

Après avoir raccroché le téléphone, Claire branche son ordinateur, utilisant l'adapteur qu'elle a acheté lors de son dernier voyage à Paris et le numéro de téléphone local fourni par sa compagnie internet au Québec. Elle écrit un petit message à sa sœur au Québec. Remplissez les blancs avec un **adjectif descriptif** de la liste suivante (vous pouvez utilisez un adjectif plus d'une fois). N'oubliez pas de faire l'accord (masculin/féminin, singulier/pluriel) et d'y placer un bon adjectif (avant/après un nom) !

> **important, propre, gris, pauvre, sympathique, cher, petit, blond, prochain, jeune, noir**

Paris, le 2 septembre 2003

Ma _____ Marie,

Comment vas-tu ? Je suis bien arrivée à Paris. Il y a eu un _____ problème à l'aéroport. Quelqu'un a volé ma valise ! Le voleur était un _____ homme _____. Je l'ai vu prendre ma valise, mais j'ai pensé que sa valise devait être exactement comme la mienne. Mais non, c'était ma _____ valise ! Alors, j'ai beaucoup crié. Le _____ agent de sécurité a dû me calmer. Il était très _____. Je suis arrivée à mon hôtel sans valise et sans autres vêtements que ceux que je portais : un pantalon _____, un t-shirt, un gilet en soie, et des chaussures _____. Heureusement que je portais tout mon argent et toutes les choses _____ avec moi dans l'avion. Donc, au moins, je ne suis pas une victime _____. Et de toute façon, on a retrouvé ma valise et on me l'envoie à l'hôtel. Je sais que la famille est rentrée à Montréal. Est-ce que tes cours ont déjà commencé ? Dis bonjour à tout le monde pour moi. Je téléphonerai à Maman et Papa la semaine _____ !

Je t'embrasse, Claire

16. Le monde à l'envers

Imaginez que c'est le monde à l'envers : C'est Jean-Louis qui s'est fait voler à l'aéroport, et tout était le contraire de ce qui s'est passé avec le vol de la valise de Claire. Pour chaque expression suivante, changez les adjectifs pour des adjectifs opposés ou très différents.

1. une grande valise verte et rectangulaire
2. un jeune homme blond et mince
3. un bon témoin honnête
4. un pantalon beige et un t-shirt gris
5. une nouvelle chambre propre

17. Vingt questions

Pensez à un objet qu'on voit tous les jours et écrivez ce mot sur une feuille de papier. Puis, pliez et gardez le papier. Vos camarades de classe peuvent poser jusqu'à 20 questions «oui ou non» pour essayer de deviner l'objet auquel vous pensez. À votre tour, écoutez les questions et répondez «oui» ou «non». Attention à l'usage des adjectifs descriptifs. À la fin, montrez votre feuille de papier avec la bonne réponse !

Structures *l'adjectif possessif et le pronom possessif*

18. Une promenade

En attendant sa valise, Claire décide de faire une petite promenade sur les bords de la Seine pour voir ce qu'on vend chez les bouquinistes. Elle cherchera le bouquiniste qui a acheté les livres de la famille Fontenot demain. Aujourd'hui, elle se repose. Pourtant, en se promenant, elle croise Jean-Louis Royer, le Français qu'elle a rencontré à la Nouvelle-Orléans. Lisez le dialogue et puis décidez si les mots en **caractères gras** sont **des adjectifs** (qui décrivent un nom) ou **des pronoms** (qui remplacent un nom). Quelle est la différence ? Pouvez-vous décrire comment fonctionnent les adjectifs et pronoms possessifs en analysant ces exemples ?

CLAIRE : Jean-Louis ? C'est toi ?

JEAN-LOUIS : Tiens ! Claire ! Quelle surprise ! Je ne savais pas que tu étais à Paris.

CLAIRE : Je viens d'arriver. Voilà **mon** hôtel, juste en face. Et toi, tu habites ce quartier ? Est-ce que **ton** appartement est près d'ici ?

JEAN-LOUIS : Non, **mes** cousins habitent près d'ici. **Leur** appartement est sur le boulevard Saint-Michel. **Le mien** est en banlieue. Ils ont un grand téléviseur. **Le mien** est très petit. Donc, je préfère **le leur** quand il y a un match de foot. Il te plaît, **ton** hôtel ?

CLAIRE : Oui, oui. C'est correct. Il n'est pas aussi luxueux que **notre** hôtel à la Nouvelle-Orléans, mais ça va. Et quand **ma** valise arrivera, je serai plus contente.

JEAN-LOUIS : Où est **ta** valise ?

CLAIRE : On l'avait volée, mais les agents de sécurité l'ont trouvée très rapidement. J'ai vu le vol de **mes** propres yeux. Un homme blond a pris **ma** valise du tapis roulant et j'ai pensé que c'était sa valise à lui. Mais, ce n'était pas **la sienne**. C'était **la mienne** !

JEAN-LOUIS : J'espère qu'on ne t'a rien pris de grande valeur. Écoute, j'ai très faim. **Mes** cousins ont une télé super, mais **leur** frigo est toujours vide. Je connais un petit restaurant vietnamien près d'ici qui s'appelle Le Petit Saïgon. Ça te dit ?

CLAIRE : Oui. Je n'ai rien mangé aujourd'hui. Allons-y.

Pour aller plus loin : CINÉMA

ACTIVITÉ E : Voulez-vous mieux connaître l'histoire du Vietnam pendant l'occupation française ? Regardez le film *Indochine*. Consultez votre cahier électronique !

ℹ Culture

La ville de **Saïgon** est aujourd'hui la ville de **Ho Chi Minh**, au sud du Vietnam. Pendant l'occupation française de l'Indochine (les colonies du Vietnam, du Cambodge et du Laos), la ville de Saïgon était la ville principale pour les colons. Après la réunification du Vietnam sous le régime socialiste qui gouverne le pays encore aujourd'hui, on a renommé cette ville en l'honneur de Ho Chi Minh qui était président de la république du Vietnam en 1945, fondateur du parti communiste indochinois, chef du mouvement nationaliste du Viêt-Minh et un homme politique important durant la guerre contre les

Français. La capitale du Vietnam, pourtant, est la ville de Hanoi qui se trouve au nord du pays. Aujourd'hui, il ne reste qu'à peu près 20% de la population vietnamienne qui parlent français. Pourtant, le Vietnam fait partie de l'Organisation internationale de la francophonie et entretient des rapports avec les autres pays francophones du monde.

Comment faire   *l'adjectif possessif et le pronom possessif*

The *possessive adjective* (**l'adjectif possessif**) indicates ownership or possession of a noun and, like descriptive adjectives, agrees in number and gender with the noun being modified.

- There are *six types of possessive adjectives* that correspond to the subject (je, tu, il/elle/on, nous, vous, ils/elles) that owns the noun. Each type has *three forms* (masculine singular, feminine singular, plural) that agree with the gender/number of the noun that is owned by the subject :

my	mon, ma, mes		*our*	notre, notre, nos
your	ton, ta, tes		*your*	votre, votre, vos
his/her	son, sa, ses		*their*	leur, leur, leurs

- Choose the *type of possessive adjective* based on the subject that owns the noun and choose the *form of the adjective* based on the gender/number of the noun : **mes cousins** habitent près d'ici (je = owner; cousins = plural noun), c'était **sa valise** (le voleur/il = owner; valise = feminine singular noun).
- *Possessive adjectives* are always placed immediately *before the noun* they modify.
- Always use the *masculine form* of **mon**, **ton**, or **son** before a singular feminine noun that begins with a vowel or silent h : c'est **mon amie.**

The *possessive pronoun* (**le pronom possessif**) also indicates ownership or possession of a noun but replaces the possessive adjective and noun in a sentence.

- The *possessive pronoun* also has *six types* that each have *four forms* (masculine singular, feminine singular, masculine plural, feminine plural) to agree in number and gender with the noun being replaced :

mine	le mien, la mienne, les miens, les miennes		*ours*	le nôtre, la nôtre, les nôtres, les nôtres
yours	le tien, la tienne, les tiens, les tiennes		*yours*	le vôtre, la vôtre, les vôtres, les vôtres
his/hers	le sien, la sienne, les siens, les siennes		*theirs*	le leur, la leur, les leurs, les leurs

- Choose the *type of possessive pronoun* based on the owner and the *form* based on the gender/number of the noun being replaced : je préfère **le leur** (les cousins/ils = owners; téléviseur = masculine singular noun), ce n'était pas **la sienne** (le voleur/il = owner; valise = feminine singular noun)

19. Nos affaires

Quand François Phan rentre chez lui, ses enfants sont en train de ranger leurs affaires dans l'appartement avec leur grand-mère. Ils demandent à qui sont les affaires suivantes. Remplissez les blancs avec un **adjectif possessif**.

MODÈLE :   Les chaussettes sont à Mai.
Ce sont <u>ses</u> chaussettes.

1. La chemise est à Papa. C'est _____ chemise.
2. Les jouets sont à nous. Ce sont _____ jouets.
3. La brosse à dents est à Hanh. C'est _____ brosse à dents.
4. Les brosses à cheveux sont à Mai et Kim. Ce sont _____ brosses à cheveux.
5. Les parapluies sont à toi et à grand-père. Ce sont _____ parapluies.
6. Les chaussures sont à moi. Ce sont _____ chaussures.
7. Le livre est à toi. C'est _____ livre.

20. Non, c'est le sien !

François Phan arrive au bon moment. Il corrige ses enfants, qui attribuent la plupart des affaires aux mauvaises personnes. Remplissez les blancs avec un **pronom possessif**.

MODÈLE : Les chaussettes sont à Hanh.
Ce sont <u>les siennes</u> !

1. La chemise est à grand-père. C'est _____ .
2. Les jouets sont à vous. Ce sont _____ .
3. La brosse à dents est à moi. C'est _____ .
4. Les brosses à cheveux sont à Hanh et à moi. Ce sont _____ .
5. Les parapluies sont à Mai et Kim. Ce sont _____ .
6. Les chaussures sont à toi. Ce sont _____ .
7. Le livre est à Maman. C'est _____ .

21. Ce sont vos affaires ?

Choisissez un ou deux objets personnels (un stylo, un livre, un parapluie, une clé, une cassette audio, etc.) et mettez-le sur un bureau devant la salle de classe. À son tour, chaque étudiant s'approche au bureau et choisit un objet (attention, ne choisissez pas le vôtre !). Puis, décidez qui est le propriétaire de l'objet et posez une question à cette personne afin de savoir si l'objet est à lui/elle. La personne va répondre «oui» (si c'est le sien) ou «non» (et identifier le vrai propriétaire).

MODÈLE : C'est ta cassette audio ?
—Oui, c'est la mienne.
—Non, c'est la sienne !

Avant d'écouter

22. Avant l'aveu (confession)

En petits groupes, posez les questions suivantes et répondez selon vos goûts personnels.

1. Est-ce que vous dites toujours la vérité ? Si non, dans quelles situations est-il permis de mentir (to lie), à votre avis ?
2. On dit que les étudiants américains mentent souvent à leurs professeurs. Êtes-vous d'accord ? Pourquoi ou pourquoi pas ? Donnez un exemple des mensonges (lies) typiques des étudiants.

3. Si un(e) ami(e) vous confie un secret, est-ce que vous gardez ce secret ? Dans quelles situations est-il permis de raconter un secret aux autres ?

4. Quand vous faites une gaffe (*blunder, mistake*), est-ce que vous avouez (*admit, confess*) toujours ce que vous avez fait ? Pourquoi ou pourquoi pas ?

5. Si un(e) ami(e) vous demande pardon d'avoir menti ou d'avoir fait une gaffe, est-ce que vous pardonnez facilement à cette personne ? ou êtes-vous plutôt rancunier(-ère) (*vindictive*) ?

À L'ÉCOUTE : *L'aveu*

Claire et Jean-Louis s'installent dans le restaurant Le Petit Saïgon. Ils commandent des rouleaux de printemps suivis de deux grands bols de soupe aux nouilles (noodles). Claire pose une question à propos du bar irlandais où Jean-Louis travaille, et il a l'air très mal à l'aise. Finalement, il décide de lui faire un aveu…

 Regardez le vocabulaire qui suit, et puis **écoutez le dialogue sur votre CD**.

VOCABULAIRE

Décrire un événement		au hasard	by chance
rouleau(x) de printemps	*spring roll(s)*	exprès	*on purpose*
mal à l'aise	*uneasy*	un patron	*a boss*
dérangé	*deranged*	un mensonge	*a lie*
forcément	*necessarily*	mentir	*to lie*
un antiquaire	*an antique dealer*	supplier	*to beg*
prendre un pot	*to have a drink*	en vouloir à quelqu'un	*to be mad at someone*
		s'en faire	*to worry/get upset*

Après avoir écouté

23. Avez-vous compris ?

Après avoir écouté le dialogue entre Claire et Jean-Louis au restaurant vietnamien, lisez les phrases suivantes et donnez votre opinion. Discutez en petits groupes.

1. Où sont Claire et Jean-Louis ? Pourquoi ont-ils choisi ce restaurant ?
2. Quelles sont les questions que Claire pose à Jean-Louis ? Quelles sont ses réponses ?
3. Quel était le mensonge de Jean-Louis ? À votre avis, pourquoi est-ce que Jean-Louis a menti ? Est-ce un mensonge impardonnable ?
4. Pourquoi est-ce que Jean-Louis choisit ce moment pour avouer qu'il a menti à Claire ?
5. Si c'était vous à la place de Claire, est-ce que vous accepteriez ou refuseriez de lui pardonner ? Pourquoi ?

24. D'accord ou pas d'accord

Après avoir écouté le dialogue entre Claire et Jean-Louis au restaurant vietnamien, lisez les phrases suivantes et donnez votre opinion. Discutez en petits groupes.

Pour aller plus loin : CULTURE

ACTIVITÉ F : Voulez-vous mieux connaître la cuisine vietnamienne ? Consultez votre cahier électronique !

1. Claire aime la cuisine vietnamienne. _____ _____
2. Jean-Louis ne travaille pas dans un bar irlandais. _____ _____
3. Jean-Louis est vraiment désolé d'avoir menti à Claire. _____ _____
4. Claire pardonne à Jean-Louis trop facilement. _____ _____
5. Claire n'a jamais menti à Jean-Louis. _____ _____

Comment dire *s'excuser et pardonner*

Admitting wrong-doing
Écoute(z), j'ai quelque chose à te/vous dire.
J'ai fait une gaffe / une bêtise.
Ne te fâche pas / Ne vous fâchez pas.
Ne m'en veux pas / Ne m'en voulez pas.
J'avoue/admets que… / J'ai honte de vous dire que…

Apologizing
Je suis désolé(e) / Je suis navré(e) / C'est/était de ma faute.
Excuse(z)-moi / Pardonne(z)-moi.
Je t'en supplie / Je vous en supplie.
Je te/vous demande pardon / Je te/vous présente mes excuses.
Tu m'en veux ? / Vous m'en voulez ?

Accepting an apology
Je te/vous pardonne.
Ne t'en fais pas / Ne vous en faites pas.
Ce n'est pas si grave que ça / Ce n'est rien / Il n'y a pas de mal.
N'y pense(z) plus ! / Il n'y a pas de quoi !

Expressing anger/resentment
Il est trop tard pour vous/t'excuser.
Quel(le) imbécile ! / Quel prétentieux !
Tu as eu tort / Vous avez eu tort.
Tu n'as pas honte ! / Vous n'avez pas honte !

25. Pardonnez-moi !

Imaginez que vos amis troublés vous demandent pardon de leurs fautes. Pour chaque situation suivante, acceptez ou refusez de leur pardonner, selon votre humeur ! Avec un partenaire, donnez votre réponse à chaque aveu.

1. Excuse-moi d'avoir menti à propos de mon travail. J'avais peur de te dire la vérité. C'est que je suis avocat(e) et je sais que tu les détestes.
2. Je te demande pardon d'être allé(e) au cinéma sans toi, mais tu étais si en retard !
3. J'ai honte de te dire que j'ai vendu ta montre Cartier pour m'acheter une nouvelle bicyclette. C'était vraiment bête, et je suis complètement navré(e). Tu m'en veux ?
4. Écoute, j'ai quelque chose à te dire. J'ai fait une gaffe. En téléchargeant (*downloading*) une chanson sur ton ordinateur, j'ai eu un petit problème. Bref, ton ordinateur ne marche plus, mais ce n'est pas vraiment de ma faute !

26. Avouez-le, vous avez mal agi !

Imaginez que vous avez mal agi et qu'il faut présenter vos excuses. Que dites-vous pour admettre votre faute et pour demander pardon dans les situations suivantes ? Que dit-on pour vous pardonner ? Avec un partenaire, inventez des dialogues pour les situations suivantes.

1. Votre ami(e) a très faim, mais vous avez mangé son sandwich pendant qu'il/elle cherchait une boisson.
2. Vous avez essayé le pantalon de votre frère/sœur et maintenant il est tout déchiré (*ripped*).
3. Vous avez emprunté le pull-over blanc de votre ami(e) et maintenant il y a une grosse tache rouge sur la manche (*sleeve*).
4. Hier soir, vous êtes sorti(e) avec vos amis et vous n'avez pas fait vos devoirs pour la classe de français. Votre professeur veut savoir ce qui se passe !

27. C'est à vous ?

Sur une feuille de papier, écrivez une phrase pour décrire un de vos objets préférés. Utilisez beaucoup d'adjectifs descriptifs. N'y mettez pas votre nom ! Échangez vos papiers au hasard. Lisez la phrase sur le papier que vous recevez, et circulez dans la classe pour trouver l'auteur. Ne montrez pas le papier, et posez des questions *sans* utiliser les mots de vocabulaire sur le papier. Quand vous trouvez l'auteur, donnez-lui son «objet préféré» en vous excusant de l'avoir pris sans demander sa permission !

MODÈLE :   «Mon grand chapeau de paille est jaune avec un ruban rouge et bleu.»
—Est-ce que tu aimes la mode ? Portes-tu souvent des choses sur la tête ? Ah, bon. Enfin, je crois que j'ai ton chapeau de paille. C'est le tien ? Je suis désolé(e). Excuse-moi !

À l'écrit *deuxième étape*

28. Désolé(e), madame !

Imaginez que vous arrivez à votre destination de vacances, mais que vous prenez la mauvaise valise du tapis roulant. Il faut retourner à l'aéroport et admettre votre faute à la personne au comptoir ! Écrivez un dialogue dans lequel :

- Vous avouez avoir pris la mauvaise valise et vous demandez pardon.
- Vous décrivez les affaires qui sont dans votre valise.
- Vous posez des questions afin de savoir si on a trouvé votre valise.
- Vous imaginez les réponses (polies ou impolies !) de la personne au comptoir.

Finalement, avec un partenaire, révisez vos dialogues et lisez-les à haute voix.

Une lettre à Sandrine

Structures   *le participe présent*

29. C'est en forgeant qu'on devient forgeron

Après leur déjeuner, Claire et Jean-Louis font une promenade dans le Quartier Latin. Claire lui demande comment on devient antiquaire, et Jean-Louis répond avec le proverbe «c'est en forgeant qu'on devient forgeron» (*blacksmith*). Faites correspondre l'état ou la profession (à gauche) avec les activités qui mènent à cet état ou profession (à droite).

État/Profession	Activités
1. On devient professeur…	a. en travaillant l'or et l'argent et en faisant des bijoux.
2. On devient vendeuse…	b. en préparant des plats.
3. On devient touriste…	c. en apprenant une deuxième langue et en parlant.
4. On devient couturier…	d. en vendant beaucoup de choses.
5. On devient bijoutier…	e. en achetant un billet d'avion, en réservant une chambre et en voyageant.
6. On devient musicienne…	f. en dessinant des robes et en cousant (*sewing*).
7. On devient bilingue…	g. en allant aux concerts, en écoutant de la musique et en jouant d'un instrument tous les jours.
8. On devient cuisinier…	h. en étudiant, en faisant de la recherche et en enseignant.

ℹ Littérature

Les grandes époques de la littérature française se divisent plus ou moins par siècles : le Moyen Âge (12ème-15ème siècles), la Renaissance (16ème siècle), l'Époque Classique (17ème siècle), le Siècle des Lumières (*Enlightenment*) (18ème siècle), l'Âge Romantique (19ème siècle), l'Époque Moderne (20ème siècle). Chaque époque est nommée pour un mouvement littéraire ou intellectuel dominant. Qui sait comment on nommera le 21ème siècle ? Avez-vous des idées ?

30. Un sonnet pour Hélène

Claire et Jean-Louis s'arrêtent dans une librairie de livres anciens. Là, Jean-Louis trouve une vieille édition des sonnets de Pierre de Ronsard, un poète français de la Renaissance. Voici un poème du recueil *Sonnets pour Hélène*, écrit en 1578, où le poète imagine la vie triste d'Hélène si elle rejette l'amour de Ronsard. Faites les activités suivantes avec un partenaire :

1. *Avant* de lire les paroles du poème, faites une liste de tous les verbes que vous associez à la vie d'une vieille femme qui habite toute seule dans une grande maison.

2. Lisez l'extrait à haute voix et puis donnez l'infinitif de chaque verbe en **caractères gras**. Ce sont des participes au présent. Pouvez-vous décrire comment fonctionne le participe présent en analysant ces exemples ?

3. Comparez votre liste de verbes associés à la vie d'une vieille femme avec les verbes en caractères gras. Combien sont les mêmes ?

4. Discutez : Comment sera la vie d'Hélène à l'avenir ? Que fait-elle tous les soirs ? Comment est-ce que Ronsard imagine l'aspect physique d'Hélène à l'avenir ? Où est Ronsard pendant ce temps ? Comment imaginez-vous cette femme pendant sa jeunesse ? Comment imaginez-vous le poète ?

Quand Ronsard demande à Hélène de «cueillir les roses de la vie,» qu'est-ce que cela veut dire ? Est-ce que vous avez jamais écrit ou reçu un poème d'amour ? Que pensez-vous de cette manière de faire la cour (*to court*) à quelqu'un ?

Sonnets pour Hélène

de Pierre de Ronsard

Quand vous serez° bien vieille, au soir à la chandelle,°	*will be / candlelight*
Assise auprès du feu,° **dévidant**° et **filant**,°	*fire/fireplace / spooling*
Direz, **chantant** mes vers,° en **vous émerveillant** :	*spinning thread / verses*
«Ronsard me célébrait du temps que j'étais belle.»	
Lors° vous n'aurez° servante oyant° telle nouvelle,	*at that time / will not have*
Déjà sous le labeur à demi **sommeillant**,°	*hearing / to doze off*
Qui au **bruit**° de Ronsard ne s'aille **réveillant**,	*sound/noise (of Ronsard's name)*
Bénissant° votre nom de **louange**° immortelle.	*to bless / praise*
Je **serai**° sous la terre, et fantôme sans **os**°	*will be / bones*
Par les ombres **myrteux**° je prendrai mon repos :	*shadows of myrtle (a plant)*
Vous serez au **foyer**° une vieille **accroupie**,°	*hearth / crouched/hunched over*
Regrettant mon amour et votre fier **dédain**.°	*proud disdain/scorn*
Vivez, si m'en croyez, n'attendez à demain :	
Cueillez° **dès aujourd'hui**° les roses de la vie.	*to gather/pick flowers / from today/from this moment on*

Comment faire *le participe présent*

Pour aller plus loin :
CULTURE

ACTIVITÉ G : Qui est Pierre de Ronsard ? Apprenez un peu sur sa vie, ses poèmes, et la Renaissance en France. Consultez votre cahier électronique !

The *present participle* (**le participe présent**) is used to express ongoing actions in the present and corresponds to words that end in **-ing** in English (walking, talking, etc.). It is often used with the preposition **en** (*while*). To *form the present participle* :

- drop the **-ons** from the "nous" form of the verb in the present tense and add the ending **-ant** : nous finissons → en **finissant**
- there are three *irregular present participles* : **étant** (être), **ayant** (avoir), **sachant** (savoir)
- the reflexive pronoun of *reflexive verbs* should agree with the main subject : en me réveillant
- verbs that have *slightly irregular spellings* in the "**nous**" form (like verbs that end in **-ger** or **-cer**), retain their irregular spellings as present participles : en commen**ç**ant, en mang**e**ant

The *present participle* can be used to describe :

- *ongoing actions* : **chantant** mes vers
- *simultaneous actions* : je m'habille en **regardant** la télé
- *cause-and-effect events* : j'ai déchiré mon pantalon en **m'habillant**

Le **Marais** est un quartier ancien qui se trouve dans les 3ème et 4ème arrondissements. À l'origine de la ville de Paris, ce quartier était un vrai marais, un marécage. Mais au cours des siècles, le quartier est devenu un endroit chic et beaucoup d'écrivains célèbres y ont habité : Racine, Molière, Voltaire, Victor Hugo et Madame de Sévigné. On trouve le Musée Carnavalet (musée de l'histoire de la ville de Paris) dans l'ancienne maison de Madame de Sévigné, et on peut visiter l'appartement de Victor Hugo (auteur des *Misérables* et de *Notre-Dame de Paris*, parmi d'autres) et la Place des Vosges. Dans le Marais, surtout autour de la rue des Rosiers, on trouve aussi une grande communauté juive qui, depuis des siècles, a contribué à la vie culturelle du quartier.

31. En passant par le Marais

Après le déjeuner, Claire et Jean-Louis continuent à se balader dans les rues de Paris. Ils suivent les quais jusqu'au Marais, le 4ème arrondissement, et montent la rue Saint Paul. Mettez les verbes entre parenthèses au participe présent.

1. En (passer) _____ par le Marais, Claire voit beaucoup de petites boutiques et de petits magasins.
2. Jean-Louis, (parler) _____ toujours du vol de la valise, demande comment était le voleur.
3. Claire, ne (vouloir) _____ pas trop parler de la situation et (être) _____ un peu fatiguée, répond vaguement à ses questions.
4. En (voyager) _____, dit-elle, on risque toujours d'être victime d'un crime.
5. Puis, (voir) _____ une épicerie vietnamienne, Claire se demande si ce n'est pas le magasin du témoin et y entre.
6. En (attendre) _____ que la jeune femme à la caisse en termine avec son coup de fil, Claire raconte à Jean-Louis comment le témoin a trouvé ses affaires dans l'aéroport.
7. Malheureusement, la jeune femme ne sait rien de cette histoire du vol et, (insister) _____ que la leur est la seule épicerie vietnamienne dans le quartier, conseille à Claire et Jean-Louis de chercher ce monsieur ailleurs.
8. Donc, ils partent, tout en (s'excuser) _____ d'avoir dérangé (*to have bothered*) la jeune femme.

32. Qu'est-ce qui s'est passé ?

Claire et Jean-Louis s'arrêtent dans un café du Marais où ils entendent des gens qui parlent des événements de leurs vies urbaines chargées. Imaginez toutes les choses que les gens peuvent faire simultanément. Terminez les phrases avec des **participes au présent**.

1. Je me réveille en…
2. Il a répondu au téléphone en…
3. Nous travaillons en…
4. Tu as fini ton café en…
5. Vous prenez le métro en…

Structures *l'infinitif passé*

33. Que savez-vous ?

Beaucoup de choses bizarres se sont passées depuis le début du projet de recherche de Claire. Vous rappelez-vous tous les événements ? Terminez les phrases suivantes avec un événement qui s'est passé ou que vous inventez (si vous n'avez pas une bonne mémoire !). Employez le passé composé (pour les actions terminées) ou l'imparfait (pour les émotions ou les descriptions).

1. Avant de rencontrer Sandrine Fontenot…
2. Après avoir rencontré Sandrine Fontenot…
3. Avant de partir de la Nouvelle-Orléans…
4. Après être parti(e)(s) de la Nouvelle-Orléans…
5. Avant de revoir Jean-Louis à Paris…
6. Après avoir revu Jean-Louis à Paris…

l'infinitif passé

i Langue

Rappel ! Rappel ! Si vous ne vous souvenez pas de la formation du **participe passé** ou de quels verbes prennent **être** au passé composé, révisez l'Épisode 3 du Chapitre 2 !

The *past infinitive* (**l'infinitif passé**) is the equivalent of the infinitive (an unconjugated verb) in the past. The *past infinitive* is simply the infinitive of **avoir** or **être** followed by the past participle (**le participe passé**).

- Choose **avoir** or **être** and form the past participle by following the same guidelines for the **passé composé.**
- Note that the past participle of a verb that takes **être** must agree with the main subject of the sentence even though it is part of a past infinitive.
- The past infinitive is often used with the preposition **après** or with the preposition **de** (when apologizing for having done something in the past) : **Après être allée** chez Sandrine, Claire a traversé le cimetière. Excuse-moi **d'avoir déchiré** ton pantalon. J'ai honte **d'avoir mangé** ton sandwich.

34. En rentrant

Finalement, Jean-Louis accompagne Claire à son hôtel, mais il n'arrête pas de s'excuser de son comportement à la Nouvelle-Orléans. Remplissez les blancs avec **l'infinitif passé** du verbe entre parenthèses.

JEAN-LOUIS : Encore une fois, Claire, excuse-moi de t'(mentir) _____. Après (entendre) _____ ton sujet de recherche, j'étais fasciné par ce manuscrit perdu. J'ai honte de ne pas (mentionner) _____ mon association à l'antiquaire. Pardonne-moi d'(être) _____ si méfiant. Après (retourner) _____ à Paris, j'ai téléphoné à mon patron qui m'a dit de chercher ce manuscrit. Je suis vraiment navré de ne pas t'(confier) _____ ce secret dès le jour de notre rencontre. Et après (apprendre) _____ qu'on a volé ta valise à l'aéroport, j'ai eu peur. Si quelqu'un d'autre cherchait ce même manuscrit ! Mais, après (sortir) _____ avec toi aujourd'hui, je suis rassuré. C'était peut-être une coïncidence.

35. La réponse de Marie

Après avoir pardonné à Jean-Louis plusieurs fois, Claire monte dans sa chambre de l'Hôtel Quasimodo, où sa valise l'attend déjà. Elle branche encore son ordinateur et voit que Marie avait répondu à son message. Choisissez un des verbes donnés pour remplir les blancs et mettez ce verbe à **l'infinitif passé** ou au **participe présent**.

aller, mettre, rentrer, finir, écrire, retrouver, prendre

Chère Claire,

Je suis désolée d'entendre qu'on a volé ta valise ! Quelle chance d'_____ la valise tout de suite après l'incident. En _____ _____ l'avion, il y a toujours la possibilité de perdre ses bagages. Tu as eu de la chance d'_____ toutes tes choses importantes dans ton sac à dos. J'espère que la suite de ton séjour à Paris sera plus heureuse. Quant à moi, je reprends mes études à l'université. Après _____ à Montréal la semaine dernière, toute la famille a repris son travail. J'ai parlé avec un de tes profs hier. En _____ à l'université, j'ai rencontré ton directeur de thèse, Professeur Thuillier, dans le métro. Il s'excuse de ne pas _____ de messages récemment, mais il est très occupé en _____ son travail administratif afin de pouvoir partir en congé sabbatique à la fin du mois. Enfin, Maman et Papa attendent ton appel, et moi aussi. Amuse-toi bien à Paris, mais fais attention aussi !

Bisous, Marie

CORRESPONDANCE : *Une lettre à Sandrine*

Paris, le 2 septembre 2003
Madame Sandrine Fontenot-Chardin
22 Saint Philip Street
New Orleans, Louisiana 70130 USA

Chère Madame,

Je vous écris d'abord pour vous remercier de votre acceuil° chaleu-   *welcome*
reux et de m'avoir donné le nom du bouquiniste à Paris qui a acheté les
livres de votre famille. Je suis actuellement à Paris, et je continue ma
recherche du manuscrit perdu de Laclos. La deuxième raison pour cette
lettre est de vous informer des développements du projet. À vrai dire,
je commence un peu à m'inquiéter, et je ne sais pas à qui faire
confiance. Je me souviens de votre histoire des voleurs qui ont provoqué
la mort de votre grand-père. Moi aussi, après être arrivée à Paris, j'ai
été la victime d'un vol. J'attendais à la livraison des bagages enregistrés, où il y avait une grande foule, quand un homme blond est parti avec
ma valise. J'étais bouleversée !° Bêtement, j'ai attendu une heure avant   *upset*
de contacter les agents de sécurité. Heureusement, les agents de sécurité ont retrouvé ma valise une heure après le vol.

Pourtant, il y a eu pas mal° de choses bizarres qui se sont passées   *quite a few*
depuis notre rendez-vous. Vous m'avez envoyé une lettre à l'Hôtel
LeMoyne après avoir reçu un coup de téléphone que je n'ai pas passé. Je
vous ai téléphoné deux fois le lendemain pour savoir ce que cette personne vous avait dit pour vous faire croire que c'était moi, mais vous
étiez déjà partis en vacances. Ensuite, après avoir rencontré un touriste français sympa à la Nouvelle-Orléans, je le revois à Paris et
j'apprends qu'il travaille pour un antiquaire qui s'intéresse au même
manuscrit de Laclos. Et en arrivant à Paris, on a volé ma valise. Est-
ce que ce sont des coïncidences ? Enfin, je ne crois pas aux malédic-
tions,° mais votre avis de «me méfier des voleurs» fait écho dans ma   *curses*
tête. Quand j'étais à la Nouvelle-Orléans, je parlais trop de mon projet aux gens que je ne connaissais pas bien. Dès aujourd'hui, je serai
plus prudente. Je suis à l'Hôtel Quasimodo encore pour quelques
semaines, si vous voulez m'écrire ou me téléphoner ici. Je vous remercie encore de votre gentillesse.°   *kindness*

En attendant de vous lire ou de vous parler, je vous prie de croire
à l'assurance de mes sentiments les plus cordiaux.

Claire Plouffe

Après avoir lu

36. D'accord ou pas d'accord

Après avoir lu la lettre ci-dessus, lisez les phrases suivantes et donnez vos opinions personnelles. Discutez en petits groupes.

	D'accord	Pas d'accord
1. Claire écrit à Sandrine pour la remercier de sa gentillesse.	_____	_____
2. Claire ne s'inquiète pas du tout de la malédiction du manuscrit.	_____	_____
3. Claire n'a plus confiance en Jean-Louis.	_____	_____
4. Il faut toujours se méfier des voleurs.	_____	_____
5. Sandrine va venir à Paris pour aider Claire avec ses recherches.	_____	_____

Structures le passé composé et l'imparfait (suite)

37. Qu'est-ce qu'elle a dit ?

Relisez la lettre que Claire envoie à Sandrine dans laquelle elle parle de ce qui s'est déjà passé. Soulignez tous les verbes qui sont au **passé composé** ou à l'**imparfait**, et essayez de décrire pourquoi Claire a choisi l'un ou l'autre.

Comment faire le passé composé et l'imparfait (suite)

Remember that the **passé composé** and the **imparfait** are both used for descriptions in the past. They have different uses depending on the context in which they are used or on the meaning intended by the person speaking. In general, use the **passé composé** for completed actions or states. More precisely, it is used for actions or states that occurred at a specific moment in time, for a specific number of times, or for a duration of time with a specific beginning and end. Use the **imparfait** for actions or states which were habitual or ongoing (no specified beginning or end), provide background information or description.

For example, the following are verb tenses used in the letter to Sandrine (above) :

Passé composé

- *action or state occurring at a specific moment in time* : un homme blond est parti, vous m'avez envoyé, je n'ai pas passé
- *actions or states occurring a specific number of times* : je vous ai téléphoné deux fois
- *actions or states occurring during a specific period of time* : j'ai attendu une heure

Imparfait

- *habitual actions or states* : je parlais trop
- *ongoing actions or states* : j'attendais
- *emotions* : j'étais bouleversée
- *background information/description* : il y avait une grande foule

Note that the imperfect can also be used *to make suggestions* when it follows **si** : Si on dînait ensemble ce soir ?

Rappel ! Rappel ! Révisez la formation et l'usage du **passé composé** et de **l'imparfait** (dans l'Episode 3 du Chapitre 2) si vous en avez besoin ! Rappelez-vous aussi que plusieurs verbes prennent un sens légèrement différent s'ils sont **passé composé** ou à l'**imparfait**. Par exemple :

- **vouloir**   j'ai voulu (*I wanted, attempt made*)   je voulais (*I wanted, no attempt made*)
- **pouvoir**   j'ai pu (*I was able*)   je pouvais (*I could*)
- **devoir**   j'ai dû (*I had to*)   je devais (*I was supposed to*)
- **savoir**   j'ai su (*I realized*)   je savais (*I knew*)
- **connaître**   j'ai connu (*I met, a person*)   je connaissais (*I used to know, I knew*)

38. Tu as bien dormi ?

Sa deuxième nuit à l'Hôtel Quasimodo se passe assez tranquillement. Le matin, Claire se lève de bonne heure et va au café Le Clou de Paris, sur la place Saint-André-des-Arts, pour rencontrer Jean-Louis. Il lui demande si elle a bien dormi et ce qu'elle a fait hier soir. Voici sa réponse. Mettez les verbes entre parenthèses au **passé composé** ou à **l'imparfait**.

CLAIRE :   Hier soir ? Voyons, ma soirée (être) _____ assez tranquille. Je (monter) _____ à ma chambre. Il (faire) _____ assez frais dehors, alors je (fermer) _____ les fenêtres. Ensuite, je (défaire) _____ ma valise, qui (être) _____ là quand je (revenir) _____. Je (choisir) _____ de laver plusieurs vêtements à la main et d'envoyer les autres au pressing (*dry cleaner*). Puis, je (commander) _____ un petit repas dans ma chambre. En effet, je (prendre) _____ mon souper quand je (recevoir) _____ un message par courriel de ma sœur Marie. Elle (avoir) _____ peur pour moi à cause de cette histoire de vol. Quand nous (être) _____ petites, elle (s'inquiéter) _____ toujours de tout. Donc, je lui (envoyer) _____ un message pour la rassurer. Et puis, je (s'endormir) _____ en regardant un film à la télé.

JEAN-LOUIS :   Alors, tu (ne pas voir) _____ le bossu (*hunchback*) ?

CLAIRE :   Non, pas hier soir, mais je l'ai vu à l'opéra au Grand Théâtre de Québec l'année dernière.

Notre-Dame de Paris est un des plus grands romans de **Victor Hugo**, un écrivain parisien du 19ème siècle. L'intrigue du roman se passe au moyen âge, et il s'agit d'un bossu nommé **Quasimodo** qui habite la tour de la cathédrale de Notre-Dame. Ce bossu tombe amoureux d'une belle femme qui s'appelle Esmeralda. Cette histoire très populaire a souvent été adaptée pour des publics variés, récemment pour le cinéma de jeunesse par Disney (aux États-Unis) et pour l'opéra par une troupe québécoise (au Canada).

39. La soirée de Jean-Louis

Imaginez la soirée de Jean-Louis ! Décrivez tout ce qu'il a fait après avoir laissé Claire à son hôtel hier soir. Écrivez 10 à 12 phrases avec un partenaire. Puis, échangez vos papiers avec un autre groupe et lisez leur version des événements. Faites des commentaires en bas de page !

40. Et vous ?

Interviewez quelqu'un dans la classe lui demandant ce qu'il/elle faisait ou ce qu'il/elle a fait aux moments suivants. À votre tour, répondez aux questions en fournissant beaucoup de détails. Attention à l'usage du passé composé, de l'imparfait et d'autres temps des verbes !

1. hier soir
2. l'été dernier
3. l'hiver dernier
4. en 1995

À l'écrit *troisième étape*

41. À propos de votre valise

Imaginez que vous avez rendu la valise que vous avez prise par erreur à l'aéroport, mais que votre propre valise est toujours disparue. Écrivez une brève lettre ou un e-mail à l'agence de sécurité de l'aéroport avec une description du problème, votre version des événements, des excuses et une description de votre valise et de son contenu. Échangez votre lettre avec celle d'un de vos camarades de classe (par courriel, si vous voulez !) et offrez-lui une réponse et quelques corrections possibles.

Pour aller plus loin : CULTURE

ACTIVITÉ H : Lisez un extrait du roman *Notre-Dame de Paris* de Victor Hugo ! Consultez votre cahier électronique !

Denouement

Activités de révision

42. Comment sont-ils ?

Avec un partenaire, décrivez les gens suivants : leur aspect physique, leurs vêtements, et les objets personnels qu'ils apportent souvent avec eux.

1. votre professeur de français
2. le Président des États-Unis
3. une femme dans votre classe de français
4. un homme dans votre classe de français
5. Claire Plouffe *(imaginez !)*
6. Philippe Aucoin, l'hôtelier à la Nouvelle-Orléans *(imaginez !)*
7. Sandrine Fontenot, la femme créole *(imaginez !)*
8. François Phan, le témoin vietnamien *(imaginez !)*

Pour aller plus loin : CULTURE

ACTIVITÉ I : Voulez-vous vous habiller comme un parisien ou une parisienne ? Consultez votre cahier électronique !

43. Vos magasins

Imaginez qu'un couple français vienne dans votre région pour un weekend de vacances. Pourtant, la ligne aérienne a perdu leurs bagages, et ils ont besoin d'acheter de nouveaux vêtements et d'autres affaires personnelles pour leur séjour aux États-Unis. En petits groupes, écrivez une liste des vêtements et des affaires personnelles que vous leur suggérez (attention que tout soit approprié au climat en cette saison) et indiquez dans quels magasins ils peuvent trouver toutes ces choses. Comparez vos suggestions avec celles de vos camarades !

Avant de lire *La Parure*

44. À la mode

Imaginez qu'on vous invite à une soirée élégante. Pourtant, vous n'avez pas de vêtements élégants à la mode et vous n'avez pas d'argent pour en acheter. Il faut emprunter des choses à vos camarades de classe. Circulez dans la salle de classe et posez des questions à vos camarades. Vous voulez trouver des gens qui peuvent vous prêter les vêtements, les accessoires dont vous avez besoin !

45. Sans un sou

Votre ami(e) n'a pas de job mais dépense beaucoup d'argent avec ses cartes de crédit. Il/elle ne comprend pas pourquoi il/elle est toujours sans le sous. Vous expliquez pourquoi ! Terminez les phrases avec des verbes au **participe présent**.

1. On devient pauvre en…
2. On accumule des dettes en…
3. On ne trouve pas de job en…
4. On dépense trop d'argent en…
5. On repaie ses dettes en…
6. On devient riche en…

46. Premières impressions

Lisez l'extrait suivant, tiré du conte *La Parure* (*The Jewels*) de Guy de Maupassant, sans essayer de comprendre chaque mot. Après votre première lecture du texte, répondez aux questions. Ensuite, relisez le texte une deuxième fois, plus attentivement.

1. Est-ce que les Loisel sont riches ? Comment le savez-vous ?
2. Comment est Madame Loisel après 10 ans de travail ?
3. Est-ce que Madame Loisel et Madame Forestier se connaissent bien ?
4. Quel est le sujet de discussion entre les deux femmes ?
5. Où se situe l'action ?

LITTÉRATURE : *La Parure*

L'intrigue de ce conte de Guy de Maupassant se situe à Paris, au 19ème siècle, dans une société où il est important de paraître riche et de bon goût même si on mène une vie modeste. Madame Loisel, qui s'est mariée avec un fonctionnaire, emprunte un collier de diamants à une amie plus riche pour aller à une fête. En revenant de la fête, elle perd le collier. Ne voulant pas avouer sa faute à son amie, elle achète un autre collier qui ressemble au premier et le laisse passer pour l'original. Pourtant, ce collier coûte très, très cher, et Monsieur et Madame Loisel passent dix ans à rembourser leur dette…

de Guy de Maupassant

La Parure (extrait)

Elle connut les gros travaux du ménage, les odieuses° besognes° de la cuisine. Elle lava la vaisselle, usant ses ongles roses sur les poteries grasses et le fond des casseroles. Elle savonna le linge sale, les chemises et les torchons,° qu'elle faisait sécher sur une corde; elle descendit à la rue, chaque matin, les ordures,° et monta l'eau, s'arrêtant à chaque étage pour souffler.° Et, vêtue comme une femme du peuple, elle alla chez le fruitier, chez l'épicier, chez le boucher, le panier° au bras, marchandant,° injuriée,° défendant sou à sou son misérable argent.

Il fallait chaque mois payer des billets, en renouveler d'autres, obtenir du temps. Le mari travaillait, le soir, à mettre au net les comptes d'un commerçant, et la nuit, souvent, il faisait de la copie à cinq sous la page. Et cette vie dura dix ans.

Au bout de dix ans, ils avaient tout restitué, tout, avec le taux de l'usure,° et l'accumulation des intérêts superposés. Madame Loisel semblait vieille, mainte-

odious/hateful / task

dishcloth
trash
to catch one's breath
basket
to haggle / insulted

interest

nant. Elle était devenue la femme forte, et dure, et rude, des ménages pauvres. Mal peignée, avec les jupes de travers° et les mains rouges, elle parlait haut, lavait à grande eau les planchers. Mais parfois, lorsque son mari était au bureau, elle s'asseyait auprès de la fenêtre, et elle songeait à cette soirée d'autrefois, à ce bal où elle avait été si belle et si fêtée. Que serait-il arrivé si elle n'avait point perdu cette parure ? Qui sait ? qui sait ? Comme la vie est singulière, changeante ! Comme il faut peu de chose pour vous perdre ou vous sauver ! *the wrong way*

Or, un dimanche, comme elle était allée faire un tour aux Champs-Élysées pour se délasser° des besognes de la semaine, elle aperçut tout à coup une femme qui promenait un enfant. C'était Madame Forestier, toujours jeune, toujours belle, toujours séduisante. Madame Loisel se sentit émue°. Allait-elle lui parler ? Oui, certes. Et maintenant qu'elle avait payé, elle lui dirait tout. Pourquoi pas ? *to relax* *moved*

Elle s'approcha.

«Bonjour, Jeanne.»

L'autre ne la reconnaissait point, s'étonnant° d'être appelée ainsi familièrement par cette bourgeoise. Elle balbutia° : «Mais… Madame !… Je ne sais… Vous devez vous tromper.» *to be shocked* *to stammer*

— Non. Je suis Mathilde Loisel.»

Son amie poussa un cri :

«Oh !… ma pauvre Mathilde, comme tu es changée !…

— Oui, j'ai eu des jours bien durs, depuis que je ne t'ai vue; et bien des misères… et cela à cause de toi !…

— De moi… Comment ça ?

— Tu te rappelles bien cette rivière de diamants que tu m'as prêtée pour aller à la fête du ministère.

— Oui. Eh bien ?

— Eh bien, je l'ai perdue.

— Comment ! puisque tu me l'as rapportée.

— Je t'en ai rapporté une autre toute pareille.° Et voilà dix ans que nous la payons. Tu comprends que ça n'était pas aisé pour nous, qui n'avions rien… Enfin, c'est fini, et je suis rudement contente. *similar*

— Tu dis que tu as acheté une rivière de diamants pour remplacer la mienne ?

— Oui. Tu ne t'en étais pas aperçue,° hein ? Elles étaient bien pareilles.» Et elle souriait d'une joie orgueilleuse° et naïve. Madame Forestier, fort émue, lui prit les deux mains. *to realize* *proud*

«Oh ! ma pauvre Mathilde ! Mais la mienne était fausse.° Elle valait au plus cinq cents francs !» *fake*

Après avoir lu

47. Avez-vous compris ?

En petits groupes, discutez de vos réponses aux questions suivantes.

1. Qu'est-ce que Mathilde Loisel a avoué à son amie ? Lui demande-t-elle de l'excuser ?
2. Comment a été la vie de Mathilde Loisel pendant les dix ans de travail ? Comment imaginez-vous sa vie quotidienne avant de perdre le collier de son amie ?
3. Décrivez Mathilde Loisel (physiquement). Pourquoi est-ce que Madame Forestier ne la reconnaît pas ? Imaginez comment elle était avant l'incident.
4. Est-ce que la fin de l'histoire est ironique, à votre avis ? Pourquoi ou pourquoi pas ?

5. Pourquoi est-ce que Madame Loisel n'a pas voulu avouer à son amie la perte de son collier ?

6. À votre avis, est-ce que Madame Forestier va lui pardonner ? Pourquoi ou pourquoi pas ?

48. D'accord ou pas d'accord

Après avoir lu l'extrait, lisez les phrases suivantes et donnez votre opinion. Discutez de vos réponses en petits groupes.

	D'accord	Pas d'accord
1. Madame Loisel a eu une vie difficile.	_____	_____
2. Monsieur Loisel voulait quitter sa femme quand elle a perdu le collier.	_____	_____
3. En 10 ans, Madame Loisel a beaucoup changé physiquement.	_____	_____
4. Madame Forestier n'était pas plus riche que son amie.	_____	_____
5. Madame Loisel a fait une bêtise en n'avouant pas sa faute.	_____	_____

49. Analyse littéraire

Examinez ce texte de près. Répondez aux questions suivantes et discutez de vos réponses en classe.

1. Quel est le ton du texte ? Qu'est-ce qui contribue à ce ton (le vocabulaire, le style d'écriture, la forme du texte) ?

2. Y a-t-il des images ou des couleurs qui dominent dans ce texte ? Comment est-ce que ces images ont influencé votre lecture du texte ?

3. Quel temps domine dans ce texte (le présent, le passé, le futur, etc.) ? Quel est l'effet de l'usage de ce temps (un sens d'urgence, une distance impersonnelle, la nostalgie, la possibilité, la certitude ou l'incertitude, l'orgueil, etc.) ? Y a-t-il un moment où le temps change ? Quel en est l'effet ?

4. Y a-t-il d'autres éléments structurels (ponctuation, mots ou sons répétés, phrases longues ou courtes, contrastes, métaphores, etc.) que l'auteur emploie systématiquement ? Si oui, quels sont les effets de l'emploi de ces éléments ?

www Pour aller plus loin : CULTURE

ACTIVITÉ J : Découvrez l'œuvre de Thich Nhat Hanh, un célèbre bouddhiste vietnamien. Consultez votre cahier électronique !

Synthèses

50. Réfléchissons à la culture

Voici quelques éléments de la culture française (parisienne) que vous avez étudiés dans ce chapitre. En petits groupes, répondez aux questions et discutez de vos impressions avec vos camarades.

le shopping aux grands magasins   la Tour Eiffel   les restaurants vietnamiens à Paris

1. Définissez ou décrivez chaque élément.

2. Pourquoi chaque élément est-il important à cette culture ? Y a-t-il un phénomène historique ou social qui explique son importance ?

3. À votre avis, est-ce que ces éléments témoignent de la richesse et de la diversité de la culture française de nos jours, ou sont-ils stéréotypiques ? Pourquoi ?

4. Est-ce que votre impression de cette culture est différente maintenant que vous avez commencé à l'étudier ? Si oui, comment et pourquoi ? Si non, pourquoi pas ?

51. À débattre

Lisez les questions suivantes et discutez en groupes. Si possible, parlez de vos expériences personnelles relatives aux questions.

1. **Les stéréotypes !** Les Français ont la réputation d'être très chic et très à la mode. Pourtant, les couturiers s'inspirent souvent d'autres cultures pour créer leur nouveau «look» chaque saison. Est-ce que les Français sont plus chic que les autres ? Si oui, pourquoi ? Si non, comment explique-t-on ce stéréotype ?

2. **Est-ce que l'habit fait le moine ?** Le proverbe «L'habit ne fait pas le moine» enseigne une leçon universelle. Il y a un proverbe vietnamien similaire qui dit : «Bonne réputation vaut mieux que beaux habits». Pourtant, même si on sait que l'extérieur ne reflète pas toujours l'intérieur d'une personne, on juge souvent les gens par leurs vêtements, leurs coiffures, leurs voitures, etc. (avouons-le !). À votre avis, a-t-on parfois raison de juger les gens sur leurs apparences ?

3. **Achetez-vous de la fourrure (***fur***) ?** Il y a souvent des manifestations contre l'usage de la fourrure pour faire des vêtements ou des manteaux. On veut protéger ces pauvres animaux. En même temps, il y a des gens qui souffrent en travaillant dans les usines de l'industrie textile dans les pays en voie de développement (comme Haïti ou le Vietnam) : leurs journées de travail sont extrêmement longues, ils sont mal-payés et mal-nourris, et ce sont souvent des enfants. Ils fabriquent des vêtements en coton ou en soie qu'on achète tous les jours dans les grands magasins dans les pays de l'ouest. Pourtant, on ne manifeste pas souvent pour eux. À votre avis, est-ce que les animaux sont mieux protégés par la presse et l'opinion publique que les êtres humains ? Pourquoi ou pourquoi pas ?

52. À l'impromptu

Voici des situations de rencontres. Avec une ou deux autres personnes, choisissez une scène et improvisez-la devant la classe. Si vous ne voulez pas improviser, écrivez votre dialogue en avance et puis jouez-le pour la classe.

1. (a) Vous êtes dans un café du Quartier Latin après avoir quitté l'homme ou la femme avec qui vous avez commencé à sortir. Vous êtes bien habillé. Vous y rencontrez un ami et vous lui racontez votre rendez-vous romantique à l'Opéra de la Bastille et combien vous êtes amoureux. Décrivez la personne avec qui vous êtes sorti(e) !

   (b) Vous vous promenez dans les rues de Paris et vous rencontrez par hasard un vieil ami. Vous remarquez une énorme tache (*stain*) sur son manteau, et ses cheveux sont ébouriffés (*messed up*). Vous essayez de savoir ce qui lui est arrivé.

2. (a) Vous travaillez au service des objets perdus à l'aéroport Charles de Gaulle à Paris. Une longue file de gens attendent pour réclamer ce qu'ils ont perdu. Écoutez chacun d'eux à son tour et restituez-leur leurs biens quand vous serez convaincu de leurs descriptions.

   (b) Vous venez de perdre votre valise lors d'un vol transatlantique. Vous êtes en colère. Vous allez trouver les services adéquats. Allez vous plaindre et faites une description détaillée du contenu de votre valise.

3. (a) Vous êtes un touriste américain qui se promène dans les rues du Marais à Paris quand vous êtes le témoin d'un vol. Imaginez les circonstances et répondez aux questions d'un agent à la poursuite du voleur.

   (b) Vous êtes aussi un témoin du vol dans les rues du Marais à Paris. Mais la personne que vous avez vue commettre ce crime ne ressemble pas du tout à la personne que le touriste américain est en train de décrire. En fait, le voleur que vous avez vu ressemble beaucoup à ce touriste américain ! Décrivez-le pour l'agent de police.

   (c) Vous êtes l'agent de police qui mène l'enquête sur le vol dans les rues du Marais. Interrogez les deux témoins et essayez de trouver le voleur parmi les gens dans la rue (vos camarades de classe !).

À l'écrit *étape finale*

53. Le vol de votre valise

Finalement, en réponse à votre lettre, l'agence de sécurité vous envoie son rapport sur le vol de votre valise. Tout était enregistré sur le magnétoscope (*video recorder*) dans la livraison des bagages enregistrés ! Imaginez la scène du vol, la personne qui a volé votre valise et la chaîne des événements. Révisez et élaborez vos travaux d'écriture de ce chapitre (Activités 13, 28 et 41) et rédigez le rapport officiel qui décrit le vol. Soyez aussi descriptifs que possible et faites attention à l'usage des verbes au passé composé ou à l'imparfait.

www **Pour agir :**
LA FRANCE

Si vous voulez bouger et faire quelque chose pour mieux connaître la France et la ville de Paris, ou pour aider les autres à mieux comprendre l'influence française aux Etats-Unis, consultez la section **Pour agir** dans votre cahier électronique ! Il y a tant de choses à faire :

- **Vendez des croissants** et du café au lait sur votre campus et contribuez l'argent que vous gagnez à une organisation qui restaure le parc du château de Versailles, ou bien vendez des rouleaux de printemps et offrez l'argent à une organisation qui aide les immigrés en France.
- **Organisez une collection** de vêtements usagés et offrez ces vêtements à une organisation caritative qui aide les gens des pays pauvres aux Antilles ou en Asie du sud-est.
- **Allez dans un restaurant** français ou vietnamien dans votre région.
- **Entrez en contact** avec des Vietnamiens francophones.
- **Organisez un voyage** à Paris.
- **Cuisinez !** Préparez un vrai repas français ou vietnamien avec vos camarades de classe.

À suivre

Malgré ses appréhensions, Claire accepte de collaborer avec Jean-Louis, et elle avoue que Sandrine Fontenot lui a donné le nom de l'acheteur de la bibliothèque familiale. Donc, ils partent ensemble à la recherche de Monsieur Gustave, le bouquiniste qui aurait acheté le manuscrit, peut être sans le savoir, il y a plus de 30 ans. Ne sachant pas si ce bouquiniste possède toujours le manuscrit ou même s'il est toujours en vie, les deux gardent quand même un certain espoir…

54. Qu'est-ce qui s'est passé ?

Pensez à ce qui s'est passé dans ce chapitre. Écrivez 6 phrases aux temps passés pour décrire les événements que vous pensez être les plus importants. Parlez de vos idées avec vos camarades de classe.

55. Qu'est-ce qui va se passer ?

Imaginez ce qui va se passer dans le prochain chapitre. Écrivez 6 phrases et parlez de vos idées avec vos camarades de classe.

À l'aéroport

au cas où	*just in case*
crier	*to yell/shout*
disparaître	*to disappear*
fiche *(f.)*	*form, sheet*
foule *(f.)*	*crowd*
livraison *(f.)*	
des bagages enregistrés	*baggage claim area*
mien(ne)	*mine*
poignée *(f.)*	*handle*
ramasser	*to pick up/gather up*
roulettes *(f. pl.)*	*little wheels*
ruban *(m.)*	*ribbon*
se diriger	*to make one's way*
se tromper	*to be mistaken*
sien(ne)	*his/hers*
tapis roulant *(m.)*	*conveyor belt*

Les gens

barbe *(f.)*	*beard*
carré(e)	*square*
cheveux *(m. pl.)*	*hair*
cicatrice *(f.)*	*scar*
lèvres *(f. pl.)*	*lips*
lunettes *(f. pl.)*	*glasses*
mince	*thin*
moustache *(f.)*	*mustache*
moyen(ne)	*medium*
nez *(m.)*	*nose*
oreilles *(f. pl.)*	*ears*
pointu(e)	*pointy*
taille *(f.)*	*size, height*
tatouage *(m.)*	*tattoo*
visage *(m.)*	*face*
yeux *(m. pl.)*	*eyes*

Les vêtements

anorak *(m.)*	*winter jacket*
bottes *(f. pl.)*	*boots*
ceinture *(f.)*	*belt*
chapeau *(m.)*	*hat*
chaussette *(f.)*	*sock*
chaussures *(f. pl.)*	*shoes*
chemise *(f.)*	*shirt*
chemisier *(m.)*	*blouse*
collant *(m.)*	*pantyhose*
costume *(m.)*	*men's suit*
cravate *(f.)*	*tie*
foulard *(m.)*	*scarf*
gilet *(m.)*	*cardigan*
imperméable *(m.)*	*raincoat*
jean *(m.)*	*jeans*
jogging *(m.)*	*sweats*
jupe *(f.)*	*skirt*
maillot de bain *(m.)*	*swimsuit*
manteau *(m.)*	*overcoat*
pantalon *(m.)*	*pants*
pull-over *(m.)*	*sweater*
robe *(f.)*	*dress*

sandales *(f. pl.)*	*sandals*
short *(m.)*	*shorts*
slip *(m.)*	*briefs*
sous-vêtements *(m. pl.)*	*underwear*
soutien-gorge *(m.)*	*bra*
talons hauts /	
plats *(m. pl.)*	*high/low heels*
tennis *(m. pl.)*	*sneakers*
tenue *(f.)*	*women's suit*
t-shirt *(m.)*	*tee-shirt*
veston *(m.)*	*men's sport jacket*

Les couleurs

à fleurs	*floral*
à rayures	*striped*
beige	*beige*
blanc(he)	*white*
bleu(e)	*blue*
bronzé(e)	*bronze*
brun(e)	*brown*
clair	*light*
foncé	*dark*
gris(e)	*grey*
ivoire	*ivory*
jaune	*yellow*
lavande	*lavender*
mauve	*mauve*
moutarde	*mustard yellow*
noir(e)	*black*
olive	*olive*
orange	*orange*
rose	*pink*
rouge	*red*
roux, rousse	*red (hair)*
saumon	*salmon*
tartan/écossais(e)	*plaid*
turquoise	*turquoise*
vert(e)	*green*
violet(te)	*purple*

Les matériaux

argent *(m.)*	*silver*
coton *(m.)*	*cotton*
cuir *(m.)*	*leather*
feutre *(m.)*	*felt*
laine *(f.)*	*wool*
or *(m.)*	*gold*
paille *(f.)*	*straw*
plastique *(f.)*	*plastic*
polyester *(m.)*	*polyester*
rayonne *(f.)*	*rayon*
soie *(f.)*	*silk*

Les affaires personnelles

appareil-photo *(m.)*	*camera*
bague *(f.)*	*ring*
baladeur *(m.)*	*Walkman®*
bijoux *(m. pl.)*	*jewels, jewelry*
boucles *(m. pl.)*	

d'oreille	earrings	sèche-cheveux (m.)	hairdryer
bracelet (m.)	bracelet	shampooing (m.)	shampoo
brosse à cheveux (f.)	hairbrush	téléphone mobile/	
brosse à dents (f.)	toothbrush	portable (m.)	cell phone
collier (m.)	necklace		
dentifrice (m.)	toothpaste	**Décrire un événement**	
déodorant (m.)	deodorant	antiquaire (m.)	antiques dealer
dossier (m.)	file	au hasard	by chance
maquillage (m.)	makeup	dérangé(e)	deranged
médicament (m.)	medicine	en vouloir à quelqu'un	to be mad at someone
montre (f.)	watch	exprès	on purpose
ordinateur portable (m.)	laptop computer	forcément	necessarily
parapluie (m.)	umbrella	mal à l'aise	uneasy
parfum (m.)	perfume	mensonge (m.)	lie
peigne (m.)	comb	mentir	to lie
pellicule (f.)	film	patron (m.)	boss
porte-documents (m.)	briefcase	prendre un pot	to have a drink
porte-feuille (m.)	wallet	rouleau(x)	
rasoir (m.)	raser	de printemps	spring rolls
sac à main/à dos (m.)	handbag/backpack	s'en faire	to worry / get upset
savon (m.)	soap	supplier	to beg

4 Une famille francophone

En restant entre deux mosquées, on revient sans avoir prié.

—proverbe arabe

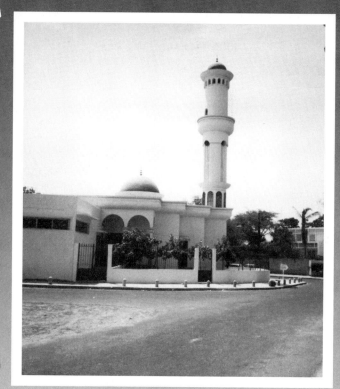

Une mosquée en Afrique.

Culture

La France a colonisé l'**Algérie** et a imposé des protectorats sur la **Tunisie** et le **Maroc** au 19ème siècle. Ces trois pays font partie de la région de l'Afrique du nord qu'on appelle le **Maghreb**. Malgré des différences nationales et culturelles, les pays du Maghreb sont généralement liés par le patrimoine arabe, la religion islamique, la présence des peuples berbères (indigènes aux régions montagneuses du Maghreb) et l'héritage de la colonisation française. Les immigrés d'origine maghrébine forment le plus grand groupe de minorités ethniques en France aujourd'hui où l'islam est la deuxième religion du pays.

À lire

Claire et Jean-Louis cherchent le bouquiniste Monsieur Gustave à Paris, et ils apprennent des nouvelles troublantes de quelqu'un qui le connaît très bien, un homme maghrébin qui travaille dans le kiosque en face de l'étalage du bouquiniste de la famille Gustave. Après cette rencontre, Claire et Jean-Louis ne savent pas quoi faire. Il faut prendre une décision, s'organiser et agir. Pourtant, ils ne sont pas du même avis, et ils sont distraits par une autre rencontre surprise et un message déconcertant…

Au kiosque

Avant de lire

1. Vous et votre famille

Répondez aux questions suivantes. Discutez de vos réponses avec vos camarades de classe et n'hésitez pas à poser des questions supplémentaires si vous voulez en savoir plus.

1. Êtes-vous marié(e) ou célibataire ? Êtes-vous plutôt optimiste ou pessimiste ? timide ou ouvert(e) ? stressé(e) ou détendu(e) ?
2. Êtes-vous enfant unique ? ou avez-vous des frères ou des sœurs ? Si vous en avez, êtes-vous l'aîné(e) (*the oldest*) ou le cadet/la cadette (*the youngest*) ? Aimez-vous les grandes familles ou les petites familles ? Pourquoi ?
3. Avez-vous beaucoup de tantes et d'oncles ? Combien ? Quels sont leurs noms ? Ce sont des frères et sœurs de votre mère ou de votre père ? Avez-vous des cousins ?
4. Avez-vous des nièces ou des neveux ? Quel âge ont-ils ? Où habitent-ils ?
5. Quelle est la personne qui a eu la plus grande influence sur vous quand vous étiez petit(e) ? vos parents ? vos grand-parents ? un beau-père ou une belle-mère ? une sœur ou un frère ? une tante ou un oncle ? Décrivez ces personnes (physiquement).

Langue

Pour décrire la **famille**, on peut parler de la **famille nucléaire** : les parents (la mère et le père) et les enfants (les fils et les filles, les frères et les sœurs). On peut aussi parler des parents (*relatives*) en général, comme les grand-parents, les grand-tantes, les grand-oncles, les tantes, les oncles, les cousins, les arrière-grand-parents. Aujourd'hui, la définition de la famille est parfois beaucoup plus complexe. Voici des liens de parenté créés par des cérémonies civiques ou religieuses typiques en France :

- **À cause du remariage de votre père ou de votre mère** : la belle-mère, le beau-père, la demi-sœur, le demi-frère
- **À cause de votre mariage** : la fiancée, le fiancé, la mariée (*bride*), le marié (*groom*), la femme, le mari, les enfants (les filles, les fils), les jumeaux/jumelles (*twins*), la belle-famille (la famille de votre époux/épouse), la belle-mère, le beau-père, la belle-sœur, le beau-frère
- **À cause de votre remariage** : la belle-fille, le beau-fils, l'ex-femme, l'ex-mari
- **À cause d'un baptême** : la marraine (*godmother*), le parrain (*godfather*), la filleule (*goddaughter*), le filleul (*godson*)
- **À cause du mariage de votre frère ou sœur** : le beau-frère, la belle-sœur, le neveu, la nièce
- **À cause du mariage de vos enfants** : la belle-fille, le beau-fils, la petite-fille, le petit-fils

Notez qu'en français, il n'y a pas de distinction au niveau du vocabulaire entre, par exemple, une belle-mère (*stepmother*) et une belle-mère (*mother-in-law*). Pour préciser, on peut dire «la femme de mon père» ou «la mère de mon mari».

2. La famille de Jean-Louis

La famille de Jean-Louis vient de fêter le 80ème anniversaire de son grand-père. Voici la liste des parents qui étaient à la fête. En petits groupes, dites qui sont ces personnes par rapport à Thomas, le cousin de Jean-Louis.

MODÈLE :   la sœur de son père
C'est sa tante.

1. les fils de son frère
2. la femme de son frère
3. la fille de sa tante
4. la deuxième femme de son père
5. les deux filles nées de son père et de la deuxième femme de son père
6. le frère de sa grand-mère

3. La personnalité

Avec un partenaire, décidez si les qualités suivantes s'appliquent à Jean-Louis, à Claire, aux deux personnages ou à aucun des deux. Aussi, quelles qualités décrivent votre personnalité ?

1. sociable
2. optimiste
3. intelligent(e)
4. organisé(e)
5. stressé(e)
6. timide
7. dynamique
8. fidèle
9. idéaliste
10. égoïste

LECTURE : *Au kiosque*

Claire et Jean-Louis se rencontrent à la place Saint-Michel et se promènent sur les quais de la Seine en direction du musée du Louvre. En passant près du Pont des Arts, ils voient un vieillard avec une grosse barbe blanche et des lunettes noires, assis sur un banc. Ce vieillard a la tête baissée, et au moment où Jean-Louis et Claire vont le croiser, il commence à bégayer en disant : «Ce... ce... c'est là..., mais i... i... il n'est pas là». Claire se demande si l'homme s'adresse à eux. Mais non, il semble parler tout seul, pense-t-elle. Tout d'un coup, Jean-Louis, qui regarde attentivement un bout de papier, annonce qu'ils s'approchent de l'adresse que Sandrine Fontenot-Chardin a donnée à Claire avant son départ de la Nouvelle-Orléans. Ils s'arrêtent près d'un kiosque où un homme maghrébin est en train de vendre des journaux et des magazines.

JEAN-LOUIS :	Je pense que c'est ici. Mais, il y a plusieurs étalages de bouquiniste ici. Quel est celui de Monsieur Gustave ?
CLAIRE :	Je vais demander à cet homme-là.
JEAN-LOUIS :	Quel homme ? Celui qui travaille au kiosque ? Bonne idée.
CLAIRE :	Bonjour, monsieur. Excusez-nous de vous déranger. Est-ce que vous pourriez nous donner un petit renseignement ?
TALAL LATEEF :	Je ferai de mon mieux.
CLAIRE :	Connaissez-vous un Monsieur Gustave qui est bouquiniste dans ce quartier ?
TALAL LATEEF :	Oui, oui. Je le connais très bien. C'est un ami.
JEAN-LOUIS :	Savez-vous quel étalage lui appartient ?
TALAL LATEEF :	Lequel est le sien ? C'est cet étalage-là, en face de nous !
JEAN-LOUIS :	Celui qui est fermé ? Mais, ce n'est pas vrai !
TALAL LATEEF :	En effet, c'est assez curieux. Nicolas Gustave est un jeune homme très énergique et très consciencieux. C'est un homme d'affaires efficace et

infatigable. Normalement, il est là tous les jours, sauf le lundi. Il est très fiable, celui-là. L'année dernière, il n'a même pas raté un jour ! Il était là quand il neigeait, quand il pleuvait, quand il y avait des grèves de métro. Il était là même quand il était enrhumé ! Et il était toujours de bonne humeur. Pourtant, hier il était tout nerveux, tout agité, et hier soir, il est parti sans s'arrêter pour acheter un journal et bavarder, comme d'habitude.

JEAN-LOUIS : Qu'est-ce qui s'est passé hier ?

TALAL LATEEF : Hier matin, une voiture grise s'est arrêtée devant son étalage. J'ai cru reconnaître l'homme qui était assis à l'arrière. La veille, il était venu avec un autre homme. Ils avaient acheté un journal ici au kiosque, et puis ils avaient traversé la rue pour parler à Nicolas. Ils avaient parlé longuement, et l'homme principal, celui qui était dans la voiture hier, avait eu l'air fâché. Finalement, ils ont fini de discuter, et les deux hommes sont partis. J'allais demander à Nicolas qui étaient ces clients désagréables, mais comme j'ai dit, il est parti tout de suite après avoir fermé son étalage hier.

CLAIRE : Ce Nicolas est un jeune homme, vous avez dit ?

TALAL LATEEF : Oui, enfin, il a la trentaine, quoi.

CLAIRE : Est-ce qu'il est le fils d'un Monsieur Gustave qui était soldat pendant la Seconde Guerre mondiale ?

TALAL LATEEF : Non, non. Celui-là c'est son oncle. Nicolas est le fils aîné du frère cadet de Lionel Gustave, celui qui était soldat. Comme Lionel n'a pas eu d'enfants avant la mort de sa femme, il a proposé à Nicolas d'être son apprenti. Ce que Lionel avait de la chance de travailler avec son neveu et de passer du temps avec lui ! Le temps qu'on passe avec les siens est si important. Ma femme et moi, nous avons une fille et un fils. L'aîné, mon fils Ahmed, il veut devenir médecin, et la cadette, Karine, elle fait des études en sciences politiques. Je suis très fier d'eux, mais je les vois trop peu ces jours-ci. Enfin, vous le connaissez bien, Lionel Gustave ? C'est un de vos parents ?

CLAIRE : Non, pas vraiment. C'est un ami d'une amie.

JEAN-LOUIS : Nous allons revenir cet après-midi et peut-être que Nicolas Gustave sera là. Monsieur, nous vous remercions de votre aide. Allons-y, Claire.

CLAIRE : Attends, Jean-Louis, une dernière chose. (à Talal Lateef) Est-ce que Monsieur Gustave, l'oncle, habite toujours à Paris ?

TALAL LATEEF : Dans le 18ème, oui. Il habite près de Montmartre dans la rue des Trois-Frères.

CLAIRE : Ah, bon ! Merci beaucoup. Et, avant de partir, je voudrais acheter un *Pariscope*, s'il vous plaît, et un de ces petits plans de Paris par arrondissement. (*Elle lui donne de l'argent*)

TALAL LATEEF : Très bien, madame. Voilà. (*Il lui donne le petit magazine et le plan de Paris*)

CLAIRE : Merci bien. Au revoir, monsieur.

VOCABULAIRE

Décrire une personne

bégayer	*to stutter*
faire de son mieux	*to do one's best*
énergique	*energetic*
consciencieux/-euse	*conscientious*
efficace	*efficient*
infatigable	*tireless*
fiable	*reliable*
être enrhumé(e)	*to have a cold*
nerveux/-euse	*nervous*
agité(e)	*agitated*
avoir la trentaine	*to be in one's 30s*

(l')aîné(e)	*(the) oldest*
(le/la) cadet(te)	*(the) youngest*
fier/-ère	*proud*

Divers

un quai	*embankment, walkway or roadway next to the river*
un renseignement	*piece of information*
sauf	*except*
rater	*to miss (a day, a bus, an event, etc.)*
une grève	*a workers' strike*
le siège arrière	*backseat*

Pour décrire l'âge approximatif d'une personne ou pour faire une approximation en général, on peut employer des **nombres collectifs**, comme «la trentaine». Pour former un nombre collectif, on ajoute la terminaison **-aine** au nombre en laissant tomber le **-e** final, s'il y en a un. Par exemple, «une douzaine» est à peu près douze. Il y a quelques exceptions, comme : **une dizaine** (environ dix) et **un millier** (environ mille). D'autres nombres collectifs utilisés souvent sont : **une quinzaine, une vingtaine, une trentaine, une quarantaine, une cinquantaine** et **une centaine**. Pour décrire l'âge, on emploie le verbe **avoir** et l'article défini (par exemple : «il a la cinquantaine»), mais pour être discret, on dit que les gens qui ont plus de quarante ans sont **d'un certain âge**.

ACTIVITÉ A : Apprenez un peu plus au sujet des cultures et de l'histoire du Maghreb. Consultez votre cahier électronique !

ℹ️ Culture

Les pays du **Maghreb** ont regagné leur **indépendance** de la France au milieu du 20ème siècle. Le Maroc et la Tunisie sont devenus indépendants en 1956, mais en Algérie une guerre d'indépendance a duré huit ans. Ce n'est qu'en 1962 que l'Algérie devient un pays indépendant. Ce changement politique a provoqué le départ pour la France de la plupart des colons français vivant en Algérie ainsi qu'un nombre d'immigrants algériens. Parmi ces gens, il y avait des **harkis**, c'est à dire des Maghrébins qui ont combattu avec les Français contre le Front de libération nationale (FLN) algérien. Il y avait aussi des **pieds noirs**, — des Français qui sont nés et qui ont grandi en Algérie française.

Après avoir lu

4. Avez-vous compris ?

Répondez aux questions suivantes. Justifiez vos réponses en citant le texte.

1. Pourquoi est-ce que Claire et Jean-Louis parlent avec Talal Lateef ?
2. Décrivez Nicolas Gustave. Comment est-il ?
3. Qu'est-ce qui s'est passé il y a deux jours ? Qu'est-ce qui s'est passé hier ?
4. Décrivez la famille de Talal Lateef. Est-ce une famille typique ?
5. Pourquoi est-ce que Jean-Louis voulait partir ?
6. Qu'est-ce que Claire a acheté avant de partir ? Pourquoi ?

5. D'accord ou pas d'accord ?

Indiquez si vous êtes d'accord ou pas avec les phrases suivantes, d'après votre compréhension du récit. Justifiez vos opinions en citant le texte, si possible. Discutez de vos réponses avec la classe.

	D'accord	Pas d'accord
1. Claire et Jean-Louis ont trouvé le bon endroit.	_____	_____
2. Talal Lateef ne connaît pas Monsieur Gustave.	_____	_____
3. Nicolas Gustave est le neveu de Lionel Gustave.	_____	_____
4. Nicolas est un homme paresseux (*lazy*) et frivole.	_____	_____
5. Talal Lateef est trop ouvert et trop amical.	_____	_____

6. Suite au kiosque

Regardez les mots de vocabulaire qui suivent. Dans chaque ligne, il y a un mot qui cloche avec les trois autres. Entourez le mot qui ne va pas avec les autres et essayez d'expliquer pourquoi. **Attention !** Il y a parfois plusieurs bonnes réponses. Il faut justifier votre choix.

1. l'aîné   le cadet   le frère   la sœur
2. énergique   prudent   sociable   impulsif
3. bavarder   bégayer   débattre   murmurer
4. le Marais   le Louvre   Montmartre   le Quartier Latin
5. le beau-frère   la belle-mère   la marraine   la femme
6. généreux   franc   sincère   fiable

ℹ️ Langue

Vous rappelez-vous les conjugaisons des **verbes irréguliers** suivants : **suivre, fuir**, et **conduire** ? Si non, mémorisez leurs conjugaisons avant de continuer !

- **suivre** (*to follow*) : je suis, tu suis, il/elle/on suit, nous suivons, vous suivez, ils/elles suivent (*participe passé* : j'ai suivi)
- **fuir** (*to flee*) : je fuis, tu fuis, il/elle/on fuit, nous fuyons, vous fuyez, ils/elles fuient (*participe passé* : j'ai fui)
- **conduire** (*to drive*) : je conduis, tu conduis, il/elle/on conduit, nous conduisons, vous conduisez, ils/elles conduisent (*participe passé* : j'ai conduit)

ACTIVITÉ B : Qu'est-ce qui se passe à Paris cette semaine ? Consultez votre cahier électronique !

7. Les gens de toutes sortes

Pendant son séjour à Paris, Claire se rend compte qu'il y a des Parisiens de toutes sortes. Faites correspondre le type de personnalité (à gauche) avec la description des actions (à droite).

1. une personne pessimiste
2. une personne fiable
3. une personne paresseuse
4. une personne stressée
5. une personne indépendante
6. une personne impulsive

a. elle fait ce qu'elle veut, elle compte sur elle-même, elle suit son propre chemin

b. elle voit toujours et seulement le mauvais côté des choses, elle est peureuse (*fearful*), elle redoute d'apprendre de mauvaises nouvelles

c. elle conduit sa voiture sagement, elle suit toujours les règles, elle est toujours disponible à offrir de l'aide

d. elle change d'avis souvent, elle fuit une situation sans y penser pour en trouver une autre au goût du moment

e. elle se lève tard, elle n'a jamais envie de travailler, elle se plaint toujours d'être fatiguée

f. elle conduit rapidement, elle est très occupée, elle est émotive, elle fait trop de choses en même temps

Comment dire — décrire les gens (le caractère)

Expressions Il/Elle est tout / complètement / vachement (*familiar*) / tout à fait (+ *adjectif*)
Normalement / D'habitude / En général / Parfois / De temps en temps…
Il y a des moments où il/elle est… (+ *adjectif*)
Que tu es/vous êtes (+ *adjectif*) !
Sans mentir ! Je n'exagère pas ! C'est vrai !
Peut être que j'exagère un peu / j'amplifie ses fautes.

 Langue

Rappel ! Rappel ! N'oubliez pas qu'il faut toujours faire l'accord entre l'adjectif et le nom qu'il décrit. Révisez la formation et l'ordre des **adjectifs descriptifs** dans l'Épisode 2 du Chapitre 3, si vous en avez besoin !

Adjectives aimable, ambitieux/-euse, amusant/e, avare (*greedy*), bavard/e, bête, bon/ne, calme, chaleureux/-euse, consciencieux/-euse, courageux/-euse, créateur/créatrice, crédule, désagréable, diligent/e, discret/discrète, drôle, dynamique, égoïste, émotif/-ive, ennuyeux/-euse, énergique, fiable, fier/fière, franc/he, froid/e, fou/folle (*crazy*), généreux/-euse, gentil/le, honnête, idéaliste, indépendant/e, impatient/e, impulsif/-ive, incrédule, insupportable, intelligent/e, irritable, loyal/e, mauvais/e, méchant/e, modeste, naïf/-ve, nerveux/-euse, obstiné/e, optimiste, ouvert/e, paresseux/-euse (*lazy*), passif/-ve, patient/e, pessimiste, poli/e, prudent/e, réaliste, réservé/e, sensible, sérieux/-euse, sincère, snob, sociable, sympathique, têtu/e (*stubborn*), timide, tolérant/e, vaniteux/-euse, vertueux/-euse

8. Comment sont-ils ?

Décrivez le caractère des gens suivants en employant des adjectifs descriptifs.

1. votre professeur de français
2. le président des États-Unis
3. une personne célèbre (de votre choix !)
4. votre meilleur(e) ami(e)
5. un membre de votre famille

9. Au Palais-Royal

Claire et Jean-Louis continuent de marcher jusqu'au Jardin du Palais-Royal, près du métro du Louvre. Là, ils s'arrêtent pour discuter de ce qui s'est passé et de ce qu'il faut faire maintenant. Choisissez une des expressions entre parenthèses et lisez le dialogue à haute voix avec un partenaire. Quand vous voyez ???, vous pouvez imaginer votre propre expression.

JEAN-LOUIS : Il était (sympa / gentil / utile), ce monsieur au kiosque.

CLAIRE : Oui, mais qu'est-ce que nous allons faire maintenant ?

JEAN-LOUIS : Évidemment, on va attendre jusqu'à (l'après-midi / 3h) et on reviendra parler avec le bouquiniste. On n'a pas (de choix / d'autre possibilité).

CLAIRE : Que tu es (timide / prudent / bête) ! On pourrait trouver l'adresse de Monsieur Gustave sur le Minitel et aller directement chez lui.

JEAN-LOUIS : Mais non, on ne peut pas faire ça ! Est-ce que tu es complètement (folle / naïve / ???) ?

CLAIRE : Qu'est-ce que tu veux dire ?

JEAN-LOUIS : Si nous allons directement chez Monsieur Gustave sans invitation, il va se méfier de nous. Tu devrais être un peu plus (patiente / prudente / réaliste / ???).

CLAIRE : Je ne suis pas tout à fait d'accord. À quoi bon (perdre notre temps / attendre l'après-midi / parler au neveu) ? C'est le vieux Gustave qui a acheté le manuscrit, le jeune n'y est pour rien.

JEAN-LOUIS : Je vois ce que tu veux dire, mais il faut considérer ce problème sous tous ses aspects. Nous ne connaissons ni Lionel Gustave ni son (neveu / apprenti / ???) Nicolas, mais nous savons où habite le premier et où travaille le deuxième. Et, à vrai dire, il vaut mieux aborder un jeune bouquiniste (ouvert / énergique / ???) au travail qu'un vieillard (réservé / nerveux / ???) chez lui.

CLAIRE : Il ne s'agit pas de cela ! (L'essentiel / L'important) est de prendre contact avec la famille Gustave au plus tôt.

JEAN-LOUIS : C'est bien dit. Tu as peut-être raison. Mais, ne leur disons pas que nous cherchons un manuscrit écrit par Laclos. Si jamais ils savaient le nom de l'auteur, ils ne nous vendraient pas ce manuscrit !

CLAIRE : (Bon / Très bien / ???) ! Allons chercher l'adresse exacte de la maison familiale à Montmartre.

JEAN-LOUIS : Entendu. Mais, j'ai des commissions à faire pour mon patron. Est-ce que tu pourrais chercher l'adresse et (puis / ensuite / ???) nous pourrions nous rejoindre ici dans deux heures ?

CLAIRE : D'accord, mais sais-tu où je pourrais trouver un Minitel ?

JEAN-LOUIS : Tu peux toujours utiliser le Minitel à la poste. J'en connais une pas trop loin d'ici. Je t'indiquerai le chemin.

Comment dire — *exprimer son désaccord et se réconcilier*

Expressing disagreement

Attends/Attendez, je ne suis pas tout à fait d'accord !
Mais non ! On ne peut pas faire ça ! Tu as/Vous avez tort !
Qu'est-ce que tu veux/vous voulez dire ?
Mais, ce n'est pas vrai / possible !
L'important / L'essentiel est de (faire quelque chose)
À quoi bon (faire quelque chose) ?
À la rigueur, on peut dire que… / Admettons que… / Quoi qu'il en soit…
Il ne s'agit pas de cela ! Cela ne servirait à rien !

Making a compromise   Je vois ce que tu veux/vous voulez dire.
J'apprécie ton/votre point de vue. / Cette idée a ses bons côtés.
Une pareille idée ne me serait jamais passée par la tête.
Vous avez/Tu as peut-être raison.
Il faut considérer la chose sous tous ses aspects.
C'est bien dit. / C'est bien parlé.
D'accord / Entendu / Je m'y rends / C'est un bon compromis.

10. À vous

Imaginez que vous êtes dans les situations suivantes. Que dites-vous ? Exprimez le désaccord et puis faites la paix. Avec un partenaire, jouez une petite scène pour chaque situation.

1. Votre ami(e) veut aller voir un mauvais film d'épouvante (*horror film*). Vous voulez faire vos devoirs pour la classe de français.
2. Un de vos parents décide de vous rendre visite ce weekend (sans être invité), mais vous avez un rendez-vous avec une personne dynamique et intéressante que vous venez de rencontrer.
3. Votre frère/sœur ne veut pas aller au restaurant avec vous parce qu'il/elle est trop économe et ne dépense jamais son argent.
4. Vous voulez conduire votre vieille voiture de la Californie jusqu'à l'état de Maine. C'est une aventure ! Vos parents pensent que vous êtes fou/folle.

Langue

Connaissez-vous les **verbes irréguliers** suivants : **connaître** et **savoir** ? Si non, mémorisez leurs conjugaisons et remarquez les sens différents des verbes au passé composé :

- **connaître** (*to know*) je connais, tu connais, il/elle/on connaît, nous connaissons, vous connaissez, ils/elles connaissent (*participe passé* : j'ai connu, *I met*)
- **savoir** (*to know*) : je sais, tu sais, il/elle/on sait, nous savons, vous savez, ils/elles savent (*participe passé* : j'ai su, *I heard/found out*; **participe présen**t : sachant)

Comment choisir entre ces deux verbes ? En général, on emploie **connaître** pour parler des gens ou des endroits avec lesquels on est familier. On utilise **savoir** pour parler des idées, des directions, des conseils, des pensées ou des faits qu'on a appris ou qu'on a en tête.

11. Connaissez-vous les gens suivants ?

Avec un partenaire, regardez la liste des gens célèbres qui suivent. Chaque personne est liée au monde arabe ou bien à la religion islamique. Dites si vous connaissez ces personnes, décrivez-les et racontez ce que vous savez de leurs vies. Vous pouvez parler des faits donnés entre parenthèses ou bien ajouter d'autres faits. Si vous n'êtes pas d'accord avec votre partenaire, exprimez le désaccord et dites ce que vous savez ! (Si vous voulez en savoir plus, consultez l'internet avant de faire l'activité en classe !)

MODÈLE :   Isabelle Adjani (actrice, Française, père maghrébin)
Je connais Isabelle Adjani. Je ne la connais pas personnellement, bien sûr, mais je sais qu'elle est actrice en France et qu'elle est très jolie. Elle est grande et mince et brune. Je sais que son père est d'origine maghrébine. Je ne connais pas le titre de son dernier film.

1. Isabelle Adjani (actrice, Française, père maghrébin)
2. Muhammad Ali (boxeur, Américain, fille célèbre, musulman)
3. Naguib Mahfouz (écrivain, Égyptien, Prix Nobel)
4. Zinédine Zidane (joueur de foot, Français, parents maghrébins)
5. Dodi Al-Fayed (homme riche, petit ami de la Princesse Diane, mort à Paris)
6. la Reine Noor (reine de la Jordanie, née aux États-Unis, parents libanais, musulmane)
7. Tahar Ben Jelloun (écrivain, Marocain, Prix Goncourt)
8. Assia Djebar (écrivain et cinéaste, Algérienne, feministe)

12. Des étudiants désagréables

Sur une feuille de papier, écrivez une phrase pour décrire une opinion que vous avez sur la vie ou les études à votre université ! Puis, circulez dans la salle de classe et exprimez votre opinion. À votre tour, écoutez les opinions des autres et exprimez votre désaccord (même si vous êtes d'accord en réalité) ! Puis, faites la paix et passez au prochain étudiant. Essayez de parler avec autant de personnes que possible !

13. Des portraits de gens célèbres

Sur une feuille de papier, décrivez une vedette ou une personne très connue. Faites le portrait de cette personne en décrivant l'aspect physique et le caractère, mais ne dites pas ce qu'il/elle fait comme travail. Puis, lisez votre description à haute voix. Vos camarades de classe vont essayer de deviner de qui il s'agit.

14. L'homme ou la femme de vos rêves

Faites une interview avec un(e) camarade de classe afin de savoir comment est l'homme ou la femme de ses rêves. Posez des questions à propos de l'aspect physique, du caractère, du type de travail, des goûts en musique, des passe-temps, etc. !

ACTIVITÉ C : Connaissez-vous bien les gens qui sont célèbres en France ? Lisez leurs portraits. Consultez votre cahier électronique !

ACTIVITÉ D : Participez à un sondage afin de découvrir le genre de personne qui pourrait être votre partenaire idéal. Consultez votre cahier électronique !

À l'écrit *première étape*

15. Votre arbre généalogique

Faites un arbre généalogique de trois ou quatre générations de votre famille. Pour chaque membre de la famille mentionné, écrivez leur position familiale par rapport à vous (par exemple : c'est mon cousin) et choisissez un adjectif pour décrire cette personne (par exemple : il est ennuyeux). Ensuite, échangez votre arbre généalogique avec un camarade de classe. Vérifiez que les liens de parenté sont clairs, posez des questions à votre camarade à propos des membres de sa famille, ou faites des suggestions.

L'anecdote

Structures   *l'adjectif et le pronom démonstratif*

16. Une petite manifestation

En retournant de la poste, Claire traverse une rue où il y a une grande foule de jeunes gens qui manifestent contre le racisme. Elle s'y arrête et parle avec une jeune femme qui distribue des pamphlets. Lisez le dialogue et dites si les mots en **caractères gras** sont (1) **des adjectifs ou des pronoms**, (2) **masculins ou féminins** et (3) **singuliers ou pluriels**. Pouvez-vous décrire comment fonctionnent les adjectifs et les pronoms démonstratifs en analysant ces exemples ?

CLAIRE : Qu'est-ce que c'est que **cette** manifestation ?

UNE JEUNE FEMME : **Celle-ci** est une manif contre le racisme. Le groupe qui organise **cet** événement s'appelle SOS Racisme.

CLAIRE : Ah, oui, **celui** que j'ai vu à la télé hier soir. J'ai entendu parler de **ce** groupe.

UNE JEUNE FEMME : Exact. Nous essayons de combattre le racisme et les inégalités sociales. Vous voyez **ces** affiches-là ?

CLAIRE : **Celles** qui ont le slogan «Touche pas à mon pote (*pal*)» ? Oui, **cette** devise est bien connue parmi les jeunes activistes.

UNE JEUNE FEMME : **Ces** problèmes intéressent surtout les jeunes mais aussi tous **ceux** et toutes **celles** qui sont idéalistes. **Ces** gens-ci qui manifestent cherchent à créer une meilleure société pour les prochaines générations. Voulez-vous prendre **cette** brochure ?

CLAIRE : D'accord. Merci bien pour l'information.

Comment faire   *l'adjectif et le pronom démonstratif*

The *demonstrative adjectives* (**l'adjectif démonstratif**) are used to point out people or things (this/that, these/those) and agree in number and gender with the nouns they modify. The forms of the demonstrative adjectives are :

	singular	*plural*
masculine	**ce**	**ces**
	cet (before vowel or silent **h**)	
feminine	**cette**	**ces**

* To specify whether you are talking about this/these or that/those, add **-ci** (over here) or **-là** (over there) to the adjective being modified : cette affiche-là, ces gens-ci.

The *demonstrative pronouns* (**le pronom démonstratif**) replace the demonstrative adjective and noun, and they are also used to point out people and things (this one/that one, these ones/those ones). They also agree in gender and number with the noun they replace :

	singular	*plural*
masculine	**celui**	**ceux**
feminine	**celle**	**celles**

**Pour aller plus loin :
CULTURE**

ACTIVITÉ E : Apprenez plus au sujet du racisme et de la politique de l'immigration en France. Consultez votre cahier électronique !

- To specify whether you are talking about this one/these ones or that one/those ones, add **-ci** or **-là** to the pronoun : Celle-ci est une manif contre le racisme.
- To specify ownership, add **de** plus a person/noun to the pronoun : cet étalage-là, c'est celui de Monsieur Gustave.
- To specify further details, add **qui** (+ *verb* + *clause*) or **que** (+ *subject* + *verb* + *clause*) : celles qui sont idéalistes, celui que j'ai vu à la télé.

Le jardin du Palais-Royal.

17. De nouveau au Palais-Royal

Claire arrive au lieu du rendez-vous au Palais-Royal, mais Jean-Louis n'est pas encore là. Elle s'assoit sur un banc au soleil et commence à parler avec une vieille dame. Remplissez les blancs avec un adjectif ou pronom démonstratif.

LA VIEILLE DAME : Quelle belle journée ! Regardez _____ belles fleurs, mademoiselle.
CLAIRE : Ah, oui, _____-là sont très jolies.
LA VIEILLE DAME : Et _____ fontaine-ci, elle est magnifique, n'est-ce pas ?
CLAIRE : C'est vrai, mais je préfère _____ qui est sur la place de la Concorde. _____-là est vraiment impressionante avec toutes _____ sculptures de poissons.
LA VIEILLE DAME : Mais, _____ jardin-ci est beaucoup plus tranquille.
CLAIRE : C'est vrai. Avec tous _____ jardins à Paris, comment arrive-t-on à en choisir un ?
LA VIEILLE DAME : C'est une bonne question. Normalement, on choisit _____ qui est le plus proche de chez soi. Moi, j'habite tout près d'ici avec mon mari et mes trois filles, qui sont toutes célibataires; je n'ai pas encore de petits-enfants.

18. Admirez votre environnement

Avec un partenaire, décrivez les objets dans votre salle de classe ou bien les objets que vous voyez à travers les fenêtres. Une personne va admirer une chose, et l'autre ne va pas être d'accord. Suivez le modèle et variez les adjectifs que vous employez. Faites attention à l'usage des adjectifs et pronoms démonstratifs !

MODÈLE : «Regarde ce joli bureau !»
—Celui-là ? Mais, ce bureau est très laid !

Structures *l'adjectif et le pronom interrogatif*

Pour aller plus loin : LITTÉRATURE

ACTIVITÉ F : Lisez un poème d'un poète algérien. Consultez votre cahier électronique !

19. Quel beau jardin !

La vieille dame et Claire continuent de bavarder. Décidez si les mots en **caractères gras** sont (1) **des adjectifs ou des pronoms**, (2) **masculins ou féminins** et (3) **singuliers ou pluriels**. Pouvez-vous décrire comment fonctionnent les adjectifs et les pronoms interrogatifs en analysant ces exemples ?

LA VIEILLE DAME : **Quel** beau jardin ! Alors, mademoiselle, vous êtes étudiante ? Vous allez à **quelle** université ?

CLAIRE : Je fais un doctorat à l'Université de Sainte-Foy, au Québec, et j'étudie des auteurs français.

LA VIEILLE DAME : **Lesquels** préférez-vous ?

CLAIRE : Je fais de la recherche sur les œuvres de Laclos.

LA VIEILLE DAME : Ah, oui. **Quel** était le nom de son roman ?

CLAIRE : **Lequel** ? Celui que tout le monde connaît s'appelle *Les Liaisons dangereuses*. J'ai une bourse pour faire de la recherche cette année.

LA VIEILLE DAME : **Quelle** coïncidence ! Une de mes filles a une bourse cette année aussi. Elle étudie cet auteur algérien.

CLAIRE : **Duquel** parlez-vous ? de Kateb Yacine ?

LA VIEILLE DAME : Non, c'est une femme-auteur. Elle fait aussi du cinéma. Ah, oui, c'est Assia Djebar. Vous la connaissez ?

CLAIRE : Oui, bien sûr, elle est très connue… (*Claire regarde sa montre*) Mon ami est en retard. Pourriez-vous me donner un renseignement ? **Quelles** lignes de métro prend-t-on pour aller à Montmartre ?

LA VIEILLE DAME : Il y a plusieurs stations de métro près de Montmartre. **À laquelle** voulez-vous descendre ?

CLAIRE : Je veux descendre à Abbesses, je crois.

LA VIEILLE DAME : Enfin, c'est assez compliqué. Il vaut mieux consulter le plan du métro à l'entrée de la station.

CLAIRE : Merci bien. Au revoir et bonne journée !

Comment faire *l'adjectif et le pronom interrogatif*

The *interrogative adjectives* (**l'adjectif interrogatif**) are used to distinguish between people or things when asking questions (*which ?*) and agree in number and gender with the nouns they modify. The forms of the interrogative adjectives are :

	singular	*plural*
masculine	**quel**	**quels**
feminine	**quelle**	**quelles**

• The *interrogative adjective* usually directly precedes the noun it modifies or precedes the verb **être** : à quelle université ? quel était le nom de son roman ?

- **quel** can also be used in exclamations refering to people or things : quelle coïncidence !

The *interrogative pronoun* (**le pronom interrogatif**) replaces the interrogative adjective and noun combined. This type of pronoun is also used to distinguish between people or things (*which one ?/which ones ?*). It must agree in gender and number with the noun it replaces, as follows :

	singular	*plural*
masculine	**lequel**	**lesquels**
feminine	**laquelle**	**lesquelles**

- The interrogative pronoun is often preceded by a preposition (**à**, **de**, **sur**, **avec**, **dans**, etc.).
- When **lequel** is preceded by the prepositions **à** or **de**, the prepositions contract in the masculine and plural forms (auquel, auxquelles, duquel, desquels) but do not change in the feminine form : Duquel parlez-vous ? À laquelle voulez-vous descendre ?

20. Le voilà !

En sortant de l'arcade du Palais-Royal, Claire aperçoit Jean-Louis qui court vers elle. Remplissez les blancs avec la forme appropriée de **quel** ou **lequel**. N'oubliez pas de faire les accords en genre et en nombre, si nécessaire.

CLAIRE : _____ chance ! J'allais partir sans toi.

JEAN-LOUIS : Je suis désolé. Mon patron m'a retenu au bureau un bon petit moment. J'espère que je ne t'ai pas fait attendre trop longtemps.

CLAIRE : Ce n'est pas grave. Je parlais avec une vieille dame qui était très gentille.

JEAN-LOUIS : (*surveillant le jardin*) Ah, oui ? Il y en a beaucoup. Avec _____ parlais-tu ?

CLAIRE : Celle en bleu qui est assise sur le banc, près de la fontaine.

JEAN-LOUIS : _____ est son nom ?

CLAIRE : Je ne sais pas. On ne s'est pas présenté. _____ est le problème ?

JEAN-LOUIS : Rien, mais avec toutes ces histoires de bagages volés et de gens menaçants, il faut faire attention.

CLAIRE : De _____ gens menaçants parles-tu ?

JEAN-LOUIS : Ben… de ces autres personnes qui cherchent le manuscrit de Laclos.

CLAIRE : _____ autres personnes cherchent le manuscrit ? De _____ parles-tu, enfin ?

JEAN-LOUIS : Je parle de ces hommes qui sont venus voir le bouquiniste hier, ceux qui l'ont un peu bouleversé.

CLAIRE : Et pour _____ raison penses-tu qu'ils cherchent le même manuscrit que nous ?

JEAN-LOUIS : Enfin, je l'imagine simplement. Alors, tu as eu du succès à la poste, sans doute. _____ est l'adresse de ce Monsieur Gustave ?

21. Vos préférences personnelles

Posez vos questions à un partenaire afin de connaître ses préférences personnelles, suivant le modèle. Puis, répondez à votre tour. Attention à l'usage de **quel** et **lequel** !

MODÈLE : «Quelles sont tes couleurs préférées ?»
—J'aime le bleu et le vert.
—Laquelle préfères-tu ?
—Je préfère le bleu.

1. couleurs préférées
2. émissions (*TV shows*) préférées
3. livres préférés
4. écrivains préférés
5. villes préférées
6. musiciens préférés
7. films préférés
8. parfums (*flavors*) de glace préférés

22. Il faut choisir !

À Paris, il y a beaucoup d'endroits intéressants. Imaginez que vous êtes à Paris et que vous avez le choix entre les deux endroits suivants. Avec un partenaire, discutez de vos choix. Attention à l'usage des **pronoms démonstratifs** et des **pronoms interrogatifs**.

MODÈLE : Ce café-ci est très tranquille, mais ce café-là est plus chic.
—**Lequel préfères-tu ?**
—**Je préfère celui qui est plus chic !**

1. Ce restaurant-ci est très bon, mais ce restaurant-là est moins cher.
2. Ces magasins-ci sont bon marché, mais ces magasins-là sont plus intéressants.
3. Ces tours en haut de la cathédrale de Notre-Dame sont très anciennes, mais cette grande tour en fer est très célèbre.
4. Cette cathédrale-ci a de beaux vitraux (*stained-glass windows*), mais cette cathédrale-là a de belles mosaïques.
5. Ces maisons-ci sont jolies, mais ces maisons-là sont plus grandes.
6. Ce petit boulevard est très tranquille, mais ces grands boulevards sur la rive droite sont très animés.

23. Faisons un tour du campus !

Faites un petit tour de votre campus et admirez les choses autour de vous. Demandez à vos camarades ce qu'ils aiment ou ce qu'ils préfèrent, et répondez à votre tour. Attention à l'usage des **adjectifs descriptifs** (avant ou après le nom), des **adjectifs et pronoms démonstratifs** et des **adjectifs et pronoms interrogatifs**.

MODÈLE : Quel bel arbre !
—**Duquel parles-tu ?**
—**De celui qui est à côté du bâtiment.**
—**Ah, oui, cet arbre-là est très beau.**

Avant d'écouter

24. Avant l'anecdote

Répondez aux questions suivantes.

1. Quels membres de votre famille sont gentils ? Décrivez-les.
2. Lesquels sont indiscrets ? De quoi parlent-ils ?
3. Lesquels sont amusants ? Comment ? Donnez un exemple.
4. Lesquels sont sérieux ? De quoi parlent-ils ?
5. Quand les parents âgés parlent du «bon vieux temps,» de quoi parlent-ils ?

Culture

Sur la rive droite de Paris, on trouve plusieurs **grands boulevards** comme les **Champs-Élysées** et le boulevard Haussman. C'était Georges Eugène **baron de Haussman**, un administrateur et homme politique au XIXème siècle, qui a aggrandi les boulevards, favorisé la construction de parcs et de gares et dirigé la transformation de la capitale qui s'est effectuée à la fin du siècle.

À L'ÉCOUTE : *l'anecdote*

En sortant du métro à la station Abbesses, Jean-Louis et Claire rencontrent par hasard une des parentes de Jean-Louis : c'est sa tante Émilie. Jean-Louis présente sa tante à Claire, qui est très contente de faire sa connaissance. Comme la tante est un peu indiscrète et un peu bavarde, elle pose toutes sortes de questions à Claire et elle raconte une anecdote embarrassante concernant l'enfance de Jean-Louis...

Regardez le vocabulaire qui suit, et puis **écoutez le dialogue sur votre CD**.

VOCABULAIRE

La vie en famille

amener	*to bring (someone)*	apparaître	*to appear*
un jeu	*game*	un lapin	*rabbit*
n'importe quoi	*anything at all*	un animal familier	*pet*
attirer	*to attract*	charmant(e)	*charming*
se réunir	*to get together*	la chasse	*hunting*
la messe	*mass* (Catholic)	la bête	*animal*
la magie	*magic*	le ragoût	*stew*
le souvenir	*memory*	pleurer	*to cry*
		fichu(e)	*ruined*

Après avoir lu

25. Avez-vous compris ?

Après avoir écouté le dialogue entre Claire et Jean-Louis et la tante Émilie, répondez aux questions suivantes. Discutez en petits groupes.

1. Où habite la famille de Jean-Louis ?
2. Qu'est-ce que Jean-Louis voulait faire le jour de la réunion familiale que tante Émilie a décrite ?
3. Pourquoi est-ce que Jean-Louis pleurait le jour de la réunion familiale ? Qu'est-ce qui est arrivé au lapin ?
4. Comment est le caractère de tante Émilie ? Décrivez-la.
5. Avez-vous une anecdote amusante à raconter ? Allez-y !

26. D'accord ou pas d'accord

Après avoir écouté le dialogue entre Claire et Jean-Louis et la tante Émilie, lisez les phrases suivantes et donnez votre opinion. Discutez en petits groupes.

	D'accord	Pas d'accord
1. Claire connaît tous les endroits touristiques à Paris.	_____	_____
2. La tante Émilie est timide.	_____	_____
3. La tante Émilie a une bonne mémoire.	_____	_____
4. Autrefois, la famille Royer se réunissait plus souvent.	_____	_____
5. Jean-Louis a eu une enfance heureuse.	_____	_____
6. Jean-Louis était un garçon très sérieux.	_____	_____

Comment dire *exprimer la nostalgie*

To express nostalgia

Ah, le bon vieux temps ! / Quels beaux jours ! / Quels beaux souvenirs !
Il fut un temps où… / Ça, c'était l'époque où… / C'était la belle époque !
Dans le temps / Autrefois / Jadis / À cette époque là…
Il y a bien des années… / Vingt ans bien comptés…
C'était toujours comme ça. / Ce n'en était pas ainsi. / Ça ne date pas d'hier.
Que le temps passe vite ! / Le temps fuit !
Je me souviens bien du jour où… / Je m'en souviens bien.

Culture

L'expression **Je me souviens** est devenue une devise importante pour le Québec et les Québécois. On trouve cette expression sur les plaques d'immatriculation québécoises, sur les monuments et les objets officiels, et sur les affiches touristiques. Pour beaucoup de francophones québécois, cette devise rappelle l'histoire politique et l'oppression des Québécois francophones par les Anglais. Pourtant, elle rappelle aussi des moments plus simples de la vie quotidienne d'autrefois. On se souvient des fêtes traditionnelles et familiales, des cabanes à sucre, des calèches (*sleighs*) sur la neige, des chansons populaires. Cette devise exprime une nostalgie collective aussi bien qu'une solidarité politique et culturelle.

27. Que dites-vous ?

Qu'est-ce qu'on peut dire pour exprimer la nostalgie dans les situations suivantes ? Avec un partenaire, décidez ce que vous pouvez dire.

1. Vous montrez des photos de votre famille et de vous-même quand vous étiez petit(e) à un(e) ami(e).
2. Vous écoutez des personnes âgées qui décrivent comment était la vie familiale avant l'invention de la télévision.
3. Vous écoutez un vieil homme qui raconte une anecdote de ses jours comme soldat pendant la Seconde Guerre mondiale.
4. Vous expliquez à des jeunes gens ce que vous faisiez pendant les vacances d'été quand vous étiez petit(e).
5. Vous regardez un vieux film et vous parlez du bon vieux temps !

28. Soyez nostalgiques !

Avec un partenaire, imaginez comment était le bon vieux temps à l'époque de vos grand-parents (ou de vos arrière-grand-parents). Sur une feuille de papier, écrivez 6-8 phrases, utilisant l'imparfait, pour décrire comment était la vie au temps jadis. Puis, circulez dans la salle de classe et comparez vos idées du bon vieux temps avec celles de vos camarades. Si vous n'êtes pas d'accord, exprimez le désaccord (et puis faites la paix !). Si vous êtes d'accord, exprimez la nostalgie de ce beau temps passé.

Pour aller plus loin : CINÉMA

ACTIVITÉ G : Regardez le film *Outremer* dans lequel il s'agit de la vie d'une grande famille française qui habite en Algérie juste avant la guerre d'indépendance. Consultez votre cahier électronique !

À l'écrit *deuxième étape*

29. Une réunion familiale

Vous organisez une réunion familiale et tous les membres de votre famille que vous avez invités sont présents (ceux qui sont sur votre arbre généalogique). Votre ami(e), qui ne connaît pas tous les membres de votre famille, regarde vos photos de la famille et vous pose des questions afin d'avoir plus d'information sur chaque personne invitée. Imaginez un dialogue où il/elle vous pose huit à dix (8-10) questions à propos des différents membres de votre famille (qui est cette dame blonde ? lequel est son mari ? etc.) et donnez vos réponses aux questions. Finalement, avec un partenaire, révisez vos dialogues et lisez-les à haute voix.

Un courriel énigmatique

La sortie de la station de métro
Abbesses, à Montmartre.

Structures   *le plus-que-parfait*

30. Dans la rue des Trois-Frères

Claire et Jean-Louis arrivent à la maison de Monsieur Lionel Gustave qui se trouve dans la rue des Trois-Frères. Ils se présentent à Monsieur Gustave et Claire explique les événements qui l'ont menée à sa maison. Donnez **l'infinitif** de chaque verbe en **caractères gras**. Pouvez-vous décrire comment former et comment employer le plus-que-parfait en analysant ces exemples ?

CLAIRE : Ce matin, nous sommes allés à l'étalage de bouquiniste de votre neveu. Il n'était pas là, mais on a parlé avec un de ses amis. Enfin, à vrai dire, nous ne cherchions pas votre neveu. Nous voulions vous parler. Une amie américaine m'**avait donné** votre nom. J'**étais allée** à la Nouvelle-Orléans au mois d'août à la recherche d'un manuscrit ancien. C'est un manuscrit inédit (*unpublished*) qu'un de ses ancêtres **avait reçu** d'un auteur français à la fin du dix-huitième siècle. Avant de venir à Paris, j'**avais rencontré** Sandrine Fontenot-Chardin, et elle m'**avait parlé** de vous et de l'histoire de la bibliothèque de son grand-père. C'est la bibliothèque que vous **aviez achetée** juste après la mort de son grand-père. Si seulement ils **avaient gardé** ce manuscrit ! Mais hélas, ils l'ont vendu avec les autres livres. Enfin, nous sommes partis de la Louisiane tout de suite après avoir appris cette nouvelle et nous sommes venus ici pour demander si vous l'aviez toujours parmi vos livres à vendre.

Comment faire *le plus-que-parfait*

ℹ Culture

Montmartre est un quartier pittoresque qui se trouve sur une colline dans le 18ème arrondissement. La rue des Trois-Frères monte le long de la colline, près de la place des Abbesses, et mène à des escaliers qui vont au sommet, mais ceux qui n'aiment pas marcher peuvent prendre le funiculaire de la rue Steinkerque. Au sommet de la colline, on trouve la place du Tertre où il y a beaucoup d'artistes et de cafés. À côté de la place, on trouve la **Basilique du Sacré-Cœur**, une immense église blanche avec des mosaïques très jolies à l'intérieur. De la coupole, on a une belle vue sur tout Paris. Le peintre Utrillo a peint beaucoup de beaux tableaux dans lesquels il représente le bon vieux temps dans ce quartier parisien.

ℹ Langue

Rappel ! Rappel ! Si vous ne vous souvenez pas des règles pour la conjugaison des verbes au **passé composé** et à l'**imparfait**, révisez l'Épisode 3 du Chapitre 2. Si vous voulez réviser l'usage de ces deux verbes, consultez l'Épisode 3 du Chapitre 3.

The *pluperfect* (**le plus-que-parfait**) can be described as the past of the past and is often used in the context of other past tenses to refer to something that happened prior to the past moment being discussed.

To form the **plus-que-parfait** :

- The *pluperfect* (**le plus-que-parfait**) is composed of *the imperfect* (**l'imparfait**) of the auxiliary verb (**avoir/être**) followed by the *past participle*. The choice of auxiliary verb and the formation of the past participle follow the same rules as the **passé composé**; past participles in the **plus-que-parfait** also follow the same rules concerning agreement with the subject (verbs conjugated with **être**), the personal pronoun (reflexives), or the preceding direct object (verbs conjugated with **avoir**).

The **plus-que-parfait** is used :

- to describe events that had occurred in the past *prior to* the past events which are the main focus of the conversation or narrative. (It is often used in the context of other verbs in the **passé composé** or **imparfait**) : Sandrine Fontenot **avait parlé** de vous.
- to express regrets about events that may have happened *prior to* past events that already did happen : Si seulement ils **avaient gardé** le manuscrit…

31. Il fut un temps

Après avoir écouté l'histoire de Claire, Monsieur Gustave commence à parler. Conjuguez les verbes entre parenthèses au **plus-que-parfait**.

Vous savez, mademoiselle, ma mémoire n'est pas très bonne ces jours-ci. Je me souviens bien de mon ami américain, Henri Pierre Fontenot, et je sais qu'il était de la Nouvelle-Orléans et qu'il a eu beaucoup d'enfants avant de mourir. Je me souviens aussi du jour où j'ai acheté sa bibliothèque parce que son père (mourir) _____ d'une crise cardiaque. Mais, je ne me rappelle pas s'il y avait un manuscrit inédit parmi ces livres. J'ai gardé la plupart des bouquins qu'Henri Pierre m'(envoyer) _____. Mais, je ne sais pas…

Mon neveu Nicolas s'occupe de toutes ces affaires maintenant. Quand il avait 22 ans, il a commencé à travailler avec moi. Avant ça, je faisais tout le travail moi-même. J'(trouver) _____ beaucoup de clients parce que j'(choisir) _____ de me spécialiser en bouquins militaires. Saviez-vous qu'Henri et moi, avant de nous rencontrer, tous les deux, nous (combattre) _____ pendant la Seconde Guerre mondiale ? Nous avons vu des choses atroces. C'est pour cette raison que nous nous sommes entendus si bien quand nous nous sommes rencontrés. On se comprenait. Mais, vous deux vous êtes trop jeunes pour vous souvenir de cette guerre. Vous (ne… pas encore/naître) _____ !

Enfin, pour le manuscrit, je n'en sais rien. Il fut un temps où je voulais tout faire moi-même. Puis, j'ai décidé de prendre ma retraite. Nicolas s'occupe de toutes ces affaires-là maintenant, mais il part en vacances aujourd'hui. Il va se détendre sur les plages de Tunisie pour quinze jours ! Si seulement j'(voyager) _____ plus souvent au temps de ma jeunesse ! Mais non, après la guerre, je suis resté près de chez moi…

Le Maghreb

32. Vous en souvenez-vous bien ?

Cette affaire du manuscrit volé devient de plus en plus compliquée. Faites des phrases au **plus-que-parfait** pour répondre aux questions suivantes sur l'intrigue. Utilisez les verbes suggérés ou bien ajoutez vos propres souvenirs.

1. Au mois d'août, Claire est arrivée à l'Hôtel Le Moyne à la Nouvelle-Orléans, et avant d'y aller, qu'est-ce qu'elle avait fait ? (demander une bourse de l'université, trouver le nom de François Fontenot dans une lettre écrite par Laclos)

2. Il y a trois jours, Claire a décidé de quitter la Nouvelle-Orléans, mais avant de quitter les États-Unis, qu'est-ce qu'elle avait fait ? (rencontrer Sandrine Fontenot, sortir avec Jean-Louis)

3. Il y a deux jours, Claire est arrivée à son hôtel à Paris, et avant d'y arriver, qu'est-ce qui s'était passé ? (prendre l'avion, perdre sa valise à l'aéroport)

4. Hier, d'après Monsieur Lateef, Nicolas Gustave était tout nerveux, et avant-hier, qu'est-ce qui s'était passé ? (deux hommes venir, parler)

5. En 1973, le père d'Henri Pierre Fontenot est mort d'une crise cardiaque, et avant sa mort, qu'est-ce qui s'était passé ? (recevoir les livres de François Fontenot en héritage, être menacé par des voleurs)

33. Qu'est-ce que je t'avais dit ?

Claire et Jean-Louis quittent la maison de Lionel Gustave. Comme Jean-Louis avait dit, c'était le jeune Nicolas qui saurait si ce manuscrit existe toujours. Toujours en désaccord, Claire et Jean-Louis parlent de ce qu'ils avaient et n'avaient pas fait avant d'aller chez Monsieur Gustave. Jouez une scène où Claire et Jean-Louis se disputent et inventez des phrases en employant le **plus-que-parfait**.

MODÈLE : je / trouver l'adresse de Monsieur Gustave
J'avais trouvé l'adresse de Monsieur Gustave avant d'aller au Palais-Royal !

1. tu/ne… pas/réfléchir bien
2. je/suggérer de retourner chez le bouquiniste

3. je/ne… pas/penser à la possibilité d'acheter le manuscrit
4. tu/choisir de retourner à ton bureau
5. nous/parler à Talal Lateef

34. À vous

Faites une interview avec un(e) camarade de classe. Répondez aux questions d'après votre expérience personnelle. Utilisez le **plus-que-parfait**.

1. Quand est-ce que tu as commencé tes études universitaires ? Quelles préparations avais-tu faites avant de commencer l'université ?
2. Qu'est-ce que tu as fait hier soir ? Qu'est-ce que tu avais fait avant ça ?
3. À quelle heure est-ce que tu es arrivé(e) à l'université aujourd'hui ? Qu'est-ce que tu avais déjà fait avant d'y arriver ?

35. Désolé !

Jean-Louis accompagne Claire à son hôtel. Il se sent un peu mal à l'aise. Voici leur conversation. Mettez les verbes entre parenthèses au **passé composé**, à **l'imparfait** ou au **plus-que-parfait** selon le contexte.

JEAN-LOUIS : Est-ce que tu es fâchée contre moi ? Mais qu'est-ce que je (faire) _____ ? On (aller) _____ chez Monsieur Gustave, comme tu l'(suggérer) _____ ce matin. Ce n'est pas ma faute à moi s'il (être) _____ un peu sénile, le pauvre. Moi, je (vouloir) _____ retourner chez le bouquiniste, mais quand nous (sortir) _____ de la maison du vieux Gustave, il (faire) _____ déjà nuit.

CLAIRE : Et ce n'est pas ma faute si nous (partir) _____ du jardin du Palais-Royal si tard. Moi, je (trouver) _____ l'adresse de Monsieur Gustave avant 1h. C'est toi qui (aller) _____ au travail et qui m'(faire) _____ attendre jusqu'à 3h passées. Et puis, c'est ta tante qui (prendre) _____ une heure pour raconter son anecdote.

JEAN-LOUIS : Bon, elle (ne… pas/parler) _____ pendant une heure, quand même ! Écoute, il faut que nous travaillions ensemble. Arrêtons de nous disputer.

CLAIRE : Tu as raison. Et l'anecdote (être) _____ assez amusante. Bon, demain, on repart à zéro…

36. J'ai des regrets

ACTIVITÉ H : Connaissez-vous la célèbre chanteuse parisienne Édith Piaf ? Consultez votre cahier électronique !

En rentrant dans sa chambre, Claire ouvre la radio et écoute une vieille chanson d'Édith Piaf qui s'appelle «Je ne regrette rien». Elle commence à penser à toutes les choses qu'elle regrette d'avoir fait ou de ne pas avoir fait. Lisez les phrases en mettant les verbes au **plus-que-parfait**.

1. Si seulement j'(choisir) un autre sujet de recherche !
2. Si seulement j'(rencontrer) Jean-Louis en d'autres circonstances !
3. Si seulement mes parents m'(convaincre) d'étudier les affaires !
4. Si seulement ma sœur (venir) avec moi à Paris !
5. Si seulement Jean-Louis et moi, nous (retourner) chez le bouquiniste au lieu d'aller à la maison de Monsieur Gustave !

La chanson se termine, et Claire allume son ordinateur portable. Elle a un message provenant d'une adresse qu'elle ne reconnaît pas…

CORRESPONDANCE : *Un courriel énigmatique*

À :   Claire PLOUFFE
De :   tempsperdu@nomade.fr
Date : le 3 septembre 2003
Réf :   une fable

Aimez-vous les fables, Madame Plouffe ? En voici une qui pourrait vous intéresser.

Il était une fois,° une jolie jeune femme qui avait quitté sa maison à la recherche d'un trésor.° Elle voulait trouver le trésor afin de le partager avec tout le monde, tant elle était naïve et manquait d'expérience. Encore pire,° elle ne s'était pas bien préparée pour son voyage. Elle avait oublié d'apporter sa loupe° magique, celle qui lui aurait permis de voir ce qui est au fond° des cœurs des hommes. Elle ne pouvait donc pas distinguer les chevaliers des vilains. En entrant dans le bosquet° près de sa maison, elle a choisi le mauvais chemin.° Ensuite, elle a rencontré un homme au cœur impur. Peu de temps après, elle s'est perdue.° La pauvre, si seulement elle avait mis sa loupe magique dans sa grande valise verte ! Mais non ! Elle a continué de suivre ce chemin dangereux, conduite par un vilain déguisé. Savez-vous ce qui lui est arrivé ? Elle a disparu et on ne l'a jamais revue.

Abandonnez le chemin que vous avez choisi. Fuyez ! Votre trésor est ailleurs.

once upon a time
treasure

even worse
magnifying glass
at the bottom of

woods / path

to get lost

Après avoir lu

37. D'accord ou pas d'accord

Après avoir lu la lettre ci-dessus, lisez les phrases suivantes et donnez vos opinions personnelles. Discutez en petits groupes.

	D'accord	Pas d'accord
1. L'auteur de ce message est un(e) ami(e) à Claire.	_____	_____
2. L'auteur du message aime la littérature.	_____	_____
3. Claire est la jeune femme de la fable.	_____	_____
4. Le manuscrit de Laclos est le trésor.	_____	_____
5. Claire suit le mauvais chemin afin de trouver le manuscrit.	_____	_____

38. Que pensez-vous ?

Avec un partenaire, répondez aux questions suivantes. Justifiez vos réponses en citant le texte.

1. Est-ce que l'auteur du message connaît Claire Plouffe ? Comment le savez-vous ?
2. Est-ce que Claire connaît l'auteur du message ? Qui pourrait être l'auteur ?
3. Pensez-vous que cette fable soit en réalité une allégorie ? Quel est le sens allégorique de l'histoire ?
4. Comment est le caractère de la jeune femme dans la fable ? Ressemble-t-elle à Claire, à votre avis ?
5. Quels conseils est-ce que l'auteur du message donnent à Claire ? Pourquoi ?

Pour aller plus loin : CULTURE

ACTIVITÉ I : Connaissez-vous des rappeurs français ? Consultez votre cahier électronique !

39. Les regrets de Jean-Louis

Pendant que Claire lit ce message troublant, Jean-Louis est chez lui. Il écoute une chanson du rappeur MC Solaar et il pense à sa journée. Lisez les phrases en mettant les verbes au **plus-que-parfait**.

1. Si seulement je (ne… pas/aller) au bureau !
2. Si seulement on (ne… pas/voir) ma tante à la place des Abbesses !
3. Si seulement Nicolas Gustave (ne… pas/partir) en vacances ce soir !
4. Si seulement Claire et moi, nous (ne… pas/se disputer) !
5. Si seulement ma mère m'(rappeler) la date de la fête de mon grand-père !

40. Préparez-vous

Pensez à un événement important dans l'histoire de votre famille (un mariage, une naissance, un rite religieux, une fête importante, un anniversaire). Puis, écrivez une liste de toutes les choses que les membres de votre famille avaient faites en préparation pour cet événement. Circulez dans la classe et échangez votre liste avec celles de vos camarades de classe. Essayez de deviner de quel type d'événement il s'agit.

À l'écrit *troisième étape*

41. Vos préparations avant la fête

Imaginez que la réunion familiale est terminée et toute la famille est rentrée. Écrivez un e-mail à une amie qui avait proposé de vous aider à organiser la fête. Décrivez comment était la fête et mentionnez tous les préparatifs que vous aviez faits la veille de la fête. Échangez votre message avec celui d'un de vos camarades de classe (par courriel, si vous voulez !) et offrez-lui une réponse et quelques corrections possibles. Mettez les verbes aux temps passés.

Dénouement

Activités de révision

Pour aller plus loin :
CULTURE

ACTIVITÉ J : Explorez les institutions arabes à Paris. Consultez votre cahier électronique !

42. La vie de Nicolas Gustave

Voici l'emploi du temps de Nicolas Gustave le jour de son départ pour la Tunisie. Répondez aux questions sur sa journée en employant les temps passés (**passé composé**, **imparfait** ou **plus-que-parfait**).

le 3 septembre 2003

7h00	se lever, manger le petit déjeuner, boire un café
7h30	s'habiller, regarder la télé
8h00	prendre le métro au boulevard Haussmann
9h00	aller aux grands magasins, acheter un maillot de bain
10h00	aller à l'Institut du monde Arabe, visiter l'exposition
12h00	déjeuner au restaurant de l'Institut du monde Arabe
13h00	retourner à la maison
13h30	faire les valises, écouter de la musique raï
15h00	téléphoner à son oncle
15h30	aller au travail, ouvrir son étalage, vendre des livres
18h00	parler avec Talal Lateef, rentrer chez lui
19h00	partir pour l'aéroport

1. À quelle heure est-ce que Nicolas a pris le métro pour aller au boulevard Haussmann ? Qu'est-ce qu'il avait fait déjà avant de quitter la maison ?
2. À quelle heure est-ce qu'il a déjeuné ? Qu'est-ce qu'il avait déjà fait avant ?
3. À quelle heure est-il allé au travail ? Qu'est-ce qu'il avait déjà fait avant ?
4. À quelle heure est-il parti pour l'aéroport ? Qu'est-ce qu'il avait déjà fait avant ?

Pour aller plus loin :
CULTURE

ACTIVITÉ K : Voulez-vous écouter la musique du monde francophone ? Écoutez du raï, du zouk, du zydeco, du rap ou de la chanson traditionnelle ! Consultez votre cahier électronique.

43. Votre emploi du temps

Faites un emploi du temps et mettez toutes les activités que vous avez faites hier. Puis, échangez votre emploi du temps avec un camarade de classe et posez-vous des questions à propos de ce que vous aviez fait avant de faire ces choses. Utilisez le plus-que-parfait autant que possible !

44. Les petites annonces

Aidez un(e) ami(e) ou un parent à trouver l'amour ! Lisez les petites annonces suivantes. Puis, choisissez un(e) ami(e) ou un parent célibataire et écrivez une annonce pour lui/elle selon les modèles. Mettez beaucoup d'adjectifs ! Puis, circulez dans la salle de classe et lisez les annonces de vos camarades. Si vous trouvez une annonce qui pourrait intéresser votre ami(e) ou parent, posez des questions à propos du sujet !

Adorable JF, célibataire, 25 ans, musicienne. Aux yeux verts, jolie, élégante, indépendante, moderne. Très spontanée et impulsive. Cherche un homme à l'esprit ouvert, passionné, romantique et cultivé. Si vous êtes celui-là, sachez que je vous attends !

Grand, beau et brun ! Ingénieur, divorcé, 32 ans. Je suis naturel, plein d'humour, sensible, généreux, sportif, parfois timide. J'adore la nature. Si vous êtes intelligente, féminine et affectueuse, venez découvrir le bonheur paisible de la vie à la campagne.

Avant de lire   *Femmes d'Alger dans leur appartement*

45. Vos voisins

Vous écrivez un article pour un journal local sur l'idée que les Américains ne connaissent pas leurs voisins ces jours-ci. Circulez dans la salle de classe et posez des questions à vos camarades. Vous voulez trouver les réponses les plus intéressantes !

1. Connaissez-vous vos voisins ? Si non, pourquoi pas ? Si oui, comment sont-ils ?
2. Savez-vous où vos voisins sont nés et où ils ont grandi ? Pourquoi ou pourquoi pas ?
3. Combien d'enfants ont vos voisins ? Que font-ils dans la vie ?
4. Est-ce que vos voisins vous connaissent ? Savent-ils où vous faites vos études universitaires ?

46. Premières impressions

Lisez l'extrait suivant, tiré du roman *Femmes d'Alger dans leur appartement* d'Assia Djebar, sans essayer de comprendre chaque mot. Après votre première lecture du texte, répondez aux questions. Ensuite, relisez le texte une deuxième fois, plus attentivement.

1. À qui appartient la maison voisine ? est-ce la maison d'une grande famille ?
2. Quand se passe cette histoire ? au présent ou au passé ?
3. Où se passe l'histoire ?
4. Quel événement a interrompu la naissance des enfants dans cette famille ?
5. Comment sont décrites les filles : plutôt traditionnelles ou modernes ? timides ou indépendantes ?

www **Pour aller plus loin : CULTURE**

ACTIVITÉ L : Regardez la peinture d'Eugène Delacroix, *Femmes d'Alger dans leur appartement*. Consultez votre cahier électronique !

ℹ Culture

La **religion islamique** est une religion monothéiste fondée sur les principes de la charité et du respect des autres. On suit les conseils du Coran, un livre rempli de messages sacrés transmis par le dernier prophète Mohammed. Il y a **cinq piliers** ou obligations à suivre pour être musulman pratiquant : (1) *shehada*, c'est une profession de foi en Allah (Dieu) et son prophète Muhammad, (2) *salat*, ce sont les prières du Coran qu'on fait cinq fois par jour, tourné à l'est, vers La Mecque, la ville sainte en Arabie Saoudite, (3) *zakat*, c'est un don d'argent qu'on offre à la mosquée au profit d'autres musulmans, (4) *sawm*, c'est faire le jeûn (*fasting*) du lever au coucher du soleil pendant le mois du Ramadan, une fête religieuse, pour se rappeler la souffrance des pauvres, (5) *hadj*, c'est le pèlerinage à La Mecque qu'on fait une fois dans la vie, si on a les moyens, pour visiter le Kaaba, un temple sacré. Dans une communauté islamique, le *muezzin* est celui qui appelle les gens à la mosquée pour les prières (en chantant de la tour de la mosquée), le *hazab* est celui qui lit et étudie le Coran, et l'*imam* est celui qui dirige les prières du vendredi.

LITTÉRATURE : *Femmes d'Alger dans leur appartement*

Cet extrait vient du roman d'Assia Djebar, Femmes d'Alger dans leur appartement. *Djebar est née en Algérie mais habite actuellement en France. Dans cet extrait, il s'agit d'une famille qui habite une maison à Alger, la capitale d'Algérie. Selon la tradition, c'étaient les hommes qui avaient le pouvoir social, politique et religieux dans les communautés islamiques du Maghreb. Les femmes, elles, étaient tradition-nellement limitées à leurs maisons (avec des cours intérieures) et au* hammam *(les bains publics). Malgré la désapprobation des musulmans conservateurs, ces rôles traditionnels ont commencé à changer pour les femmes algériennes, comme pour les femmes de l'occident, à partir des années 1960. Ici, Djebar décrit l'his-toire d'une famille, et souligne le caractère des filles adultes de cette famille, pour démontrer l'évolution du statut de la femme de l'époque de la mère à la nouvelle génération de ses filles.*

de Assia Djebar

Femmes d'Alger dans leur appartement (extrait)

Le *hazab* de la maison voisine, dans ce quartier de petites villas mal blanchies,° *white-washed* a dix filles. *Hazab*, c'est-à-dire lecteur du Coran à la mosquée. Cela ne l'empêche pas de rester artisan, d'aller entre les heures de prière à son échoppe de cordon-nier,° lieu de rendez-vous des lettrés ès jurisdiction islamique.° C'est un vieil homme, vêtu d'une toge° blanche, chaque jour renouvelée et flottant noble-ment autour de son corps noueux.° Il circule maintenant entouré de la considé-ration visible du quartier. *shoemaker's stall/shop*
scholar of Islamic law
robe / gnarled

Plus de trente ans auparavant, au cours des émeutes° du 8 mai 1945, il avait été condamné à mort pour avoir tenté de faire sauter à la bombe l'arsenal d'une petite ville côtière.° Gracié trois ans après, il s'était marié, était alors venu habi-ter la capitale, avait eu quatre filles, avait passé ensuite cinq années à la prison Barberousse (dès le début des «événements» d'Algérie, au premier soupçon° d'activité clandestine, il avait tout naturellement été arrêté). *uprisings*

coastal

suspicion

Sa femme avait élevé sa première couvée° dans la misère,° mais avec le souci° primordial de remplir les couffins° hebdomadaires° de la prison. Elle avait repris le rythme des accouchements° «au lendemain de l'indépendance» (beaucoup de récits plus nobles commencent encore par cette expression ora-toire…). A sa quarantième année et à sa douzième grossesse,° dont une fausse couche,° Allah, qu'il soit béni, lui avait enfin accordé le garçon rêvé. *brood / poverty*
concern / basket / weekly
birth

pregnancy
miscarriage

L'héritier du hazab entrait dans sa sixième année. On allait ces jours pro-chains, célébrer la circoncision du garçon, première fête familiale.

Les trois filles «d'avant l'indépendance» (la quatrième, la plus effacée,° venait d'être fiancée à un employé de banque) posaient quelques problèmes. L'aînée, vingt-quatre ans, pratiquait le judo depuis son adolescence, s'obstinait en outre à ne sortir qu'en pantalon (seule explication par ailleurs au manque persistant de demandes en mariage° sérieuses). La seconde, à vingt-deux ans, terminait à l'université une licence ès sciences naturelles° (et le père, en déam-bulant° au-dehors, tentait de comprendre le rapport existant entre les sciences naturelles et un cerveau° féminin mais n'osait en parler; l'âge aidant, il était devenu timide avec ses filles et souffrait davantage d'avoir à le cacher). La troi-sième, enfin, Sonia, vingt ans — la récitante de cette mini-chronique — occupait tous ses loisirs à des entraînements° d'athlétisme.° Elle a récemment décidé de *unobtrusive*

marriage proposal
bachelor of science
to stroll
brain/mind

practice/training session
track and field devenir professeur d'éducation physique. «Ne vivre que sur un stade !» ajoute-t-elle avec ardeur.

Ce même matin, Sarah entra chez le hazab, consacra un long moment à dévider placidement les formules de politesse dans une courette° où la mère, assise, jambes écartées devant un brasero, grillait poivrons et tomates, tandis que deux de ses filles glissaient,° pieds nus dans l'eau, et se disputaient avec de petits rires.

small courtyard

to slide

ACTIVITÉ M : Qui est Assia Djebar ? Apprenez un peu de sa vie, de ses pensées et de son œuvre. Consultez votre cahier électronique !

Après avoir lu

47. Avez-vous compris ?

En petits groupes, discutez de vos réponses aux questions suivantes.

1. Qu'est-ce que le hazab avait fait avant de se marier ? Pourquoi est-ce qu'on l'a mis en prison pendant la guerre d'indépendance ?
2. Comment était la vie de la mère avant l'indépendance ? et après ? et aujourd'hui ?
3. Pourquoi est-ce qu'on va avoir une fête familiale cette semaine ? À votre avis, pourquoi parle-t-on du «garçon rêvé» ?
4. Comment sont les filles «d'avant l'indépendance» ? Décrivez leurs caractères. Qu'est-ce que le hazab pense de ses filles aînées ?
5. À votre avis, quel est le rapport entre les événements politiques en Algérie et le caractère des filles ? Pensez-vous que les rôles des femmes et des hommes aux États-Unis sont influencés par les événements politiques ?

48. D'accord ou pas d'accord

Après avoir lu l'extrait du roman de Djebar, lisez les phrases suivantes et donnez votre opinion. Discutez de vos réponses en petits groupes.

	D'accord	Pas d'accord
1. Le hazab est un homme important aujourd'hui.	_____	_____
2. Le hazab était un révolutionnaire.	_____	_____
3. La femme du hazab est une femme traditionnelle.	_____	_____
4. Les filles du hazab sont traditionnelles aussi.	_____	_____
5. Dans cette famille, il y a dix filles et un fils.	_____	_____

49. Analyse littéraire

Examinez ce texte de près. Répondez aux questions suivantes et discutez de vos réponses en classe.

1. Quel est le ton du texte ? Qu'est-ce qui contribue à ce ton (le vocabulaire, le style d'écriture, la forme du texte) ?
2. Y a-t-il des images ou des couleurs qui dominent dans ce texte ? Comment est-ce que ces images ont influencé votre lecture du texte ?

3. Quel temps domine dans ce texte (le présent, le passé, le futur, etc.) ? Quel est l'effet de l'usage de ce temps (un sens d'urgence, une distance impersonnelle, la nostalgie, la possibilité, la certitude ou l'incertitude, l'orgeuil, etc.) ? Y a-t-il un moment où le temps change ? Quel en est l'effet ?

4. Y a-t-il d'autres éléments structurels (ponctuation, mots ou sons répétés, phrases longues ou courtes, contrastes, métaphores, etc.) que l'auteur emploie systématiquement ? Si oui, quels sont les effets de l'emploi de ces éléments ?

Synthèses

50. Réfléchissons à la culture

Voici quelques éléments de la culture française (multiculturelle) que vous avez étudiés dans ce chapitre. En petits groupes, répondez aux questions et discutez de vos impressions avec vos camarades.

les musulmans français   la famille nucléaire   le Maghreb

1. Définissez ou décrivez chaque élément.
2. Pourquoi chaque élément est-il important à cette culture ? Y a-t-il un phénomène historique ou social qui explique son importance ?
3. À votre avis, est-ce que ces éléments témoignent de la richesse et de la diversité de la culture française de nos jours, ou sont-ils stéréotypiques ? Pourquoi ?
4. Est-ce que votre impression de cette culture est différente maintenant que vous avez commencé à l'étudier ? Si oui, comment et pourquoi ? Si non, pourquoi pas ?

51. À débattre

Lisez les questions suivantes et discutez en groupes. Si possible, parlez de vos expériences personnelles relatives aux questions.

1. **La famille, disparaît-elle ?** Autrefois, la famille vivait dans un même quartier ou dans un même village, et on voyait les parents tous les jours. Aujourd'hui, les jeunes quittent la maison très tôt pour aller vivre ailleurs, les familles nucléaires déménagent loin des autres parents, on déménage partout et en général, on n'a plus le même sens de la famille «multi-générations» qu'autrefois. À cette époque de mondialisation et de technologie, est-ce que la vie familiale est en train de disparaître ?

2. **Êtes-vous immigrant(e) ?** Aux États-Unis, on peut dire que tous les citoyens, sauf les Amérindiens, sont des descendants d'immigrants d'autres pays. Quand est-ce qu'on cesse de s'identifier comme immigrant et commence à s'identifier comme habitant d'un pays ? après une génération ? deux ? quand on a un passeport officiel ? Qu'est-ce qui mène à ce changement d'esprit ?

3. **Le bon vieux temps ?** On dit que les gens nostalgiques décrivent le passé à travers des lunettes roses; c'est à dire, qu'on exagère le «bon» vieux temps et on oublie le mauvais. Est-ce que le bon vieux temps de vos grand-parents était vraiment bon ? quels étaient les inconvénients de leur mode de vie ? Est-ce que le bonheur nostalgique efface les difficultés et les inconvénients de la vie d'autrefois ? ou bien, est-ce vrai qu'on était vraiment plus heureux à cette époque ?

52. À l'impromptu

Voici des situations interactives. Avec une ou deux autres personnes, choisissez une scène et improvisez devant la classe. Si vous ne voulez pas improviser, écrivez votre dialogue avant et puis jouez-le pour la classe.

1. (a) Vous annoncez à vos grand-parents que vous allez vous marier cette année. Vous voulez une cérémonie traditionnelle. Posez-leur beaucoup de questions à propos de leurs fêtes de mariage.

   (b) Votre petit-fils ou petite-fille, qui vient d'avoir 20 ans, vous annonce ses fiançailles. Demandez-lui s'il/elle n'est pas trop jeune pour penser au mariage et partagez les regrets que vous avez de vous être marié(e) trop tôt.

   (c) Votre petit-fils ou petite-fille, qui vient d'avoir 20 ans, vous annonce ses fiançailles. Vous êtes très content(e) pour lui/elle. Racontez-lui comment vous avez fait la connaissance de votre mari/femme et les bons souvenirs qui s'y attachent.

2. (a) Vous assistez au mariage d'un parent éloigné. Vous êtes l'enfant de l'oncle de la mariée (*bride*). Vous rencontrez de nombreux parents éloignés et essayez de comprendre le lien de famille qui vous unit.

   (b) Vous assistez au mariage d'un parent éloigné. Vous êtes le frère de la deuxième femme du père du marié (*groom*). Essayez d'en savoir plus sur la famille de la mariée.

   (c) Vous assistez au mariage aussi, mais vous n'avez pas été invité(e) ! Vous ne connaissez ni la famille de la mariée ni la famille du marié. Essayez de convaincre les autres que vous êtes un parent éloigné et que vous les avez déjà rencontrés plusieurs fois dans le passé.

3. (a) Vous assistez à une réunion familiale et vous venez d'apercevoir votre cousin voler le porte-monnaie de votre tante. Confrontez-le !

   (b) Vous assistez à une réunion familiale. Vous vous souvenez que votre tante vous a demandé de prendre son porte-monnaie et d'aller chercher un gâteau pour la fête. Essayez de vous expliquer auprès de votre cousin.

À l'écrit *étape finale*

53. Quelle fête magnifique !

Votre fête familiale était un succès. Révisez et élaborez vos travaux d'écriture de ce chapitre (À l'écrit : activités 15, 29 et 41) et rédigez une lettre formelle au membre le plus âgé de votre famille. Décrivez vos impressions de la soirée et tout ce qui s'était passé avant la fête. Utilisez le **passé composé**, **l'imparfait** ou le **plus-que-parfait**. N'oubliez pas les éléments suivants :

- Saluez.
- Décrivez les parents qui sont venus pour la fête.
- Donnez votre opinion de la fête.
- Parlez de tout ce que vous aviez fait pour préparer la fête.
- Remerciez le destinataire d'être venu(e).

www **Pour agir :**
LE MAGHREB !

Si vous voulez bouger et faire quelque chose pour mieux connaître le Maghreb, ou pour aider les autres à mieux connaître les cultures francophones, consultez la section **Pour agir** dans votre cahier électronique ! Il y a tant de choses à faire :

- **Organisez une fête** francophone, jouez de la musique, offrez des boissons et des mets, et contribuez l'argent que vous gagnez à une organisation qui combat le racisme ou qui aide les femmes qui vivent sous l'oppression.

- **Enseignez** ce que vous savez de la musique du monde francophone à des enfants de l'école primaire.

- **Entrez en contact** avec des maghrébins ou d'autres arabes francophones qui vivent dans votre communauté ou quelque part aux États-Unis.

- **Faites une excursion** à un musée pour explorer les arts du monde arabe.

- **Cuisinez !** Préparez un vrai repas maghrébin avec vos camarades de classe.

À suivre

Claire essaie de répondre au message bizarre qu'elle a reçu, mais son message lui revient marqué «destinataire inconnu». Elle réfléchit un peu avant de téléphoner à Jean-Louis. Après tout, il est la seule personne qu'elle connaît à Paris, et malgré l'avertissement de l'inconnu qui a envoyé le message électronique, elle commence à avoir confiance en Jean-Louis. Bien sûr, quand il entend ce qui se passe, Jean-Louis arrive tout de suite à l'hôtel pour réconforter son amie et pour lire le message de ses propres yeux. Encore une fois, Jean-Louis se vante d'avoir eu raison. Il y a, effectivement, d'autres gens qui sont à la recherche du manuscrit et qui essaient d'intimider la jeune chercheur québécoise. Après de nombreux appels inutiles à la police, qui ne pouvait rien faire sans preuve de menace directe, Claire et Jean-Louis décident d'attendre afin de voir si cette personne reprend contact avec eux…

54. Qu'est-ce qui s'est passé ?

Pensez à ce qui s'est passé dans ce chapitre. Écrivez 6 phrases aux temps passés pour décrire les événements que vous pensez être les plus importants. Parlez de vos idées avec vos camarades de classe.

55. Qu'est-ce qui va se passer ?

Imaginez ce qui va se passer dans le prochain chapitre. Écrivez 6 phrases et parlez de vos idées avec vos camarades de classe.

VOCABULAIRE UTILE

La famille

aîné(e)	*oldest*	fille (f.)	*daughter*
arrière-grand-parents (m. pl.)	*great-grandparents*	filleul (m.)	*godson*
		filleule (f.)	*goddaughter*
beau-fils (m.)	*son-in-law/stepson*	fils (m.)	*son*
beau-frère (m.)	*brother-in-law*	frère (m.)	*brother*
beau-père (m.)	*father-in-law/stepfather*	grand-parents (m. pl.)	*grandparents*
belle-famille (f.)	*in-laws*	jumeaux (m.),	
belle-fille (f.)	*daughter-in-law/stepdaughter*	jumelles (f.),	*twins*
belle-mère (f.)	*mother-in-law/stepmother*	mari (m.)	*husband*
belle-sœur (f.)	*sister-in-law*	marié (m.), mariée (f.)	*groom/bride*
cadet(te)	*youngest*	marraine (f.)	*godmother*
cousin(e)	*cousin*	mère (f.)	*mother*
demi-sœur (f.),		neveu (m.)	*nephew*
demi-frère (m.)	*half-sister/brother*	nièce (f.)	*niece*
femme (f.)	*wife*	oncle (m.)	*uncle*
fiancé(e)	*fiancé*	parrain (m.)	*godfather*
		père (m)	*father*

petite-fille (f.)	granddaughter	rater	to miss (a day, a bus, an event, etc.)
petit-fils (m.)	grandson	renseignement (m.)	piece of information
sœur (f.)	sister	sauf	except
tante (f.)	aunt	siège arrière (m.)	backseat

Décrire une personne

		La vie en famille	
agité(e)	agitated	amener	to bring (someone)
avoir la trentaine	to be in one's 30s	animal familier (m.)	pet
bégayer	to stutter	apparaître	to appear
consciencieux/-euse	conscientious	attirer	to attract
efficace	efficient	bête (f.)	animal
énergique	energetic	charmant(e)	charming
être enrhumé(e)	to have a cold	chasse (f.)	hunting
faire de son mieux	to do one's best	fichu(e)	ruined
fiable	reliable	jeu (m.)	game
fier/-ère	proud	lapin (m.)	rabbit
infatigable	tireless	magie (f.)	magic
nerveux/-euse	nervous	messe (f.)	(religious) mass
		n'importe quoi	anything at all
Divers		pleurer	to cry
grève (f.)	workers' strike	ragoût (m.)	stew
quai (m.)	embankment, walkway or roadway next to the river	se réunir	to get together
		souvenir (m.)	memory

5 Les conseils d'un Français

> Automne en fleurs,
> hiver plein de rigueurs.
> —dicton français

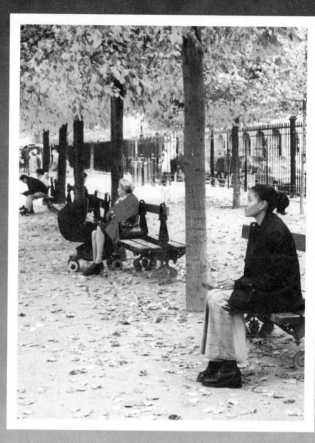

La Place des Vosges à Paris
en automne.

ℹ Culture

On dit qu'il y a autant de **journaux parisiens** que de partis politiques en France. Les journaux les plus connus sont *Libération* et *Le Monde*. Pourtant, on trouve aussi des journaux comme *France Soir*, *L'Humanité*, *Le Canard enchaîné*, *Le Figaro*, *The International Herald Tribune* (pour les anglophones) et beaucoup d'autres. Chaque journal s'engage plus ou moins avec une idéologie politico-sociale, et beaucoup de débats politiques et d'opinions diverses y sont publiés. La presse est un véhicule important pour la dissémination des nouvelles non seulement à Paris mais à travers le monde francophone. On trouve des journaux de langue française dans tous les pays dits francophones et même dans plusieurs pays où il n'existe qu'une minorité linguistique francophone.

À lire

Malgré l'invitation renouvelée de Jean-Louis, Claire s'obstine à demeurer à l'Hôtel Quasimodo. Il a peur qu'elle soit en danger après avoir reçu ce message bizarre, mais elle ne veut pas perdre sa liberté en s'installant chez lui. Donc, ils attendent le retour de Nicolas Gustave, chacun à sa manière. Jean-Louis retourne au bureau de l'antiquaire, où il a d'autres projets à poursuivre, et Claire reprend ses recherches secondaires en consultant la collection de la Bibliothèque nationale et en lisant des livres théoriques qu'elle trouve dans les librairies du Quartier Latin. Il fait exceptionnellement beau à Paris pendant ce temps-là. Ciel bleu et ensoleillé, aucune humidité, température parfaite. Alors, Claire passe ses après-midi à la terrasse d'un café, où elle lit, réfléchit et écrit tout en profitant du beau temps… jusqu'au moment où elle rencontre quelqu'un qui lui parle d'un article de journal assez curieux.

Au café en automne

Avant de lire

1. Les actualités

Répondez aux questions suivantes. Discutez de vos réponses avec vos camarades de classe et n'hésitez pas à poser des questions supplémentaires si vous voulez en savoir plus.

1. Pour savoir ce qui se passe dans le monde, préférez-vous lire le journal, regarder les infos à la télé, écouter la radio, consultez l'internet ou parler à des amis ?
2. Est-ce que vous lisez le journal souvent ? de temps en temps ? rarement ? jamais ? Quel journal lisez-vous ? Où lisez-vous votre journal normalement ?
3. Quels aspects des actualités vous intéressent le plus : la politique et les nouvelles (régionales, nationales ou internationales), la culture, les sports, les affaires, la météo ?
4. Est-ce que vous discutez les actualités avec votre famille ou vos amis ? Où ? Quand ? Pourquoi ?
5. Pensez-vous qu'il soit important de savoir ce qui se passe dans le monde ? Pourquoi ?

Langue

Vous rappelez-vous les conjugaisons des **verbes irréguliers** suivants : **lire, dire, écrire** et **rire** ? Si non, mémorisez leurs conjugaisons avant de continuer !

- **lire** (*to read*) : je lis, tu lis, il/elle/on lit, nous lisons, vous lisez, ils/elles lisent (*participe passé* : lu)
- **dire** (*to say*) : je dis, tu dis, il/elle/on dit, nous disons, vous dites, ils/elles disent (*participe passé* : dit)
- **écrire** (*to write*) : j'écris, tu écris, il/elle/on écrit, nous écrivons, vous écrivez, ils/elles écrivent (*participe passé* : écrit); le verbe **décrire** est conjugué comme écrire.
- **rire** (*to laugh*) : je ris, tu ris, il/elle/on rit, nous rions, vous riez, ils/elles rient (*participe passé* : ri); le verbe **sourire** (*to smile*) est conjugué comme rire.

2. À la une

Claire cherche toujours des nouvelles de son pays et s'arrête souvent devant les kiosques pour chercher un journal québécois. Elle y trouve un grand choix de journaux. Regardez ces gros titres (*headlines*) que Claire lit en s'arrêtant devant un kiosque qui vend des journaux internationaux, et répondez aux questions d'après vos observations. Discutez de vos réponses avec la classe.

Les Montréalais au Festival du rire :
rires et sourires

L'ouragan s'approche :
les Martiniquais se barricadent

Dix blessés lors d'un attentat en Algérie

Un tête-à-tête à l'Élysée : les Verts parlent au Président

Une crise économique frappe la Guyane

Une exposition de folklore tahitien au Musée Gauguin

L'UE considère la question euro à Strasbourg

**Pour aller plus loin :
CULTURE**

ACTIVITÉ A : Voulez-vous savoir ce qui se passe dans le monde francophone ? Lisez les titres «à la une» sur l'internet. Consultez votre cahier électronique !

1. Pour chaque gros titre, indiquez de quels pays/régions il s'agit.
2. Quels titres annoncent de mauvaises nouvelles ? Lesquels annoncent de bonnes nouvelles ?
3. Lesquels présentent des sujets : (a) de politique, (b) d'économie, (c) de culture, (d) de météorologie ?
4. Quel article vous intéresserait ? Pourquoi ?

Culture

Les **DOM-TOM**, c'est l'ensemble des départements d'outre-mer, des territoires d'outre-mer et des collectivités territoriales de la France. Pour la plupart, ce sont d'anciennes colonies qui se sont intégrées au système gouvernemental de la France au moment de la décolonisation. Tandis que les habitants des DOM-TOM ont gardé leurs propres cultures et traditions, les gens qui y vivent sont légalement des citoyens français et ont tous les droits accordés aux citoyens de la métropole. Dans les DOM-TOM, on trouve : **la Guadeloupe** et **la Martinique** aux Antilles, **Saint-Pierre-et-Miquelon** en Amérique du nord, **la Guyane** en Amérique du sud, **la Réunion** et **la Mayotte** près de l'Afrique, **la Polynésie** (y compris Tahiti), **la Nouvelle-Calédonie** et **Wallis-et-Futuna** dans l'océan Pacifique. **Les Terres australes et antarctiques** (TAAF) aux pôles nord et sud, qui ne sont pas peuplées, font partie des DOM-TOM aussi. Les TOM et les collectivités territoriales ont un peu plus d'autonomie politique que les DOM, mais dans toutes ces régions, on continue à débattre la question de l'indépendance et la praticabilité économique d'une séparation d'avec l'état français.

ACTIVITÉ B : Lisez le poème «Chanson d'automne» de Paul Verlaine. Consultez votre cahier électronique !

3. La météo

Voici des actualités météorologiques pour la France et l'Europe. Lisez les phrases et, ensuite, indiquez pour chaque ville ou région **s'il fait beau** ou **s'il fait mauvais** temps aujourd'hui. Aussi, identifiez le pays européen dont il s'agit. Justifiez vos réponses.

1. Un ciel chargé dans la région genevoise s'accompagne de pluies faibles ou d'averses orageuses.
2. Une journée bruxelloise généralement ensoleillée, mais la température maximale n'atteindra que 14 degrés !
3. Baignons-nous à Biarritz où la mer est calme, il fait 25 degrés et des passages nuageux laissent la place aux éclaircies matinales.
4. Avertissement aux marins à Monaco : ciel couvert et vents à rafales de l'ouest au sud-ouest qui atteindront 70 km/h entre la Corse et le continent.
5. Cet après-midi, risque de tonnerre et de foudre, un orage dans la région luxembourgeoise laissera 5 centimètres de précipitation.
6. Après la dissipation des brouillards matinaux dans la région bordelaise, le soleil brille.
7. Dans les Alpes, une rafale de neige dans les régions montagneuses où le mercure reste entre 0 et 5 degrés.

Culture

En Europe, on utilise le **système celsius** pour calculer la température. Ce système s'emploie dans la plupart des pays du monde francophone. Pour juger de la différence entre celsius et fahrenheit, voici quelques points de repère approximatifs :

Celsius :	0°	5°	10°	15°	21°	27°	32°	100°
Fahrenheit :	32°	40°	50°	60°	70°	80°	90°	212°

De plus, on emploie le **système métrique** pour calculer la distance (mètres au lieu de pieds), le poids (kilos à la place des livres) et le volume (en litres, pas en quarts et en gallons).

LECTURE : *Au café en automne*

En attendant le retour du bouquiniste à Paris, Claire a repris le rythme de vie d'un chercheur en divisant son temps entre la lecture, l'écriture et la réflexion. Au bout de deux semaines, elle a fait beaucoup de progrès dans ses études du milieu culturel dans lequel Laclos a vécu. Un après-midi, en rentrant de la Bibliothèque nationale, elle s'arrête à son café habituel sur la place Saint-André-des-Arts. Comme il fait toujours assez beau, elle s'installe dehors, à côté d'un homme qui lit le journal Libération. *Lunettes de soleil au visage, gilet de laine rouge boutonné jusqu'au menton, foulard de soie autour du cou, elle commande tranquillement un petit café. Souriant innocemment, elle admire les feuilles jaunes qui continuent de s'agripper faiblement aux branches des arbres. L'homme à la table voisine amorce une conversation sur le temps…*

GILLES LAFFONT : Quelle belle journée, n'est-ce pas ? J'adore cette saison. Le ciel est bleu comme la mer, le soleil brille et il y a une petite brise qui nous fait rougir le bout du nez.

CLAIRE : Moi aussi, j'adore l'automne. Après l'humidité et la chaleur de l'été, on est content que la température baisse légèrement chaque jour, mais ça passe si vite. Un jour, toutes les feuilles seront tombées et on se trouvera sous deux pieds de neige !

GILLES LaFFONT : Je parie que vous n'êtes pas de Paris. Ici, on a rarement des tempêtes de neige en hiver. Il fait affreusement froid, il pleut, il y a des orages et des rafales de vent et le temps est généralement maussade, mais il ne neige pas régulièrement… comme au Québec.

CLAIRE : Vous avez reconnu mon accent. (*Elle sourit.*)

GILLES LaFFONT : Oui et non. Enfin, nous, on ne mesure pas en pieds. Que faites-vous à Paris ?

CLAIRE : Je suis étudiante de doctorat. Je fais de la recherche littéraire.

GILLES LaFFONT : Ah, bon ? C'est intéressant. Vous travaillez sur un auteur en particulier ?

CLAIRE : Oui, Choderlos de Laclos. C'est un romancier du dix-huitième siècle.

GILLES LaFFONT : Non ! C'est un de mes auteurs préférés ! Vous étudiez *Les Liaisons dangereuses* ?

CLAIRE : Non, pas exactement. J'étudie ses autres écrits.

GILLES LaFFONT : Ses autres écrits ? Donc, le manuscrit que vous cherchez est un autre roman écrit par Laclos ? C'est un manuscrit inédit, alors.

CLAIRE : Quoi ? Écoutez, monsieur, je ne sais pas qui vous êtes, mais je crains que vous ne sachiez plus que vous n'en disiez. C'est vous qui m'avez envoyé ce message ?

Un café parisien.

GILLES LaFFONT : Pardonnez-moi, mademoiselle, je ne voulais pas vous faire peur. Je suis ici pour vous aider. Je m'appelle Gilles LaFfont. Je suis inspecteur de police dans le 5ème arrondissement. Voici ma carte. (*Il lui donne une carte.*) Je suis votre cas depuis le jour du vol de votre valise à l'aéroport. On me donne systématiquement tous les dossiers de vols qui se font aux aéroports en France s'ils touchent aux habitants de notre arrondissement, et dans votre dossier, j'ai lu que vous cherchiez un manuscrit ancien. Il est important que vous sachiez que le marché de livres anciens est un commerce assez dangereux. Les manuscrits originaux se vendent normalement pour des sommes considérables. Et là où on trouve de l'argent, on trouve aussi des criminels qui veulent en profiter. Lisez les journaux, vous verrez.

CLAIRE : Franchement, monsieur, je ne crois pas qu'il soit prudent de vous parler de tout cela. Je ne vous connais pas, et je trouve votre manière de m'aborder ici si brusquement un peu déconcertante. Je suis sûre que vous comprenez.

GILLES LaFFONT : Tout à fait, mademoiselle, mais vous avez mon numéro de téléphone au bureau sur ma carte. Vous pouvez toujours m'y contacter. Et même si vous vous méfiez de moi, il faut que je vous dise ceci : Si jamais vous rencontrez un homme qui s'appelle Raphaël ou une femme qui s'appelle Julie, il est important que vous réagissiez avec prudence. Ce sont des dealers peu scrupuleux. Nous croyons qu'ils se cachent quelque part dans les DOM-TOM en ce moment, mais il est toujours possible qu'ils reviennent à Paris.

CLAIRE : Excusez-moi encore, mais je ne veux pas continuer cette conversation. (*Elle se lève.*)

GILLES LaFFONT : D'accord, d'accord, mais une dernière chose, mademoiselle. De quel message parliez-vous ?

CLAIRE : Il faut absolument que je m'en aille maintenant. Au revoir.

Au café			
la lecture	*reading*	aborder	*to approach*
l'écriture (f.)	*writing*	déconcertant(e)	*disconcerting, troubling*
la réflexion	*reflection*		
au bout de	*at the end of*	**Le temps**	
sourire	*to smile*	une feuille	*leaf*
amorcer	*to introduce (a topic of conversation)*	le ciel	*sky*
rougir	*to redden/to blush*	une tempête	*storm*
parier	*to bet*	un orage	*thunderstorm*
craindre	*to fear*	une rafale de vent	*gusty wind*
dépister	*to track down*	maussade	*gloomy*
franchement	*frankly*	la neige	*snow*

ℹ Culture

Le Café Procope, établi à Paris par un Italien en 1675, se vante d'être le premier des célèbres **cafés parisiens**. À partir du 17ème siècle, les cafés sont devenus des lieux de rencontre pour les intellectuels. Des écrivains et des artistes, de Voltaire à Picasso, ont souvent fréquenté les cafés où ils pouvaient boire, manger, discuter et s'inspirer à loisir. À part le **Café Procope** (préféré par Voltaire, Rousseau, Beaumarchais), les cafés les plus connus à Paris sont le **Café des Deux-Magots** (lieu de rencontre de Verlaine, Rimbaud, Mallarmé, Picasso), le **Café de Flore** (fréquenté par Sartre, de Beauvoir, Chagall), la **Closerie des Lilas** (Hemingway, Beckett, Baudelaire) et **Lapérouse** (Maupassant, Hugo, Proust, Colette). Aujourd'hui, les clients vont aux cafés non seulement pour prendre une boisson, mais aussi pour se détendre, pour lire les journaux, pour regarder le spectacle des gens qui passent et surtout, pour rencontrer des amis et pour discuter des actualités de vive voix.

Après avoir lu

4. Avez-vous compris ?

Répondez aux questions suivantes. Justifiez vos réponses en citant le texte.

1. Quel temps fait-il normalement à Paris en hiver ? et au Québec ? et chez vous ?
2. Comment est-ce que Gilles LaFfont a trouvé Claire ? Quelle est sa profession ? Pourquoi est-ce qu'il lui parle ?
3. Quelle est la réaction de Claire ? Que pensez-vous de cette réaction ? À votre avis, a-t-elle réagi trop peureusement (*fearfully*), trop méchamment, trop naïvement ?
4. Qu'est-ce que nous avons appris de Gilles LaFfont ? Pensez-vous qu'il soit sincère en voulant avertir la jeune femme des dangers du marché des livres anciens ?

5. D'accord ou pas d'accord

Indiquez si vous êtes d'accord ou pas avec les phrases suivantes, d'après votre compréhension du récit. Justifiez vos opinions en citant le texte, si possible. Discutez de vos réponses avec la classe.

	D'accord	Pas d'accord
1. Il fait froid à Paris en automne.	_____	_____
2. Claire est contente que l'été soit passé.	_____	_____
3. Gilles LaFfont attendait Claire à son café habituel.	_____	_____
4. Gilles est un inspecteur de police qui veut aider Claire.	_____	_____
5. Claire a peur de parler avec cet inconnu.	_____	_____
6. Gilles avait envoyé le courriel menaçant à Claire.	_____	_____

6. Au café

Regardez les mots de vocabulaire qui suivent. À chaque ligne, il y a un mot qui cloche avec les trois autres. Entourez le mot qui ne va pas avec les autres et essayez d'expliquer pourquoi. Attention ! Il y a parfois plusieurs bonnes réponses. Il faut justifier votre choix !

1. la neige	la pluie	le soleil	l'orage
2. le café	la bibliothèque	le restaurant	le kiosque
3. franchement	normalement	sincèrement	tranquillement
4. un arbre	une feuille	une branche	une fleur
5. écrire	sourire	lire	réfléchir

Pour aller plus loin :
CULTURE

ACTIVITÉ C : Quel temps fait-il en France aujourd'hui ? Consultez votre cahier électronique !

7. Le courriel

De retour dans sa chambre, Claire écrit un petit message au courrier électronique à sa sœur pour discuter de ce qui vient de se passer. Remplissez les blancs avec un mot ou expression convenable de la liste suivante.

soleil, franchement, temps, vent, sympa, beau, café, vraiment, préoccupés, bouquin

Chère Marie,

Salut ! Comment ça va ? Ici, cette histoire de manuscrit devient de plus en plus bizarre. Aujourd'hui, il a fait très _____. Il y avait un peu de _____, mais il faisait du _____. Donc, je me suis installée dans mon _____ préféré et j'allais lire mon _____ quand tout d'un coup, un homme a commencé à me parler du _____. Il avait l'air _____. Puis il m'a dit qu'il était inspecteur de police et qu'il fallait faire attention aux criminels qui dominent le marché des livres anciens ! Bien sûr, je suis partie tout de suite. Même s'il est _____ un inspecteur de police, c'était un peu déconcertant. Peut-être suis-je un peu trop peureuse ces jours-ci, mais _____, j'étais choquée par sa façon de se présenter. S'il te plaît, ne dis rien de tout cela à maman et papa. Je ne veux pas qu'ils soient _____ par moi. Jean-Louis connaît ce marché et il saura se procurer le manuscrit… s'il existe toujours ! On verra bien la semaine prochaine. Je t'écrirai encore dans quelques jours.

Gros bisous, Claire

8. Un coup de téléphone

À 6h du soir, comme d'habitude, Jean-Louis téléphone à Claire pour savoir si elle va bien. Choisissez un des mots ou expressions donnés entre parenthèses et lisez le dialogue à haute voix avec un partenaire. Quand vous voyez ???, vous pouvez imaginer votre propre expression.

CLAIRE : Allô ?

JEAN-LOUIS : Salut, Claire. C'est moi. Comment vas-tu ?

CLAIRE : (Pas mal./ Excellent./ ???). Et toi ?

JEAN-LOUIS : Oh, ça va. J'ai signé un nouveau client aujourd'hui. Il fait collection d'antiquités médiévales.

CLAIRE : Ah bon.

JEAN-LOUIS : Je lui ai trouvé une vieille cassette (*money box*) (extraordinairement / admirablement / ???) bien préservée. Que penses-tu des antiquités médiévales ? Je les trouve intéressantes du point de vue historique, mais pas trop sur le plan esthétique. Tu les aimes ou pas ?

CLAIRE : Enfin, ça m'est égal. Je ne les déteste pas, mais ce n'est pas mon truc. En matière médiévale, je ne m'y connais guère.

JEAN-LOUIS : Ah, oui. C'est (le dix-huitième siècle / la littérature) qui t'intéresse. J'ai lu un article dans *Libération* aujourd'hui qui parlait d'une hausse de ventes (de manuscrits originaux / de livres anciens) dans l'Union européenne.

CLAIRE :	(Dis donc ! / Tu parles ! / Comme c'est curieux !) Raconte-moi ce qui était dans (l'article / le journal).
JEAN-LOUIS :	Il paraît que les Européens cultivent une nostalgie du passé national et le commerce de livres anciens en profite. C'est (intéressant / bizarre / ???), non ?
CLAIRE :	Tu n'as aucune idée. J'ai rencontré (un homme / un inspecteur de police / une personne) aujourd'hui qui m'a conseillé de lire le journal pour apprendre combien le commerce de livres anciens est devenu important.
JEAN-LOUIS :	Ça alors ! (Comment était cet homme ? / Qu'est-ce que tu lui as dit ? / ???). Vas-y, raconte !
CLAIRE :	Enfin, il était assez gentil, mais je ne lui ai rien dit. Je suis partie. Viens m'accompagner (au dîner / au restaurant / ???) et je te raconterai tout.

ℹ Culture

L'**Union européenne** a commencé en 1957 avec un marché commun entre six pays : la Belgique, la France, l'Italie, le Luxembourg, l'Allemagne et les Pays-Bas. En 1973, le Danemark, la Norvège, l'Irlande et la Grande-Bretagne se sont ajoutés aux six, et dans les années 1980, on a accueilli la Grèce, l'Espagne et le Portugal. Cette «Europe des douze» a ensuite passé des accords politiques, économiques, sociaux et écologiques pour unifier l'Europe. Ils ont initié l'usage d'une monnaie unique, l'euro, qu'on utilise dans la plupart des pays européens depuis 2002. Le drapeau européen a un fond bleu avec douze étoiles jaunes qui forment un cercle. On a établi le Conseil de l'Europe à Bruxelles en Belgique, l'Assemblée européenne à Strasbourg en France, et la Cour de justice à Luxembourg au Luxembourg. L'UE a continué de s'agrandir au cours des années, en considérant l'addition d'autres pays.

www Pour aller plus loin : CULTURE

ACTIVITÉ D : Écoutez les actualités en direct à la radio ou à la télé sur l'internet. C'est gratuit ! Consultez votre cahier électronique !

Comment dire   *parler des actualités*

News topics	Regarde(z)... ce qu'il y a à la une (*front-page stories*) / ce qui se passe dans la politique (le monde, la nation, la région) / ce qui est nouveau dans les arts et la culture, la société, l'écologie, la technologie, les affaires, les sports, les voyages, les faits divers (*human-interest stories*) / la météo Est-ce que tu as/vous avez lu/vu cet article sur... ? / Qu'en penses-tu/pensez-vous ?
Crimes and accidents	Il y a eu un attentat (*attack*) meurtrier / un assassinat / un problème / un désastre. Une bombe a explosé. / Une personne a tiré (*fired*) un révolver. Un bâtiment a pris feu (*caught on fire*). / Il y a eu un accident sur l'autoroute. Quelqu'un a été tué. / Dix personnes ont été blessées. On a arrêté quelqu'un / On a interviewé des témoins (*witnesses*). Le tribunal ordonne une enquête (*investigation*). / On intente un procès (*trial*).
Politics and business	Il y a eu une manifestation (*protest*) / une grève (*strike*) / une crise / un incident. On entreprend des négociations. / On passe un accord. Les ouvriers (*workers*) font la grève. / Le syndicat (*union*) exige une réponse. On redoute un krach boursier (*stock-market crash*). / La bourse rebondit. Le taux de chômage (*unemployment*) s'accroît. / Le nombre de vols diminue.
Society and sports	Il y a une nouvelle exposition (*exhibit*) / un spectacle (*show*) / une pièce (*play*). Il y a eu un match / une tournée / un championnat (de foot, de boxe, etc.). L'équipe a gagné 10 à 3. / On a perdu 3 à 10.

9. Qu'est-ce qui se passe ?

Pensez à des sujets d'actualité qui vous passionnent. Écrivez des gros titres pour décrire succinctement et clairement ce qui se passe. Mettez vos titres au tableau et discutez de vos sujets avec la classe.

Comment dire — *montrer l'intérêt ou l'indifférence*

To show interest	Ah bon ? / Vraiment ? / Sans blague ? / Tu plaisantes ? Dis donc ! / Tiens, tiens ! / Tu parles ! / Pas possible ! / Ça alors ! C'est bien intéressant / formidable / bizarre / choquant ! Comme c'est curieux / passionnant / extraordinaire / incroyable ! Raconte(z)-moi tout ! Vas-y / Allez-y !
To show indifference	Ah bon. / Je vois. / D'accord. / Tant pis, eh ? Ce n'est pas mon truc / affaire / genre Cela ne me regarde pas / ne m'intéresse pas Je n'y suis pour rien / Je ne m'y mêle pas / Ça m'est égal Je ne le/la/les déteste pas, mais… Ça arrive ces choses-là. / Ça arrive à tout le monde. Hélas, on fait ce qu'on peut. / Il n'y a pas de solution simple. Que veux-tu/voulez-vous ? C'est comme ça. Voilà tout.

10. À vous

Imaginez que vous êtes dans les situations suivantes. Que dites-vous ? Êtes-vous intéressé(e) ou indifférent(e) ? Avec des partenaires, écrivez un petit dialogue pour chaque situation. Jouez des scènes pour la classe.

1. Vous attendez le commencement du cours de français et un(e) camarade de classe amorce une conversation sur le temps.
2. Pendant votre trajet à l'aéroport, le chauffeur de taxi vous parle de son fils qui est au chômage.
3. Vos amis commencent à parler des fluctuations de la bourse (*stock market*).
4. Vous dînez au restaurant avec des amis qui discutent des prochaines élections au Sénégal.
5. Un inconnu que vous rencontrez au café vous parle de l'importance de conserver l'énergie.
6. Une vendeuse dans un magasin commence à critiquer les acteurs dans un film que vous avez beaucoup aimé.

Comment dire — *décrire le temps*

Seasons and climates	C'est l'automne / l'hiver / le printemps / l'été / la saison pluvieuse/sèche C'est un(e) jour(née) automnal(e) / hivernal(e) / printanier(-ière) / estival(e) C'est une zone équatoriale / tropicale / tempérée / polaire C'est un climat pluvieux / sec / maritime / désertique / d'altitude / venteux Le coucher du soleil est à 18h32. / Le lever du soleil est à 6h46. La marée basse (*low tide*) est à 10h12. / La marée haute est à 16h21.
Temperature	Aujourd'hui, il fait / on atteindra 15 degrés (celsius). La température maximale / minimale est…

Il fait chaud / frais / froid / un froid glacial / Il gèle.
C'est une canicule (*heat wave*). / Ce sont les jours caniculaires (*dog days*).
Il y a une vague de froid / un coup de froid.

Precipitation and atmosphere   Il fait beau / du soleil / mauvais / un temps variable / un temps maussade
Pleuvoir / il pleut / il y a de la pluie / une averse (*downpour*)
Neiger / il neige / il y a de la neige / une tempête de neige
Grêler / il grêle / il y a de la grêle (*hail*)
Il y a de la glace / tout est couvert de glace / les routes sont verglacées
Il y a un orage / une tempête / un ouragan (*hurricane*)
Voilà un grondement de tonnerre (*m.*) / un coup de foudre (*f.*)
Le temps est nuageux / le ciel est couvert / il y a des nuages
Il fait du brouillard / un temps brumeux / un temps de brume (*foggy*)
Il y a du vent / du vent à rafales / des rafales / une brise / une tornade
C'est le mistral / la tramontane (*types of winds*) qui souffle.

11. Le bulletin météorologique

Imaginez un bulletin météorologique typique pour chacune des villes ou régions francophones suivantes pendant la saison indiquée. Parlez du climat, de la température, et du temps qu'il a fait hier, du temps qu'il fait aujourd'hui et du temps qu'il va faire (utilisez le futur proche : **aller** + *infinitif*) ce soir et demain.

1. en été, à Fort-de-France, en Martinique
2. en hiver, à Québec, au Canada
3. au printemps, à Genève, en Suisse
4. pendant la saison sèche, à Bamako, au Mali
5. pendant la saison pluvieuse, à Tahiti, en Polynésie
6. dans six mois, dans votre région

12. Discutez au café

Imaginez que vous êtes dans un café à Paris. Tout le monde discute les actualités et le temps. Écrivez un sujet d'actualité qui vous intéresse sur une feuille de papier. Circulez dans la classe et essayez de commencer une conversation avec vos camarades. Commencez en parlant du temps, et puis introduisez votre sujet. À votre tour, montrez votre intérêt ou votre indifférence pour les sujets introduits par les autres. Essayez de parler avec autant de gens que possible !

À l'écrit *première étape*

13. Le journal francophone

Il y a un nouveau journal francophone qu'on publie pour les étudiants de français aux États-Unis. On cherche des journalistes qui peuvent relier (*to link together*) la culture américaine et le monde francophone. Imaginez que vous voulez devenir journaliste et écrire des articles pour ce journal. Choisissez la rubrique (*section*) du journal qui vous intéresse le plus : la politique, l'écologie, la société, la culture, la technologie, l'économie, les sports, les voyages. Puis, faites une liste de quatre ou cinq idées d'articles que vous pourriez écrire pour cette rubrique du journal. Échangez vos listes avec des camarades de classe, offrez des corrections possibles et indiquez quel article de votre partenaire vous intéresse le plus.

De mauvaises nouvelles

Structures   les adverbes

14. Le commerce de livres anciens

Claire et Jean-Louis décident de trouver un petit restaurant dans la rue Mouffetard. Jean-Louis apporte l'article sur le commerce de livres anciens qu'il a lu dans le journal. En voici une copie. Lisez l'article. Ensuite, soulignez tous **les adverbes** et réfléchissez à ces questions : Quelles sont les similarités entre les adverbes en ce qui concerne la forme ? la place de l'adverbe dans la phrase ? et l'usage des adverbes ?

www • **Pour aller plus loin : CULTURE**

ACTIVITÉ E : Découvrez la beauté des manuscrits français anciens. Consultez votre cahier électronique !

Le commerce de livres anciens: retour au temps perdu ou nouveau marché noir ?

Depuis le début du millenium, le marché de livres rares et anciens connaît un essor sans précédent. De plus en plus, les Français dépensent leur argent pour augmenter leurs collections de livres rares, de bouquins anciens, de premières éditions et de manuscrits originaux. Les bouquinistes parisiens sont carrément inondés par des demandes de livres ou d'éditions spécifiques, et ils vendent rapidement des bouquins sur leurs étalages que personne, depuis dix ans, n'avait probablement touchés.

Qu'est-ce qui provoque cette hausse des ventes incontestablement rapide? D'après les économistes, ce phénomène témoigne d'un changement bien curieux de la mentalité du Français moyen suite au développement de l'Union européenne. «Tandis que le marché commun a été initié il y a déjà presque cinquante ans», dit Julien Philippe, professeur à la Sorbonne, «l'Europe en tant qu'être résolument uni n'existe vraiment que depuis les premières années du millénium. Ce n'est que récemment que les Français se voient bien intégrés à l'Europe. Évidemment, cette nouvelle passion pour les livres anciens vient d'une nostalgie pour un temps perdu.» Selon les spécialistes, c'est le passé national et l'ère pré-technologique qui nous manquent et que l'on recherche en achetant des livres anciens.

Pourtant, il existe peut-être une autre raison moins innocente pour expliquer ce phénomène. Une source anonyme qui travaille étroitement avec la police nous informe que ce marché vivifié est décidément lié aux activités clandestines d'un groupe de criminels qui veulent profiter économiquement de ce commerce mal réglé par l'état.

Comment faire *les adverbes*

Adverbs **(les adverbes)** are used to modify verbs or adjectives. They function similarly to English adverbs, many of which end in **-ly.**

Formation of adverbs :

- Generally, use the *feminine form of adjective* + **ment** : naturellement, longuement.
- With adjectives that end in **-i** or **-u**, use the *masculine form* + **ment** : résolument, vraiment.
- With adjectives that end in **-ant** or **-ent**, drop **-nt**, add **-mment** : constamment.
- Some *irregular adverbs* are :

bon → **bien**		mauvais → **mal**	
meilleur → **mieux**		petit → **peu**	
bref/brève → **brièvement**		gentil(le) → **gentiment**	
énorme → **énormément**		précis(e) → **précisément**	

- Some *common adverbs* of time, place, frequency, and quantity are :
Time : **aujourd'hui, hier, demain, maintenant, tard, tôt**
Place : **ici, là, partout** (*everywhere*), **quelque part** (*somewhere*)
Frequency : **vite, déjà, enfin, souvent, toujours, jamais, quelquefois**
Quantity : **assez, beaucoup, trop peu**

Placement of adverbs :

- With simple verb tenses, place the adverb *after the verb* : On me donne **systématiquement** tous les dossiers.
- Some adverbs of time, place, frequency, and quantity can be placed *at the beginning or end of the sentence* : **Maintenant,** on fait une enquête, On voyage **partout**
- With adverbs that modify adjectives, place the adverb *before the adjective* to be modified : c'est une histoire **bien** intéressante
- With compound verb tenses, usually the adverb is placed *after the auxiliary verb and before the participle* : il a **beaucoup** dit
- With adverbs of time and place and with longer adverbs in compound verb phrases, the adverbs are placed *after the participle* or at the *end of the sentence* : J'ai lu l'article **hier**, Il a parlé **différemment** des autres
- With negative compound verb phrases, *short adverbs follow* the **pas** or other negative term, *longer adverbs and* **peut-être** *precede* the **pas** or other negative term, while a few *adverbs follow the participle* (**longtemps, vite, aujourd'hui**) : Je n'ai pas **bien** dormi. Il n'a **peut-être** pas envoyé le message. On n'est pas resté **longtemps.**

15. Vraiment ?

Claire réagit à l'article que Jean-Louis vient de lui montrer. Remplissez les blancs avec un adverbe formé de l'adjectif donné.

1. Je suis (absolu) _____ étonnée.
2. L'article est très (petit) _____ rassurant.
3. L'auteur dit que les bouquinistes sont (constant) _____ en train de vendre des livres anciens ces jours-ci.

4. Hier, j'ignorais (complet) _____ l'existence de ce phénomène.
5. Penses-tu que cet article soit (bon) _____ recherché ?
6. (Heureux) _____, les économistes croient que c'est de la nostalgie et pas du crime organisé.
7. J'attends (patient) _____ le retour du bouquiniste, mais j'ai peur de ce qu'il va dire.
8. J'ai fait de la recherche (consciencieux) _____ ce matin à la bibliothèque.
9. Ce monsieur au café m'a parlé (précis) _____ de cet article.
10. Il a (bref) _____ fait allusion à cette idée d'un marché noir, mais je ne crois pas que ce soit la raison pour laquelle on vend tant de livres.

16. Incontestablement

Imaginez que vous êtes à Paris au même restaurant que Claire et Jean-Louis et que vous voyez leurs réactions à l'article qu'ils sont en train de lire. Faites des phrases en mélangeant les sujets, les verbes et les adverbes (que vous formez des adjectifs donnés) de la liste suivante.

Modèle :   Cette jeune femme lit attentivement un article.

Cette jeune femme…	lire	mauvais
Cet homme…	réagir	attentif
Claire et Jean-Louis…	regarder	violent
Le serveur…	ne pas écouter	vif
Les autres clients…	discuter	naïf
Je…	dîner	tranquille
Nous…	écrire	patient
	ne pas attendre	bon
	parler	gentil

17. Sûrement

Voici quelques phrases que vous entendez en écoutant indiscrètement la discussion entre Claire et Jean-Louis au restaurant. Ajoutez un adverbe à chaque phrase. Vous pouvez choisir n'importe quel adverbe qui vous vient à l'esprit. Soyez imaginatif/imaginative !

1. Nicolas n'a pas vendu le manuscrit.
2. Nous allons voir Nicolas la semaine prochaine.
3. Il a fait un voyage en Tunisie.
4. Cet article est exagéré.
5. Gilles LaFfont a parlé de cet article.

Structures   *les prépositions suivies de noms géographiques*

18. La météo du monde francophone

Après le dîner, Claire rentre à son hôtel et se couche tôt. Le matin suivant, elle se réveille et écoute les prévisions suivantes à la radio. Avec un partenaire, (1) soulignez toutes **les prépositions** qui précèdent les noms géographiques, et (2) répondez aux **questions** : Quelles sont les différences entre les prépositions employées avec des noms de villes, des noms de pays, des noms de continents et des noms de régions, de provinces ou d'états américains ? Pouvez-vous décrire comment fonctionnent les prépositions suivies de noms géographiques ?

EN EUROPE : Les nuages restent nombreux pendant une bonne partie de la journée de Bruxelles (en Belgique) jusqu'à Genève (en Suisse). Quelques averses en Provence et sur la Côte d'Azur. En Corse, quelques éclaircies se développent.

EN POLYNÉSIE : De Tahiti juqu'à Bora-Bora, le soleil brille et la température reste entre 22 et 26 degrés celsius. Quelques nuages passent de l'Australie jusqu'à La Nouvelle-Calédonie.

EN AMÉRIQUE : Au Québec, risque de neige pendant la nuit, et des températures minimales de –2 degrés de Québec jusqu'à Toronto. Aux États-Unis, à Montpellier dans le Vermont, brouillards matinaux, et à Baton-Rouge en Louisiane, un temps variable. Aux Antilles, un ciel chargé à Haïti, à la Guadeloupe et à la Martinique. En Guyane, des averses et une marée haute provoquent des inondations locales.

Comment faire les prépositions suivies de noms géographiques

Although there are some exceptions, prepositions of geographical location (*les prépositions avec les noms géographiques*) follow some general rules.
To describe going to or being at/in a place :

- With *cities* and *islands*, use only the preposition **à** : il y a du vent à Paris, à Baton-Rouge et à Haïti, à Québec (exceptions : au Havre, au Caire, à La Nouvelle-Orléans, à la Martinique, à la Guadeloupe)
- With *masculine countries* and *masculine regions*, use **au** or **aux** : Il y a des orages au Sénégal et au Québec, et il y a des pluies aux États-Unis. (exceptions : en Israël, en Iran, en Afghanistan — à cause de la voyelle)
- With *masculine states*, we commonly use **dans l'état de** or **dans le** : Il y a du soleil dans le Vermont. (exceptions : au Texas, au Nouveau-Mexique)
- With *feminine continents, feminine countries, feminine regions,* and *feminine states*, use **en** : Il fait beau en France et en Côte d'Ivoire en Afrique, mais il fait chaud en Louisiane et en Casamance.

To describe coming from, leaving from, or originating in a place :

- With *feminine continents, countries, regions, states, and with all cities and islands*, use only **de** : Il vient d'Afrique, de Côte d'Ivoire, de Provence, de Louisiane, de Port-au-Prince. (exceptions : du Havre, du Caire, de La Nouvelle-Orléans)
- With *masculine countries, regions and states*, use **du, de l'** or **des** : Il vient de l'Ontario, du Canada. (exception : d'Israël)

19. La météo d'Afrique

La météo francophone continue. Ajoutez des prépositions. Si vous ne connaissez pas les noms de tous ces endroits, consultez une carte du continent africain.

_____ Afrique : Au nord, _____ Rabat (_____ Maroc) jusqu' _____ Tunis (_____ Tunisie), la température reste élevée. _____ Sénégal jusqu' _____ Côte d'Ivoire, quelques nuages. _____ Bénin jusqu' _____ Congo, le vent souffle fort et les rafales d'ouest à sud-ouest atteignent 75 km/h sur la côte.

_____ Seychelles et _____ l'île de la Réunion, quelques averses, mais _____ Antananarivo, la capitale _____ Madagascar, un ciel bleu et du soleil.

20. Où vont-ils ?

Beaucoup de gens voyagent ces jours-ci. Décrivez les voyages des personnes suivantes et imaginez pourquoi ils voyagent.

MODÈLE : Philippe Aucoin : La Nouvelle-Orléans, Louisiane → San Francisco, Californie
Philippe Aucoin voyage de la Nouvelle-Orléans, en Louisiane, jusqu'à San Francisco, en Californie parce qu'il assiste à un colloque (*conference*) d'hôteliers.

1. Henri Hébert : Lafayette, Louisiane, États-Unis → Montréal, Québec, Canada
2. Zachary Richard : New York, New York, États-Unis → Pointe-à-Pitre, Guadeloupe → Papeete, Tahiti, Polynésie
3. Monsieur Thuillier, le directeur des études littéraires à l'Université de Sainte-Foy : Québec, Canada, Amérique du nord → Genève, Suisse, Europe → Dakar, Sénégal, Afrique
4. Talal Lateef : Paris, France → Saint-Malo, Bretagne, France → Monte-Carlo, Monaco
5. Nicolas Gustave : Tunis, Tunisie → Ajaccio, Corse → Paris, France
6. La tante Émilie : Paris, France, Europe → Luxembourg, Luxembourg → Casablanca, Maroc, Afrique du nord

21. Et vous ?

Avec un partenaire, posez-vous des questions sur les destinations suivantes. Répondez en donnant une raison pour laquelle vous voulez (ou ne voulez pas) y aller. Essayez d'utiliser un adverbe dans votre réponse !

MODÈLE : Tahiti, Polynésie
«Veux-tu aller à Tahiti, en Polynésie ?»
— Oui, j'aime énormément aller à la plage. ou
— Non, je n'aime pas vraiment le soleil.

Abidjan, Côte d'Ivoire, Afrique
Cannes, Côte d'Azur, France, Europe
Bamako, Mali, Afrique
Bruxelles, Belgique, Europe

Évian, Rhone-Alpes, France
Gstaad, Alpes, Suisse, Europe
Hanoi, Vietnam, Asie du sud-est
Fort-de-France, Martinique, Antilles

www

**Pour aller plus loin :
CULTURE**

ACTIVITÉ G : Lisez des extraits du *Voyage* de Bougainville et du *Supplément au Voyage de Bougainville* de Diderot. Consultez votre cahier électronique !

Avant d'écouter

22. Avant les mauvaises nouvelles

En petits groupes, posez les questions suivantes et répondez selon vos goûts personnels.

1. Quand on vous apprend de bonnes nouvelles, quelles émotions ressentez-vous ? et quand on vous apprend de mauvaises nouvelles ?
2. Quelles bonnes nouvelles avez-vous apprises récemment ? quelles mauvaises nouvelles ?

3. Quand vous avez besoin d'un conseil, à qui demandez-vous de l'aide ? Pourquoi choisissez-vous cette personne ou ces personnes ?
4. Êtes-vous généralement ouvert(e) aux conseils des autres ? reconnaissant(e) à ceux qui essaient de vous aider ? têtu(e) et rigide dans vos pensées ? méfiant(e) des conseils des autres ? Pourquoi ?
5. Quelle est votre réaction quand quelqu'un que vous ne connaissez pas bien essaie de vous donner des conseils (non-demandés) ?

 À L'ÉCOUTE : *De mauvaises nouvelles*

Trois jours plus tard, Claire se lève et ouvre la fenêtre de sa petite chambre à l'Hôtel Quasimodo. Il semble que toutes les feuilles soient tombées des arbres pendant la nuit, que le vent qui souffle sans cesse devienne de plus en plus froid, et que la couleur du ciel grisâtre ne se distingue plus de la couleur des pierres de la cathédrale de Notre-Dame. Enfin, l'automne est vraiment arrivé. Le téléphone interrompt ses réflexions. C'est Jean-Louis avec de bonnes nouvelles : Nicolas Gustave est revenu de ses vacances et rouvre son étalage de bouquiniste aujourd'hui. C'est aujourd'hui que Claire apprendra si le manuscrit de Laclos existe toujours. Se peut-il qu'elle lise le manuscrit ce soir ? Elle a hâte de savoir ce que Nicolas sait du manuscrit et se dépêche d'aller à l'étalage sans attendre Jean-Louis qui la rejoint après quelques minutes…

 Regardez le vocabulaire qui suit, et puis **écoutez le dialogue sur votre CD.**

Apprendre des nouvelles		**Le climat tropical**	
en chair et en os	*in the flesh (and bones)*	un colon	*colonist*
sous clé	*under lock and key*	le sable noir	*black sand*
une décennie	*decade*	le cocotier	*coconut tree*
frissonner	*to shiver*	la bougainvillée	*flower found in Polynesia, named for Bougainville*
la chair de poule	*goose bumps*		
être navré(e)	*to be sorry*	un ouragan	*hurricane*
il m'a fallu	*past tense of "il me faut"*	une inondation	*flood*
un entrepôt	*warehouse, storage house*	une chute de boue	*mudslide*
être ravi(e)	*to be delighted*	le paradis	*paradise, heaven*
puis-je	*inversion of "je peux"*	l'enfer	*hell*
de mal en pis	*from bad to worse*		
qui pis est	*what's even worse*		

Culture

L'île de **Tahiti**, dont la capitale est la ville de Papeete, est une des nombreuses îles qui forment les deux grands archipels de la **Polynésie française** : l'Archipel de la société et l'Archipel des Tuamotu. Les Français et les Anglais, parmi eux les célèbres explorateurs Bougainville et Cooke, ont exploré les îles de l'Océanie au cours des 18ème et 19ème siècles. En 1847, suite aux combats violents, la reine Pomaré IV, reine des Tahitiens, a accepté un protectorat de la France. Son fils, le roi Pomaré V, a abdiqué en 1880 et Tahiti et ses îles voisines se sont intégrés aux Établissements français de l'Océanie (EFO), une partie de l'empire français, jusqu'après la Seconde Guerre mondiale quand la Polynésie française est devenue un Territoire d'Outre-mer de la France (TOM). De nombreux écrivains et artistes français, y compris Louis de Bougainville, Paul Gauguin et Pierre Loti, ont été attirés par la culture tahitienne qu'ils ont trouvée d'une beauté exotique incomparable. D'autres, des philosophes comme Denis Diderot et Montesquieu, n'ont jamais visité l'île mais ont été attirés par l'idée d'une culture dite «primitive». Ils ont imaginé ce pays comme une utopie où les gens peuvent vivre selon leurs passions sans les contraintes des lois ou de la religion.

Après avoir écouté

23. D'accord ou pas d'accord

Après avoir écouté le dialogue entre Claire et Nicolas Gustave, lisez les phrases suivantes et donnez votre opinion. Discutez en petits groupes.

ACTIVITÉ H : Lisez un extrait du *Mariage de Loti* dans lequel Pierre Loti décrit comment il a rencontré sa femme tahitienne. Consultez votre cahier électronique !

	D'accord	Pas d'accord
1. Claire est impatiente de savoir si le manuscrit existe.	_____	_____
2. Nicolas a de bonnes nouvelles pour Claire.	_____	_____
3. Un homme martiniquais a acheté le manuscrit de Laclos.	_____	_____
4. Nicolas veut aider Claire à racheter le manuscrit.	_____	_____
5. Le manuscrit est un roman d'amour.	_____	_____
6. Nicolas veut que Claire visite la Martinique.	_____	_____

Comment dire   *apprendre une nouvelle à quelqu'un*

Breaking news to someone
Sais-tu/Savez-vous ce qui… m'est arrivé / est arrivé à (quelqu'un) ?
Écoute(z), j'ai quelque chose à te/vous dire…
J'ai des nouvelles / de bonnes nouvelles / de mauvaises nouvelles
J'ai quelque chose à dire / à raconter / à avouer / à expliquer
Ceci te/vous intéressera / plaira…

Good news
Tu ne vas pas me croire ! / C'est vraiment magnifique !
C'est fantastique / incroyable / pas possible !
Quelle chance ! / Quelle veine ! / Quel bonheur !
Je suis impatient(e) de te/vous dire… / J'ai hâte de te/vous dire…
Je suis tout content(e) car… / On a de la chance parce que…
Tu te rends compte ! / Vous vous rendez compte !
Mais c'est incroyable / Je n'arrive pas à le croire

Bad news
C'est difficile à croire / à dire, mais…
Il faut que je te/vous dise la vérité / Je suis vraiment désolé(e)
Et ce n'est pas tout… jamais deux sans trois…
Je suis navré(e) de te/vous dire… / C'est triste / dommage
Tout est perdu / C'est fini / On est fichu / Quelle malchance !
Tout n'est pas perdu car… / Il faut voir le bon côté
Courage / Patience… comme on dit, «après la pluie, le beau temps».

24. J'ai des nouvelles

Imaginez que vous travaillez comme concierge à l'Hôtel Quasimodo à Paris. Qu'est-ce que vous pourriez dire aux clients pour leur apprendre les nouvelles suivantes ? N'oubliez pas de les saluer et de vous présenter (révisez

Chapitre 1, si nécessaire) avant de commencer à parler. Faites des dialogues ou jouez ces situations devant la classe.

1. On a décidé de réduire le prix des chambres à cause du mauvais temps qu'il fait ces jours-ci.
2. Le restaurant est fermé parce que le chef vient de démissionner (*to resign*).
3. Un ouragan s'approche de Paris et les clients sont priés de ne pas sortir de l'hôtel cet après-midi.
4. Il n'y a plus d'eau chaude dans les salles de bains.
5. Il y a une grève du métro, mais les autobus et les taxis circulent toujours en ville.

25. Ça alors !

Sur une feuille de papier, écrivez une phrase pour indiquer quelque chose qui s'est passé récemment dans votre vie (une nouvelle coiffure ? un examen raté ? etc.). Circulez dans la classe et apprenez vos nouvelles à vos camarades, sans leur montrer votre papier et en expliquant vos nouvelles SANS utiliser les mots de vocabulaire sur le papier. Si quelqu'un réagit avec intérêt, faites-leur signer votre papier. La personne qui a reçu le plus grand nombre de signatures gagne !

MODÈLE :   «Hier, j'ai raté un examen de maths.»
— **Sais-tu ce qui m'est arrivé hier ? Je suis allé à mon cours d'algèbre, et il y avait un test. Je me suis planté, complètement planté !**
— **Ce n'est pas vrai ! Je suis désolé(e) ! (signature) ou**
— **Ah bon. Ce n'est pas grave. Ça arrive à tout le monde. (pas de signature)**

À l'écrit   *deuxième étape*

26. Votre article de journal

Imaginez que vous parlez avec une personne francophone qui habite dans votre région. Choisissez le sujet de l'article que votre camarade a préféré (de l'Activite 5-13), et écrivez un dialogue entre vous et la personne francophone dans lequel :

- vous annoncez vos bonnes nouvelles : vous écrivez un article pour le journal francophone !
- vous décrivez brièvement le sujet de votre article
- vous posez des questions afin de savoir ce qu'il/elle pense de ce sujet
- vous imaginez ses réponses (enthousiastes ou indifférentes !)

Finalement, avec un partenaire, révisez vos dialogues et lisez-les à haute voix.

ÉPISODE 3 *Un fax du patron*

Structures *le subjonctif et le subjonctif passé*

27. L'oreille indiscrète

Après avoir tout expliqué à Jean-Louis, Claire s'assied avec son ami dans un café pour réfléchir. Ils écoutent indiscrètement les conversations des gens qui parlent autour d'eux. Lisez les phrases suivantes et indiquez s'il s'agit (a) d'un souhait ou d'une volonté (*wish/want*), (b) d'une nécessité, (c) d'une émotion, (d) d'un doute ou (e) d'une opinion. Quels éléments structurels est-ce que toutes ces phrases ont en commun ?

1. **Il est important que** le président parle de cette situation.
2. **Tu veux qu'**on organise une manifestation pour la semaine prochaine ?
3. **Je suis triste que** nous n'ayons pas les moyens d'aider ces personnes.
4. **Il faut qu'**on apprenne tout ce qui s'est passé avant de réagir.
5. **Vous êtes fâchés que** je dise la vérité.
6. **Nous aimerions que** les gens fassent un effort pour comprendre.
7. **Penses-tu que** ce soit important ?
8. **Je doute que** nous soyons du même avis.

28. L'horoscope

Claire a du mal à décider de ce qu'elle doit faire maintenant : aller à la Martinique toute seule, inviter Jean-Louis ou abandonner son projet de recherche. Elle lit son horoscope en espérant y trouver un signe. Lisez son horoscope et puis répondez aux questions suivantes.

ACTIVITÉ 1 : Voulez-vous lire votre horoscope en français ? Consultez votre cahier électronique !

 Verseau (du 20 janvier au 18 février)

Travail : Vous avez peur que tout n'aille pas comme prévu. Il est important que vous surmontiez les obstacles qui vous attendent. Attention aux faux pas ! Votre impulsivité est votre plus grand ennemi ce mois-ci. Il est essentiel de réagir prudemment et d'être calme lors d'une prochaine réunion ou d'un prochain congrès professionnel.

Amour : Il semble que votre idée de l'amour ne corresponde pas du tout à celle de la personne aimée. Vous vous en fichez maintenant, mais attention, le coup de foudre qui enflamme votre cœur peut aussi vous aveugler (*to blind*). Bien que vous aimiez parler, il est douteux que vous ayez déjà parlé de vos désirs personnels. Il vaut mieux que vous en parliez maintenant. Il est important de ne pas perdre votre temps. Agissez avant qu'il ne soit trop tard.

Santé : Vous êtes incontestablement en bonne forme ! Il est sûr que vous vous portez bien en cette saison. Mais, il est préférable que vous ne buviez plus de boissons caféinées. Étant donné votre niveau d'énergie naturelle, un décaf vous suffit !

1. Soulignez toutes les expressions de nécessité, de volonté, de doute, d'opinion ou d'émotion. Lesquelles sont suivies par **l'infinitif** et lesquelles par **le subjonctif** ? Pouvez-vous décrire pourquoi ?
2. Entourez tous les verbes qui sont au **subjonctif** et indiquez l'infinitif de ces verbes. Pouvez-vous décrire comment former et employer le subjonctif en analysant ces exemples ?

Les conseils d'un Français **155**

3. Trouvez-vous un verbe au **subjonctif passé** ? lequel ? Comment le savez-vous ?
4. En ce qui concerne le travail, est-ce que Claire doit être impulsive ou prudente ? Pourquoi ?
5. En ce qui concerne l'amour, est-ce que Claire doit s'abandonner à ses passions ou réévaluer la situation ? Pourquoi ?
6. En ce qui concerne la santé, est-ce que Claire doit faire l'effort d'améliorer sa santé ou ne pas changer ses habitudes ? Pourquoi ?

Comment faire *le subjonctif*

The *subjunctive* (**le subjonctif**) is a mood, rather than a verb tense. It does not describe an action in time but rather the speaker's attitude and understanding of an action or condition. It is used to express a supposition, a contingency, or a desire. The *subjunctive* is used, therefore, after clauses that express will (**la volonté**), doubt (**le doute**), emotion (**l'émotion**), necessity (**la nécessité**), or subjective opinion (**l'opinion**). The *subjunctive* is also used after some conjunctions, superlative phrases, and relative clauses when these are used to express personal desires, uncertainty, or subjective opinion.

How do I form the *subjunctive* ?

- The *subjunctive* is formed by adding the endings **-e, -es, -e, -ions, -iez, -ent** to the third person plural present tense stem (**ils/elles** form, drop **-ent**) : que vous **surmontiez**, que vous **réagissiez**, que votre idée ne **corresponde** pas.

- Some irregular verbs have an *irregular subjunctive stem* but take the regular endings :

faire → que je fasse   **pouvoir** → que je puisse   **savoir** → que je sache
falloir → qu'il faille   **pleuvoir** → qu'il pleuve

- Some verbes, most of which are irregular or have spelling changes in the present tense, have *two irregular stems* : one stem for the **nous/vous** forms and one for all other forms :

acheter → que j'achète, que nous achetions   **aller** → que j'aille, que nous allions

appeler → que j'appelle, que nous appelions   **boire** → que je boive, que nous buvions

devoir → que je doive, que nous devions   **envoyer** → que j'envoie, que nous envoyions

jeter → que je jette, que nous jetions   **mourir** → que je meure, que nous mourions

payer → que je paie, que nous payions   **prendre** → que je prenne, que nous prenions

venir → que je vienne, que nous venions   **recevoir** → que je reçoive, que nous recevions

voir → que je voie, que nous voyions   **vouloir** → que je veuille, que nous voulions

- The verbs **être** and **avoir** have *completely irregular* subjunctive forms :

être → que je sois, tu sois, il/elle/on soit, nous soyons, vous soyez, ils/elles soient
avoir → que j'aie, tu aies, il/elle/on ait, nous ayons, vous ayez, ils/elles aient

Voici quelques **expressions** qui sont typiquement suivies par **que** + *subjonctif* :

la volonté	l'émotion	la doute	la nécessité	l'opinion
aimer	avoir peur	douter	il faut	il est important
aimer mieux	être + *emotion*	il est douteux	il est nécessaire	il est bon
désirer	regretter	il est possible	il est essentiel	il est naturel
souhaiter	craindre	il semble	il vaut mieux	il est préférable
vouloir	c'est dommage	il se peut		penser (*neg or int*)
suggérer	il est étonnant			espérer (*neg or int*)
	il est regrettable			croire (*neg or int*)
	il est surprenant			trouver (*neg or int*)

When do I use the *subjunctive* ?

- When there is a sentence with two clauses connected by **que**, with two different subjects in each clause, and the first clause shows *will, doubt, emotion, necessity, or subjective opinion*, then the verb in the second clause takes the *subjunctive* : Vous avez peur que tout n'aille pas comme prévu. Il est préférable que vous ne buviez plus de caféine.
- When there is a *conjunction* in the sentences that requires the subjunctive : Bien que vous aimiez parler, Agissez avant qu'il ne soit trop tard.
- With the *superlative* when it is followed by a *relative clause* (you will review the superlative in Chapter 8 and relative clauses in Chapter 9), as it expresses a subjective opinion : C'est le manuscrit le plus intéressant qu'on puisse imaginer.
- In any *relative clause* that indicates doubt or subjectivity : Je cherche un ami qui soit fiable.

 Langue

Voici quelques **conjonctions** qui sont typiquement suivies du **subjonctif** :

à moins que	bien que	jusqu'à ce que	pourvu que	quoique
avant que	de crainte que	où que	quel que	sans que
afin que	de peur que	pour que	qui que	si + *adjectif* + que

Notez qu'avec plusieurs conjonctions où il y a une expression d'incertitude (**avant que, à moins que, de crainte que, de peur que, pourvu que, sans que**), on utilise le ne explétif. Ce ne explétif n'a aucun sens dans la phrase et n'a rien à faire avec le négatif. C'est une pure formalité. Par exemple, la proposition «Avant que Claire ne parte» veut dire la même chose que «Avant que Claire parte» mais souligne l'idée que Claire n'est pas encore partie.

The *subjunctive* is NOT used :

- When the first clause expresses *certainty, probability, or an objective (factual) opinion*. Instead, use the *indicative* (present, past, future, conditional, etc.). In many cases, the use of the *subjunctive* or the *indicative* depends on context. For example :
  a) **penser, espérer, croire,** and **trouver** only take the *subjunctive* in the negative or interrogative forms; in an *affirmative indicative statement*, they do not show doubt (there is no doubt that you think it, whether it

is true or not) : Je pense qu'elle a raison, je ne pense pas qu'elle ait raison, pensez-vous qu'elle ait raison ?

b) **douter** takes the *subjunctive* in the affirmative, but not in the negative (there is no doubt) : Je doute qu'elle sache la réponse, je ne doute pas qu'elle sait la réponse

c) **il semble que** is followed by the *subjunctive* (it seems to be so, but there is doubt), while the expression **il me semble que** is followed by the *indicative* (there's no doubt that it seems that way *to you*)

d) **être sûr/certain/convaincu que** or **il est clair/évident/probable/vrai que** take the *indicative* in the affirmative and the *subjunctive* in the negative : je suis sûr que vous êtes en forme, je ne suis pas sûr que vous soyez en forme

- When the *subjects are the same* in the two clauses. In these cases, the first clause is followed by **de** + *l'infinitif* : Il est important de ne pas perdre votre temps. (vs. Il est important que vous surmontiez les obstacles.)

- When there is a conjunction that introduces objective information, such as : **après que, pendant que, parce que, aussitôt que, dès que**

29. Que veux-tu ?

Jean-Louis invite Claire à dîner chez lui ce soir pour continuer leur conversation, mais Claire a envie d'être seule pour réfléchir. Conjuguez les verbes entre parenthèses au **subjonctif**.

JEAN-LOUIS : Allez, viens chez moi ce soir. Versailles est à 20 minutes de Paris. Je veux qu'on (continuer) _____ cette conversation et que tu me (dire) _____ si tu veux aller à la Martinique.

CLAIRE : C'est gentil, mais avant de prendre une décision, il faut que je (réfléchir) _____ un peu.

JEAN-LOUIS : Il est naturel que tu (vouloir) _____ réfléchir, mais je doute que tu (avoir) _____ vraiment envie d'être seule. Tu ne penses pas que je (pouvoir) _____ t'aider à évaluer le pour et le contre ?

CLAIRE : Si, mais j'ai peur que tu (s'attendre) _____ à une réponse immédiate, et je ne sais pas si j'en aurai une. Ceci dit, je suis contente que tu (faire) _____ un effort de me consoler avec un repas préparé à la maison.

JEAN-LOUIS : C'est la chose la plus réconfortante que je (savoir) _____ faire… à moins que tu ne (détester) _____ les pâtes. C'est tout ce que j'ai à la maison.

CLAIRE : C'est parfait, mais demain serait mieux pour moi. Donne-moi ton adresse et j'y serai demain soir.

30. Vous prenez vos désirs pour des réalités ?

Parfois, ce qu'on veut n'est pas toujours possible. Faites correspondre la catégorie (à gauche) avec des possibilités (à droite) selon vos propres opinions. Il est possible de redoubler vos réponses. Justifiez vos choix. Ensuite, faites des phrases en utilisant le subjonctif, si nécessaire.

MODÈLE : ce qu'on désire
—**Je désire que chaque étudiant dans la classe reçoive une bonne note en cours de français.**
ce dont on a besoin
—**Nous avons besoin de diminuer la pollution atmosphérique.**

Catégories	Possibilités
1. ce qu'on désire	a. recevoir une bonne note en cours de français
2. ce dont on a besoin	b. avoir beaucoup de bons amis
3. ce dont on a peur	c. mettre fin au chômage
4. ce qui est important	d. diminuer la pollution atmosphérique
5. ce qui est possible	e. arrêter les guerres
6. ce dont on est heureux	f. acheter une nouvelle voiture
	g. manger un bon repas
	h. avoir du temps libre
	i. trouver un poste où on est mal payé
	j. être en bonne santé
	k. ??? (à vous d'ajouter d'autres possibilités)

Comment faire — *le subjonctif passé*

The *past subjunctive* is formed like the **passé composé**, except that the auxiliary verb (**être** or **avoir**) is conjugated in the *subjunctive*. The *subjunctive* auxiliary is followed by the past participle and rules for agreement with the subject or object pronoun are the same as with the **passé composé**. The *past subjunctive* is used in the same circumstances one would use the *subjunctive*, but only when the verb in the subordinate (second) clause refers to an action that precedes the action of the main clause : Il est douteux que vous **ayez** déjà **parlé** de vos émotions.

31. Un moment pour réfléchir

Claire rentre à son hôtel où elle a un moment pour penser aux nouvelles de Nicolas. Elle veut continuer à travailler avec Jean-Louis, mais elle n'est pas sûre s'il veut vraiment l'aider à trouver le manuscrit ou s'il l'utilise pour l'obtenir plus facilement. Conjuguez les verbes entre parenthèses au **subjonctif passé**.

1. Avant que je (aller) _____ voir Nicolas, Jean-Louis m'avait téléphoné.
2. Il est étonnant qu'il m'(téléphoner) _____ ce matin s'il voulait garder le manuscrit pour lui-même.
3. Il est regrettable que nous (se rencontrer) _____ en de telles circonstances.
4. Je l'ai trouvé fort agréable, mais je suis triste qu'il m'(mentir) _____.
5. Il est toujours un peu surpris que cette révélation m'(choquer/tant) _____ _____.

32. Chez Jean-Louis

Le lendemain, Claire prend le RER pour aller à Versailles, dans la banlieue de Paris, où habite Jean-Louis. Quand elle arrive à son appartement, Jean-Louis est tout agité. Quelqu'un a fouillé (*rifled through*) son appartement ! Quelqu'un a forcé la porte et a jeté ses affaires partout. Lisez la conversation entre Claire et Jean-Louis et remplissez les blancs avec **le subjonctif, l'indicatif** ou **l'infinitif** du verbe entre parenthèses.

CLAIRE : Il faut que tu (appeler) _____ la police tout de suite !

JEAN-LOUIS : Mais, on ne m'a rien volé. Que veux-tu que je leur (dire) _____ ?

CLAIRE : Il est nécessaire d'(expliquer) _____ ce qui s'est passé.

JEAN-LOUIS : Mais, je suis certain que toutes mes affaires (être) _____ ici.

CLAIRE : Je pense que tu (devoir) _____ téléphoner quand même.

JEAN-LOUIS :	Pourquoi ? Si bouleversant que ce (être) _____, il n'y a pas eu de vol. Mon voisin a entendu un bruit, et quand il est venu voir ce qui s'était passé, le voleur s'était enfui.
CLAIRE :	Il est important que les policiers (savoir) _____ quand il y a des vols dans le quartier. Pense à tes voisins.
JEAN-LOUIS :	C'est vrai, mais penses-tu que ce crime (être) _____ lié au manuscrit ?
CLAIRE :	Tout (être) _____ possible… mais j'en doute.
JEAN-LOUIS :	Bon, tu (avoir) _____ raison. Je (aller) _____ appeler la police. Mais, il est dommage qu'on (ne… pas/pouvoir) _____ dîner ensemble comme prévu.
CLAIRE :	Ce n'est pas grave. Je (pouvoir) _____ attendre.
JEAN-LOUIS :	D'accord. Dans ce cas, voici mon bureau. Tu seras plus confortable ici. Fais comme chez toi, et après on sortira dîner ensemble et on fera un petit tour dans les jardins du Palais de Versailles.

33. Les conseils des policiers

Les policiers arrivent pour surveiller l'appartement. Ils prennent des notes et puis ils font des remarques et donnent des conseils à Jean-Louis. Terminez leurs phrases en employant le **subjonctif, le subjonctif passé** ou **l'indicatif**.

MODÈLE : Il faut que vous… changiez vos serrures (*locks*).

1. Il est important que vous…
2. Il est vrai que les criminels…
3. Je ne doute pas que vous…
4. Nous voulons que…
5. Il est essentiel que…
6. Je regrette que…

Pendant que Claire attend dans le bureau, un fax sort de la machine devant elle. Elle ne peut pas s'empêcher de le lire…

ACTIVITÉ J : Voulez-vous visiter virtuellement le château et les jardins du Palais de Versailles ? Consultez votre cahier électronique !

WWW **Pour aller plus loin : CULTURE**

CORRESPONDANCE : *Un fax du patron*

```
À :    Monsieur ROYER
De :   Monsieur ROLLAND
Date : 22/09/03 18 :46
Réf :  dossier 2234
```

Je viens de recevoir votre fax et la copie de l'article que vous m'avez envoyée hier. Selon moi, il n'y a aucune raison de paniquer. Autant que je sache, le public est du même avis° que les économistes. Quoi que l'auteur en dise, tout le monde sait que la nostalgie est la cause principale du mouvement récent au marché de livres anciens. Voilà mon opinion.

Personnellement, j'ai l'impression que tout va à merveille° en ce qui concerne votre fonction° actuelle.° De toute façon, j'ai quelques conseils à vous donner. Il y aura des risques à prendre pour atteindre° notre but. Donc, il est important que vous réfléchissiez bien avant d'agir. Il est possible que d'autres négociants° visent à° acheter ce même manuscrit. Il faut avancer prudemment. Je vous assure que vous

opinion

very well, superbly

work, assignment /current, present

reach, achieve a goal

merchant / to aim for, to try to

recevrez tous les fonds° nécessaires, et davantage,° jusqu'à ce que   *funds / and then some*
vous réussissiez à vérifier l'authenticité du manuscrit et à me le rap-
porter. Tant mieux si vous arrivez à visiter quelques pays exotiques en
même temps. Ceci dit, il est hors de question de revenir sans le manuscrit, mais je suis sûr que vous y arriverez. Je vous conseille de
continuer sur le chemin° que vous avez déjà choisi.   *path*

Rolland

Après avoir lu

34. D'accord ou pas d'accord

Après avoir lu le fax ci-dessus, lisez les phrases suivantes et donnez vos opinions personnelles. Discutez en petits groupes.

	D'accord	Pas d'accord
1. Monsieur Rolland est le partenaire de Jean-Louis.	_____	_____
2. Jean-Louis s'inquiète à cause de l'article dans le journal.	_____	_____
3. Monsieur Rolland est un peu paniqué aussi.	_____	_____
4. M. Rolland est content du travail de Jean-Louis.	_____	_____
5. Jean-Louis a des fonds limités pour trouver et acheter le manuscrit.	_____	_____

Comment dire — exprimer son opinion et donner des conseils

To express an opinion

À mon avis / d'après moi / selon moi / quant à moi / en ce qui me concerne
Personnellement, je pense/crois/espère/trouve que… / J'estime que…
Il me semble que / J'ai l'impression que… / Nous sommes d'accord
Je suis du même avis que (qqun). / On est du même avis. / Je partage votre avis.
Autant que je sache / à ma connaissance / sans le moindre doute
Précisément / effectivement / en effet / au fait / en fin du compte
Quoi qu'il en dise / Quoi qu'il en soit / En dépit de ce qu'il dit / Malgré lui
À mon avis / Au contraire / Contrairement / Par conséquent
Voilà mon opinion / Et voilà / C'est mon point de vue

To give advice

De toute façon / Ceci dit / Après tout
Il faut que… / Il est important/essentiel/nécessaire que…
Pourquoi ne pas (+ *infinitif*) ? / Vous devriez (+ *infinitif*)
Il est impensable de (+ *infinitif*) / Il est hors de question de (+ *infinitif*)
Tant mieux si… / Tant pis (pour lui/elle/eux) si…
Je te/vous assure que / J'affirme que / Assure-toi/Assurez-vous que…
Je te/vous avertis que / préviens (*warn*) que / dis que…
Je te/vous conseille de/que / Je te/vous recommande de…

35. Que me conseillez-vous ?

Pour chaque situation suivante, donnez votre opinion et puis donnez des
conseils pour résoudre le problème.

1. Votre ami(e) veut devenir médecin et travailler dans un centre dispen-
   saire (*clinic*) pour les gens pauvres qui n'ont pas d'assurance-maladies.

2. Votre petit(e) ami(e) veut tout abandonner et faire le tour du monde en bateau l'année prochaine… et il/elle veut le faire tout(e) seul(e).

3. Vos voisins veulent que tous les gens du quartier fassent du recyclage, mais il y a une famille qui résiste parce qu'ils sont trop occupés et n'ont pas le temps de séparer leurs ordures.

4. Le maire (*mayor*) de votre ville veut augmenter les impôts pour construire un nouveau parking au centre-ville.

5. Votre ami(e) dépense beaucoup d'argent en utilisant ses cartes de crédit quoiqu'elle soit au chômage depuis six mois.

36. Des conseils pour Claire et Jean-Louis ?

Claire et Jean-Louis veulent la même chose : le manuscrit qui est maintenant la propriété d'un homme martiniquais. Elle veut l'étudier et lui, il doit l'acheter pour son patron. Elle a des fonds limités; lui, a beaucoup d'argent. La situation devient de plus en plus dangereuse. Que leur conseillez-vous ? Écrivez des conseils sur une feuille de papier et puis échangez vos papiers avec ceux de vos camarades de classe. Réagissez à leurs conseils (montrer le désaccord, l'indifférence ou l'enthousiasme).

37. Rassurez un(e) ami(e)

Avec un partenaire, discutez de vos problèmes personnels ou des problèmes d'actualité. Vous pouvez inventer des problèmes fictifs si vous voulez ! Posez des questions afin de savoir ce qui préoccupe votre partenaire, donnez votre opinion là-dessus, et offrez-lui quelques suggestions ou conseils pour résoudre ses problèmes.

38. Circulez et discutez !

Est-ce qu'il y a des règles sur votre campus ou dans votre ville que vous trouvez inutiles ? Sur une feuille de papier, écrivez une phrase pour décrire la règle qui vous ennuie et pourquoi. N'y mettez pas votre nom. Ensuite, échangez vos papiers au hasard, lisez la phrase que vous recevez, et circulez dans la classe afin d'en trouver l'auteur. Quand vous aurez trouvé cette personne, exprimez l'opinion contraire (même si vous êtes vraiment d'accord avec la personne) et donnez des conseils à cette personne pour qu'il/elle puisse accepter cette règle.

39. Être heureux comme un poisson dans l'eau

Que faut-il pour bien vivre et pour être heureux ? Faites une liste de trois choses que vous croyez être absolument indispensables pour être heureux dans la vie. Discutez de vos idées avec vos camarades de classe.

ACTIVITÉ K : Lisez «J'accuse !» l'article dans lequel Émile Zola a donné ses opinions sur l'Affaire Dreyfus au 19ème siècle. Consultez votre cahier électronique.

À l'écrit   *troisième étape*

40. Une lettre au rédacteur du journal

Le rédacteur en chef du journal francophone veut savoir vos opinions personnelles sur le sujet de votre article de journal avant de vous embaucher (*to hire*). Écrivez-lui une lettre dans laquelle vous exprimez vos opinions personnelles sur le sujet que vous proposez (révisez l'Activité 5-26). Il faut convaincre l'éditeur que vous êtes passionné(e) par ce sujet et que vous connaissez bien la matière. Ensuite, échangez votre lettre avec celle d'un(e) camarade de classe. Suggérez des corrections possibles et réagissez à la lettre que vous recevez en bas de page.

Dénouement

Activités de révision

41. Les Actu 24/24

En petits groupes, organisez une courte émission télévisée d'actualités mondiales. Chaque groupe doit choisir une année passée différente (par exemple : 1492, 1662, 1776, 1789, 1880, 1919, 1945, 1960, 2000) et imaginez les sujets d'actualité qu'on aurait vu à la télé, si la télé existait. Vous pouvez présenter des rubriques variées comme la politique, les sports ou n'importe quelle catégorie qui intéresserait votre public. Présentez votre émission à vos camarades de classe.

42. Il faut que vous mettiez vos manteaux ce matin !

En petits groupes, choisissez une ville ou une région en Europe ou dans les DOM-TOM. Recherchez le temps qu'il fait là-bas en ce moment (sur l'Internet) ou imaginez le temps qu'il fait. Puis, devant la classe, faites vos prévisions météorologiques et donnez des conseils vestimentaires aux spectateurs.

43. La prévoyance

Imaginez que vous êtes voyant(e) et que vous pouvez voir l'avenir de votre partenaire. Posez-lui des questions sur ce qu'il/elle veut accomplir dans sa vie. Ne lui dites pas ce que vous voyez dans son avenir, mais donnez-lui des conseils sur ses actions et sa vie à présent. Qu'est-ce qu'il/elle doit continuer à faire ? Que faut-il qu'il/elle change ? Quels conseils avez-vous pour cette personne ? Jouez les rôles du voyant et du client à tour.

Avant de lire   *L'Avare*

ℹ️ Culture

La **Comédie française**, parfois appelée la Maison de Molière, est située rue de Richelieu près du Palais-Royal à Paris. Le théâtre était le centre de la vie culturelle et sociale à Paris au 17ème siècle. On y présentait toutes les pièces des grands auteurs classiques tels Molière, Corneille et Racine. La troupe de Molière était sous la protection du roi Louis XIV et donnait alternativement des pièces à Paris et à Versailles. On appelle cette époque «**le grand siècle**» à cause de la grandeur du roi, de la puissance du royaume et de l'épanouissement des arts et de la littérature pendant cette période de l'histoire française.

La Comédie française, l'ancienne Maison de Molière, à Paris.

44. Premières impressions

Lisez l'extrait suivant, tiré de la pièce de Molière qui s'appelle *L'Avare* (*The Miser*), sans essayer de comprendre chaque mot. Après votre première lecture du texte, répondez aux questions. Ensuite, relisez le texte une deuxième fois, plus attentivement.

1. Est-ce un homme ou une femme qui parle au début ? Est-il jeune ou vieux ? riche ou pauvre ?
2. Comment est-il ? calme, nerveux, fâché, etc. ?
3. Qu'est-ce qu'il a perdu ? Quand est-ce que cela s'est passé ?
4. Où se situe l'action ? à Paris ou à la campagne ?
5. Quel est le ton de cette pièce : tragique, mélancolique ou comique ?

LITTÉRATURE : *L'Avare*

Cette célèbre comédie de Molière, représentée pour la première fois à Paris en 1668, met en scène un personnage inoubliable : un homme avare nommé Harpagon. Dans les trois scènes qui suivent, Harpagon se rend compte du vol de la cassette qu'il a cachée dans sa maison. Le commissaire de police, son clerc et un domestique nommé Maître Jacques discutent du vol pendant qu'Harpagon devient de plus en plus irraisonnable. Le personnage d'Harpagon amuse le spectateur par son avarice exagérée, mais en même temps, il permet à Molière de critiquer cet aspect de la société bourgeoise de son temps.

de Molière

L'Avare (extraits)

Acte IV, Scène VII : *Harpagon criant au voleur dès le jardin*

HARPAGON : Au voleur ! au voleur ! à l'assassin ! au meurtrier ! Justice, juste ciel ! je suis perdu, je suis assassiné; on m'a coupé la gorge° : on m'a dérobé° mon argent. Qui peut-ce être ? Qu'est-il devenu ? Où est-il ? Où se cache-t-il ? Que ferai-je pour le trouver ? Où courir ? Où ne pas courir ? N'est-il point ° là ? N'est-il point ici ? Qui est-ce ? Arrête. (*À lui-même, se prenant le bras.*) Rends-moi mon argent, coquin°… Ah ! c'est moi ! Mon esprit est troublé, et j'ignore où je suis, qui je suis, et ce que je fais. Hélas ! mon pauvre argent ! mon pauvre argent ! mon cher ami ! on m'a privé° de toi; et puisque tu m'es enlevé, j'ai perdu mon support, ma consolation, ma joie : tout est fini pour moi, et je n'ai plus que faire au monde. Sans toi, il m'est impossible de vivre. C'en est fait; je n'en puis plus; je me meurs; je suis mort; je suis enterré. N'y a-t-il personne qui veuille me ressusciter, en me rendant mon cher argent, ou en m'apprenant qui l'a pris ? Euh ! que dites-vous ? Ce n'est personne. Il faut, qui que ce soit qui ait fait le coup, qu'avec beaucoup de soin on ait épié° l'heure; et l'on a choisi justement le temps que je parlais à mon traître de fils. Sortons. Je veux aller quérir° la justice, et faire donner la question à toute ma maison; à servantes, à valets, à fils, à fille et à moi aussi. Que de gens assemblés ! Je ne jette mes regards sur personne qui ne me donne des soupçons, et tout me

throat
to steal

lesser-used equivalent of ne... pas
rascal

to deprive

to spy on
to go fetch something

semble mon voleur. Hé ! de quoi est-ce qu'on parle là ? de celui qui m'a dérobé ? Quel bruit fait-on là-haut ? Est-ce mon voleur qui y est ? De grâce, si l'on sait des nouvelles de mon voleur, je supplie° que l'on m'en dise. N'est-il point caché là parmi vous ? Ils me regardent tous, et se mettent à rire. Vous verrez qu'ils ont part, sans doute, au vol que l'on m'a fait. Allons vite, des commissaires, des archers, des prévôts, des juges, des gênes, des potences et des bourreaux.° Je veux faire pendre tout le monde; et, si je ne retrouve mon argent, je me pendrai moi-même après.

to beg

types of law enforcers (antiquated)

Acte V, Scène II : *Maître Jacques (servant), Harpagon, le Commissaire, son Clerc*

MAÎTRE JACQUES : (*dans le fond du théâtre, en se retournant du côté par lequel il est entré*) : Je m'en vais revenir. Qu'on me l'égorge° tout à l'heure; qu'on me lui fasse griller les pieds; qu'on me le mette dans l'eau bouillante, et qu'on me le pende au plancher.

to slit someone's throat

HARPAGON : (*à Maître Jacques*) : Qui ? celui qui m'a dérobé ?

MAÎTRE JACQUES : Je parle d'un cochon de lait° que votre intendant me vient d'envoyer, et je veux vous l'accommoder à ma fantaisie.

piglet

HARPAGON : Il n'est pas question de cela; et voilà monsieur à qui il faut parler d'autre chose.

LE COMMISSAIRE : (*à Maître Jacques*) : Ne vous épouvantez point. Je suis un homme à ne vous point scandaliser, et les choses iront dans la douceur.

MAÎTRE JACQUES : Monsieur est de votre souper ?°

dining with you

LE COMMISSAIRE : Il faut ici, mon cher ami, ne rien cacher à votre maître.

MAÎTRE JACQUES : Ma foi, monsieur, je montrerai tout ce que je sais faire, et je vous traiterai du mieux qu'il me sera possible.

HARPAGON : Ce n'est pas là l'affaire.

MAÎTRE JACQUES : Si je ne vous fais pas aussi bonne chère° que je voudrais, c'est la faute de monsieur notre intendant, qui m'a rogné les ailes° avec les ciseaux° de son économie.

a feast
to clip one's wings
scissors

HARPAGON : Traître ! il s'agit d'autre chose que de souper; et je veux que tu me dises des nouvelles de l'argent qu'on m'a pris.

MAÎTRE JACQUES : On vous a pris de l'argent ?

HARPAGON : Oui, coquin; et je m'en vais te pendre, si tu ne me le rends.

LE COMMISSAIRE : (*à Harpagon*) : Mon Dieu ! ne le maltraitez point. Je vois à sa mine° qu'il est honnête homme; et que, sans se faire mettre en prison, il vous découvrira ce que vous voulez savoir. Oui, mon ami, si vous nous confessez la chose, il ne vous sera fait aucun mal, et vous serez récompensé comme il faut par votre maître. On lui a pris aujourd'hui son argent; et il n'est pas que vous ne sachiez quelques nouvelles de cette affaire.

look (on one's face)

MAÎTRE JACQUES : (*bas, à part*) : Voici justement ce qu'il me faut pour me venger de votre intendant. Depuis qu'il est entré céans,° il est le favori; on n'écoute que ses conseils; et j'ai aussi sur le cœur les coups de bâton de tantôt.

in the house

HARPAGON : Qu'as-tu à ruminer ?°

to ruminate

LE COMMISSAIRE : (*à Harpagon*) : Laissez-le faire. Il se prépare à vous contenter; et je vous ai bien dit qu'il était honnête homme.

MAÎTRE JACQUES : Monsieur, si vous voulez que je vous dise les choses, je crois que c'est monsieur votre cher intendant qui a fait le coup.

HARPAGON : Valère !

MAÎTRE JACQUES : Oui.

HARPAGON :	Lui ! qui me paraît si fidèle ?
MAITRE JACQUES :	Lui-même. Je crois que c'est lui qui vous a dérobé.
HARPAGON :	Et sur quoi le crois-tu ?
MAITRE JACQUES :	Sur quoi ?
HARPAGON :	Oui.
MAITRE JACQUES :	Je le crois… sur ce que je le crois.
LE COMMISSAIRE :	Mais il est nécessaire de dire les indices que vous avez.
HARPAGON :	L'as-tu vu rôder° autour du lieu où j'avais mis mon argent ?
MAITRE JACQUES :	Oui vraiment. Où était votre argent ?
HARPAGON :	Dans le jardin.
MAITRE JACQUES :	Justement; je l'ai vu rôder dans le jardin. Et dans quoi est-ce que cet argent était ?
HARPAGON :	Dans une cassette.°
MAITRE JACQUES :	Voilà l'affaire. Je lui ai vue une cassette.
HARPAGON :	Et cette cassette, comment est-elle faite ? Je verrai bien si c'est la mienne.
MAITRE JACQUES :	Comment est elle faite ?
HARPAGON :	Oui.
MAITRE JACQUES :	Elle est faite… elle est faite comme une cassette.
LE COMMISSAIRE :	Cela s'entend. Mais dépeignez-la un peu, pour voir.
MAITRE JACQUES :	C'est une grande cassette.
HARPAGON :	Celle qu'on m'a volée est petite.
MAITRE JACQUES :	Hé ! oui, elle est petite, si on le veut prendre par là, mais je l'appelle grande pour ce qu'elle contient.
LE COMMISSAIRE :	Et de quelle couleur est-elle ?
MAITRE JACQUES :	De quelle couleur ?
LE COMMISSAIRE :	Oui.
MAITRE JACQUES :	Elle est de couleur… là, d'une certaine couleur… Ne sauriez-vous m'aider à dire ?
HARPAGON :	Euh ?
MAITRE JACQUES :	N'est-elle pas rouge ?
HARPAGON :	Non, grise.
MAITRE JACQUES :	Hé ! oui, gris-rouge; c'est ce que je voulais dire.
HARPAGON :	Il n'y a point de doute; c'est elle assurément. Écrivez, monsieur, écrivez sa déposition. Ciel ! à qui désormais° se fier ! Il ne faut plus jurer de rien; et je crois après cela que je suis homme à me voler moi-même.

to prowl around

box (antiquated)

from now on

Après avoir lu

45. Avez-vous compris ?

En petits groupes, discutez de vos réponses aux questions suivantes.

1. Comment Harpagon décrit-il son argent ? Pensez-vous que son argent soit plus important que ses amis et sa famille ?
2. Pourquoi est-ce que Maître Jacques implique que Valère est le voleur ?
3. Quel est le rôle du Commissaire dans cette enquête ? À votre avis, fait-il son travail ?
4. Ces deux scènes sont assez comiques, quoique différentes. En quoi consiste la comédie du monologue d'Harpagon ? Et, la conversation entre Harpagon et Maître Jacques, pourquoi est-elle comique ?

5. Imaginez le gros titre pour un article de journal sur le vol de l'argent d'Harpagon. Quelles sont les possibilités ?

46. D'accord ou pas d'accord

Après avoir lu l'extrait de la pièce de Molière, lisez les phrases suivantes et donnez votre opinion. Discutez de vos réponses en petits groupes.

	D'accord	Pas d'accord
1. Harpagon aime son argent comme si c'était une personne.	_____	_____
2. Au début, Harpagon pense que Maître Jacques a volé l'argent.	_____	_____
3. Le Commissaire réagit raisonnablement à la situation.	_____	_____
4. Maître Jacques arrive à persuader Harpagon qu'il est innocent.	_____	_____
5. Maître Jacques a vraiment vu Valère avec la cassette.	_____	_____

47. Analyse littéraire

Examinez ce texte de près. Répondez aux questions suivantes et discutez de vos réponses en classe.

1. Quel est le ton du texte ? Qu'est-ce qui contribue à ce ton (le vocabulaire, le style d'écriture, la forme du texte) ?
2. Y a-t-il des images ou des couleurs qui dominent dans ce texte ? Comment est-ce que ces images ont influencé votre lecture du texte ?
3. Quel temps domine dans ce texte (le présent, le passé, le futur, etc.) ? Quel est l'effet de l'usage de ce temps (un sens d'urgence, une distance impersonnelle, la nostalgie, la possibilité, la certitude ou l'incertitude, l'orgueil, etc.) ? Y a-t-il un moment où le temps change ? Quel en est l'effet ?
4. Y a-t-il d'autres éléments structurels (ponctuation, mots ou sons répétés, phrases longues ou courtes, contrastes, métaphores, etc.) que l'auteur emploie systématiquement ? Si oui, quels sont les effets de l'emploi de ces éléments ?

Synthèses

48. Réfléchissons à la culture

Voici quelques éléments de la culture française que vous avez étudiés dans ce chapitre. En petits groupes, répondez aux questions et discutez de vos impressions avec vos camarades.

les DOM-TOM   le château de Versailles   les cafés parisiens

1. Définissez ou décrivez chaque élément.
2. Pourquoi chaque élément est-il important à cette culture ? Y a-t-il un phénomène historique ou social qui explique son importance ?
3. À votre avis, est-ce que ces éléments témoignent de la richesse et de la diversité de la culture française de nos jours, ou sont-ils stéréotypiques ? Pourquoi ?

WWW **Pour aller plus loin : CINÉMA**

ACTIVITÉ L : Découvrez un film sur la cour à Versailles au 17ème siècle, *Tous les matins du monde.* Consultez votre cahier électronique !

4. Est-ce que votre impression de cette culture est différente maintenant que vous avez commencé à l'étudier ? Si oui, comment et pourquoi ? Si non, pourquoi pas ?

49. À débattre

Lisez les questions suivantes et discutez en groupes. Si possible, parlez de vos expériences personnelles relatives aux questions.

1. **L'objectivité ou la subjectivité ?** Est-ce possible que la presse soit absolument objective en présentant les sujets d'actualités ? Même si un journaliste essaie de regarder une situation d'un point de vue objectif, il est toujours influencé par ses pensées et ses préjugés inconscients. Quels sont les dangers d'une presse qui prétend (*claims*) être objective ? Est-ce que les journalistes doivent aspirer à l'objectivité ou déclarer ouvertement leurs opinions subjectives ?

2. **Une planète en danger ?** On fait des essais nucléaires en Polynésie. La pollution en Europe augmente. Il y a des trous noirs dans l'atmosphère. La température globale augmente un peu plus chaque année. Faut-il avoir peur pour l'avenir de la planète ? Est-ce que les actions des individus peuvent avoir un effet ? Les pays de l'ouest, sont-ils plus coupables que les autres ?

3. **Le grand siècle ?** Pendant le grand siècle, les Européens ont vu des développements très positifs en ce qui concerne les arts, la littérature, les sciences et l'économie. En même temps, c'était la période où les pays européens ont commencé à étendre leurs empires et à coloniser et à exploiter certains peuples. On peut constater que la prospérité des cultures européennes a été directement liée à l'exploitation des cultures non-européennes. Est-ce que les bénéfices tirés de l'exploration mondiale ont été plus importants que les torts faits aux peuples exploités ? Est-ce que les Européens étaient motivés par l'avarice ou par la volonté d'aider des peuples dits «non-civilisés» ?

50. À l'impromptu

Voici des situations de rencontre. Avec une ou deux autres personnes, choisissez une scène et improvisez devant la classe. Si vous ne voulez pas improviser, écrivez votre dialogue avant et puis jouez-le pour la classe.

1. (a) Vous assistez au mariage de votre meilleur(e) ami(e) qui se tient sur une plage à Tahiti. Vous venez d'entendre le bulletin météo qui annonce un ouragan prochain. Apprenez la nouvelle à votre ami(e) et donnez-lui des conseils.

   (b) Vous allez épouser la personne de vos rêves sur une plage à Tahiti. Tout est prêt. Le temps est idyllique. Malheureusement, votre ami(e) vous apprend une mauvaise nouvelle. Vous croyez qu'il/elle se trompe. Réagissez avec indifférence et essayez de changer le sujet de la conversation.

2. (a) & (b) Vous et votre époux ne sont jamais d'accord. Chaque fois que vous écoutez les informations à la télévision, vous vous disputez. Exprimez vos opinions sur la politique, le sport, l'économie, etc.... .

   (c) Vous êtes le psychologue que ce couple a décidé de consulter afin de sauver leur mariage. Vous devez leur montrer comment exprimer le désaccord sans se disputer. Imaginez la consultation.

3. (a) Vous êtes en vacances à Paris avec un(e) ami(e) francophone quand tout d'un coup, vous vous rendez compte que vous êtes dans une situation financière catastrophique. Vos cartes de crédit ne marchent plus. Votre compte bancaire est à zéro. Vous ne pourrez pas payer pour votre chambre d'hôtel, et vous avez perdu votre billet d'avion pour le voyage de retour. Apprenez ces nouvelles à la personne avec qui vous voyagez.

   (b) Vous voyagez à Paris avec un(e) ami(e) américain(e). Vous l'aimez bien, mais vous savez qu'il/elle est assez étourdi(e) (*irresponsible*). Par contre, vous êtes plus responsable. Vous avez budgétisé toutes vos dépenses, et il vous reste assez d'argent pour passer quelques jours aux casinos de Monaco avant de retourner chez vous. Réagissez aux nouvelles de votre compagnon.

À l'écrit *étape finale*

51. À la Une du journal francophone

De bonnes nouvelles ! Le rédacteur en chef a été favorablement impressionné par votre idée et a décidé de publier votre article dans son journal ! Révisez et élaborez vos travaux d'écriture de ce chapitre (Activités 5-13, 5-26 et 5-40) et rédigez un article pour le journal francophone. N'oubliez pas les éléments suivants :

- un gros titre et un sous-titre
- une bonne introduction
- des citations (*quotes*) de plusieurs gens que vous avez fictivement interviewés et qui donnent leurs opinions et/ou leurs conseils
- une bonne conclusion

À suivre

Claire téléphone à la Martinique, mais il n'y a pas de réponse à la maison d'André Thibodeau, le monsieur qui a acheté le manuscrit. Claire décide d'aller à la Martinique pour parler à cet homme. Quant à Jean-Louis, il insiste pour y aller lui aussi, et confirme ce que Claire a lu dans le fax de son patron. Jean-Louis doit y aller, avec ou sans elle, et doit acheter le manuscrit pour son patron. Pourtant, il promet qu'il lui laissera le temps d'étudier le manuscrit avant de le remettre à son patron. Donc, il vaut mieux qu'ils travaillent ensemble. De toute façon, elle n'a pas assez d'argent pour acheter le manuscrit elle-même et il n'est pas certain que ce monsieur veuille lui laisser lire ou copier le manuscrit sans l'acheter. Alors, ils téléphonent à l'agence de tourisme et achètent des billets d'avion. Le jour du départ, le premier octobre, les deux font leurs bagages et s'en vont à l'aéroport, mais cette fois, ensemble…

52. Qu'est-ce qui s'est passé ?

Pensez à ce qui s'est passé dans ce chapitre. Écrivez 6 phrases aux temps passés pour décrire les événements que vous pensez être les plus importants. Parlez de vos idées avec vos camarades de classe.

53. Qu'est-ce qui va se passer ?

Imaginez ce qui va se passer dans le prochain chapitre. Écrivez 6 phrases et parlez de vos idées avec vos camarades de classe.

Si vous voulez bouger et faire quelque chose pour mieux connaître les DOM-TOM et l'Europe, ou pour aider les autres à mieux comprendre la Francophonie, consultez la section **Pour agir** dans votre cahier électronique ! Il y a tant de choses à faire :

- **Vendez des crêpes** sur votre campus et contribuez l'argent que vous gagnez à une organisation qui replante la forêt du parc de Versailles qui a été détruite par un ouragan en 1999.
- **Enseignez** ce que vous savez des cultures des DOM-TOM ou de l'Europe à des élèves de l'école primaire.
- **Entrez en contact** avec des francophones qui vivent dans votre communauté en faisant des interviews.
- **Publiez** un petit journal hebdomadaire sur les événements francophones dans votre région ou sur votre campus (utilisez vos articles d'actualités ou des interviews avec des gens francophones) !
- **Organisez** un colloque et invitez des professeurs dans votre université à débattre l'avenir de l'Union Européenne ou des problèmes écologiques dans le monde.
- **Faites un voyage** en Europe ou dans les DOM-TOM pendant les vacances prochaines.
- **Cuisinez** ! Préparez un vrai repas français avec vos camarades de classe.

VOCABULAIRE UTILE

Au café

aborder	to approach
amorcer	to introduce (a topic of conversation)
au bout	at the end of
craindre	to fear
déconcertant(e)	disconcerting/troubling
dépister	to track down
écriture (f.)	writing
franchement	frankly
lecture (f.)	reading
parier	to bet
réflexion (f.)	reflection
rougir	to redden, /to blush
sourir	to smile

Le temps

averse (f.)	downpour
brouillard (m.)	fog (m)
brume (f.)	fog
canicule (f.)	heatwave
ciel (m.)	sky
feuille (f.)	leaf
foudre (f.)	lightning
grêle (f.)	hail
maussade	gloomy
neige (f.)	snow
orage (m.)	thunderstorm
ouragan (m.)	hurricane
rafale (f.) de vent	gusty wind
tempête (f.)	storm
tonnerre (m.)	thunder

Les actualités

à la une	front-page stories
attentat (m.)	attack
blessé(e)	wounded
blesser	to wound
bourse (f.)	stock exchange

chômage (m.)	unemployment
enquête (f.)	investigation
exposition (f.)	exhibit
faits divers (m.pl.)	human interest stories
grève (f.)	strike
krach boursier (m.)	stock-market crash
manifestation (f.)	protest
pièce (f.)	play
prendre feu	to catch fire
procès (m.)	trial
s'accroître	to increase
spectacle (m.)	show
syndicat (m.)	workers' union
témoin (m.)	witness
tirer	to fire (a weapon)

Apprendre des nouvelles

chair (f.) de poule	goose bumps
de mal en pis	from bad to worse
décennie (f.)	decade
en chair et en os	in the flesh (and bones)
entrepôt (m.)	warehouse, storage house
être navré(e)	to be sorry
être ravi(e)	to be delighted
frissonner	to shiver
qui pis est	what's even worse
sous clé	under lock and key

Le climat tropical

bougainvillée (f.)	Bougainvillea flower
chute (f.) de boue	mudslide
cocotier (m.)	coconut tree
colon (m.)	colonist
enfer (m.)	hell
inondation (f.)	flood
ouragan (m.)	hurricane
paradis (m.)	paradise, heaven
sable noir (m.)	black sand

Interlude

Résumé de l'intrigue

Chapitre 1: Claire Plouffe, une Québécoise qui prépare un doctorat en lettres françaises, arrive à la Nouvelle-Orléans à la recherche d'un manuscrit inédit. Claire pense que Choderlos de Laclos, le célèbre auteur des *Liaisons dangereuses*, a écrit un autre roman qu'on n'a jamais publié. Elle croit qu'un habitant de la Nouvelle-Orléans du nom de François Fontenot était en possession du manuscrit quand Laclos est mort en 1803, et elle veut trouver ses descendants. Pendant son séjour en Louisiane, Claire rencontre un touriste français, Jean-Louis Royer. Il dit qu'il travaille dans un bar à Paris, et il s'intéresse beaucoup au projet de recherche de la Québécoise.

Chapitre 2: À la bibliothèque municipale de la Nouvelle-Orléans, Claire trouve le nom d'une descendante de François Fontenot, Sandrine Fontenot-Chardin. Elle rend visite à cette femme qui lui explique que sa famille avait vendu à un bouquiniste parisien un manuscrit qui passait pour être un roman inédit de Laclos. C'était en 1973, juste après la mort de son grand-père. Claire ne parle pas du bouquiniste à Jean-Louis et quitte les États-Unis sans lui dire où elle s'en va.

Chapitre 3: Claire arrive à Paris, où elle revoit Jean-Louis. Jean-Louis lui avoue qu'il n'est pas un simple barman. Il travaille pour un antiquaire qui s'intéresse au manuscrit perdu de Laclos. Claire décide de collaborer avec Jean-Louis, puisqu'il cherche le même manuscrit, et lui parle du bouquiniste qui a acheté, il y a 30 ans, la bibliothèque privée de la famille Fontenot.

Chapitre 4: Jean-Louis et Claire trouvent l'étalage du bouquiniste, Nicolas Gustave, mais il est fermé. Un homme qui travaille au kiosque d'en face leur donne l'adresse de l'oncle de Nicolas, le vieux Monsieur Lionel Gustave. C'est Lionel Gustave qui a acheté les livres de la famille Fontenot. Ils rendent visite à ce monsieur, qui ne sait rien du manuscrit et qui leur dit que son neveu vient de partir en vacances. Claire reçoit un message bizarre d'un inconnu qui essaie de lui faire peur et qui veut qu'elle quitte Paris. Elle décide néanmoins de rester.

Chapitre 5: En attendant le retour à Paris du bouquiniste, Claire entreprend une recherche secondaire et Jean-Louis retourne à son bureau. Un jour, dans un café, Claire rencontre un homme qui se présente comme un inspecteur de police. Il lui parle des dangers du marché de livres anciens. Le même jour, Jean-Louis lui montre un article de journal dans lequel on parle de la corruption du marché des livres. Pourtant, ils continuent à chercher le manuscrit. Quand Nicolas Gustave retourne de ses vacances, il annonce à Claire qu'il a vendu récemment un manuscrit anonyme qui était parmi les livres achetés à la famille Fontenot. L'acheteur est un homme antillais qui habite à la Martinique. Claire et Jean-Louis décident de partir à la recherche de cet homme…

Chronologie des événements

1782	Choderlos de Laclos publie son best-seller *Les Liaisons dangereuses* à Paris. François Fontenot arrive à Paris pour faire des études culinaires. Ils se rencontrent et deviennent amis.
1789	La Révolution française commence. Laclos continue à écrire.
1790	François Fontenot retourne à Saint-Domingue, une colonie française aux Antilles.
1792	La Révolution haïtienne commence. François Fontenot et sa famille quittent Saint-Domingue. Ils s'installent en Louisiane, une autre colonie française. Laclos envoie un manuscrit à son ami François.
1803	Laclos meurt en France. Son manuscrit reste dans la bibliothèque privée de François Fontenot. Le manuscrit n'est jamais publié.
1806	François Fontenot ouvre un restaurant créole à la Nouvelle-Orléans.
1822	François Fontenot meurt aux États-Unis.
1941	C'est la Seconde Guerre mondiale. Henri Pierre Fontenot, un descendant de François, se fait soldat dans l'armée américaine.
1945	Henri Pierre Fontenot rencontre un bouquiniste, Lionel Gustave, à Paris.
1973	Le père d'Henri Pierre Fontenot meurt d'une crise cardiaque pendant un vol dans sa demeure. Henri Pierre Fontenot veut se débarrasser de ces livres qui n'apportent que malheur à la famille. Il vend la bibliothèque familiale à Lionel Gustave, sans lui parler du manuscrit.
2001	Claire fait des études supérieures en lettres françaises à Québec. Elle tombe sur un article qui fait référence à l'existence possible d'un manuscrit inédit de Laclos.
2002	Claire étudie la correspondance de Laclos à la Bibliothèque nationale de Paris. Elle découvre le nom de François Fontenot dans une lettre de Laclos. La lettre décrit un «paquet» envoyé à François Fontenot. Claire photocopie la lettre.
2003	Claire reprend ses recherches aidée d'une bourse de l'université. Elle va à la Nouvelle-Orléans et y rencontre Jean-Louis Royer. Là, elle rend aussi visite à Sandrine Fontenot-Chardin, la fille d'Henri Pierre Fontenot. Sandrine lui raconte l'histoire de sa famille et lui donne le nom du bouquiniste parisien. Claire va à Paris et revoit Jean-Louis Royer. Ils décident de collaborer à la recherche du manuscrit. Gilles LaFfont, un inspecteur de police, se présente à Claire et l'avertit des dangers du marché de livres anciens. Claire et Jean-Louis parlent avec Nicolas, le neveu de Lionel Gustave, qui leur donne le nom de l'homme qui vient d'acheter le manuscrit. Claire et Jean-Louis quitte la France pour trouver cet homme à la Martinique.

Personnages principaux

CLAIRE PLOUFFE
Québécoise. Étudiante à l'Université de Sainte-Foy au Québec, elle fait de la recherche pour sa thèse de doctorat en lettres françaises. Elle cherche un manuscrit perdu écrit par un auteur français célèbre du 18ème siècle. Sa famille habite à Montréal. Elle envoie des messages régulièrement à sa sœur **Marie**.

JEAN-LOUIS ROYER
Français. Il travaille à Paris pour un antiquaire, **Monsieur Rolland**, qui achète et revend des livres rares et anciens. Son appartement se trouve à Versailles, où habitent ses parents, mais sa **tante Émilie** habite à Paris. Il ne la voit pas souvent.

SANDRINE FONTENOT-CHARDIN
Américaine. Une Louisianaise qui est une descendante de **François Fontenot**. François était un restaurateur qui a immigré à la Nouvelle-Orléans de Saint-Domingue (Haïti) à la fin du 18ème siècle. On pense que Laclos a donné un manuscrit inédit à son ami François Fontenot avant sa mort. Le grand-père de Sandrine est mort quand des voleurs sont entrés dans leur maison en 1973. Son père, **Henri Pierre Fontenot**, a vendu tous les livres de la famille Fontenot à un ami parisien qui était bouquiniste.

NICOLAS GUSTAVE
Français. Un bouquiniste parisien qui dirige la vente des livres depuis la retraite de son oncle, **Lionel Gustave**. C'est l'oncle qui a connu Henri Pierre Fontenot lors de la Seconde Guerre mondiale et qui a acheté la bibliothèque privée de la famille Fontenot il y a trente ans. C'est le neveu qui a vendu le manuscrit anonyme que Claire et Jean-Louis cherchent.

PHILIPPE AUCOIN
Américain. Un hôtelier louisianais qui a présenté Claire à Jean-Louis.

P.F. THUILLIER
Québécois. Un professeur de littérature à l'université de Sainte-Foy au Québec, il est le directeur de thèse de Claire Plouffe.

FRANÇOIS PHAN
Français. Un marchand d'origine vietnamienne qui tient une boutique à Paris. Il a vu le voleur de la valise de Claire à l'aéroport de Paris.

TALAL LATEEF
Français. Un ami de Nicolas Gustave, Talal vend des journaux dans un kiosque qui fait face à l'étalage de Nicolas. Il est d'origine maghrébine.

GILLES LAFFONT
Français. Un inspecteur de police à Paris. Il fait une enquête sur la corruption dans le marché de livres anciens à Paris.

ANDRÉ THIBODEAU
Français. Un homme érudit qui fait collection de livres anciens. Il vient d'acheter le manuscrit du bouquiniste. Il est Martiniquais et sa résidence principale se trouve à la Martinique.

6 Une mésaventure martiniquaise

Ris du riz, tu pleureras
pour des lentilles.
—proverbe antillais

i Culture

Christophe Colombe a «découvert» **la Martinique** en 1502, mais ce n'est qu'à partir de 1635 que les Français l'ont colonisée. Ils y ont établi des plantations de canne à sucre qui étaient très prospères. Parce que les peuples indigènes de l'île étaient décimés, les Français ont importé des esclaves africains pour travailler les terres. Comme à Saint-Domingue, cette population noire s'est révoltée contre les Français vers la fin du 18ème siècle. Pourtant, leurs efforts de se libérer des Français n'ont pas réussi, et la Martinique est restée sous le pouvoir de la France. Cette île est un **département d'outre-mer** de la France depuis la décolonisation des Antilles en 1946, malgré plusieurs tentatives vers l'indépendance pendant la deuxième moitié du 20ème siècle. Intellectuels et activistes martiniquais, comme **Aimé Césaire**, ont favorisé l'indépendance, mais une économie affaiblie par des catastrophes écologiques (notamment plusieurs ouragans autour de 1980) ont freiné les efforts de la libération de l'île. Aujourd'hui, l'économie de la Martinique est basée sur le tourisme et, quoique l'île profite économiquement de ses liens avec la France, elle continue à avoir une identité culturelle unique et à débattre la question de son indépendance.

Une plage à la Martinique.

À lire

Claire et Jean-Louis arrivent à Fort-de-France, la capitale de la Martinique, et prennent un autocar pour aller au village de Schœlcher qui est à quelques minutes au nord de la capitale. Ils rencontrent une jeune activiste qui dit qu'elle les aidera à trouver la maison d'André Thibodeau. Pendant que Claire discute avec la jeune femme, Jean-Louis s'excuse et disparaît pour quelques minutes. Claire commence à douter que Jean-Louis ne veuille l'aider avec ses recherches et s'inquiète pour l'avenir. Qui pis est, Monsieur Thibodeau n'est jamais chez lui…

En allant à Schœlcher

Avant de lire

1. Vos opinions politiques

Répondez aux questions suivantes. Discutez de vos réponses avec vos camarades de classe et n'hésitez pas à poser des questions supplémentaires si vous voulez en savoir plus.

1. Quels sont les droits humains internationaux les plus importants et les plus fondamentaux ? Quelles organisations internationales essaient de sauvegarder ces droits ?
2. Quels droits sont garantis aux citoyens des États-Unis par la Constitution ? Y a-t-il des droits qui sont limités ? Lesquels ? Comment ? Pourquoi ?
3. Quelles guerres d'indépendance connaissez-vous ? Quand est-ce que ces guerres ont eu lieu ? À votre avis, un peuple a-t-il droit à la souveraineté si la majorité des habitants sont d'accord ?
4. Pouvez-vous décrire les fonctions des trois parties (exécutive, judiciaire et législative) du gouvernement fédéral américain ?
5. Connaissez-vous le maire de votre ville ? le gouverneur de votre état ? vos sénateurs et représentants ? le président et le vice-président des États-Unis ? Quels partis politiques existent aux États-Unis ?
6. Combien de chefs d'état de pays étrangers francophones pouvez-vous nommer ?

 Culture

La **République Française** a été établie pour la première fois lors de la Révolution Française de 1789. Pourtant, la république a été cinq fois proclamée en France ! En 1804, la première république a été remplacée par l'empire de Napoléon Bonaparte, dont le règne a été suivi par une restauration de la monarchie. En 1848, on a encore renversé la monarchie et on a proclamé une deuxième république. Cette république a été renversée par l'empire de Louis Bonaparte mais une troisième république a été proclamée en 1870. Pendant la Seconde Guerre mondiale, cette troisième république a été remplacée par le gouvernement de Vichy (qui a coopéré avec les Allemands). Le gouvernement de Vichy a été remplacé par une quatrième république en 1946. En 1958, suite à la rédaction d'une nouvelle constitution, on a proclamé la Cinquième République. Aujourd'hui, il existe toujours une population minoritaire de royalistes qui espèrent la restauration d'une monarchie en France.

2. La politique de la République française

En France et dans les DOM-TOM, on trouve une variété énorme de partis politiques. En voici quelques uns des plus connus. En petits groupes, essayez de faire correspondre le parti politique (*à gauche*) avec son point de vue traditionnel (*à droite*). (Si vous ne pouvez pas deviner les réponses, consultez l'internet avant de venir en classe pour en savoir plus sur ces partis politiques.)

Parti politique	Point de vue traditionnel
1. le Rassemblement pour la République (RPR)	a. On prime les débats écologiques et on veut protéger la nature.
2. le Parti socialiste (PS)	b. On veut aider les ouvriers et on critique souvent les actions des grandes entreprises.
3. Le Mouvement d'indépendance martiniquaise (MIM)	c. On est contre l'immigration en France et on est nationaliste.
4. le Parti communiste (PC)	d. On a une politique qui favorise le développement de l'économie, plutôt conservatrice, mais pas extrémiste.
5. le Front National (FN)	e. On a une politique qui favorise l'assistance sociale, plutôt libérale, mais pas extrémiste.
6. le Parti des Verts	f. On désire la souveraineté d'un département d'outre-mer colonisé au 17ème siècle.

Pour aller plus loin :
CULTURE

ACTIVITÉ A : Apprenez plus sur le gouvernement et la situation politique en France. Consultez votre cahier électronique !

i Culture

Le **nom de l'île**, La Martinique, vient du mot indien **madiana,** qui veut dire «île de fleurs». Les deux groupes principaux d'indiens qui ont influencé la culture martiniquaise sont les Arawaks et les Caraïbes.

Pour aller plus loin :
CULTURE

ACTIVITÉ B : Voulez-vous explorer l'île de la Martinique ? Consultez votre cahier électronique !

3. La Martinique !

Dans l'avion, Claire étudie sa carte touristique de la Martinique. Aidez-la à déchiffrer les symboles. Pour chaque lieu, indiquez ce qu'on peut faire quand on visite cet endroit.

Plage

Bateau/Pêche/Sports nautiques

Musée/Monument

Jardin/Parc/Flore

LECTURE : *En allant à Schœlcher*

Claire et Jean-Louis arrivent à Fort-de-France et y passent quelques heures en attendant le prochain car pour Schœlcher. Il fait nettement plus chaud et plus beau qu'à Paris, sans aucune prévision d'ouragans. Ils se promènent près du port et dans la ville et s'arrêtent un moment au bureau de tourisme où ils réservent deux chambres dans un hôtel près de la mer. Finalement, ils trouvent la gare routière et montent dans l'autocar. Il n'y a qu'une dizaine de passagers : une famille de six personnes à l'avant, près du chauffeur, un homme assez gros en chapeau de paille qui ronfle à l'arrière, eux-mêmes au centre et une jeune femme qui leur dit bonjour et leur sourit gentiment lorsqu'elle s'assied à côté d'eux…

CLAIRE : Alors, quand nous arriverons à Schœlcher, nous irons directement à l'hôtel et nous téléphonerons tout de suite à Monsieur Thibodeau.

JEAN-LOUIS : Nous aurons le temps de prendre une douche et quelque chose à manger avant d'aller à la recherche de cet homme ? Je me sens un peu fatigué.

CLAIRE :	Bien sûr ! Je ne propose pas d'aller le voir tout de suite, mais nous pourrions prendre rendez-vous pour demain, peut-être.
BERNADETTE :	Excusez-moi, je n'ai pas pu m'empêcher d'entendre votre conversation. Est-ce que vous parlez de Monsieur Jacques Thibodeau ?
CLAIRE :	Non, c'est un André Thibodeau. Vous le connaissez ?
BERNADETTE :	Tout le monde le connaît. Il est le père du maire du village. C'est une famille très riche qui habite la Martinique depuis le 17ème siècle d'après ce qu'on dit d'eux. Je ne les connais pas personnellement, mais je sais qu'ils ont beaucoup de liens avec le gouvernement départemental et qu'ils ont des rapports assez intimes avec quelques ministres français.
JEAN-LOUIS :	Alors, vous savez où se trouve la maison de ce monsieur ?
BERNADETTE :	Oui, oui. Ils habitent une grande maison, entourée de gardes de sécurité, pas trop loin de la ville. Je trouve déplorable l'idée que les gens riches profitent de leur argent tandis que les gens pauvres qui habitent à trois pas d'eux ont du mal à nourrir leurs enfants. À cela s'ajoute le fait que la plupart des gens riches ici sont des descendants des premiers colons qui ont opprimé les ancêtres des pauvres, qui étaient leurs esclaves. Je ne dis pas cela pour vous offenser…
CLAIRE :	Pas du tout ! Je comprends ce que vous ressentez. Nous, les Québécois, nous avons un problème comme ça aussi, mais entre anglophones et francophones. Pendant des siècles, les francophones québécois ont été systématiquement opprimés par les anglophones. Il y en a parmi nous qui cherchent la souveraineté. Nous…
BERNADETTE :	J'ai trouvé une âme sœur ! Mais, pardon, je vous ai interrompue.
CLAIRE :	J'allais dire que nous, je veux dire ceux qui sont membres du Parti Québécois, nous souhaitons un nouveau référendum à l'avenir pour que le peuple francophone puisse voter pour son autonomie.
BERNADETTE :	Nous aussi ! Je travaille pour un parti politique qui veut l'indépendance de la Martinique. Nous estimons que le problème économique est le plus difficile à surmonter, mais on parle de la possibilité d'une confédération antillaise qui reliera toutes les petites îles. Si l'Europe peut se réunir, pourquoi pas les Antilles ?
CLAIRE :	Tout à fait. Pour nous, le problème est différent. Personnellement, je crois que le problème le plus difficile à surmonter sera le problème de l'identité québécoise. Le peuple québécois est majoritairement francophone mais aussi multiculturel. Bien sûr, nous ne voulons pas frapper d'autres groupes ethniques d'ostracisme social. Nous voulons inclure et les francophones et les anglophones et les autochtones et les allophones et les nouveaux groupes d'immigrants dans une identité québécoise nationale. Je suis trop idéaliste, peut-être, mais je pense vraiment que tout cela est possible.
JEAN-LOUIS :	Excusez-moi de vous interrompre et de changer de sujet, mais on arrive bientôt à Schœlcher. Mademoiselle, savez-vous si nous pouvons marcher jusqu'à l'Hôtel Beauséjour ?
BERNADETTE :	Oui, oui. Ce n'est pas trop loin de l'arrêt en ville. Je vous montrerai le chemin et nous pourrons continuer à discuter…

Culture

Victor Schœlcher était un homme politique français et un antiesclavagiste actif au 19ème siècle. Il a contribué à l'abolition de l'esclavage dans l'étendue des territoires français en 1848. Ses actions en faveur de la libération des esclaves l'ont rendu célèbre aux Antilles, et la ville de Schœlcher à la Martinique est nommée en son honneur.

La politique		majoritaire(ment)	*majority (adj.) in majority (adv.)*
le maire	*mayor*	un autochtone	*a speaker of native Indian languages in Québec*
le ministre	*minister (of culture, of foreign affairs, etc.)*	un allophone	*a speaker of any language other than French, English, or native languages, in Québec*
entouré(e)	*surrounded*		
un pas	*a step*		
se sentir	*to feel*	**Divers**	
ressentir	*to feel strongly*	un (auto)car	*intercity bus*
opprimer, opprimé(e)	*to oppress, oppressed*	nettement	*significantly*
la souveraineté	*sovereignty*	la paille	*straw*
estimer (que)	*to estimate, to think that*	ronfler	*to snore*
surmonter	*to overcome*	une âme (âme sœur)	*a soul (like-minded person, soulmate)*
relier	*to link together*		

ℹ Culture

Il existe plusieurs **mouvements pour la souveraineté**, c'est à dire des mouvements d'indépendance, dans le monde francophone à l'aube (*dawn*) du 21ème siècle.

- Au **Québec**, une bonne partie du peuple, surtout parmi les francophones de la région montréalaise, désirent un Québec libre du gouvernement canadien. Les questions de la langue maternelle et de l'identité culturelle y jouent un rôle très important, mais l'enjeu de l'économie est aussi un problème au cœur du débat. Aux deux derniers référendums, le peuple québécois a voté contre l'indépendance.
- À la **Martinique**, on parle de l'indépendance depuis la fin du Seconde Guerre mondiale et la décolonisation de l'Afrique (en 1960). Aujourd'hui, il existe des partis en faveur de la souveraineté à la Martinique, mais la majorité des Martiniquais acceptent la situation politique telle qu'elle est. En comparaison avec d'autres îles antillaises, l'économie de la Martinique est assez prospère, et cela rend la question de l'indépendance encore plus difficile.
- En Europe, en **Corse** (une île dans la Méditerranée) et au pays **Basque** (à la frontière entre la France et l'Espagne), des mouvements d'indépendance sont aussi populaires parmi une partie plutôt minoritaire du peuple. Dans ces deux cas, les gens revendiquent leur identité culturelle unique et veulent se gouverner eux-mêmes sans l'intervention du gouvernement français.
- En **Casamance**, une région au sud du **Sénégal** qui longe la Gambie, il existe aussi des mouvements d'indépendance où les habitants, eux aussi, revendiquent leur identité culturelle unique. Il faut noter que les mouvements souverainistes en Corse, aux pays Basque et en Casamance sont affectés par des actes de violence qui remettent en question les négociations politiques.

Après avoir lu

4. Avez-vous compris ?

Répondez aux questions suivantes. Justifiez vos réponses en citant le texte.

1. Pourquoi est-ce que Bernadette et Claire commencent à parler de politique ?
2. Comment est Bernadette ? Voudriez-vous discuter de politique avec elle ? Pourquoi ou pourquoi pas ?
3. Où vont Claire et Jean-Louis ? Qu'est-ce qu'ils doivent faire quand ils arriveront à Schœlcher ? Avez-vous des conseils pour eux ?
4. Claire et Bernadette parlent des mouvements d'indépendance à la Martinique et au Québéc. Y a-t-il des similarités entre ces deux situations politiques ? Décrivez-les.

Pour aller plus loin :
CULTURE

ACTIVITÉ C : Apprenez un peu plus sur le mouvement d'indépendance au Québec et sur le Parti Québécois. Consultez votre cahier électronique !

 Culture

Pendant **la guerre d'indépendance américaine**, au 18ème siècle, les Français ont aidé les révolutionnaires américains qui voulaient leur souveraineté. Le marquis de La Fayette était un des Français qui est venu au secours des Américains et qui a joué un rôle important dans leur déclaration d'indépendance. De plus, des Américains tels que Thomas Jefferson et Benjamin Franklin parlaient couramment le français et ont été influencés par les idées philosophiques françaises.

5. D'accord ou pas d'accord ?

Indiquez si vous êtes d'accord ou pas avec les phrases suivantes, d'après votre compréhension du récit. Justifiez vos opinions en citant le texte, si possible. Discutez de vos réponses avec la classe.

	D'accord	Pas d'accord
1. Bernadette a l'oreille indiscrète.	_____	_____
2. Bernadette a des opinions politiques assez radicales.	_____	_____
3. Claire et Bernadette s'entendent bien.	_____	_____
4. Claire veut que le Québec devienne un pays indépendant.	_____	_____
5. Jean-Louis ne s'intéresse pas à la politique.	_____	_____

6. Le pour et le contre

Regardez la liste suivante et indiquez si ce sont des raisons pour ou contre l'indépendance de la Martinique. Discutez de vos opinions avec vos camarades de classe.

1. Les Martiniquais ont tous les droits accordés aux citoyens français de la métropole.
2. La France aide l'économie de la Martinique.
3. Les Martiniquais ont leur propre identité culturelle et ethnique.
4. Beaucoup de Français passent leurs vacances dans les DOM-TOM.
5. La majorité des Martiniquais sont les descendants des esclaves africains opprimés par les Français de France.
6. L'île appartenait aux peuples indigènes, les habitants originels de cette terre.
7. La société martiniquaise est multiculturelle et comprend des gens de racines africaines, arabes, chinoises, indiennes et européennes.

7. La politique

Regardez les mots de vocabulaire qui suivent. Dans chaque ligne, il y a un mot qui cloche avec les trois autres. Entourez le mot qui ne va pas avec les autres et essayez d'expliquer pourquoi. Attention ! Il y a parfois plusieurs bonnes réponses. Il faut justifier votre choix.

1. voter	élire (*to elect*)	ressentir	discuter
2. une loi	un référendum	une constitution	un droit
3. majoritaire	beaucoup	minoritaire	plusieurs
4. l'économie	la société	la culture	le gouvernement
5. radical	libéral	conservateur	apathique

8. Une âme sœur !

Bernadette accompagne ses nouveaux amis à l'hôtel et Claire l'invite à déjeuner avec eux. Pendant le repas, Jean-Louis doit se retirer et les deux jeunes femmes continuent leur conversation. Choisissez une des expressions entre parenthèses et lisez le dialogue à haute voix avec un partenaire. Quand vous voyez ???, vous pouvez imaginer votre propre expression.

CLAIRE : Alors, vous habitez à Schœlcher depuis longtemps ?
BERNADETTE : Oui, je suis née ici ! Toute ma famille est ici, mais je travaille à Fort-de-France dans (une agence de tourisme / un hôtel / ???). Et vous ?

CLAIRE :	Moi, je suis étudiante (à l'Université de Sainte-Foy / de doctorat) en lettres françaises.
BERNADETTE :	(Ça alors / Vraiment / ???) ! J'adore la littérature. Connaissez-vous des auteurs martiniquais ?
CLAIRE :	(Bien sûr / Absolument / ???) ! On étudie souvent Aimé Césaire et Franz Fanon, ces chefs du mouvement de la négritude, mais mon auteur préféré est Patrick Chamoiseau parce que ses romans sont si (charmants / bien écrits / ???)…
BERNADETTE :	(À propos ! / Justement !) Chamoiseau est un des auteurs les plus populaires ici. Je suis désolée de vous interrompre, mais moi aussi j'adore les œuvres de Chamoiseau. Son *Chemin d'école* me rappelle (ma jeunesse / le bon vieux temps). Mais, vous vouliez dire quelque chose. (Allez-y ! / Je vous écoute !)…
CLAIRE :	J'allais dire (simplement / seulement / ???) que les auteurs martiniquais sont bien appréciés par les étudiants de lettres françaises.
BERNADETTE :	Ajoutons que le public général applaudit la politique post-coloniale qu'on trouve dans ces romans… mais votre (fiancé / ami / camarade) français, apprécie-t-il notre littérature engagée ?
CLAIRE :	Qui ? Jean-Louis ? Enfin, il travaille avec les livres, mais la littérature n'est pas son truc… et, pour clarifier, c'est juste un ami. Il m'aide dans mes recherches. (C'est tout. / Voilà / ???)
BERNADETTE :	(Si je puis me permettre de / Je voudrais juste) vous poser une question à ce sujet… êtes-vous sûr qu'il vous aide de bon cœur ? Je ne le connais pas, mais il me semble un peu cachotier (*secretive*). Ça fait déjà vingt minutes qu'il est parti…
CLAIRE :	(Ah bon ? / Vous avez raison. / ???). Où peut-il être ?

ℹ Littérature

La **négritude** est un mouvement littéraire mondial initié par des écrivains comme Aimé Césaire (de la Martinique), Franz Fanon (de la Martinique), Léopold Senghor (du Sénégal) et René Despestre (d'Haïti) dans les années 50 et 60. Ce mouvement a cherché à rétablir et à revaloriser l'image des noirs suite au racisme de l'ère coloniale. En même temps qu'ils critiquaient les effets sociaux et psychologiques du racisme et de la colonisation, les auteurs travaillaient à la reconnaissance de l'importance des cultures africaines et de leurs traditions populaires pour les peuples noirs. Les auteurs martiniquais d'aujourd'hui, comme Patrick Chamoiseau, Raphaël Confiant, Joseph Zobel et Édouard Glissant, reconnaissent l'importance de la négritude, mais préfèrent voir la société martiniquaise comme une société créole plutôt qu'une société noire. Leur mouvement s'appelle **la créolité** ou **l'antillanité**, et ces auteurs représentent la société martiniquaise comme une mosaïque de cultures et éthnies diverses.

**Pour aller plus loin :
CULTURE**

ACTIVITÉ D : Lisez un poème d'Aimé Césaire. Consultez votre cahier électronique !

Comment dire　*interrompre quelqu'un et ajouter quelque chose*

To interrupt	À propos ! / Justement ! / Ça me rappelle un truc… Je suis désolé(e) de vous/t' interrompre, mais… Si je puis me permettre de dire… / Permettez, je finis ma phrase… Je voudrais juste dire une chose à ce sujet. / Mais laisse-moi parler ! J'ai une question à te/vous poser. / J'ai quelque chose à dire ! Je pourrais en placer une ? / J'arrive pas à placer un mot ! Tais-toi !/Taisez-vous ! / Ta gueule ! (*vulgar*)
To let others speak	Je vous écoute. / Je t'écoute / Vas-y. / Allez-y. / Raconte(z) ! À toi/vous de parler ! / C'est à toi/vous ! / Je vous en prie. / Je t'en prie. Tu voulais / Vous vouliez dire quelque chose ? Dis ce que tu as à dire. / Dites ce que vous avez à dire.

Ne sois/soyez pas timide. / Cela m'intéresse énormément.
J'aimerais bien avoir ton/votre opinion.

To add something Ceci dit / En outre / De plus / Par ailleurs / Néanmoins
À cela s'ajoute le fait/l'idée que… / Ajoutons que…
Je voulais ajouter que… / vous dire que…
Qui plus est / Qui pis est… / N'oublions pas que…

9. À vous

Imaginez que vous êtes dans les situations suivantes. Que dites-vous ? Avec un partenaire, choisissez des expressions pour chaque situation.

1. Vous voulez interrompre votre professeur, qui n'arrête pas de parler de politique, pour dire que les Français ont aidé les Américains à déclarer leur indépendance du royaume britannique.
2. Vous expliquez à votre ami(e) qu'il/elle réussira ses examens seulement s'il/elle étudie tous les soirs. Ajoutez qu'il faut bien manger et faire de l'exercice aussi.
3. Votre ami(e) est timide, mais vous sentez qu'il/elle a quelque chose à vous dire à propos de votre nouvelle coiffure.
4. Vous essayez d'expliquer à vos parents l'importance de voyager à la Martinique pour les vacances de printemps, mais ils ne parlent que de l'emploi qu'ils vous ont trouvé dans un supermarché.

10. À propos !

Sur une feuille de papier, écrivez une phrase pour décrire la loi (*law*) que vous trouvez la moins efficace (*effective*) ou la moins utile (*useful*) aux États-Unis ! Puis, circulez dans la salle de classe et exprimez votre opinion à vos camarades. Bien sûr, les idées des autres ne vous intéressent pas trop. Interrompez les autres pour parler de votre opinion. Essayez d'exprimer votre opinion à autant de personnes que possible !

11. L'utopie

Avec un partenaire, faites une liste des caractéristiques d'une utopie. Parlez des gens, du gouvernement, de la société, du temps et d'autres aspects que vous trouvez importants. Ensuite, comparez votre liste avec celle d'un autre groupe. Interrompez-les souvent pour ajouter votre opinion, mais redonnez-leur la parole quand vous aurez terminé d'exprimer votre pensée. Soyez polis !

À l'écrit *première étape*

12. Les innovations à l'avenir

Avec la technologie, les découvertes scientifiques, et les nouvelles inventions, le monde change vite. Faites une liste de 4 ou 5 innovations qui changeront notre façon de vivre à l'avenir (*future*) et expliquer chaque innovation en une phrase. Vous pouvez parler de vraies innovations ou bien vous pouvez inventer vos propres idées innovatrices ! Ensuite, échangez votre liste avec celle d'un camarade de classe. Vérifiez que votre partenaire a bien décrit ses idées, faites des corrections possibles et ajoutez des commentaires en bas de page.

www **Pour aller plus loin : LITTÉRATURE**

ACTIVITÉ E : Lisez des citations de plusieurs auteurs francophones sur l'utopie. Consultez votre cahier électronique !

Le coup de téléphone

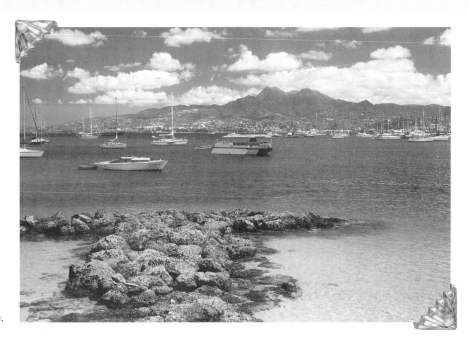

L'île de la Martinique.

Structures *les pronoms d'objet et les pronoms adverbiaux*

13. **Une partie de cache-cache** *(hide-and-seek)*

En attendant le retour de Jean-Louis au restaurant, Claire raconte à Bernadette l'histoire du manuscrit qu'elle cherche, mais sans dire le nom de l'auteur. Soulignez tous les pronoms compléments d'objets directs **(me, te, le/la, nous, vous, les)** et indirects **(me, te, lui, nous, vous, leur)** qu'elle utilise. Aussi, soulignez les pronoms adverbiaux **y** et **en**. Pour chaque pronom complément d'objet, indiquez ce que ce pronom représente. Pouvez-vous décrire comment fonctionnent les pronoms d'objet et les pronoms adverbiaux en analysant ces exemples ?

BERNADETTE : Votre ami vous aide avec votre thèse ?

CLAIRE : Enfin, oui et non. Il m'aide à trouver le manuscrit dont j'ai besoin. Et le trouver, ce n'est pas facile ! C'est comme une partie de cache-cache ! D'abord, l'auteur l'a donné à un homme de Saint-Domingue. Il le lui a donné en 1792. Puis, cet homme est allé en Louisiane. L'homme y a ouvert un restaurant et il a gardé le manuscrit dans sa bibliothèque. Ses descendants l'ont gardé jusqu'en 1973. Puis, ils ont vendu la bibliothèque familiale. Ils l'ont vendue à un bouquiniste parisien. Ils ne lui ont pas dit que le manuscrit était parmi les livres de la bibliothèque familiale. Le bouquiniste l'a mis dans sa collection de livres anciens. Il y en avait plusieurs qui étaient très rares. Enfin, le bouquiniste l'a vendu récemment à un homme qui habite la Martinique. Et nous y sommes allés pour le rencontrer. Nous espérons qu'il nous le vendra… ou, au moins, qu'il me laissera le temps de l'étudier.

Comment faire *les pronoms d'objet et les pronoms adverbiaux*

Pronouns (**les pronoms**) are used to replace words or phrases, in order to refer to something that has already been mentioned or in order to avoid repeating it. *Object pronouns* (**les pronoms compléments d'objet**) and *adverbial pronouns* (**les pronoms adverbiaux**), which are often grouped with them, must always be used in context, so that the interlocutor or reader knows what is being referred to. Choose the appropriate object pronoun according to the function of the object in the sentence.

Direct objects (**l'objet direct**) replace nouns that take the direct action of the verb (no preposition)

- The direct object pronouns are : **me, te, le/la, nous, vous, les**
- Example : Il a mis le manuscrit dans sa collection. → Il **l'**a mis dans sa collection.
- **Note :** If there is a *preceding direct object* and there is a past participle (with *passé composé, plus-que-parfait, subjonctif passé,* etc.), the past participle must agree with the object : Ils ont vendu sa bibliothèque. → Ils **l'**ont vend**ue**.

Indirect objects (**l'objet indirect**) replace people introduced by a preposition : **à** + *personne.*

- The indirect object pronouns are : **me, te, lui, nous, vous, leur**
- Example : Ils n'ont pas dit au bouquiniste que le manuscrit était parmi les livres. → Ils ne **lui** ont pas dit que le manuscrit était parmi les livres.

The *adverbial pronoun* **y** replaces nouns or places introduced by a preposition of location : **à** or any preposition of location (**chez, dans, en, sous, devant, derrière,** etc.) **+ objet/lieu**

- Example : Il a ouvert un restaurant en Louisiane. → Il **y** a ouvert un restaurant.

The *adverbial pronoun* **en** replaces nouns introduced by an indefinite or partitive article, an expression of quantity, or a number : **de** (or **du, de la, des**) or any expression of quantity (**un, deux, trois, beaucoup, plusieurs, assez,** etc.) **+ nom**

- **Note :** If a number or expression of quantity is present, the pronoun replaces only the noun (or de + *noun*), not the quantity itself : Il avait plusieurs livres. → Il **en** avait plusieurs.
- Example : Jean-Louis vend des livres à Paris. → Il **en** vend à Paris.

Order of pronouns *Object pronouns* and *adverbial pronouns* normally *precede the verb* on which they depend. Sometimes, more than one pronoun is used in the same sentence, though it is rare to use more than two at a time. When there is *more than one pronoun* in a sentence, the order of pronouns is as follows :

Subject + **(ne)** + **me/te/se/nous/vous** + **le/la/les** + **lui/leur** + **y** + **en** + *verb* + **(pas)**

With the *imperative* (commands), the placement and order of pronouns differ.

- When *pronouns* are used with the *affirmative imperative*, the pronouns follow the verb, connected by hyphens (**traits d'union**) : Donnez-**le-lui** !
- When there are *multiple pronouns* in an *affirmative imperative* construction, the pronouns are placed in the following order : *Verb* + **objet direct** + **objet indirect** + **y** + **en**
- With the *negative imperative*, however, the pronouns precede the verb as usual : Ne **le lui** donnez pas !

14. Répétez, s'il vous plaît

Bernadette essaie de comprendre l'histoire du manuscrit. Donc, elle demande à Claire de répéter chacune de ses phrases. Récrivez les phrases suivantes en substituant **un pronom** pour les mots en **caractères gras**. Ensuite, récrivez-les à nouveau en ajoutant d'autres pronoms possibles.

Modèle : Nous cherchons un **manuscrit** qui appartient à un homme martiniquais.
Nous <u>en</u> cherchons un qui appartient à un homme martiniquais.
Nous <u>en</u> cherchons un qui <u>lui</u> appartient.

1. Nous cherchons un **manuscrit** qui appartient à un homme martiniquais.
2. L'auteur a offert le manuscrit **à un ami** en 1792.
3. L'ami a apporté le manuscrit **à la Nouvelle-Orléans**.
4. Il avait beaucoup **de livres rares** dans sa collection.
5. Sa famille a vendu **sa collection** à un bouquiniste parisien en 1973.
6. Le bouquiniste n'a pas pensé **au manuscrit**.
7. Il a gardé le manuscrit **dans son entrepôt** pendant des années.
8. Il vient de vendre **le manuscrit** à Monsieur Thibodeau.
9. Jean-Louis et moi voulons parler du manuscrit **à ce monsieur**.

🛈 Langue

Rappelez-vous les conjugaisons des **verbes irréguliers** suivants : **dormir, mentir** et **sentir** ? Si non, mémorisez leurs conjugaisons avant de continuer !

- **dormir** (*to sleep*) : je dors, tu dors, il/elle/on dort, nous dormons, vous dormez, ils/elles dorment (*participe passé* : j'ai dormi)
- **mentir** (*to lie, tell lies*) : je mens, tu mens, il/elle/on ment, nous mentons, vous mentez, ils/elles mentent (*participe passé* : j'ai menti)
- **sentir** (*to feel, to smell*) : je sens, tu sens, il/elle/on sent, nous sentons, vous sentez, ils/elles sentent (*participe passé* : j'ai senti); le verbe **ressentir** est conjugué comme sentir.

15. Quelques précisions

Il y a presqu'une heure que Jean-Louis a quitté la table. Bernadette et Claire continuent à parler du manuscrit, et Bernadette pose beaucoup de questions à Claire. Jouez le rôle de Claire et répondez aux questions. Remplacez les mots en **caractères gras** avec des pronoms compléments d'objets ou des pronoms adverbiaux quand vous répondez.

1. Donc, le manuscrit est **à la Martinique** ? (oui)
2. Jean-Louis **vous** a dit qu'il voulait vous aider ? (oui)
3. Vous croyez **Jean-Louis** ? (oui)
4. Est-ce qu'il habite **au Québec** aussi ? (non)
5. A-t-il beaucoup **d'argent** ? (oui)
6. Vous avez déjà téléphoné **à Monsieur Thibodeau** ? (oui)
7. Est-ce qu'il était **chez lui** ? (non)
8. Voulez-vous que je demande **à mes amis** quand les Thibodeau reviendront ? (oui)
9. Est-ce que vous restez à **l'hôtel** ce soir ? (oui)
10. Est-ce que Jean-Louis ment **aux gens** de temps en temps ? (non)
11. Est-ce que vous vous sentez à l'aise en **me** parlant ? (oui)
12. Avez-vous besoin **de mon aide** ? (oui)

16. Des cadeaux !

Avec un partenaire, faites une description d'un cadeau que vous avez reçu. Décrivez l'objet et puis précisez qui vous l'a donné, quand on vous l'a offert, pourquoi on vous l'a donné et où vous le gardez. Votre partenaire doit deviner (*to guess*) de quoi il s'agit ! Attention à l'usage des pronoms compléments d'objet et des pronoms adverbiaux !

Structures   *les pronoms disjoints*

17. Aidez-moi !

Claire commence à soupçonner que Jean-Louis lui cache quelque chose. Elle continue à discuter avec Bernadette mais devient de plus en plus impatiente. Regardez les **pronoms disjoints** dans les phrases suivantes prononcées par Claire et indiquez de qui elle parle. Pouvez-vous décrire comment fonctionnent les pronoms disjoints en analysant ces exemples ?

Modèle :   Nous allons **chez lui**.
chez Monsieur Thibodeau

1. Vous venez **avec nous**.
2. Il ne partirait pas **sans moi**.
3. Pensez-vous qu'il habite **avec elle** ?
4. Nous achèterons des fleurs **pour eux**.
5. Il habite près de **chez vous** ?
6. C'est **à lui** que je dis la vérité.

Comment faire   *les pronoms disjoints*

The *disjunctive pronouns* (**les pronoms disjoints**) are used to replace people's names or descriptions after certain prepositions (**à, de, avec, sans, pour**, etc.). The disjunctive pronouns are :

moi	nous
toi	vous
lui / elle	eux / elles

- **Example :** C'est **à eux** de parler ! Quant **à moi**, je me méfie **de lui**.
- **Note :** The disjunctive pronouns can also be used without a preposition as stress pronouns to emphasize the subject of a sentence : (**Moi** ? je me méfie de lui. **Lui**, il est parti il y a une heure !) or to emphasize a direct object (Je l'adore, **elle** !).

18. Claire pose des questions

Claire pose des questions à Bernadette. Remplissez les blancs avec un **pronom disjoint**.

1. Est-ce que vous parlez de Jean-Louis ? Vous parlez de _____, n'est-ce pas ?
2. Et vos amis, _____, ils connaissent les Thibodeau ?
3. Les Thibodeau habitent près de la maison de tes tantes ? Je veux dire, près de chez _____ ?

4. Est-ce que Jean-Louis est parti pour aller chez les Thibodeau ? Il est allé chez _____ ?

5. Pensez-vous qu'il soit parti sans _____ ? Il m'a promis de m'aider !

6. _____, j'attends son retour. Je veux poser des questions à Jean-Louis. C'est à _____ que je veux parler.

7. Il m'a promis de ne plus me mentir. Donc, je veux parler avec _____ avant de tirer de fausses conclusions.

8. Est-ce que vous viendrez avec Jean-Louis et moi demain ? Vous ne voulez pas venir avec _____ ?

19. Des objets trouvés *(lost and found)*

Sur une feuille de papier, dessinez *(draw)* un objet que vous chérissez. N'y mettez pas votre nom. Ensuite, pliez votre papier et échangez vos «objets» au hasard. Puis, circulez dans la classe et essayez de trouver le propriétaire de l'objet. Quand vous trouvez le propriétaire, échangez votre «objet» pour le sien. Ensuite, essayez de trouver le propriétaire de ce nouvel objet. Mais attention, il est possible que les gens mentent ! Posez des questions afin de vérifier que la personne est le vrai propriétaire de l'objet. Continuez jusqu'à ce que tout le monde ait retrouvé son objet !

MODÈLE : «Est-ce que cette bicyclette est à toi ?»
—**Non. Moi, je cherche mes boucles d'oreille.**
—**Ah bon ? Je ne les ai pas. Est-ce que tu as un ordinateur ?**
—**Oui, j'en ai un. Comment est le tien ?**

Avant d'écouter

20. Avant le coup de téléphone

Les phrases suivantes sont très formelles. Transformez-les pour une conversation entre des gens qui se connaissent très bien et se tutoient.

1. C'est bien vous ? Comment allez-vous ?
2. Pardon, pouvez-vous parler moins vite ?
3. Je vous assure que tout va bien.
4. Est-ce que vous pourriez répéter ? Je ne vous ai pas entendu.
5. Qu'est-ce que vous venez de dire ?

 À L'ÉCOUTE : *Le coup de téléphone*

En sortant du restaurant, Bernadette voit un groupe de gens qui écoutent un conteur sur la place centrale de la ville. Elle leur demande s'ils ont vu un homme français. Ils lui disent qu'un homme a donné un coup de téléphone dans la cabine en face d'eux, et ils expliquent que cet homme a longuement parlé avec quelqu'un et qu'il était très animé pendant qu'il parlait. Claire comprend tout de suite que c'était Jean-Louis qui téléphonait… mais à qui ? et pourquoi ?

 Regardez le vocabulaire qui suit, et puis **écoutez le dialogue sur votre CD**.

Divers

à peine	barely	un cadeau	a present
un anniversaire	a birthday	raccrocher	to hang up
sauf	except	une part	a slice
		être ravi(e)	to be delighted

ℹ️ Culture

Un **conteur** est une personne qui raconte des histoires, des contes ou des fables pour un public assemblé. Dans les cultures africaines, le conteur, qu'on appelle un «**griot**», joue un rôle très important dans la société, non seulement parce qu'il divertit son public, mais aussi parce qu'il leur enseigne des leçons et leur raconte des nouvelles. Ils utilisent beaucoup de gestes et de chansons pour enrichir leurs contes. Cette tradition est venue aux Antilles avec les Africains et y a fleuri. Aux Antilles, quand un conteur veut commencer à raconter une histoire, il crie le mot «Cric !», et si le public veut l'entendre, ils répondent «Crac !». Ensuite, la présentation du conte est interactive et le public participe au développement de l'histoire. Dans les sociétés africaines et antillaises, il y a des griots de grande renommée qui sont très recherchés par le public à cause de leur façon de faire vivre leurs personnages et leurs contes préférés.

Après avoir écouté

21. Avez-vous compris ?

Après avoir écouté le dialogue entre Claire et Jean-Louis, répondez aux questions suivantes.

1. À qui est-ce que Jean-Louis téléphone ? Pourquoi ? Pensez-vous qu'il se sente coupable (*guilty*) de ne pas être à Paris en ce moment ?
2. Pourquoi est-ce que Jean-Louis n'a pas dit à Claire qu'il devait téléphoner à sa mère ?
3. Qu'est-ce que la mère pense du travail de son fils ? Est-ce que Jean-Louis lui ment à propos de ce qu'il fait à la Martinique ?
4. Imaginez comment Claire va réagir quand elle apprend que Jean-Louis a téléphoné à sa mère.

22. D'accord ou pas d'accord

Après avoir écouté le dialogue, lisez les phrases suivantes et donnez votre opinion. Discutez en petits groupes.

	D'accord	Pas d'accord
1. Jean-Louis téléphone à son patron.	_____	_____
2. C'est l'anniversaire de son père.	_____	_____
3. Sa mère est surprise que son fils soit à la Martinique.	_____	_____
4. Sa mère est très âgée et un peu sourde (*deaf*).	_____	_____
5. Jean-Louis sait exactement quand il va rentrer à Paris.	_____	_____

Comment dire *faire répéter ou faire préciser*

To ask someone to repeat	Pardon ? / Comment ? / Quoi ? / Excuse(z)-moi ?
	Pouvez-vous / Peux-tu répéter, s'il vous/te plaît ?
	Qu'est-ce que tu viens / vous venez de dire ?
	Pouvez-vous / Peux-tu parler moins vite / parler plus fort ?
	Je n'ai pas bien compris / bien entendu
	Articule(z), s'il te/vous plaît !
To ask for more specific information	Qu'est-ce que tu veux/vous voulez dire ?
	Je ne comprends pas ce que tu dis/vous dites.

Je ne comprends rien à ce que tu dis/vous dites.
Je n'y comprends rien ! / Je ne vois pas ce que tu veux/vous voulez dire !
Mais qu'est-ce que tu racontes / vous racontez ?
Pouvez-vous préciser ? / C'est-à-dire ?

ACTIVITÉ F : Découvrez les arts, la culture et la gastronomie de la Martinique. Consultez votre cahier électronique.

23. Que dites-vous ?

Qu'est-ce qu'on peut dire pour se faire comprendre dans les situations suivantes ? Avec un partenaire, décidez ce que vous pouvez dire.

1. Vous parlez au téléphone avec votre ami(e) et vous n'entendez pas ce qu'il/elle dit.
2. Votre professeur explique comment utiliser le subjonctif (encore), mais vous ne comprenez pas ce qu'il/elle dit.
3. Vous allez à la Martinique et vous rencontrez des gens qui parlent créole. Donc, vous ne comprenez que la moitié de ce qu'ils disent.
4. Vous parlez avec une femme âgée qui parle très doucement et très vite.
5. Vous êtes une personne âgée un peu sourde (*deaf*) et vous n'entendez pas très bien ce que les jeunes gens disent.
6. Votre maire fait un discours public pour renouveler sa candidature aux prochaines élections, pourtant le microphone marche mal et on a du mal à comprendre ce qu'il dit.

24. Répétez !

Circulez dans la classe et posez des questions à vos camarades en employant les éléments suivants. Quand quelqu'un vous pose une question, demandez-lui de répéter la question. Ensuite, donnez une réponse en utilisant des pronoms compléments d'objet et/ou des pronoms disjoints.

parler de la politique à vos amis

avoir des opinions sur l'économie

promettre à vos amis de payer le dîner

acheter des journaux dans votre ville

penser à la souveraineté du Québec

donner des cadeaux à vos amis

voter aux élections presidentielles avec vos amis

mentir à votre famille de temps en temps

passer des messages à vos camarades en classe

aller à la Martinique avec votre fiancé(e)

??? (à vous d'inventer d'autres questions !)

À l'écrit *deuxième étape*

25. La possibilité des innovations à l'avenir

Vous parlez avec un(e) ami(e) de la vie à l'avenir. Révisez votre liste d'innovations qui changeront nos vies (Activité 6-12) et imaginez un dialogue où vous expliquez vos idées à un(e) ami(e) et où vous discutez la possibilité que ces idées soient réalisées dans vingt ans. Bien sûr, votre ami(e) est très curieux(-euse) et vous interrompt souvent pour vous faire répéter une chose ou pour vous faire préciser vos idées. Finalement, avec un partenaire, révisez vos dialogues et lisez-les à haute voix.

Venez à Dakar

Structures   *le futur et le futur antérieur*

26. **Dans 20 ans…**

Imaginez comment sera votre vie dans 20 ans. Surprise ! Vous vivez dans un pays francophone ou bilingue. Vous êtes chez vous quand vous recevez cette fiche à remplir pour le recensement (*census*). Remplissez les blancs en imaginant votre vie dans 20 ans.

Recensement officiel

Date: _____   Âge: _____

Nom et prénom: _____

Adresse: _____

Occupation: _____

Salaire annuel: _____

Célibataire, Marié(e) ou Divorcé(e)? _____

Nom de l'époux/l'épouse: _____

Nombre d'enfants: _____

Noms des enfants: _____

Animaux familiers: _____

Voiture ? _____ non _____ oui, modèle: _____

Passe-temps préférés: _____

---

27. **«Demain dès l'aube»**

Lisez le poème suivant écrit par Victor Hugo et publié en 1856 dans un recueil intitulé *Contemplations*. Ensuite, répondez aux questions.

«Demain dès l'aube»

de Victor Hugo

Demain, dès l'aube, à l'heure où blanchit la campagne,
Je **partirai**. Vois-tu, je sais que tu m'attends.
J'**irai** par la forêt, j'**irai** par la montagne.
Je ne puis demeurer° loin de toi plus longtemps.   *I can't stay*

Je **marcherai** les yeux fixés sur mes pensées,
Sans rien voir au dehors, sans entendre aucun bruit,
Seul, inconnu, le dos courbé,° les mains croisées,   *hunched/curved*
Triste, et le jour pour moi **sera** comme la nuit.

Je ne **regarderai** ni l'or du soir qui tombe,
Ni les voiles° au loin descendant vers Harfleur,   *sails*
Et quand j'**arriverai**, je **mettrai** sur ta tombe
Un bouquet de houx° vert et de bruyère° en fleur.   *holly plant / heather plant*

1. Où va l'homme dans le poème ? Quand ? Pourquoi ?
2. Quel est le ton du poème ? Qu'est-ce qui contribue à ce ton ?
3. La fille de Victor Hugo est morte, noyée (*drowned*) lors d'un accident de bateau, en Normandie. Pensez-vous que le poète parle à sa fille ? Justifiez votre opinion en citant le texte.
4. Examinez les verbes qui sont **au futur**. Donnez l'infinitif de chaque verbe. Lesquels sont irréguliers au futur ? Pouvez-vous décrire comment former et comment utiliser le futur ?
5. Quel est l'effet produit par l'emploi du futur dans ce poème ? Récrivez-le au passé et comparez-le avec l'original. Commencez avec : «Hier, à l'aube…»

Comment faire — *le futur et le futur antérieur*

The *future tense* (**le futur**) is used to describe events that will occur at some future date. The **futur antérieur** is the future perfect tense and is used to describe events that will have occurred before some future date but are still events that lie in the future.

- The **futur** is formed by adding the appropriate endings to the infinitive (drop the final **-e** from **-re** verbs) or irregular future stem. The future endings are : **-ai, -as, -a, -ons, -ez, -ont**.
- Some *irregular future stems* are :

aller : il ira	faire : il fera	savoir : il saura
avoir : il aura	falloir : il faudra	valoir : il vaudra
devoir : il devra	pleuvoir : il pleuvra	venir : il viendra
envoyer : il enverra	pouvoir : il pourra	voir : il verra
être : il sera	recevoir : il recevra	vouloir : il voudra

- The **futur antérieur** is composed of two parts : the future of the *auxiliary verb*, **avoir** or **être**, plus the *past participle* of the verb you are conjugating (following the same rules for agreement as the **passé composé**) : En 2020, elle aura déjà reçu son diplôme et elle sera allée en France.

28. Que ferons-nous ?

Finalement, Jean-Louis retrouve Claire en ville et explique qu'il devait téléphoner à sa mère parce qu'aujourd'hui, c'est son anniversaire. Claire ne le croit pas
entièrement, mais elle décide de ne pas insister. Donc, ils reprennent leur discussion à propos du manuscrit. Conjuguez les verbes entre parenthèses au **futur**.

CLAIRE : Il n'y a toujours pas de réponse chez Monsieur Thibodeau. Quand est-ce qu'il
(rentrer) _____ chez lui ? Il est trop tard aujourd'hui, mais demain à 9h,
Bernadette (aller) _____ chez ses tantes et elle leur (demandent)
_____ si elles savent où il est. Tu (voir) _____, Bernadette nous
(aider) _____ beaucoup.

JEAN-LOUIS : Mais, est-ce que tu (attendre) _____ son coup de téléphone ou est-ce
que tu (aller) _____ chez les Thibodeau avec moi demain matin ?

CLAIRE : Nous (attendre) _____ son coup de téléphone, bien sûr.

JEAN-LOUIS : Mais, tu te moques de moi ? Nous avons l'adresse. Nous (partir) _____
demain matin sans attendre Bernadette…

29. Oui, mais…

Claire continue à réfléchir à ce qu'ils pourraient faire demain. Conjuguez les
verbes entre parenthèses au **futur antérieur**.

CLAIRE : Oui, mais si nous attendons jusqu'à 10h, Bernadette (aller) _____
chez ses tantes, elle leur (poser) _____ beaucoup de questions et elle
nous (téléphoner) _____ avec toutes ces informations. Ensuite, nous
irons chez Monsieur Thibodeau. D'accord ?

JEAN-LOUIS : Mais, peut-être que nous (rater) _____ l'occasion de parler avec ce
monsieur avant qu'il ne sache combien nous désirons acheter ce manuscrit.

CLAIRE : Ne t'en fais pas. Tout ira bien !

30. Questions personnelles

Répondez aux questions personnelles suivantes. Discutez vos réponses avec
la classe.

1. Quand est-ce que vous recevrez votre diplôme de l'université ? Nommez
une chose que vous aurez déjà accomplie avant de recevoir votre diplôme.
2. Quand est-ce que vous irez en vacances ? Nommez une chose que vous
aurez déjà faite avant de partir en vacances.
3. Quand est-ce que vous aurez votre prochain examen ? Qu'est-ce que
vous aurez fait avant de passer cet examen ?
4. À quelle heure est-ce que vous quitterez votre résidence demain matin ?
Qu'est-ce que vous aurez fait avant de quitter la maison demain ?

31. La vie de Claire

Claire veut terminer sa thèse et devenir professeur de littérature française au
Québec. Est-ce qu'elle réalisera ces objectifs ? Imaginez comment sera la vie
de Claire dans 20 ans. Écrivez 6 phrases. Ensuite, comparez vos idées avec
celles de vos camarades de classe.

32. Et vous ?

Que ferez-vous le jour de votre anniversaire l'année prochaine ? Faites une
liste de 10 activités. Employez le futur. Comparez votre journée avec celle de
vos camarades de classe.

33. Et dans 20 ans ?

En utilisant la fiche du recensement (Activité 26), faites une interview avec un(e) camarade de classe afin de savoir comment sera sa vie dans 20 ans. Aussi, demandez-lui ce qu'il aura déjà fait avant ce moment-là. Conduisez votre interview au futur et au futur antérieur.

MODÈLE : «Où est-ce que tu habiteras dans 20 ans ?»
—**J'habiterai à Paris, dans le 5ème arrondissement.**
—**Dans quels pays est-ce que tu auras déjà habité avant de t'y installer ?**
—**J'aurai déjà habité aux États-Unis et en Belgique.**

CORRESPONDANCE : *«Venez à Dakar !»*

À :   Claire Plouffe
De :   André Thibodeau
Date : 01/10/03
Réf :   che sarà sarà

Chère Mademoiselle Plouffe,

Vous ne me connaissez pas, mais je pense que vous me cherchez. J'ai des amis à Schœlcher, où se trouve ma résidence principale, qui m'ont téléphoné aujourd'hui avec la nouvelle de votre arrivée. Comme je venais de recevoir une lettre d'un bouquiniste parisien du nom de Nicolas Gustave, dans laquelle il m'expliquait qui vous êtes, je n'ai donc pas été trop surpris d'apprendre que vous étiez à la Martinique. Malheureusement, vous ne saviez pas avant de quitter Paris que j'étais chez des parents, ici au Sénégal. Pourtant, je m'intéresse énormément à votre projet de recherche et je vous invite à venir me rendre visite à Dakar où je serai jusqu'au Nouvel An.

Je sais que vous êtes étudiante et que vous n'avez pas suffisamment d'argent pour faire le tour du monde,° mais ne vous en faites pas° ! Dès que vous arriverez à Dakar, ma femme et moi nous nous occuperons de vous. Vous verrez, tout sera prêt pour vous et pour votre compagnon aussi. On préparera deux chambres dans notre maison et vous aurez des domestiques° à votre disposition, ainsi qu'une voiture et un guide au cas où vous décideriez de faire du tourisme. Rassurez-vous, mon intérêt à entendre ce que vous savez de l'histoire du manuscrit égale votre intérêt à lire le manuscrit. Je suis certain qu'on pourra régler l'affaire d'une manière convenable à nous tous. Donc, ne vous faites pas de soucis.° Venez à Dakar !

Vous trouverez mes coordonnées et des instructions pour arriver à la maison dans un document attaché à ce message. En attendant une réponse favorable, je vous prie, chère Mademoiselle, d'accepter l'expression de mes sentiments les meilleurs,

André Thibodeau

trip around the world
to be worried

servants

to be worried

Après avoir lu

34. D'accord ou pas d'accord

Après avoir lu la lettre ci-dessus, lisez les phrases suivantes et donnez vos opinions personnelles. Discutez en petits groupes.

	D'accord	Pas d'accord
1. Quelqu'un a averti Monsieur Thibodeau que Claire le cherchait.	_____	_____
2. Monsieur Thibodeau invite Claire, mais pas Jean-Louis, à venir chez lui à Dakar.	_____	_____
3. Monsieur Thibodeau est sympa et généreux.	_____	_____
4. Claire aura peur d'aller chez Monsieur Thibodeau.	_____	_____
5. Jean-Louis ne voudra pas accompagner Claire.	_____	_____

Comment dire — *rassurer quelqu'un*

To reassure someone

Ne te fais pas de soucis ! / Ne t'en fais pas !
Ne vous faites pas de soucis ! / Ne vous en faites pas !
Ne t'inquiète pas ! / N'aie pas peur ! / Tu verras…
Ne vous inquiétez pas ! / N'ayez pas peur ! / Vous verrez…
Ça va s'arranger. / Ça s'arrangera. / Tout ira bien. / Tout ira comme prévu.
Tout ira à merveille. / Ça va se passer. / Ça se passera bien.
Rassure-toi / Rassurez-vous / Je t'/vous assure que…
Ce n'est rien. / Ce n'est pas grave. / Ce n'est pas la mer à boire !
Pas de panique ! / Tu n'as rien à craindre ! / Vous n'avez rien à craindre !
Tu trouveras/Vous trouverez bien une solution.
Tu t'en tireras/Vous vous en tirerez.

35. Êtes-vous sûr ?

Que diriez-vous dans les situations suivantes pour rassurer les gens ? Avec un partenaire, décidez de ce que vous pourriez leur dire.

1. Un petit garçon s'est perdu dans le centre commercial. Il ne sait pas où se trouvent ses parents.
2. Votre amie a peur d'échouer à son examen d'histoire.
3. Votre cousin se marie la semaine prochaine, mais il s'est disputé avec sa fiancée à propos du lieu où passer leur lune de miel.
4. Votre voisine part en vacances, mais elle craint un cambriolage (*break-in*) chez elle pendant son absence.
5. Vos amis hésitent entre deux possibilités : acheter une nouvelle voiture ou investir leur argent.
6. Votre premier enfant commence à l'école primaire et il/elle a peur d'y aller.

36. Prédire l'avenir

Qu'apportera cette année ? Rassurez-vous, les astres n'ont que de bonnes nouvelles pour vous ! Avec un partenaire, à tour de rôle, jouez la voyante et dites toutes les bonnes choses qui arriveront à votre partenaire cette année ! N'oubliez pas de rassurer votre partenaire que tout ira bien !

Pour aller plus loin :
LITTÉRATURE

ACTIVITÉ G : Lisez un poème de Joachim du Bellay dans lequel il parle de l'avenir. Consultez votre cahier électronique !

37. Tout ira bien !

Vous inquiétez-vous de temps en temps ? Sur une feuille de papier, écrivez une phrase pour décrire ce qui vous inquiète. N'y mettez pas votre nom. Échangez vos papiers au hasard. Puis, circulez dans la classe et posez des questions à vos camarades de classe à propos de ce qui les inquiète. N'utilisez pas les mots de vocabulaire qui sont dans la phrase que vous avez reçue ! Quand vous aurez trouvé l'auteur de la phrase, rassurez-le que tout ira bien !

À l'écrit *troisième étape*

38. Votre vie à l'avenir

Imaginez comment sera votre vie à l'avenir avec toutes les innovations qui se réaliseront dans votre vie ? Écrivez une lettre à un(e) camarade de classe dans laquelle vous décrivez comment sera la vie à l'avenir (révisez vos Activités 6-12 et 6-25). Rassurez-le que tout ira bien ! Échangez vos lettres (par courriel, si vous voulez !) et offrez une réponse à votre camarade de classe avec quelques corrections possibles et vos commentaires sur sa vision du monde.

Dénouement

Activités de révision

39. Conséquences

Chaque action a ses conséquences. Imaginez les conséquences possibles pour les moments suivants. Utilisez le futur ou le futur antérieur.

1. Si Jean-Louis achète le manuscrit…
2. Quand Claire terminera son doctorat…
3. Si la Martinique devient un pays indépendant…
4. Quand André Thibodeau rencontrera Claire et Jean-Louis…
5. Si un ouragan frappe la Martinique demain…

40. Aux prochaines élections

En petits groupes, pensez aux prochaines élections américaines. Répondez aux questions suivantes. Ensuite, discutez de vos réponses avec vos camarades de classe. Bien sûr, vous pouvez interrompre les autres personnes pour ajouter quelque chose, pour leur faire préciser leurs idées, ou pour les rassurer.

1. Qui seront les candidats principaux ? De quels états viendront-ils ?
2. Quels seront les problèmes sociaux les plus importants pour les candidats ?
3. Quels seront les problèmes politiques les plus importants pour les candidats ?
4. Qu'est-ce qu'ils proposeront au public pour résoudre ces problèmes ?
5. Imaginez que vous êtes candidat. Quelle sera votre devise (*slogan*) ?

41. Le premier jour de l'école

Répondez aux questions personnelles suivantes.

1. Vous souvenez-vous de votre école primaire ? Comment était-elle ? Est-ce que vous êtes allé(e) à une école publique ou une école privée ? Pourquoi ?
2. Quelles matières est-ce qu'on étudie à l'école primaire ?
3. Pensez-vous qu'il existe un rapport entre l'enseignement et la politique ? Donnez un exemple.
4. Imaginez que vous envoyez vos propres enfants à l'école pour la première fois et qu'ils ont peur d'y aller. Rassurez-les et expliquez-leur ce qu'ils y feront et ce qu'ils y apprendront.

42. Premières impressions

Lisez l'extrait suivant, qui vient du roman *Une enfance créole : chemin d'école* de Patrick Chamoiseau, sans essayer de comprendre chaque mot. Après votre première lecture du texte, répondez aux questions. Ensuite, relisez le texte une deuxième fois, plus attentivement.

1. Qui parle ? un petit garçon, un homme, un vieillard ?
2. Quand se passe cette histoire ? au présent, au passé, à l'avenir ?
3. Où se situe l'action ?
4. Comment est le Maître de cette classe ?
5. Comment était l'expérience de l'école pour le narrateur ?

LITTÉRATURE : *Une enfance créole : chemin d'école*

Cet extrait vient du roman de Patrick Chamoiseau Une enfance créole : chemin d'école. *Dans ce roman, Chamoiseau se rappelle ses expériences à l'école à la Martinique. C'est l'histoire d'un petit garçon qui apprend peu à peu ce que cela veut dire de vivre dans une ancienne colonie française. Comme les écoles publiques du système français, y compris celles aux Antilles, visaient à apprendre aux enfants l'importance de la langue et de la culture françaises, on peut dire que l'enseignement avait un côté idéologique aussi bien qu'un côté pédagogique. Cette idéologie, issue de l'ère coloniale, avait pour but de «civiliser» les peuples non-européens. En glorifiant les exploits des Français, on niait alors la valeur culturelle des sociétés non-européennes vaincues. Ici, avec sarcasme, le narrateur décrit le programme scolaire de son école.*

de Patrick Chamoiseau

Une enfance créole : chemin d'école (extrait)

On allait à l'école pour perdre de mauvaises mœurs° : mœurs d'énergumène,° mœurs nègres ou mœurs créoles — c'étaient les mêmes. *customs / demonic person*

    Le Maître, de temps en temps, s'écriait comme Jules Monnerot : «*France toujours, France tout court !*» Ô pays de Vercingétorix, de Jeanne d'Arc, de Clémenceau, vieux foyer° de civilisation latine qui nous forgea Malherbe, Racine, Hugo. Ô grande amie du progrès qui s'honore de Pascal, de Berthelot, de Pasteur, patrie° de l'art et du goût,° douce terre des libertés de 1789, berceau° du grand et noble Schœlcher !… Le Maître pour lui-même s'écriait. *home / fatherland / taste / cradle*

    Le souffle vibrant du savoir et notre être créole semblaient en indépassable° contradiction. Le Maître devait nous affronter° mais aussi affronter le pays tout *insurmountable / to confront* entier. Il se vivait en mission de civilisation. Un peu comme ces missionnaires enfoncés° dans des contrées sauvages. Jour après jour, de point d'eau en point d'eau, sans une once de plaisir, ces inventeurs d'âmes devaient continuer d'avancer. L'effort était terrible, hors de portée° du plus puissant° des animaux. Comme il devait, à chaque seconde parmi nous, avancer dans la fange,° chacun de ses mots, de ses gestes, chaque injonction, chaque murmure, était bardé° d'Universel. L'Universel était un bouclier,° un désinfectant, une religion, un espoir, un acte de poésie suprême. L'Universel était un ordre.

    En ce temps-là, le Gaulois aux yeux bleus, à la chevelure° blonde comme les blés,° était l'ancêtre de tout le monde. En ce temps-là, les Européens étaient les fondateurs de l'Histoire. Le monde, proie° initiale des ténèbres,° commençait avec eux. Nos îles avaient été là, dans un brouillard d'inexistence, traversée par de vagues fantômes caraïbes ou arawaks, eux-mêmes pris dans l'obscurité d'une non-histoire cannibale. Et, avec l'arrivée des colons, la lumière fut.° La Civilisation. L'Histoire. L'humanisation du grouillement° de la Terre. Ils ployaient° les épaules sous le lourd fardeau° de ce monde qu'ils élargissaient aux cimes° de la conscience. Il nous fallait produire d'opiniâtres efforts afin de ne pas les abandonner aux solitudes de cette charge. Le Maître voulait, lui aussi, porter le monde.

    Christophe Colomb avait découvert l'Amérique, et aspiré au monde des millions de ces sauvages, qui durant une nuit immémoriale, soustraits° à l'humanité, l'avaient attendu.

*Glossary (margin):*
- plunged
- out of reach / strong
- mud
- to protect (with armor)
- shield
- hair
- wheat
- prey / darkness
- and then there was light
- swarming mass / to bend
- burden / summit
- removed

Après avoir lu

43. Avez-vous compris ?

En petits groupes, discutez de vos réponses aux questions suivantes.

1. Est-ce que la première phrase de l'extrait est optimiste ou pessimiste ? Pourquoi ?
2. Dans le deuxième paragraphe, le Maître cite les noms des personnages historiques, des écrivains et des hommes de science français. Pourquoi ? Quel serait l'effet de ces leçons sur les enfants dans la salle de classe ?
3. Victor Schœlcher, un des personnages nommés dans le deuxième paragraphe, était un Français antiesclavagiste qui a beaucoup contribué à la fin de l'esclavage à la Martinique. Pourquoi donc est-ce que le narrateur invoque le nom de Schœlcher avec autant de sarcasme ?
4. Que veut dire l'auteur quand il dit que «le savoir» et «l'être créole» étaient en contradiction ? D'après le texte, qu'est-ce que les Français colonisateurs pensaient des habitants martiniquais ?
5. Est-ce que l'idée de «l'Universel» que le Maître présente est vraiment «universelle» ? Expliquez.
6. Qui sont les caraïbes et les arawaks ? Pourquoi est-ce que le narrateur dit que ils ont une «non-histoire» ?
7. Dans ce texte, il y a plusieurs références au catholicisme. Pouvez-vous les identifier et expliquer pourquoi le narrateur critique cette religion ?
8. En général, dans ce texte, l'auteur condamne la colonisation et le système d'éducation publique initiée par les colonisateurs. Pourquoi ? Quels ont été les effets de la colonisation sur le peuple martiniquais ?

44. D'accord ou pas d'accord

Après avoir lu l'extrait du roman de Chamoiseau, lisez les phrases suivantes et donnez votre opinion. Discutez de vos réponses en petits groupes.

WWW

Pour aller plus loin : CINÉMA

ACTIVITÉ H : Regardez le film *Rue cases nègres (Sugar Cane Alley)* où il s'agit d'un petit garçon qui grandit à la Martinique. Consultez votre cahier électronique !

La Martinique n'est pas la seule **île francophone aux Antilles** ! Il y a la **Guadeloupe**, qui est aussi un département d'outre-mer de la France, et il y a les îles de **Saint-Martin**, de **Dominique** et de **Sainte-Lucie** qui ont chacune une population francophone. Bien sûr, on ne peut pas parler de francophonie antillaise sans mentionner Haïti.

Pour agir : LA MARTINIQUE !

Si vous voulez bouger et faire quelque chose pour mieux connaître les Antilles, ou pour aider les autres à mieux connaître les cultures francophones, consultez la section **Pour agir** dans votre cahier électronique ! Il y a tant de choses à faire :

- **Vendez des salades de fruits exotiques antillaises** et contribuez l'argent que vous gagnez à une organisation qui aide les pauvres aux Antilles et en Afrique.
- **Enseignez** ce que vous savez de la culture de la Martinique à des enfants de l'école primaire. Lisez-leur des contes martiniquais écrits par Patrick Chamoiseau !
- **Entrez en contact** avec des francophones qui vivent dans votre communauté ou quelque part aux États-Unis.
- **Organisez un voyage** à la Martinique pour les prochaines vacances.
- **Cuisinez** ! Préparez un vrai repas antillais avec vos camarades de classe.

	D'accord	Pas d'accord
1. Le narrateur approuve l'idée de «civiliser» les enfants créoles.	_____	_____
2. Le Maître se croit supérieur aux enfants créoles.	_____	_____
3. Les Gaulois étaient les ancêtres du narrateur.	_____	_____
4. Avant la colonisation, l'île était déserte.	_____	_____
5. Les enfants à cette école ont appris que leurs valeurs culturelles sont aussi valables que les valeurs culturelles européennes.	_____	_____

45. Analyse littéraire

Examinez ce texte de près. Répondez aux questions suivantes et discutez de vos réponses en classe.

1. Quel est le ton du texte ? Qu'est-ce qui contribue à ce ton (le vocabulaire, le style d'écriture, la forme du texte) ?
2. Y a-t-il des images ou des couleurs qui dominent dans ce texte ? Comment est-ce que ces images ont influencé votre lecture du texte ?
3. Quel temps domine dans ce texte (le présent, le passé, le futur, etc.) ? Quel est l'effet de l'usage de ce temps (un sens d'urgence, une distance impersonnelle, la nostalgie, la possibilité, la certitude ou l'incertitude, l'orgueil, etc.) ? Y a-t-il un moment où le temps change ? Quel en est l'effet ?
4. Y a-t-il d'autres éléments structurels (ponctuation, mots ou sons répétés, phrases longues ou courtes, contrastes, métaphores, etc.) que l'auteur emploie systématiquement ? Si oui, quels sont les effets de l'emploi de ces éléments ?

46. Une école utopique ?

Imaginez qu'on vous embauche pour établir une nouvelle école privée à la Martinique. Comment sera votre école ? Quelles matières est-ce qu'on y enseignera ? Qu'est-ce que les étudiants apprendront de leur culture et de leur histoire ? Discutez de vos idées en petits groupes.

Synthèses

47. Réfléchissons à la culture

Voici quelques éléments de la culture martiniquaise que vous avez étudiés dans ce chapitre. En petits groupes, répondez aux questions et discutez de vos impressions avec vos camarades.

l'esclavage   les caraïbes et les arawaks   le mouvement d'indépendance

1. Définissez ou décrivez chaque élément.
2. Pourquoi chaque élément est-il important à cette culture ? Y a-t-il un phénomène historique ou social qui explique son importance ?
3. À votre avis, est-ce que ces éléments témoignent de la richesse et de la diversité de la culture martiniquaise de nos jours, ou sont-ils stéréotypiques ? Pourquoi ?
4. Est-ce que votre impression de cette culture est différente maintenant que vous avez commencé à l'étudier ? Si oui, comment et pourquoi ? Si non, pourquoi pas ?

ACTIVITÉ I : Apprenez un peu plus sur l'ONU. Consultez votre cahier électronique.

ℹ Culture

En 1945, à la fin de la Seconde Guerre mondiale, plusieurs états ont signé une charte pour former l'**Organisation des Nations unies**. Cette organisation vise à promouvoir la paix mondiale et à faciliter la coopération économique, sociale et culturelle entre les pays. Le siège de l'ONU est à New York, et ses deux langues officielles sont l'anglais et le français. Depuis ses origines, l'ONU et son tribunal international des crimes de guerre ont intenté des procès contre des chefs d'état et officiers militaires accusés de génocide lors de la Seconde Guerre mondiale, et plus récemment des guerres civiles au Ruanda et en Bosnie.

48. À débattre

Lisez les questions suivantes et discutez en groupes. Si possible, parlez de vos expériences personnelles relatives aux questions.

1. **La souveraineté !** Discuter le pour et le contre de la souveraineté pour les Martiniquais ou pour les Québécois. Est-ce que les arguments sont les mêmes pour les deux cultures ? Pensez-vous qu'ils aient le droit de réclamer leur indépendance ? Pourquoi ou pourquoi pas ?

2. **L'éducation bilingue.** Aux États-Unis, on discute la question des écoles bilingues. Quelques-uns pensent qu'il faut cultiver le bilinguisme pour démontrer qu'on comprend la valeur du multiculturalisme et de la diversité américaine. D'autres pensent qu'il faut apprendre aux immigrants à parler anglais pour qu'ils puissent réussir dans la culture américaine. Aussi, constate-t-on, les États-Unis accueillent des immigrants de beaucoup de pays différents et leurs enfants parlent beaucoup de langues différentes. Il serait impossible d'avoir un système d'éducation multilingue pour répondre aux besoins de tous. L'éducation bilingue : un devoir, un rêve ou une impossibilité ? Que pensez-vous ?

3. **Les droits humains.** Des organisations internationales, comme le Human Rights Watch, Amnesty International et l'ONU, essaient de rassurer le monde que les droits humains sont respectés dans tous les pays du monde. Pourtant, quand on découvre que les droits humains ne sont pas respectés, est-ce que la communauté internationale a le droit d'intervenir ? Si oui, qu'est-ce qu'on devrait faire ? Comment et pourquoi ?

49. À l'impromptu

Voici des situations interactives. Avec une ou deux autres personnes, choisissez une scène et improvisez devant la classe. Si vous ne voulez pas improviser, écrivez votre dialogue avant et puis jouez-le pour la classe.

1. (a) Vous marchez sur la plage à la Martinique et vous rencontrez une personne francophone. Vous êtes content(e), idéaliste et optimiste. Vous parlez du monde avec enthousiasme. Partagez votre vision du monde dans l'avenir.

   (b) Vous marchez sur la plage à la Martinique. La beauté de la situation ne peut rien contre votre profond pessimisme en ce qui concerne le monde. Vous rencontrez une personne américaine qui parle de l'avenir du monde et qui semble avoir oublié toutes les catastrophes du passé.

2. (a) Cela fait une dizaine d'années que vous vivez dans un petit village de pêcheurs à la Martinique. Le village traverse une crise économique que l'on pourrait dépasser, à votre avis, si seulement un effort de développer le tourisme était lancé. Annoncez votre décision de poser votre candidature pour la mairie du village et expliquez les mesures de votre programme.

   (b) Vous êtes le maire actuel du village. Rassurez les gens du village. Vous voulez protéger leurs traditions et leur mode de vie. Si vous êtes réélu, rien ne changera au village.

   (c) Vous êtes un vieil habitant du village, plutôt conservateur. Vous aimez la tranquillité de votre village. Peu importe si on est pauvre ! C'est le bonheur qui est important. Interrompez les candidats et offrez vos commentaires.

(d) Vous êtes propriétaire d'un restaurant dans le village. Vous vous pré-occupez à cause de la situation économique et vous voulez savoir comment les candidats pourront aider les commerçants. Posez des questions aux candidats à propos de l'avenir du village.

À l'écrit *étape finale*

50. L'avenir

Comment sera votre vie à l'avenir ? Révisez et élaborez vos travaux d'écriture de ce chapitre (Activités 6-12, 6-25 et 6-38) et écrivez l'histoire d'une journée typique ou bizarre dans votre vie à l'avenir. Utilisez le **futur** et le **futur antérieur**.

À suivre

Bernadette téléphone le matin suivant comme promis, mais elle a de mauvaises nouvelles. André Thibodeau n'est pas chez lui en ce moment. Il est en Afrique, où il rend visite aux parents de sa femme qui habitent à Dakar au Sénégal. Claire la remercie, mais explique qu'elle avait déjà contacté ce monsieur et qu'il lui a dit qu'il serait ravi de la rencontrer et d'apprendre ce qu'elle sait. Bien sûr, Jean-Louis l'accompagnera. Pourtant, il faudra attendre quelques jours pour avoir un vol pour Dakar parce qu'un ouragan s'approche de l'île...

51. Qu'est-ce qui s'est passé ?

Pensez à ce qui s'est passé dans ce chapitre. Écrivez 6 phrases aux temps passés pour décrire les événements que vous pensez être les plus importants. Parlez de vos idées avec vos camarades de classe.

52. Qu'est-ce qui va se passer ?

Imaginez ce qui va se passer dans le prochain chapitre. Écrivez 6 phrases et parlez de vos idées avec vos camarades de classe.

VOCABULAIRE UTILE

La politique			
allophone	*speaker of languages other than French, English, or Indian (reg. Québec)*	surmonter	*to overcome*
		un droit *(m.)*	*right*
autochtone	*indigenous speaker of native Indian languages (reg. Québec)*	une loi *(f.)*	*law*
		Divers	
élire	*to elect*	à peine	*barely*
entouré(e)	*surrounded*	âme *(f.)* sœur	*soulmate/like-minded person*
estimer	*to estimate, to think*	âme *(f.)*	*soul*
maire *(m.)*	*mayor*	anniversaire *(m.)*	*birthday*
majoritaire	*majority (adj.)*	cadeau *(m.)*	*present*
majoritairement	*in majority (adv.)*	car *(m.)*	*intercity bus*
ministre *(m.)*	*minister (of culture, of foreign affairs, etc.)*	être ravi(e)	*to be delighted*
opprimé(e)	*oppressed*	nettement	*significantly*
opprimer	*to oppress*	paille *(f.)*	*straw*
pas *(m.)*	*step*	part *(f.)*	*slice*
relier	*to link together*	raccrocher	*to hang up (the phone)*
ressentir	*to feel strongly*	ronfler	*to snore*
se sentir	*to feel*	sauf	*except*
souveraineté *(f.)*	*sovereignty*		

7 À la maison au Sénégal

> La grenouille aime l'eau, mais pas l'eau bouillante.
>
> —proverbe wolof

Une maison à Dakar au Sénégal.

Culture

Le **baobab** est un arbre emblématique sénégalais caractérisé par un très grand tronc et des branches tortueuses. On dit que cet arbre a des pouvoirs mystiques car autrefois on l'utilisait pour produire des médicaments naturels. Il est aussi associé aux **griots**, les conteurs africains, qui trouvaient abri dans les grands trous du tronc lorsqu'ils voyageaient de village en village. Ils y étaient aussi souvent enterrés. Aujourd'hui, le baobab rappelle les valeurs traditionnelles sénégalaises et la liaison très forte entre les peuples de cette région et la terre.

À lire

Claire et Jean-Louis arrivent à l'aéroport de Dakar, la ville capitale du Sénégal, où un chauffeur les attend et les conduit à la maison d'André Thibodeau. André, un homme bon vivant et sympathique qui s'intéresse énormément à la littérature et à l'histoire, les accueille chaleureusement. Claire, ravie de trouver un homme à l'esprit littéraire, s'entend bien avec André. Jean-Louis, pourtant, aimerait mieux que la vente du manuscrit s'effectue sans délai et redoute la possibilité de ne pas réussir à convaincre cet homme de vendre le manuscrit…

ÉPISODE 1 *Bienvenue à Dakar*

Avant de lire

Langue

Remarquez que le mot **environnement** est un synonyme du mot «milieu» et veut dire non seulement le paysage naturel mais aussi tout ce qui entoure un être humain, y compris son logement, les rues et les bâtiments qui l'environnent. Pour parler plus spécifiquement de la nature et de la protection de l'équilibre biologique entre êtres humains, faunes et flores, fleuves et océans, on emploie le mot **écologie**.

Culture

L'Afrique occidentale (l'Afrique de l'ouest) comprend des pays—le Sénégal, le Burkina Faso, le Mali, le Bénin, le Togo, la Côte d'Ivoire, le Cameroun, le Gabon et le Niger—qui sont aujourd'hui majoritairement islamiques (suite à l'influence des Arabes) et francophones (à cause de l'occupation française entre 1880 et 1960), quoiqu'on y trouve une diversité de religions, de traditions et de langues parlées. Dans tous ces pays, on trouve des sociétés multiethniques où chaque groupe ethnique a sa propre langue et ses propres traditions tribales. Les frontières culturelles entre ces groupes ne correspondent pas toujours aux frontières nationales, ce qui rend difficile parfois le gouvernement des pays au niveau national mais qui enrichit la vie culturelle et artistique dans cette partie du monde.

1. Vos opinions sur votre environnement

Répondez aux questions suivantes. Discutez de vos réponses avec vos camarades de classe et n'hésitez pas à poser des questions supplémentaires si vous voulez en savoir plus.

1. Où avez-vous grandi ? dans une maison individuelle ou dans un appartement ? en milieu urbain, en banlieue (*suburb*) ou en milieu rural ? Quel milieu préférez-vous ? Pourquoi ?
2. Aimez-vous la nature ? Pourquoi ou pourquoi pas ? Préférez-vous la campagne, la montagne, la forêt, les parcs et jardins ou la plage et la mer ?
3. Quelles activités fait-on au grand air (*outdoors*) ? des promenades, des sports, des pique-niques, du camping, etc ? Lesquelles faites-vous régulièrement ?
4. Est-ce que vous faites du recyclage ? Conservez-vous l'eau et l'électricité ? Essayez-vous de minimiser la pollution que vous faites ? souvent, de temps en temps ou rarement ? Comment ?
5. Pensez-vous qu'on fasse assez pour protéger l'écologie de la planète ? Pourquoi ou pourquoi pas ?

2. L'Afrique francophone

Examinez la carte de l'Afrique dans votre livre. En petits groupes, faites correspondre le pays (à gauche) avec sa description (à droite).

Pays	Description
1. le Bénin	a. Un pays diversifié ! colonisé trois fois—par les Allemands, les Anglais et les Français. Les peuples de ce pays, qui partagent une frontière avec le Gabon et la Guinée, parlent 35 langues africaines différentes.
2. la Côte d'Ivoire	b. Une grande île à l'est du continent, ce pays est à côté des petites îles françaises faisant partie des DOM-TOM.
3. le Sénégal	c. Pour arriver à la ville légendaire de Tombouctou, les colons français ont dû traverser ce pays, en passant par sa ville capitale, Bamako.
4. le Mali	d. Une ancienne colonie belge, autrefois nommé Zaïre, ce grand pays au centre du continent se trouve à l'ouest du Ruanda et connaît aussi la violence et les problèmes politiques.
5. Burkina-Faso	e. Ancienne terre du royaume Ashanti, ce pays est situé sur la côte, entre deux pays non-francophones, et sa plus grande ville, Abidjan, est souvent appelée «le Paris de l'Afrique».
6. le Cameroun	f. Presque divisé en deux par la Gambie, ce pays est la terre natale du grand poète du mouvement littéraire «la négritude».

ACTIVITÉ A : Apprenez un peu plus sur les pays francophones d'Afrique. Consultez votre cahier électronique !

7. Madagascar

g. Antérieurement connu sous le nom de la Haute-Volta, ce petit pays au sud du Mali et du Niger se compose de deux groupes ethniques principaux dont les deux langues sont représentées dans le nom actuel du pays.

8. la République démocratique du Congo (RDC)

h. La capitale du vaudou africain et l'ancienne terre du royaume puissant du Dahomey, ce petit pays a été un des plus grands centres de l'exportation des esclaves de son port, nommé Ouidah, pendant 300 ans.

3. Le décor

Pendant le vol en avion à Dakar, Claire lit un magazine de mode dans lequel il y a plusieurs photos de mobilier pour la maison. Pour chaque meuble, indiquez dans quelle(s) pièce(s) ou endroit(s) on le mettrait.

Pièces : le hall d'entrée, le living/le salon, la salle à manger, la cuisine, le bureau, la bibliothèque, la salle de jeux, la salle de musculation, la buanderie (*laundry room*), la chambre à coucher, la salle de bain, le garage

Meubles : un canapé, une table basse, un fauteuil, une armoire, une machine à laver, un séchoir, un évier (*large sink*), un lavabo (*small sink*), un four à micro-ondes, un four, un lit, une lampe, un téléviseur, des rideaux (*curtains*), des étagères (*shelves*), un buffet, une table et des chaises, une moquette (*carpet*), un lave-vaisselle, une stéréo, un bureau, un ordinateur, un banc, une commode (*chest of drawers*), un escabeau (*stool*), un garde-manger

4. Probabilités et possibilités

Jean-Louis dort pendant le vol d'avion, comme toujours. Claire essaie de dormir, mais elle n'y arrive pas. Elle entend des gens qui parlent de l'avenir. Pour chaque phrase, indiquez si l'action est une probabilité ou juste une possibilité.

1. Quand j'arriverai à la maison, je téléphonerai tout de suite à maman.
2. Si nous décidions de dépenser un peu plus d'argent, nous pourrions louer une voiture pour la semaine.
3. Elle n'acceptera jamais les raisons pour lesquelles j'ai décidé de vivre en France.
4. La ville de Dakar serait moins polluée s'il y avait moins de voitures et de camions.
5. On pourrait louer des bicyclettes, et ainsi on ne serait plus obligé de prendre des taxis.

i Langue

Dans une maison bien équipée, il faut faire des **tâches ménagères** pour que tout reste propre. On **fait la lessive**, c'est à dire qu'on lave les vêtements, dans une machine à laver, et quelquefois on **repasse** les vêtements avec un fer à repasser. On **fait la vaisselle**, c'est à dire qu'on lave les assiettes et les casseroles, dans un lave-vaisselle ou, à la main, dans l'évier. On garde la nourriture dans un placard, un réfrigérateur ou un congélateur, et on **fait la cuisine** avec un four (électrique ou à gaz), une cuisinière (*stove*), ou bien dans un four à micro-ondes. On **fait le ménage** en passant l'aspirateur (*vacuum*), en époussetant (*dusting*), en faisant les lits et en rangeant les affaires.

i Culture

Le **Sénégal** est un pays habité depuis la préhistoire par plusieurs peuples africains commes les Toucouleurs, les Sérères et les Mindingues. Lors du 11ème siècle, les Arabes et les Berbères de l'Afrique du Nord ont islamisé ces peuples qui suivaient des traditions religieuses animistes. Au 12ème siècle, le royaume de Dyolof s'est établi dans cette région et a prospéré jusqu'à l'arrivée des premiers Européens, des marchands portugais, au 16ème siècle. Les Français, établis sur la côte atlantique et sur l'île de Gorée au 17e siècle, y faisaient du commerce (d'esclaves, d'or et de produits agricoles africains). Dans les années 1880, sous le règne de Napoléon III, les Français cherchaient à élargir leur empire et ont commencé à coloniser les terres de l'Afrique de l'ouest. Presqu'un siècle plus tard, avec l'aide de **Léopold Sédar Senghor**, homme politique et écrivain sénégalais, le pays a regagné son indépendance et est devenu une république en 1960. Senghor a été élu le premier président du pays et est devenu poète. Il est connu comme le père du mouvement littéraire «la négritude». Aujourd'hui, le Sénégal reste une république relativement stable avec deux langues officielles : le français et le wolof. Le pays souffre d'une économie faible (basée sur l'exportation d'arachides (*peanuts*)), et de nombreux problèmes sociaux comme l'analphabétisme (*illiteracy*), la discrimination contre les femmes, le mouvement séparatiste en Casamance, le chômage et la drogue. Pourtant, on y trouve un paysage littéraire très riche et une société diversifiée qui s'ouvre à la modernité tout en protégeant ses traditions.

ACTIVITÉ B : Lisez un poème de Senghor. Consultez votre cahier électronique !

LECTURE : *Bienvenue à Dakar*

Claire et Jean-Louis arrivent à la maison d'André Thibodeau, dans le quartier de Dakar qu'on appelle le Plateau, avec un bouquet de fleurs qu'ils ont acheté à la sortie de l'aéroport. Devant la maison où s'arrête la voiture, ils voient un homme noir distingué en chemise en batik et une belle femme habillée en boubou jaune qui achètent quelque chose à une vendeuse voilée. C'est Monsieur et Madame Thibodeau. Ils les accueillent chaleureusement. Accompagné par sa femme Aissatou, André leur montre leurs chambres à coucher avec de grands lits à quatre colonnes et de belles fenêtres entrouvertes, leurs salles de bains avec des parquets en marbre et des bidets à la française. Ce manoir semble dater de l'époque coloniale. Les Thibodeau leur donnent un petit tour de la maison et de ses environs. Il y a un beau jardin avec une jolie terrasse, beaucoup d'espaces verts et une belle vue de l'océan atlantique. Finalement, les quatre s'asseyent dans le salon lorsqu'une domestique leur apporte des boissons de citron pressé et des cacahouètes crues...

CLAIRE : Monsieur et Madame Thibodeau, je suis vraiment ravie d'être ici. J'avais toujours rêvé de visiter l'Afrique un jour, et vous avez la plus belle maison que j'aie jamais vue ! Quels beaux meubles !

JEAN-LOUIS : Oui, c'est très gentil de votre part de nous accueillir chez vous. Nous ne saurions exprimer notre reconnaissance.

ANDRÉ : Mais, ma femme et moi sommes très heureux de vous accueillir. Il est dommage que vous ayez perdu votre temps à la Martinique. Comme ma femme est sénégalaise et que mes ancêtres étaient sénégalais, nous partageons notre temps entre Schœlcher et Dakar.

AISSATOU : Et, où que l'on soit, on est toujours content d'accueillir des gens. Ma famille a acheté cette maison en 1968, quelques années après l'indépendance, et j'en suis très fière ainsi que de mon pays. J'espère que vous aurez le temps de visiter un peu la ville et le pays pendant votre séjour.

ANDRÉ : Moi aussi. Il faut toujours profiter du temps qu'on a sur cette terre pour découvrir ses beautés. Ici, on a la ville et la campagne, la mer, la forêt tropicale et le désert. La vallée du Sénégal est une vraie oasis. Mais, depuis la lettre du bouquiniste à Paris, je ne pense qu'à ce manuscrit. Les livres anciens sont une de mes passions. Pourriez-vous me dire pourquoi vous vous intéressez à ce manuscrit ?

CLAIRE : Bon, il y a quelques années, je faisais de la recherche sur Choderlos de Laclos au Québec, et j'ai trouvé un article obscur qui parlait d'un deuxième roman de Laclos qui était perdu. Cela m'a frappée parce que j'adore les *Liaisons dangereuses* et j'ai toujours pensé qu'il était dommage que Laclos n'ait écrit qu'un seul roman dans sa vie. Puis, l'année dernière, je suis allée à Paris pour faire de la recherche sur la correspondance de Laclos, et j'ai trouvé une référence à un manuscrit que Laclos aurait envoyé à un homme nommé François Fontenot. J'ai décidé sur le coup de proposer l'étude de ce manuscrit comme sujet de thèse. J'étais très heureuse d'apprendre que mon directeur de thèse à l'Université de Sainte-Foy avait tout de suite accepté mon idée et que le département m'a donné une bourse pour m'aider avec les frais de la recherche. Je veux savoir si le manuscrit que vous venez d'acheter est celui que Laclos avait envoyé à François Fontenot.

ANDRÉ : Et, d'après vous, comment est-ce que ce manuscrit aurait passé de ce François Fontenot à moi ?

CLAIRE : Enfin, jusqu'à présent, je sais que François Fontenot est rentré à Saint-Domingue avec le manuscrit. Pourtant, pendant la Révolution haïtienne, sa famille a déménagé et s'est installée en Louisiane. Le manuscrit est resté dans la bibliothèque familiale des Fontenot jusque dans les années 1970 quand la famille a vendu la bibliothèque entière à Lionel Gustave, un bouquiniste parisien. C'est son neveu, Nicolas, qui vous a vendu le manuscrit. On ne sait pas encore si c'est un vrai Laclos, mais si cela est le cas, votre manuscrit serait la seule copie qui existe.

ANDRÉ : Et ce manuscrit serait plus important que la plupart des autres dans ma collection. Comme vous, mademoiselle, j'adore les bouquins. J'ai grandi en lisant les poésies de Senghor et de Césaire, et j'ai toujours apprécié la littérature française. J'aimerais beaucoup que vous examiniez ce manuscrit pour moi.

JEAN-LOUIS : Et est-ce que vous considéreriez la possibilité de nous vendre ce manuscrit ?

ANDRÉ : Je n'y avais pas pensé. Je croyais que Mademoiselle Plouffe aurait peut-être besoin d'une copie, mais je n'avais pas réfléchi à l'idée de vous vendre l'original. Je ne sais pas…

CLAIRE : Enfin, nous pourrions discuter de cela plus tard, quand j'aurai eu le temps d'examiner le texte. On n'est pas pressé de commencer des négotiations, n'est-ce pas, Jean-Louis ?

JEAN-LOUIS : Tu as raison. Nous avons tout notre temps. Apprécions l'hospitalité de nos hôtes et la beauté de ce pays. Trinquons à leur bonheur ! Santé !

CLAIRE : Chin, chin !

VOCABULAIRE

À la maison

une colonne de lit	*bedpost*
entrouvert(e)	*half open, ajar*
un parquet	*floor*
le marbre	*marble*
un bidet	*bidet (see Centre d'Information below)*
un(e) domestique	*housekeeper, servant*
le mobilier	*furniture*
les meubles *(m. pl.)*	*furnishings*
déménager	*to move (out of somewhere)*
s'installer	*to settle down, move in*

Divers

les environs	*surroundings*
une colline	*hill*
une cacahouète	*peanut*
cru(e)	*raw*
fier, fière	*proud*
la terre	*earth, land*
trinquer	*to toast*
Santé ! Chin, chin !	*To your health ! Cheers !*

Malgré le stéréotype qu'ont quelques Américains, l'hygiène personnelle a toujours préoccupé les Français. Ils ont souvent installé des **bidets,** des appareils sanitaires, dans les salles de bains de grandes maisons et de beaux appartements luxueux. C'était un meuble indispensable, surtout parmi les gens aisés, pendant la première moitié du 20ème siècle. Comme le lavabo, le bidet est utilisé pour la toilette intime. On peut toujours trouver des bidets dans les grandes maisons et dans quelques hôtels de luxe, mais rarement dans la maison individuelle moderne. Pourtant, dans une maison individuelle aujourd'hui, il est très commun d'avoir un **w.c.,** une petite pièce qui est séparée de la salle de bain ou de la douche.

Normalement, **quand on est invité** chez quelqu'un en France, on apporte un petit cadeau pour les hôtes. Traditionnellement, on apporte des fleurs ou des chocolats ou une bouteille de vin. Pourtant, il faut bien réfléchir avant d'apporter du vin, car il y a beaucoup de gens qui ne boivent pas (parmi eux, les musulmans pratiquants) ou qui préfèrent choisir leurs vins eux-mêmes. Pendant la soirée, si on est poli(e), on ne refuse pas les boissons ou les plats offerts par les hôtes, même si on ne consomme qu'une petite quantité de chacun. Après une soirée chez quelqu'un, on envoie, traditionnellement, une lettre ou une carte de remerciement. Est-ce qu'on a des traditions similaires aux États-Unis ?

Après avoir lu

5. Avez-vous compris ?

Répondez aux questions suivantes. Justifiez vos réponses en citant le texte.

1. Comment est la maison des Thibodeau ? À votre avis, est-ce que les maisons des familles de Claire ou de Jean-Louis ressemblent à cette maison ?
2. Décrivez la vie des Thibodeau. Où habitent-ils ? Comment est leur style de vie ? Quels sont leurs intérêts ?
3. Claire a longuement parlé de ses recherches. Pourquoi ? Quel sera le résultat de cette conversation pour elle ? et pour Jean-Louis ?
4. Pourquoi est-ce que Claire et Jean-Louis n'exigent (*demand*) pas de voir le manuscrit tout de suite ? Quand on est invité à la maison de quelqu'un qu'on ne connaît pas bien, qu'est-ce qu'on devrait faire pour être poli ?
5. Pensez-vous que Monsieur Thibodeau devrait vendre le manuscrit à Jean-Louis ? Pourquoi ou pourquoi pas ?

6. D'accord ou pas d'accord ?

Indiquez si vous êtes d'accord ou pas avec les phrases suivantes, d'après votre compréhension du récit. Justifiez vos opinions en citant le texte, si possible. Discutez de vos réponses avec la classe.

	D'accord	Pas d'accord
1. Les Thibodeau habitent une maison individuelle modeste.	_____	_____
2. Les Thibodeau aiment inviter des gens chez eux.	_____	_____
3. Claire a bien résumé l'histoire du manuscrit.	_____	_____
4. Claire veut lire le manuscrit tout de suite.	_____	_____
5. André souhaite vendre le manuscrit à Jean-Louis.	_____	_____

7. L'environnement

Regardez les mots de vocabulaire qui suivent. Dans chaque ligne, il y a un mot qui cloche avec les trois autres. Entourez le mot qui ne va pas avec les autres et essayez d'expliquer pourquoi. Attention : il y a parfois plusieurs bonnes réponses. Il faut justifier votre choix !

1. déménager	s'installer	rénover une maison	décorer une maison
2. une maison	une case (*hut*)	un appartement	une péniche (*houseboat*)
3. fier	indépendant	libre	chaleureux
4. la salle de bains	la cuisine	le salon	le garage
5. une oasis	une forêt	une plage	un désert

8. La maison

Monsieur Thibodeau montre son bureau à Claire, qui demande s'il serait possible d'utiliser son ordinateur afin d'écrire un petit mot à sa sœur. Bien sûr, il accepte et la laisse dans le bureau. Remplissez les blancs avec un mot de vocabulaire de la liste suivante.

Pour aller plus loin : CULTURE

ACTIVITÉ C : Voulez-vous explorer la ville de Dakar ? Consultez votre cahier électronique !

Langue

Pour **décrire un appartement** à vendre ou à louer, il faut indiquer où se situe l'immeuble, à quel étage se trouve l'appartement, combien de pièces ou de salles il y a, combien de mètres carrés (m²) il y a, le montant du loyer (*rent*), si les charges (le coût de l'eau chaude, l'électricité, le gaz) sont comprises, si on doit signer un bail (un contrat d'une année) ou laisser une caution (de l'argent qu'on récupère si on n'endommage pas la propriété) et d'autres détails (climatisation, parking, animaux familiers permis, etc.). N'oubliez pas que le rez-de-chaussée est le niveau où on entre dans un bâtiment (de plain-pied avec le sol); le premier étage est au-dessus du (*above*) rez-de-chaussée; et le sous-sol est au-dessous (*below*).

Pour aller plus loin : CULTURE

ACTIVITÉ D : Explorez des maisons et des appartements au monde francophone. Consultez votre cahier électronique !

meubles, coucher, jardin, rez-de-chaussée, oasis, colonnes, urbain, salle de bains

Chère Marie,

Salutations du Sénégal ! Ce pays est incroyable, et les Thibodeau sont vraiment sympa. Leur maison est énorme. Au _____ il y a une cuisine, une salle à manger, un grand salon, un bureau et deux chambres. Au premier étage, il y a quatre autres chambres à _____. Dans la mienne, il y a un grand lit à quatre _____ et une _____ en marbre avec un bidet ! Tous les _____ datent de l'époque coloniale. À l'extérieur, il y a un beau _____ avec une fontaine, des plantes tropicales et des oiseaux multicolores. C'est vraiment une _____ ! La maison est dans la ville de Dakar, mais ce quartier n'est pas vraiment un milieu _____. C'est plutôt comme une banlieue, avec beaucoup de grandes maisons coloniales. Et maintenant pour les nouvelles les plus importantes : Monsieur Thibodeau est en possession du manuscrit et il veut me le montrer ! Je suis l'étudiante la plus heureuse du monde ! Je t'écrirai encore bientôt !

Salut, Claire

9. À louer

Voici des petites annonces d'appartements disponibles à Dakar. Lisez-les et décidez de quel appartement vous aimeriez louer si vous étiez à Dakar pour une année. Discutez de votre choix avec vos camarades de classe.

Bon quartier, près d'un arrêt d'autobus, 2 pièces avec beaucoup de charme au rdc, avec w.c., douche, séjour. 500 euros/mois, plus charges. Pas de bail. Propriétaires sur place.

Appt ancien rénové, 3 pièces ensoleillées, 2ème étage, balcon avec vue, près de l'université. Pas d'animaux! 1.200 euros/mois, charges comprises. Bail d'une année minimum.

Nouvel immeuble à 10 étages au centre-ville, équipements modernes, ascenseur, chauffage central et climatisation. Magasins au sous-sol. Studios, 1-4 pièces, et un grand appartement-terrasse sur le toit. Plusieurs appts sont meublés. 800-5.000/mois, plus charges. Références.

ℹ Langue

Vous rappelez-vous le vocabulaire pour parler des **animaux** ? Révisez les mots ci-dessous ! S'il y a des animaux que vous connaissez bien qui ne sont pas sur la liste, ajoutez-les. Cherchez les mots dans le dictionnaire si nécessaire.

- **Animaux domestiques** : le chien, le chat, l'oiseau (le canari), le poisson rouge, le serpent, le furet (*ferret*), le hamster, la souris, le lapin, le cheval, la vache, le cochon, le poulet, le coq, le mouton, la chèvre
- **Animaux sauvages** : la tortue, la grenouille, le renard (*fox*), le rat, le coyote, la mouffette (*skunk*), le raton laveur (*raccoon*), le castor (*beaver*), l'alligator, l'ours, le cerf (*deer*), le cougar (*mountain lion*), la marmotte (*groundhog*), l'orignal (*moose*), le chameau, l'éléphant, le lion, le tigre, le singe, l'hyène, l'hippopotame, le phoque (*seal*), le renne (*reindeer*), le pingouin, le dauphin, la baleine (*whale*), le requin (*shark*)
- **Oiseaux** : le corbeau (*crow*), l'hirondelle (*swallow*), le canard, l'oie (*goose*), l'aigle, le hibou (*owl*), le vautour, le pigeon, le moineau (*sparrow*)
- **Insectes** : la fourmi, l'araignée (*spider*), le cafard (*cockroach*), la mouche (*fly*), le moustique, l'abeille (*bee*), le papillon (*butterfly*)

ACTIVITÉ E : Explorez l'écologie sénégalaise ! Consultez votre cahier électronique !

10. L'écologie

Claire et Jean-Louis admirent les plantes et les arbres près de la maison des Thibodeau, et ils commencent à parler des différents climats. Faites correspondre le lieu (*à gauche*) avec la description des faunes et des flores qu'on y trouve (*à droite*).

Les endroits	Les descriptions
1. Tahiti	a. des bananiers, des baobabs, des singes, des éléphants, des hyènes, des lions
2. le Québec	b. des palmiers, des bougainvillées, des papillons, des oiseaux, des poissons
3. le Vietnam	c. des chênes, des pins, des pommiers, des vignes, des oies, des chèvres
4. la France	d. des érables, des sapins, des baleines, des orignaux, des phoques, des cerfs
5. la Louisiane	e. des arbres à gomme, des papayers, des singes, des moustiques
6. le Sénégal	f. des palmiers, des citronniers, des alligators, des écrevisses

ℹ Langue

Vous rappelez-vous le vocabulaire pour parler des **plantes** et des **arbres** ? Révisez les mots ci-dessous ! S'il y a des éléments que vous connaissez qui ne sont pas sur la liste, ajoutez-les. Cherchez les mots français dans le dictionnaire si nécessaire.

- **Plantes** : le buisson (*bush*), l'arbrisseau (*shrub*), la fougère (*fern*), la mousse (*moss*), le cactus, le houx (*holly*), la bruyère (*heather*), la lavande, la citrouille (*pumpkin*), le lierre (*ivy*), le sumac vénéneux (*poison ivy*), le trèfle (*clover*), la vigne (*vines*)
- **Arbres** : le baobab, le palmier, le cocotier, le bananier, le citronnier, le papayer, le pommier, le poirier, le marronnier (*chestnut*), le cerisier, l'arbre à gomme (*rubber tree*), le chêne (*oak*), l'érable, l'orme (*elm*), le platane (*plane tree*), le bouleau (*birch*), le sapin (*fir*), le pin, le cèdre

• **Fleurs** : la rose, la tulipe, le lilas, la marguerite (*daisy*), la jonquille (*daffodil*), le géranium, la bougainvillée, la pensée (*pansy*), la poinsettia, le tournesol (*sunflower*), le chèvrefeuille (*honeysuckle*), le coquelicot (*red poppy*)

Pour aller plus loin :
LITTÉRATURE

ACTIVITÉ F : Lisez le poème «L'Albatros» où l'auteur, Charles Baudelaire, compare le poète à ce grand oiseau de mer. Consultez votre cahier électronique !

11. La nature

Regardez les personnes et les catégories suivantes. Quelles flores (plantes) ou faunes (animaux) leur associez-vous ?

George Washington	Mickey & Minnie	Barnum & Bailey
Cinderella	Noël	Winnie the Pooh
Lone Ranger	Indiana Jones	la plage
un farfadet (*leprechaun*)	Old Macdonald	un safari
??? (à vous d'ajouter…)		

12. Ce n'est pas possible !

Claire et Jean-Louis continuent leur conversation, mais se parlent à voix basse. Choisissez une des expressions entre parenthèses et lisez le dialogue à haute voix avec un partenaire. Quand vous voyez ???, vous pouvez imaginer votre propre expression.

CLAIRE : Alors, les Thibodeau sont (gentils / accueillants / ???), n'est-ce pas ?

JEAN-LOUIS : Oui, mais je ne crois pas que Monsieur Thibodeau (veuille / soit sur le point de / accepte de) nous vendre le manuscrit. Pourquoi lui as-tu parlé de Laclos ? Maintenant, il sait que le manuscrit est d'une grande valeur. Ce que c'est (insupportable / fâcheux / bête de ta part) !

CLAIRE : Écoute, je n'y vois pas de mal. Cet homme est l'homme le plus (raisonnable / honnête / amical / ???) que je connaisse. J'ai voulu lui dire la vérité. Je pense qu'il nous aidera.

JEAN-LOUIS : Il t'aidera peut-être, mais il se fiche de moi ! Ce n'est pas (juste / possible / acceptable). Tu te rends compte !

CLAIRE : (Je sais, je sais / Tant pis pour toi / On n'y peut rien) ! Mais, la situation n'est pas au pire. Il n'a pas encore refusé de le vendre.

JEAN-LOUIS : Il faut que tu (m'aides / lui parles / ???). Est-ce que tu pourrais lui expliquer (l'importance / la nécessité / ???) d'acquérir le manuscrit ? Nous pourrions lui offrir une somme d'argent assez considérable.

CLAIRE : Mais non, pas moi ! Je suis désolée d'avoir tout dit sur Laclos, mais je ne sais pas comment (négotier une vente / demander de l'argent). L'achat, c'est ton affaire.

JEAN-LOUIS : Je comprends tout à fait. (Tu as raison / C'est vrai / ???) ! C'est à moi de (négotier / parler) avec Monsieur Thibodeau.

Comment dire   *se plaindre*

To complain	Ce n'est pas vrai / juste / possible / acceptable ! C'est insupportable !
	Pourquoi est-ce qu'on me fait ça ? Pourquoi est-ce que tu me fais ça ?
	La vie ne devrait pas être comme ça ! On ne devrait pas vivre comme ça !
	Je ne pourrais pas continuer comme ça ! Ça ne peut pas continuer !
	J'en ai assez ! J'en ai ras-le-bol ! Ça y est ! Je n'en peux plus !
	Tu te rends compte ! / Vous vous rendez compte !
	Il s'en fiche ! Je m'en fiche ! On s'en fiche (de quelque chose)
To show compassion for someone's complaints	Je comprends tout à fait ! Je sais, je sais ! Je prends pitié de toi/vous !
	Ça a dû être terrible pour toi/vous ! Quel dommage !

Qu'est-ce que je peux faire pour vous ? Je peux t'/vous aider ?
Je suis vraiment désolé(e) de ce qui t'/vous arrive.

To dismiss a complaint Tant pis pour toi/vous ! La vie, c'est comme ça ! Je n'y vois pas de mal !
Peu importe ! Ça pourrait être pire ! On n'y peut rien !
Il n'y a pas de quoi se plaindre ! Ne te plains pas ! / Ne vous plaignez pas !
Écoute, tu exagères ! / vous exagérez !

i Langue

Vous rappelez-vous la conjugaison du verbe **se plaindre de** (conjugué comme le verbe **craindre**) ? Révisez-le : je me plains, tu te plains, il/elle/on se plaint, nous nous plaignons, vous vous plaignez, ils/elles se plaignent (*participe passé* : plaint). On peut dire aussi **porter plainte** contre quelqu'un, qui signifie se plaindre auprès des autorités.

13. À vous

Imaginez que vous êtes dans les situations suivantes. Que dites-vous ? Avec un partenaire, choisissez des expressions pour chaque situation et imaginez de petits dialogues dans lesquels vous vous plaignez à un(e) ami(e).

1. Votre petite sœur n'arrête pas de chanter la même chanson heure après heure.
2. Les autres personnes dans votre maison ne font pas de recyclage, mais vous y tenez. Pourquoi est-ce qu'ils ne peuvent pas séparer le plastique et le verre des autres déchets ?
3. Des jeunes gens parlent dans la bibliothèque pendant que vous étudiez pour un examen.
4. Vous avez préparé un pique-nique et vous arrivez à votre parc préféré, mais il y a une famille bruyante et désagréable qui s'assied à côté de vous. C'est un grand parc, pourquoi ne peuvent-ils pas s'installer plus loin ?
5. Votre professeur d'histoire est si ennuyeux que vous ne pouvez pas vous empêcher de vous endormir en classe.

14. Par pitié !

Sur une feuille de papier, écrivez une phrase pour exprimer les plaintes que vous avez à propos de votre logement ou des inconvénients de la vie en général. Puis, circulez dans la salle de classe et plaignez-vous à vos camarades. Si la personne sympathise avec votre plainte, faites-la signer votre papier. S'il/elle ne sympathise pas, passer à une autre personne. Essayez de vous plaindre à autant de personnes que possible ! L'étudiant avec le plus de signatures gagne !

À l'écrit *première étape*

15. Une résidence secondaire

Quand vous voulez échapper au stress de la vie quotidienne et partir pour un weekend, où allez-vous ? Préférez-vous aller à la campagne, à la montagne, dans une forêt, près d'un lac ou un fleuve ou à la mer ? Imaginez que vous ayez gagné à la loterie et que vous vouliez construire une maison de campagne ou une résidence secondaire pour les weekends et les vacances. Choisissez un endroit où vous aimeriez construire votre deuxième maison. Puis, faites deux listes pour décrire la maison (combien d'étages, combien de pièces, les meubles, etc.) et ses environs (la vue que vous aurez de vos fenêtres, la nature qui entoure la maison, etc.). Ensuite, échangez votre liste avec celle d'un(e) camarade de classe. Vérifiez que votre partenaire n'a rien oublié, faites des corrections possibles et ajoutez des commentaires en bas de page. Si sa maison est plus intéressante que la vôtre, plaignez-vous ! Si non, faites-lui un compliment.

www **Pour aller plus loin :**
LITTÉRATURE

ACTIVITÉ G : Lisez le poème «Le Lac» d'Alphonse Lamartine dans lequel il décrit la nature d'une façon très émouvante. Consultez votre cahier électronique !

ÉPISODE 2 *La dispute*

Structures   *les prépositions*

16. **Dans ma chambre**

Claire décrit les meubles dans sa chambre pour Jean-Louis, qui a une chambre à l'autre bout du couloir. Soulignez toutes les **prépositions** dans ce paragraphe. Ensuite, essayez de dessiner la chambre. Pouvez-vous décrire comment fonctionnent les prépositions en analysant ces exemples ?

CLAIRE :   Quelle belle chambre ! Quand on entre par la porte, on est en face d'une grande fenêtre entrouverte qui donne sur le jardin. À travers la fenêtre, à l'extérieur, on voit des arbres et des oiseaux multicolores. À l'intérieur, sous la fenêtre, il y a une table. Sur la table, il y a un vase de fleurs exotiques et quelques livres. Si on regarde à gauche, il y a une grande armoire. À côté de l'armoire, il y a une petite table de toilette. Accroché au mur au-dessus de la table, il y a un miroir oval, et sous la table, il y a une petite chaise. Si on regarde à droite, il y a un grand lit à quatre colonnes. En haut des colonnes, il y a des sculptures d'ananas, le symbole de l'hospitalité. À côté du lit, il y a une petite table avec une belle lampe en verre. Devant la lampe, il y a un petit réveil-matin. Au mur, derrière le lit, il y a un grand masque africain sculpté en bois, et sur le plancher (*floor*), au centre de la chambre, il y a un tapis qui semble être tissé à la main. C'est vraiment joli. Pourtant, j'ai remarqué une toile d'araignée au plafond (*ceiling*), dans un coin près du lit.

Comment faire   *les prépositions*

Prepositions (**les prépositions**) are used to indicate location or to connect various parts of a sentence. Choose the appropriate preposition according to the location or to fit the grammatical structure of the sentence.

The *most common prepositions* are :

à	depuis (*since*)	par (*by, for*)
après	derrière	pendant (*during, for*)
avant (*before*)	devant (*in front of*)	pour
avec	de	sans
chez	en	sauf (*except*)
contre	entre	sous (*under*)
dans	envers (*toward*)	sur (*on*)
dedans (*inside*)	malgré (*despite*)	

- Remember that **à** (*to, at, in, on*) and **de** (*of, from, about*) contract with definite articles **le** (**au, du**) and **les** (**aux, des**)
- Sometimes **à, de,** and **en** are used in *prepositional phrases*, such as :

à droite	à gauche	à l'extérieur de
à côté de	au coin de	loin de
à l'intérieur de	à l'envers	en bas de
au-dessus de (*above*)	au-dessous de (*below*)	au centre de
au milieu de	à travers (*through*)	à l'extrémité de
au bout (de) (*at the end*)	au fond (de) (*at the bottom/heart of*)	

| près de | autour de (*around*) | hors de (*outside of*) |
| en haut de | en face de (*across from*) | en dehors de |

Various *modes of transportation* require certain prepositions :

- Use **à** with : **à bicyclette, à cheval, à patin à roulettes, à pied, à planche à roulettes, à vélo.**
- Use **en** with : **en autobus, en avion, en bateau, en métro, en moto, en taxi, en voiture.**
- Use **par** with : **par le train** (sometimes also **en train**).

To describe *different aspects of nouns*, a variety of prepositions are used :

- Use **à** to describe a function, usage, or type : **une machine à laver, une tasse à café, un verre à vin, un sorbet à la vanille.**
- Use **de** to describe contents or ownership : **la machine d'André, une tasse de café, un verre de vin.**
- Use **en** to describe the materials used : **une fenêtre en verre, un masque en bois, une tasse en céramique.**

To indicate *time* :

- Use **à** for a specific hour : **Je pars à 2 heures.**
- Use **dans** to indicate a period of time remaining until something occurs : Dans deux jours, je quitte le Sénégal.
- Use **depuis** or **il y a** to indicate a period of time since something started or occurred : Je cherche ce manuscrit depuis 4 ans; il y a 4 ans que je cherche ce manuscrit.
- Use **en** with a month, season, or year : en octobre, en automne, en 2002 (*exception* : au printemps).
- Use **pendant** to indicate a specific length of time that an activity continued in the past : J'ai habité à Paris pendant un an.
- Use **en** for a duration of time taken to complete something : Elle a terminé son travail en 5 heures.
- Use **pour** for a duration of time planned for an activity : elle restera au Sénégal pour une semaine.
- Use **entre** to indicate a range of time : Entre midi et une heure, je fais la vaisselle.

Some *verbs take certain prepositions* when followed by infinitives :

- Some verbs take **à** : **apprendre à, arriver à, commencer à, continuer à, demander à, dire à, s'habituer à, hésiter à, manquer à, se mettre à, plaire à, renoncer à, répondre à, réussir à, servir à, téléphoner à, tenir à**
- Some verbs take **de** : **accepter de, (s')arrêter de, avoir besoin de, conseiller de, se contenter de, empêcher de, essayer de, oublier de, promettre de, refuser de, regretter de, rêver de, se souvenir de, tenter de**
- Some verbs *do not take any prepositions* when followed by infinitives : **aimer, aller, croire, désirer, devoir, écouter, espérer, faire, penser, pouvoir, préférer, regarder, savoir, souhaiter, vouloir**
- A number of verbs take either **à** or **de** or another preposition, depending on context and meaning :

parler à (*to talk to*)	**parler de** (*to talk about*)
penser à (*to think of/about*)	**penser de** (*to think about, opinion only*)

commencer à (*to begin, start*)	**commencer par** (*to start with*)
décider de (*to decide*)	**se décider à** (*to make up one's mind to*)
finir de (*to finish*)	**finir par** (*to end up*)
se servir de (*to use*)	**servir à** (*to be used/useful to/for*)

17. Sens dessus dessous (*upside down*)

Imaginez la chambre de Claire sens dessus, dessous. Pour chaque préposition en caractères gras, substituez une préposition opposée.

1. **À droite**, il y a une armoire.
2. **Sur le haut** des colonnes, il y a des sculptures d'ananas.
3. **Sous** la table de toilette, il y a une chaise.
4. Il y a des fleurs **dans** le vase.
5. **Sous** la fenêtre, il y a une table.
6. **Devant** la lampe, il y a un réveil-matin.
7. Il y a un tapis **au centre** de la chambre.
8. **À l'extérieur**, il y a des oiseaux multicolores.
9. Il y a une toile d'araignée **près** du lit.

18. Une sieste

Jean-Louis décide de faire une petite sieste. Remplissez les blancs avec une préposition appropriée, si nécessaire.

JEAN-LOUIS : Je suis content que tu aimes _____ ta chambre. Moi, j'ai besoin _____ me reposer. Je vais faire une petite sieste _____ une heure. Il y a un réveil-matin _____ mon lit aussi, mais si je n'arrive pas _____ me réveiller _____ l'heure du dîner, réveille-moi. D'accord ? Entre temps, il faut penser _____ comment convaincre Monsieur Thibodeau _____ vendre le manuscrit. Après tout, on a voyagé tant d'heures _____ avion pour venir ici. Les Thibodeau sont très gentils de nous acceuillir _____ eux, mais on ne peut pas accepter _____ partir sans le manuscrit. Mais, ne fais pas de négociations _____ moi. Attends-moi, d'accord ? Et, surtout, ne dîne pas _____ moi ! Penses-tu qu'on nous servira du yassa ?

www Pour aller plus loin : **CULTURE**

ACTIVITÉ H : Découvrez des plats sénégalais traditionnels comme le yassa ! Consultez votre cahier électronique !

19. Qu'est-ce que c'est ?

Choisissez un meuble ou une chose qu'on peut voir dans votre salle de classe ou à travers la fenêtre de la salle de classe. Sans mentionner l'objet, décrivez où il se trouve par rapport aux choses qui l'entourent. Vos camarades de classe doivent deviner de quoi il s'agit ! Attention à l'usage des prépositions !

MODÈLE : «Cette chose est dehors, à l'extérieur de la salle. Elle est à côté de l'arbre et devant le petit mur, mais derrière le trottoir. Qu'est-ce que c'est ?»
—**C'est un buisson !**

20. À l'étroit (*cramped*)

Avez-vous beaucoup de meubles et d'objets dans votre chambre à coucher ? Avec un partenaire, posez des questions sur les meubles que l'autre personne a dans sa chambre et décrivez où sont ces meubles par rapport aux autres.

MODÈLE : «Est-ce que tu as un sofa ?»
—**Oui. Il est à côté de la fenêtre.**

Langue

Vous rappelez-vous l'usage et la conjugaison des verbes **manquer** et **plaire** ? Si non, mémorisez les conjugaisons suivantes et réviser l'usage des verbes avant de continuer !

- **manquer** (*to miss, to lack*) : je manque, tu manques, il/elle/on manque, nous manquons, vous manquez, ils/elles manquent (*participe passé* : il m'a manqué)
- **plaire** (*to please, to like*) : je plais, tu plais, il/elle/on plaît, nous plaisons, vous plaisez, ils/elles plaisent (*participe passé* : il m'a plu)

Ces deux verbes sont souvent utilisés avec un **pronom complément d'objet indirect**. Par exemple, si ton ami est parti, tu dis «il me manque» (littéralement, *he is lacking to me*; autrement dit, *I miss him*). Si tu aimes quelqu'un, tu dis «il me plaît» (littéralement, *he is pleasing to me*; autrement dit, *I like him*). Dans ces cas, le sujet est la chose/la personne qui manque ou qui plaît tandis que l'objet indirect est la personne à qui une chose ou une personne manque ou plaît.

Avant d'écouter

21. Avant la dispute

Répondez aux questions personnelles suivantes. Discutez de vos réponses avec vos camarades de classe.

1. Est-ce que vous vous disputez souvent avec vos amis ou votre famille ? Pourquoi vous disputez-vous le plus souvent ?
2. Quand vous voyagez loin de chez vous, qu'est-ce qui vous manque ? Qu'est-ce qui vous plaît ?
3. Êtes-vous plutôt une personne qui se plaint beaucoup ou une personne qui accepte les choses commes elles sont ? Donnez un exemple d'un moment où vous vous êtes plaint ou d'un moment où vous avez accepté une mauvaise situation.

À L'ÉCOUTE : *La dispute*

Après sa sieste, Jean-Louis se réveille et frappe à la porte de Claire. Elle l'invite à entrer et ils commencent à discuter de leur situation. Claire comprend que son compagnon commence à s'inquiéter. Pour acquérir ce manuscrit, il est prêt à aller jusqu'au bout. D'après lui, la fin justifie les moyens…

 Regardez le vocabulaire qui suit, et puis **écoutez le dialogue sur votre CD.**

VOCABULAIRE

Les disputes

aller jusqu'au bout	*to go the distance, all the way*	au bout de, le bout	*at the end of, the end*
la fin justifie les moyens	*the end justifies the means*	le but	*goal, objective*
un confort	*comfort*	impensable	*unthinkable*
un moyen	*a way, means*	se prendre pour	*to take oneself for, to think of oneself as*
devoir de l'argent	*to owe money*	se servir de	*to use for/as*
puissant	*powerful*	avoir honte de	*to be ashamed*
		tu aurais dû	*you should have*

Après avoir écouté

22. Avez-vous compris ?

En petits groupes, répondez aux questions suivantes.

1. Pourquoi est-ce que Jean-Louis va dans la chambre de Claire ?
2. De quoi parlent-ils au début ?
3. Pourquoi se disputent-ils ?
4. Que pensez-vous de la réaction de Claire ? Auriez-vous réagi de la même façon ?
5. À votre avis, existe-t-il des circonstances où la fin justifie les moyens ?

23. D'accord ou pas d'accord

Après avoir écouté le dialogue entre Claire et Jean-Louis, lisez les phrases suivantes et donnez votre opinion. Discutez en petits groupes.

	D'accord	Pas d'accord
1. Jean-Louis veut le manuscrit à tout prix (*at any cost*).	_____	_____
2. Claire veut aider son ami à l'acquérir.	_____	_____
3. Leurs familles leur manquent.	_____	_____
4. Claire a un parent âgé qui a besoin d'elle.	_____	_____
5. Jean-Louis pense sérieusement à voler le manuscrit.	_____	_____

Comment dire *faire des reproches*

To reproach someone

Vraiment ! Tu exagères ! / Vous exagérez !
N'exagérons pas ! Si j'avais su ! Mais quand même !
Mais non ! Mais franchement ! C'est impensable / incompréhensible !
Mais de quoi vous mêlez-vous ? Mais comment osez-vous (*how dare you*) !
Occupe-toi de tes affaires ! Cela ne te regarde pas !
Tu n'as pas honte ! Vous n'avez pas honte !
Pour qui te prends-tu ? Pour qui vous prenez-vous ?
Si tout le monde faisait comme toi/vous !
Tu ne vois pas/Vous ne voyez pas que tu as/vous avez tort.
Comment peux-tu/pouvez-vous dire des choses pareilles ?
Tu m'as menti / Vous m'avez menti.
Tu aurais dû… / Vous auriez dû… me dire la vérité / m'en parler / faire attention.

24. Que dites-vous ?

Qu'est-ce qu'on peut dire pour faire des reproches aux gens dans les situations suivantes ? Avec un partenaire, décidez ce que vous pouvez dire.

1. Votre ami a pris de l'argent de votre portefeuille sans demander la permission.
2. Un de vos amis arrive toujours en retard quand vous sortez ensemble.
3. Vous faites la queue pour le cinéma depuis une heure et quelqu'un qui vient d'arriver essaie de resquiller (*cut in line*).

Savez-vous bien employer le **faire causatif** (faire + *infinitif*) ? Vous pouvez utiliser le verbe **faire** suivi d'un infinitif pour décrire une action que quelqu'un d'autre fait pour vous. Par exemple, si on dit «Aissatou prépare le dîner», cela veut dire qu'Aissatou est la cuisinière et elle cuisine elle-même. Mais, si on dit «Aissatou fait préparer le dîner», cela veut dire qu'elle demande à quelqu'un d'autre de cuisiner pour elle. On peut utiliser la préposition **par** pour indiquer qui fait le travail (Aissatou fait préparer le dîner par ses filles : Les filles cuisinent le repas pour leur mère.) On emploie le **faire causatif** souvent en parlant des tâches domestiques. Normalement, on ne se coupe pas les cheveux, mais on se fait couper les cheveux par un coiffeur; et on ne répare pas la machine à laver, mais on fait réparer la machine à laver par un réparateur.

4. Vos voisins ne font pas de recyclage.
5. Vous arrivez chez des amis et vous voyez qu'ils n'ont pas nettoyé leur appartement depuis des mois.

25. Les tâches domestiques

De l'escalier, Jean-Louis entend Monsieur et Madame Thibodeau qui se disputent à propos des tâches domestiques. Madame Thibodeau fait des reproches à son mari. Elle veut qu'il l'aide à la maison, mais lui, préfère faire travailler les domestiques. Avec un partenaire, inventez un dialogue dans lequel Madame Thibodeau reproche à son mari de ne pas faire les tâches suivantes.

MODÈLE : faire la vaisselle
«Mais franchement ! Tu pourrais faire la vaisselle de temps en temps !
—Je fais faire la vaisselle par les domestiques.»

faire la vaisselle	laver le linge
passer l'aspirateur	débarrasser (*to clean off*) la table après le dîner
cuisiner	ranger tes livres
épousseter	arroser (*to water*) les plantes
faire le lit	

26. Tu n'as pas honte !

Sur une feuille de papier, écrivez une phrase pour confesser quelque chose que vous n'auriez pas dû faire (inventez, si vous voulez !). Ensuite, circulez dans la salle de classe et lisez votre phrase. Vous pourriez aussi vous plaindre de votre situation. Vos camarades vont vous faire des reproches et suggérer ce que vous auriez dû faire. À la fin de l'activité, dites qui vous a donné la meilleure suggestion !

MODÈLE : —Je n'ai pas fait mes devoirs hier soir.
—**Tu aurais dû aller à la bibliothèque ! Si tout le monde faisait comme toi !**

À l'écrit   *deuxième étape*

27. Votre résidence secondaire

Imaginez que vous parlez avec un(e) ami(e) de la deuxième maison que vous commencez à faire construire. Révisez vos listes des aspects de la maison et de ses environs que vous appréciez (Activité 7-15) et écrivez un dialogue dans lequel vous parlez de la maison elle-même et aussi de la région où elle se trouvera (utilisez le futur). Aussi, plaignez-vous de la lenteur de la construction. Vous voulez que la maison soit terminée avant les prochaines vacances ! Bien sûr, votre ami(e) pense que vous exagérez et il/elle vous fait des reproches. Finalement, avec un partenaire, révisez vos dialogues et lisez-les à haute voix.

www   Pour aller plus loin : CULTURE

ACTIVITÉ I : Apprenez un peu plus sur les problèmes écologiques qui préoccupent les Verts. Consultez votre cahier électronique !

Un courriel académique

Structures   le conditionnel et le conditionnel passé

28. Si j'étais riche…

Lisez l'extrait suivant qui vient du roman *Émile*, écrit par Jean-Jacques Rousseau et publié en Europe en 1762. Dans cet extrait, Rousseau décrit où il vivrait s'il était riche. Ensuite, répondez aux questions.

Émile (extrait)

de Jean-Jacques Rousseau

Culture

Jean-Jacques Rousseau est un écrivain de l'époque des Lumières, le 18ème siècle. Né à Genève en Suisse, il s'est installé à Paris où il a écrit plusieurs discours et plusieurs romans, parmi lesquels *Émile ou de l'éducation*. Dans tous ses écrits, il critique la décadence de la société civilisée des grandes villes et fait l'éloge des bonheurs simples de la vie paysanne et de la sensibilité. Rousseau a beaucoup influencé les auteurs romantiques qui deviennent populaires au 19ème siècle. Pourtant, la philosophie de Rousseau, son dédain pour le progrès et son amour de la vie solitaire, sont critiqués par ses contemporains (comme Voltaire et Diderot) et Rousseau quitte la ville de Paris pour aller s'installer à Erménonville où on peut, de nos jours, trouver son tombeau sur une petite île au sein de la nature qu'il admirait tant pendant sa vie.

Je n'**irais** pas me bâtir une ville en campagne. […] Sur le penchant de quelque agréable colline ombragée, j'**aurais** une petite maison rustique, une maison blanche avec des contravents verts; et quoiqu'une couverture de chaume (*thatch roof*) soit en toute saison la meilleure, je **préférerais** magnifiquement, non la triste ardoise (*slate*), mais la tuile (*tile*) parce qu'elle a l'air plus propre et plus gaie que le chaume.[…] et que cela **me rappellerait** un peu l'heureux temps de ma jeunesse. […] J'**aurais** un potager (*kitchen garden*) pour jardin, et pour parc un joli verger (*orchard*). Les fruits à la discrétion des promeneurs, ne **seraient** ni comptés ni cueillis par mon jardinier. […] Or, cette petite prodigalité **serait** peu coûteuse, parce que j'**aurais choisi** mon asile dans quelque province éloignée où l'on voit peu d'argent et beaucoup de denrées (*produce*), et où règne l'abondance et la pauvreté. […] Là tous les airs de la ville **seraient** oubliés, et devenus villageois du village, nous **nous trouverions** livrés à des foules d'amusements divers qui ne nous **donneraient** chaque soir que l'embarras du choix pour le lendemain. L'exercice et la vie active nous **feraient** un nouvel estomac et de nouveaux goûts. Tous nos repas **seraient** des festins où l'abondance **plairait** plus que la délicatesse.

1. Regardez tous les verbes au **conditionnel** et au **conditionnel passé** qui sont en **caractères gras**. Quel est l'infinitif de chaque verbe ?
2. Pouvez-vous décrire comment former le **conditionnel** et le **conditionnel passé** ? Pouvez-vous décrire comment employer le **conditionnel** ? et le **conditionnel passé** ?
3. Que pensez-vous de la maison rustique qu'imagine Rousseau ? Voudriez-vous habiter une maison comme celle-ci ? Pourquoi ou pourquoi pas ?

Comment faire   le conditionnel et le conditionnel passé

While the *future tense* expresses certainty or probability, the *conditional tense* (**le conditionnel**) expresses hypotheses or the possibility of an event occurring, if certain conditions are met. It is also used to describe future events in the context of past events, and it can be used simply to express politeness. The past conditional (**le conditionnel passé**) is used to describe events that would have occurred in the past, before other events could happen, or to express regret.

Pour aller plus loin :
CULTURE

ACTIVITÉ J : Apprenez un peu plus sur la vie de Jean-Jacques Rousseau. Consultez votre cahier électronique !

The **conditionnel** is formed by adding the *imperfect tense endings* to the *future stem*. The conditional stem, therefore, is either the infinitive (drop the final **-e** from **-re** verbs) or one of the irregular future stems (review chapter 6). The conditional endings are the same as the imperfect endings : **-ais, -ais, -ait, -ions, -iez, -aient**

Uses of the **conditionnel**

• To express possibility :

Si j'étais riche, **j'irais** à Dakar et **j'achèterais** le manuscrit.

If I were rich, I would go to Dakar and I would buy the manuscript.

• In the context of the past tenses, to describe what would happen in the future :

Finalement, ils sont allés à Dakar, où ils **trouveraient** le manuscrit.

Finally, they went to Dakar, where they would find the manuscript.

• For politeness :

Excusez-moi, est-ce que vous **pourriez** m'aider, s'il vous plaît ?

Excuse me, could you please help me ?

The **conditionnel passé** is composed of two parts : the conditional of the *auxiliary verb*, **avoir** or **être**, plus the *past participle* of the verb you are conjugating (following the same rules for agreement as the **passé composé**).

Uses of the **conditionnel passé**

• To describe what would have happened had certain conditions been met :

Si j'avais été riche, **je serais allé(e)** à Dakar et **j'aurais acheté** le manuscrit.

If I had been rich, I would have gone to Dakar and I would have bought the manuscript.

• In the context of the conditional tense, to describe what would have happened before other hypothetical actions :

Ils quitteraient le Sénégal et iraient à Genève où Claire lirait le manuscrit que Jean-Louis **aurait acheté** à André.

They would leave Senegal and would go to Geneva, where Claire would read the manuscript that Jean-Louis would have bought from André.

• To express regret :

Il **aurait dû** dire la vérité dès le début !

He should have told the truth from the beginning !

29. Que ferais-je ?

Jean-Louis descend pour chercher quelque chose à boire. Claire se repose sur son lit à quatre colonnes et pense à ce que Jean-Louis ferait si Monsieur Thibodeau refusait de vendre le manuscrit. Conjuguez les verbes entre parenthèses au **conditionnel**.

CLAIRE : Si Monsieur Thibodeau n'acceptait pas de vendre le manuscrit, j'(avoir) _____ un dilemme. Je (vouloir) _____ bien en faire une copie, et je (être) _____ très satisfaite de cela. Pourtant, Jean-Louis ne (être)

_____ pas du tout content. Il (essayer) _____ d'acquérir ce manuscrit par d'autres moyens. Il (faire) _____ sans doute une grande bêtise, et les Thibodeau (se fâcher) _____ avec lui et ils (appeler) _____ la police. Ils (mettre) _____ Jean-Louis en prison, et moi aussi peut-être, car ils (penser) _____ que nous avons travaillé ensemble. Je ne (devoir) _____ pas me taire. Ça c'est sûr.

30. Les regrets

Claire continue à réfléchir à comment la situation aurait été différente si elle n'avait pas fait la connaissance de Jean-Louis. Conjuguez les verbes entre parenthèses au **conditionnel passé**.

CLAIRE : Si je n'avais jamais rencontré Jean-Louis, je (trouver) _____ l'adresse de Sandrine Fontenot à la bibliothèque de la Nouvelle-Orléans et je (pouvoir) _____ aller la voir à sa maison. Je (recevoir) _____ le nom du bouquiniste et il me (donner) _____ le nom de Monsieur Thibodeau. Pourtant, je (ne...pas/avoir) _____ le courage d'aller de Paris à la Martinique et en Afrique toute seule. Il est très probable que je (abandonner) _____ ce projet de recherche et que je (retourner) _____ au Québec. Mais qui sait ? Peut-être que je (devenir) _____ plus courageuse et que je (chercher) _____ le manuscrit toute seule...

31. Et vous ?

Si vous étiez plus courageux, que feriez-vous ? Faites une liste de 5 activités que vous feriez cette année si vous étiez plus courageux. Aussi, nommez 5 activités que vous auriez faites si vous aviez été plus courageux dans le passé. Comparez votre liste avec celle de vos camarades de classe.

32. Et Jean-Louis ?

Claire a décrit comment aurait été sa vie si elle n'avait pas rencontré Jean-Louis. Mais qu'est-ce que Jean-Louis aurait fait s'il n'avait pas rencontré Claire à la Nouvelle-Orléans ? Écrivez 6 phrases au conditionnel passé. Ensuite, comparez vos idées avec celles de vos camarades de classe.

33. Questions personnelles

Répondez aux questions personnelles suivantes. Discutez de vos réponses avec la classe.

1. Si vous pouviez choisir un pouvoir surnaturel, lequel choisiriez-vous ? pourquoi ?
2. Quelle personne célèbre aimeriez-vous rencontrer ? Quelles questions lui poseriez-vous ?
3. Si vous étiez très riche, que feriez-vous de votre argent ? Pourquoi ?
4. Si vous étiez un animal, quel animal seriez-vous ? Pourquoi ?
5. Si vous pouviez voyager n'importe où dans le monde pendant l'été, où iriez-vous ? Pourquoi ?
6. Si vous pouviez vivre à une autre époque historique pour un mois, quelle époque choisiriez-vous ? Pourquoi ?

Pour aller plus loin : CULTURE

ACTIVITÉ K : Écoutez de la musique africaine. Consultez votre cahier électronique !

Pour aller plus loin : LITTÉRATURE

ACTIVITÉ L : Lisez un poème de l'auteur sénégalais Birago Diop. Consultez votre cahier électronique !

34. Que ferais-tu ?

Faites une interview avec un camarade de classe afin de savoir ce qu'il/elle ferait pour s'amuser dans les endroits suivants. Posez des questions et répondez aux questions en utilisant le conditionnel.

MODÈLE : à Dakar
—**Que ferais-tu à Dakar ?**
—**Je ferais du shopping, je visiterais les musées et je prendrais beaucoup de photos. Et toi ?**

à Dakar	à la montagne	au Québec	en Louisiane
à la campagne	en France	à la plage	en Afrique

La prochaine fois que Claire se sert de l'ordinateur des Thibodeau pour voir si elle a reçu un message de sa soeur dans sa boîte aux lettres, elle trouve un courriel de son directeur de thèse...

CORRESPONDANCE : *Un courriel académique*

```
À  :  Claire Plouffe
De :  P-F Thuillier
Date : 09/10/03
Réf :  votre projet
```

Chère Mademoiselle Plouffe,

Je suis désolé de ne pas vous avoir contactée plus tôt. Comme vous le savez, je suis en congé sabbatique° cette année et je viens d'arriver en Provence où je ferai de la recherche aux Archives coloniales d'Aix-en-Provence jusqu'à Noël. J'étais à Paris la semaine dernière, et j'ai essayé de vous contacter à l'Hôtel Quasimodo, mais vous étiez déjà partie. Peut-être aviez-vous trouvé un petit appartement ? J'aurais dû vous téléphoner avant mon arrivée, mais j'étais très occupé par ma communication° pour le colloque° au Collège de France. Pourtant, j'aurais voulu vous voir afin de savoir si vous faites des progrès avec votre projet de recherche sur le manuscrit perdu de Laclos. Aussi, cela aurait été bien si vous aviez pu assister au colloque. Il y avait de nombreux spécialistes de la littérature du dix-huitième siècle avec qui vous auriez pu discuter de votre projet.

Je serais très heureux de recevoir de vos nouvelles et de vous aider autant que° je pourrais. Écrivez-moi un petit message quand vous aurez le temps, et si jamais vous pensez venir en Provence, j'espère que vous me téléphonerez. On pourrait se donner rendez-vous pour parler de votre thèse.

sabbatical

scholarly paper
conference

as much as

Vous trouverez mes coordonnées à Aix en bas de page. En attendant de vous lire, je vous prie, chère Mademoiselle, d'accepter l'expression de mes sentiments les plus cordiaux,

P.F. Thuillier
Le Directeur de la Recherche et des Études Littéraires
L'Université de Sainte-Foy

Après avoir lu

35. D'accord ou pas d'accord

Après avoir lu la lettre ci-dessus, lisez les phrases suivantes et donnez vos opinions personnelles. Discutez en petits groupes.

	D'accord	Pas d'accord
1. Monsieur Thuillier est en Provence maintenant.	_____	_____
2. Il était à Paris au début du mois de septembre.	_____	_____
3. Il a essayé de contacter Claire pendant son séjour à Paris.	_____	_____
4. Il regrette de ne pas avoir invité Claire au colloque.	_____	_____
5. Claire aurait aimé assister au colloque.	_____	_____
6. Claire verrait Monsieur Thuillier si elle était en Provence.	_____	_____

Comment dire   *exprimer le regret*

To express regret

Je suis sincèrement désolé(e) / navré(e) / triste de (+ *infinitif passé*)
J'aurais dû… / J'aurais pu… / J'aurais voulu… (+ *infinitif*)
Je regrette de (+ *infinitif* ou *infinitif passé*)
J'ai essayé de (+ *infinitif*) / J'aimerais bien (+ *infinitif*)
Il est dommage / triste que tu/vous (+ *subjonctif*)
Si je pouvais, je (+ *conditionnel*) / Si j'avais su, je (+ *conditionnel passé*)
Cela aurait été bien si (+ *plus-que-parfait*)
Je ne saurais vous dire combien je suis désolé(e).
Je ne pouvais pas faire autrement. / C'était une situation difficile.
C'est terrible / affreux / énervant / fâcheux !
Quel dommage de vous avoir manqué ! / C'est entièrement de ma faute !
Hélas ! / Mais, hélas ! / Zut ! / Flute ! / Mais bon !

36. Hélas !

Que diriez-vous dans les situations suivantes pour exprimer le regret ? Avec un partenaire, décidez de ce que vous pourriez dire.

1. Vous avez oublié l'anniversaire de votre ami(e).
2. Vous arrivez à un restaurant chic et populaire sans avoir fait de réservations à l'avance.

3. Votre professeur vous avait invité(e) à un colloque, mais vous n'y êtes pas allé(e).
4. Vos amis vous attendent au café depuis deux heures et ils ont raté le film qu'ils allaient voir.
5. Vous êtes invité(e) à dîner chez des collègues, et vous arrivez sans cadeau pour vos hôtes.
6. Vous êtes vétérinaire et il vous faut annoncer à un client que sa vache est morte.

37. Ça m'énerve quand…

Imaginez que vous êtes l'étudiant(e) parfait(e). Vous vous plaignez des mauvaises habitudes de vos camarades de classe. Sur une feuille de papier, écrivez une phrase pour décrire les habitudes qui vous énervent (*get on your nerves*). Ensuite, circulez dans la salle de classe et plaignez-vous à vos camarades. Si quelqu'un exprime du regret, reprochez-lui ! Si quelqu'un vous reproche vos critiques, exprimez vos regrets ! Essayez de parler à autant de personnes que possible !

MODÈLE : «Ça m'énerve quand les étudiants mangent en classe !»
—**Je suis désolé. J'aurais dû déjeuner avant de venir en classe.** ou
—**Tu exagères ! Pour qui te prends-tu ?**

À l'écrit   *troisième étape*

38. Votre résidence secondaire

Finalement, la construction de votre deuxième maison est terminée ! Écrivez une lettre à un(e) ami(e) dans laquelle vous invitez cette personne à passer un weekend dans votre nouvelle maison. Révisez vos Activités 7-15 et 7-27, et décrivez comment il/elle trouverait la maison et ce que vous pourriez faire pour vous amuser dans la région (utilisez le conditionnel). Échangez votre lettre avec un(e) camarade de classe (par courriel, si vous voulez !) et offrez une réponse avec quelques corrections possibles et où vous exprimez vos regrets (vous ne pourrez pas accepter l'invitation !).

www **Pour aller plus loin :**
CINÉMA

ACTIVITÉ M : Regardez le film *Chocolat* qui explore les regrets et les sentiments d'une jeune femme lorsqu'elle retourne au pays en Afrique où elle a grandi. Consultez votre cahier électronique !

Dénouement

Activités de révision

Culture

Il y a beaucoup de **problèmes écologiques** dans le monde aujourd'hui. Il y a des problèmes quant à la qualité et la pureté de l'air qu'on respire, causés par la **pollution**. Il y a des problèmes qui viennent de la contamination de l'eau à cause de la **pluie acide**. Il y a des **espèces d'animaux en voie de disparition** à cause des hommes qui chassent ou qui polluent. Il y a des dauphins qui meurent à cause du plastique qui nous permet de porter facilement plusieurs cannettes de coca ou à cause de filets qu'on place pour attraper les thons. Il y a le problème du **déboisement** (*deforestation*) des forêts qui détruit l'équilibre écologique pour qu'on puisse construire des maisons. Il y a des **accidents pétroliers** dans les océans qui tuent les poissons et les oiseaux. Il y a aussi des **déchets nucléaires**, des **trous dans la couche d'ozone** et l'**effet de serre** (*the greenhouse effect*) qui pourraient déstabiliser notre environnement à l'avenir.

39. N'importe où ! (*anywhere*)

Dans chaque coin du monde, dans chaque région, on trouve un climat et une écologie particuliers. En petits groupes, pensez à une région spécifique et décrivez la nature dans cette partie du monde. Puis, tour à tour, les autres groupes vont vous poser des questions sur la flore et la faune afin de deviner de quelle partie du monde il s'agit ! Pourtant, vous pouvez répondre seulement avec «oui» ou «non», et chaque groupe peut poser seulement une question à son tour. Le groupe qui devine le plus grand nombre d'endroits a gagné !

40. Peut-on sauver le monde ?

Pensez aux solutions possibles des problèmes écologiques suivants. Utilisez le conditionnel. Ensuite, discutez de vos idées avec vos camarades de classe. Y a-t-il des choses que vous pourriez faire vous-mêmes maintenant pour éviter des désastres à l'avenir ?

1. la disparition des phoques au Québec du nord à cause de la vente de leurs peaux (*skins*)
2. le déboisement et l'érosion à Haïti qui transforme les forêts en déserts
3. la pollution qui réduit la qualité de l'air qu'on respire à Paris
4. la déstabilisation de l'écologie marine par des accidents pétroliers
5. la mort des dauphins à cause des déchets en plastique

41. Vérité ou défi ?

En petits groupes, jouez au jeu «Vérité ou défi ?». Demandez à un(e) camarade s'il/elle préférerait dire la vérité ou oser faire quelque chose de stupide. D'après son choix, choisissez une des questions ou un des défis des listes suivantes. Si la personne choisit un défi, il/elle doit le faire tout de suite. Si la personne choisit la vérité, il/elle doit répondre sincèrement à la question et vous avez le droit de poser des questions supplémentaires sur le même sujet !

Défis	**Vérités**
1. Chantez «Frère Jacques» devant la classe !	1. Avec quel acteur/actrice vous marieriez-vous ? Pourquoi ?
2. Donnez un compliment à quelqu'un !	2. À quel âge voudriez-vous prendre votre retraite ? Où habiteriez-vous après ?
3. Dessinez votre auto-portrait au tableau !	3. Quelle est votre plus grande peur ? Que feriez-vous pour ne pas l'affronter ?
4. Enlevez vos chaussures et sautez à cloche-pied (*on one foot*)!	4. Le weekend dernier, qu'avez-vous fait d'ennuyeux ? Qu'auriez-vous fait autrement si vous aviez pu ?

5. Dansez devant la classe !

6. Videz votre sac et montrez tous les objets qui s'y trouvent !

5. Quelle émission d'enfants aimeriez-vous regarder régulièrement à la télé ?

6. Qu'est-ce que vous ne mangeriez pas, même pas pour mille euros ?

42. Si jamais...

Avec un(e) partenaire, répondez à cette question : Quelle invention technologique vous paraît la plus utile à la société de nos jours (par exemple, l'électricité, l'ordinateur, la voiture, etc.) ? Maintenant, décrivez comment nos vies auraient été différentes si on n'avait jamais inventé cette chose ! Lisez votre description à haute voix. Vos camarades vont essayer de deviner de quelle invention il s'agit !

Avant de lire Une si longue lettre

43. Premières impressions

Lisez l'extrait du roman *Une si longue lettre* de Miriama Bâ, sans essayer de comprendre chaque mot. Après votre première lecture du texte, répondez aux questions. Ensuite, relisez le texte une deuxième fois, plus attentivement.

1. Qui parle ? une jeune femme ou une femme d'une certaine âge ?
2. Quand se passe l'histoire ? au présent, au passé, à l'avenir ?
3. Où se situe l'action ? dans une ville ou à la campagne ?
4. Quel est le ton de l'histoire ? triste, gai, mélancolique, paisible ?
5. Qu'est-ce que les personnages faisaient pour s'amuser pendant leurs séjours à l'extérieur de la ville ?

Pour aller plus loin : CINÉMA

ACTIVITÉ N : Regardez le film *Faat Kiné* d'Ousmane Sembene qui raconte l'histoire d'une famille dakaroise. Consultez votre cahier électronique !

La côte sénégalaise.

Cet extrait vient du roman de Miriama Bâ Une si longue lettre. *Dans ce roman, Bâ décrit la vie, les pensées, les plaintes, les regrets et les espoirs d'une femme sénégalaise après la mort de son mari. Dans une lettre à une amie, le personnage principal Ramatoulaye se souvient des beaux jours passés avec son mari Mawdo au début de leur mariage, avant qu'il ait pris une deuxième femme selon la tradition islamique. Ici, Bâ décrit avec nostalgie et admiration la beauté de son pays tout en essayant de retrouver son optimisme pour la vie…*

de Miriama Bâ

Une si longue lettre (extrait)

Tandis que° la mère de Mawdo pensait à sa vengeance, nous, nous vivions : réveillons° de Noël organisés par plusieurs couples dont les frais° étaient équitablement partagés, et abrités° par chaque foyer° à tour de rôle. Nous exhumions sans complexe les pas° d'antan° : biguines° ardentes, rumbas frénétiques, tangos langoureux. Nous retrouvions les battements de cœur anciens qui fortifiaient nos sentiments.

Nous sortions aussi de la ville étouffante, pour humer° l'air sain des banlieues marines.

Nous longions la corniche dakaroise, l'une des plus belles de l'Afrique de l'Ouest, véritable œuvre d'art de la nature. Des rochers arrondis ou pointus, noirs ou ocres dominaient l'Océan. De la verdure,° parfois de véritables jardins suspendus s'épanouissaient° sous le ciel clair. Nous débouchions sur la route de Ouakam qui mène également à Ngor, et plus loin à l'aérogare de Yoff. Nous reconnaissions au passage la ruelle qui mène en profondeur à la plage des Almadies.

Notre halte préférée était la plage de Ngor, située au village du même nom où de vieux pêcheurs barbus raccommodaient° les filets,° sous les bentenniers. Des enfants nus et morveux° jouaient en toute liberté, s'ils ne s'ébattaient° pas dans la mer.

Sur le sable fin, rincé par la vague° et gorgé d'eau, des pirogues,° peintes naïvement, attendaient leur tour d'être lancées sur les eaux. Dans leur coque,° luisaient° de petites flaques° bleues pleine de ciel et de soleil.

Quelle affluence les jours de fête ! De nombreuses familles, assoiffées d'espace et d'air pur déambulaient.° On se dénudait sans complexe, tenté par la caresse bienfaisante de la brise iodée et la tiédeur° des rayons solaires. Des fainéants° dormaient sous les parasols déployés. Quelques gamins,° pelles et seaux° en mains, bâtissaient° et démolissaient° les châteaux de leur imagination.

Le soir, les pêcheurs revenaient de leur randonnée laborieuse. Ils avaient échappé une fois de plus, au piège° mouvant de la mer. De simples lignes noires à l'horizon, les barques° devenaient plus distinctes, les unes des autres, au fur et à mésure° de leur approche. Elles dansaient dans les creux° des vagues, puis se laissaient paresseusement drainer. Des pêcheurs descendaient gaîment voile° et matériel. Tandis que d'autres rassemblaient la moisson° frétillante,° certains tordaient° leurs habits trempés° et épongeaient° leurs fronts.

Sous les yeux émerveillés des bambins, les poissons vivants sautillaient, tandis que s'incurvaient les longs serpents de mer. Rien n'est plus beau qu'un poisson à la sortie de l'eau, avec son œil clair et frais, ses écailles° dorées ou argentées et ses beaux reflets bleutés° !

Des mains triaient,° groupaient, divisaient. Pour la maison, nous faisions d'intéressantes provisions.

so long as	
midnight supper / expenses	
housed / household	
dances / of the past /	
a type of dance	
to breathe in	
greenery	
to open out	
to mend / net	
runny-nosed / to frolic	
wave / canoe	
hull	
to shine / puddle	
to stroll	
tepidness	
lazy person / kids	
shovels and pails / to build	
to demolish	
trap	
boats	
progressively / hollow	
sail / harvest	
wriggly / to twist / wet clothes	
to sponge off	
scales	
bluish	
to sort	

L'air marin nous incitait à la bonne humeur. Le plaisir que nous goûtions et qui fêtait tous nos sens, enivrait° sainement, aussi bien le riche que le pauvre. Notre communion, avec la nature profonde, insondable° et illimitée, désintoxiquait notre âme. Le découragement et la tristesse s'en allaient, soudainement remplacés par des sentiments de plénitude et d'épanouissement.

to intoxicate
unfathomable

Revigorés, nous reprenions le chemin de nos foyers. Comme nous avions le secret des bonheurs simples, cures bienfaisantes dans la tourmente des jours !

Te souviens-tu des pique-niques organisés à Sangalkam, dans le champ que Mawdo Bâ avait hérité de son père ? Sangalkam reste le refuge des Dakarois, qui désirent rompre° avec la frénésie° de la ville. Beaucoup de propriétés s'y côtoient donc, achetées par des jeunes qui y ont installé de véritables résidences secondaires : ces espaces verts sont propices au repos, à la méditation et au défoulement des enfants. La route de Rufisque mène à cette oasis.

to break with / frenzy

La mère de Mawdo avait entretenu° le champ avant le mariage de son fils. Le souvenir de son mari l'avait rivée° à cette parcelle de terre où leurs mains unies et patientes avaient discipliné la végétation qui émerveillait nos yeux.

to maintain
to rivet

Toi, tu y avais ajouté la petite construction de fond : trois chambrettes simples, une salle d'eau, une cuisine. Tu avais fleuri abondamment quelques coins. Tu avais fait bâtir un poulailler,° puis un enclos pour des moutons.

henhouse

Des cocotiers au feuillage entrecroisé protégeaient du soleil. Des sapotilles° fondantes° voisinaient avec des odorantes grenades.° Des mangues, lourdes à porter, faisaient ployer° des branches. Des papayes qui ressemblaient à des seins° multiformes, restaient tentantes° et inaccessibles, au sommet des troncs élancés.°

tropical tree
melting / pomegranate
to bend
breasts / tempting
soaring

Feuilles vertes et feuilles bronzées, herbes nouvelles et herbes fanées° jonchaient° le sol. Sous nos pas, des fourmis reconstruisaient inlassablement leur logis.

wilted
to strew/litter

Que l'ombre était tiède sur les lits de camp dressés. Les équipes de jeux se succédaient dans la clameur victorieuse ou les lamentations de la défaite.

Et nous nous gavions° des fruits à portée de la main ! Et nous buvions l'eau des noix de coco ! Et nous nous racontions des «histoires salées» ! Et nous nous trémoussions,° invités par les accents violents d'un phonographe ! Et l'agneau assaisonné de poivre, ail, beurre, piment, grillait sur le feu de bois.

to gorge oneself

to wiggle around/do a jig

Et nous vivions…

Après avoir lu

www

Pour aller plus loin :
LITTÉRATURE

ACTIVITÉ O : Apprenez un peu plus sur les femmes écrivains de l'Afrique francophone. Consultez votre cahier électronique !

44. Avez-vous compris ?

En petits groupes, discutez de vos réponses aux questions suivantes.

1. Décrivez les vies des personnes qui vont régulièrement à la plage de Ngor : les touristes, les pêcheurs, les enfants. Quelles activités font-ils ? Avez-vous l'impression que la narratrice aime aller à cette plage ? Pourquoi ?
2. Décrivez la résidence secondaire à Sangalkam. Comment est la maison ? Qu'y a-t-il à faire là-bas ? Avez-vous l'impression que la narratrice aime aller à la campagne ? Pourquoi ?
3. Faites une liste de tous les animaux et plantes mentionnés par la narratrice lorsqu'elle décrit les séjours à Sangalkam. Lesquels trouvez-vous près de chez vous ? À votre avis, est-ce que cet endroit est une «oasis» comme dit la narratrice ?
4. Pourquoi est-ce que les personnages aimait tant la «communion avec la nature » ? Quels sont les bénéfices de ces séjours ?
5. Quelle est l'importance de la dernière phrase «Et nous vivions… » ?

6. Comparez les deux endroits décrits dans ce texte (la plage et la campagne) avec les endroits où vous passez vos vacances. Quelles sont les similarités et quelles sont les différences ? Voudriez-vous visiter Ngor ou Sangalkam ? Pourquoi ou pourquoi pas ?

45. D'accord ou pas d'accord

Après avoir lu l'extrait du roman de Bâ, lisez les phrases suivantes et donnez votre opinion. Discutez de vos réponses en petits groupes.

	D'accord	Pas d'accord
1. Ramatoulaye (la narratrice) et ses amis vivaient au centre-ville de Dakar.	_____	_____
2. Ils préféraient la plage à la maison de campagne.	_____	_____
3. Ces gens sont assez riches.	_____	_____
4. Ils préparaient des festins de fruits exotiques parce qu'ils étaient végétariens.	_____	_____
5. Quand ils sortaient de la ville, c'était pour échapper au stress de leur vie.	_____	_____

46. Analyse littéraire

Examinez ce texte de près. Répondez aux questions suivantes et discutez de vos réponses en classe.

1. Quel est le ton du texte ? Qu'est-ce qui contribue à ce ton (le vocabulaire, le style d'écriture, la forme du texte) ?
2. Y a-t-il des images ou des couleurs qui dominent dans ce texte ? Comment est-ce que ces images ont influencé votre lecture du texte ?
3. Quel temps domine dans ce texte (le présent, le passé, le futur, etc.) ? Quel est l'effet de l'usage de ce temps (un sens d'urgence, une distance impersonnelle, la nostalgie, la possibilité, la certitude ou l'incertitude, l'orgueil, etc.) ? Y a-t-il un moment où le temps change ? Quel en est l'effet ?
4. Y a-t-il d'autres éléments structurels (ponctuation, mots ou sons répétés, phrases longues ou courtes, contrastes, métaphores, etc.) que l'auteur emploie systématiquement ? Si oui, quels sont les effets de l'emploi de ces éléments ?

Synthèses

47. Réfléchissons à la culture

Voici quelques éléments de la culture sénégalaise que vous avez étudiés dans ce chapitre. En petits groupes, répondez aux questions et discutez de vos impressions avec vos camarades.

l'arbre baobab   le wolof   Léopold Sédar Senghor

1. Définissez ou décrivez chaque élément.
2. Pourquoi chaque élément est-il important à cette culture ? Y a-t-il un phénomène historique ou social qui explique son importance ?
3. À votre avis, est-ce que ces éléments témoignent de la richesse et de la diversité de la culture sénégalaise de nos jours, ou sont-ils stéréotypiques ? Pourquoi ?

4. Est-ce que votre impression de cette culture est différente maintenant que vous avez commencé à l'étudier ? Si oui, comment et pourquoi ? Si non, pourquoi pas ?

ACTIVITÉ P : Visitez une exposition d'art africain. Consultez votre cahier électronique !

Si vous voulez bouger et faire quelque chose pour mieux connaître le Sénégal, ou pour aider les autres à mieux connaître les cultures francophones de l'Afrique, consultez la section **Pour agir** dans votre cahier électronique ! Il y a tant de choses à faire :

- **Vendez des cacahouètes** et contribuez l'argent que vous gagnez à une organisation qui aide les pauvres ou les femmes dans les pays francophones en Afrique...ou bien contribuez votre argent à une organisation écologique.
- **Enseignez** ce que vous savez de la culture africaine à des enfants de l'école primaire. Lisez-leur des contes africains !
- **Invitez** un chanteur ou un griot africain à donner un concert sur votre campus.
- **Entrez en contact** avec des Africains francophones qui vivent dans votre communauté ou quelque part aux États-Unis.
- **Organisez une exposition** d'art africain sur votre campus ou visitez une exposition d'art africain dans un musée près de chez vous.
- **Cuisinez !** Préparez un vrai repas africain avec vos camarades de classe.

48. À débattre

Lisez les questions suivantes et discutez en groupes. Si possible, parlez de vos expériences personnelles relatives aux questions.

1. **La pollution !** Discuter le pour et le contre de l'usage de l'essence (*gasoline*) pour les voitures, les avions, le chauffage central et le fonctionnement des usines. Pourrait-on vivre sans ces choses ? Devrait-on sacrifier les réserves naturelles pour avoir une source de pétrole ? Que pensez-vous ?

2. **L'urbanisation.** Partout dans le monde, les gens quittent les petits villages ruraux pour aller vivre dans les grands centres urbains où ils peuvent trouver des emplois et des opportunités qui n'existent pas à la campagne. Pourtant, les villes sont surpeuplées et on y trouve des problèmes de crime, de drogue et de chômage. Si on reste dans son village rural, on a des problèmes. Si on part en ville, on a des problèmes. Les banlieues sont des endroits plus favorables, mais seulement accessibles aux gens aisés. Qu'est-ce qu'une jeune personne devrait choisir : la ville ou la campagne ?

3. **La pêche à la baleine.** Les Amérindiens du Québec et de l'Amérique du nord font la pêche à la baleine depuis toujours. C'est une de leurs traditions sacrées. Aujourd'hui, la pêche à la baleine est défendue par des lois qui visent à protéger ces animaux qui risquent de disparaître. Pourtant, si les Européens n'avaient jamais colonisé les terres des Amérindiens et n'avaient jamais développé l'industrie de la pêche à la baleine, ces animaux ne seraient pas en danger.

49. À l'impromptu

Voici des situations interactives. Avec une ou deux autres personnes, choisissez une scène et improvisez devant la classe. Si vous ne voulez pas improviser, écrivez votre dialogue avant et puis jouez-le pour la classe.

1. (a) Un(e) ami(e) vous a invité à passer quelques jours dans sa maison près de la plage au Sénégal. Malheureusement, il s'attend trop à ce que vous participiez aux tâches ménagères. Dites-lui sans trop le/la fâcher que vous êtes en vacances et que vous voulez vous reposer un peu.

   (b) et (c) Vous et votre femme/mari avez invité un(e) ami(e) à passer quelques jours dans votre maison de vacances près de la plage au Sénégal. Malheureusement, vous vous rendez compte qu'il/elle vous traite comme des domestiques. Plaignez-vous du travail ménagère à faire.

2. (a) Vous êtes membre du parti Vert et vous vous inquiétez du progrès de la déforestation et de la pollution en Afrique de l'ouest. Partagez vos craintes avec votre ami(e). Identifiez les causes et les solutions de ces problèmes.

   (b) Vous êtes propriétaire d'une usine qui fabrique de l'huile d'arachide au Sénégal. Vous n'aimez pas les lois écologiques qui limitent la production. Pour vous, la fin justifie les moyens. Un peu de pollution ne fait pas trop de mal si l'usine contribue à l'économie du pays.

3. (a) Vous et la personne que vous allez épouser vous disputez quant à la destination de votre lune de miel. Vous aimez la nature. Vous voulez participer à un safari en Afrique. Expliquez pourquoi et essayez de convaincre votre fiancé(e) d'y aller.

(b) Vous et la personne que vous allez épouser vous disputez quant à la destination de votre lune de miel. Vous voulez passer une semaine à Paris dans un hôtel luxueux avec tout le confort moderne. Expliquez pourquoi et essayez de convaincre votre fiancé(e) d'y aller.

À l'écrit *étape finale*

50. Maison à louer

Vous voilà avec une belle maison de campagne, mais vous n'avez jamais le temps d'y aller. Donc, vous décidez de la louer pour regagner un peu de l'argent que vous avez dépensé en la faisant construire. Votre professeur de français s'intéresse à la maison pour ses vacances d'été, mais il/elle n'a jamais visité cette région. Révisez et élaborez vos travaux d'écriture de ce chapitre (Activités 7-15, 7-27 et 7-38) et écrivez-lui une belle description de votre résidence secondaire et de ses environs. Aussi, expliquez pourquoi vous n'y allez pas vous-mêmes en vous plaignant de votre emploi du temps et de ce que vous y auriez fait cet été si vous aviez eu le temps. Utilisez le conditionnel et le conditionnel passé.

À suivre

Finalement, après quelques jours de négociations, André Thibodeau accepte de vendre le manuscrit original à Jean-Louis pour une somme considérable. Le manuscrit en main, Jean-Louis et Claire partent pour la Suisse où la famille de Jean-Louis a un petit chalet au bord du Lac Léman. Pour ne pas endommager le papier ancien, Claire accepte d'attendre jusqu'à leur arrivée en Suisse avant de commencer à lire le manuscrit et passe le voyage à rêver de son avenir et de sa bonne fortune…

51. Qu'est-ce qui s'est passé ?

Pensez à ce qui s'est passé dans ce chapitre. Écrivez 6 phrases aux temps passés pour décrire les événements que vous pensez être les plus importants. Parlez de vos idées avec vos camarades de classe.

52. Qu'est-ce qui va se passer ?

Imaginez ce qui va se passer dans le prochain chapitre. Écrivez 6 phrases et parlez de vos idées avec vos camarades de classe.

VOCABULAIRE UTILE

À la maison		chambre (f.) à coucher	bedroom
bail (m.)	lease	colonne (f.) de lit	bed post
bureau (m.)	office	cuisine (f.)	kitchen
canapé (m.)	couch	déménager	to move (out of somewhere)
case (f.)	hut	domestique (m./f.)	housekeeper, servant
caution (f.)	security deposit	entrouvert(e)	half open, ajar

épousseter	*to dust*	mouffette *(f.)*	*skunk*
étagère *(m.)*	*shelf, bookcase*	moustique *(m.)*	*mosquito*
évier *(m.)*	*large sink*	mouton *(m.)*	*sheep*
faire la lessive	*to wash clothes*	oie *(f.)*	*goose*
faire la vaisselle	*to wash dishes*	oiseau *(m.)*	*bird*
faire le ménage	*to do housework*	orignal *(m.)*	*moose*
four *(m.)* à micro-ondes	*microwave oven*	ours *(m.)*	*bear*
four *(m.)*	*oven*	papillon *(m.)*	*butterfly*
garage *(m.)*	*garage*	phoque *(m.)*	*seal*
hall *(m.)* d'entrée	*foyer*	poisson rouge *(m.)*	*goldfish*
lavabo *(m.)*	*small sink*	raton laveur *(m.)*	*raccoon*
lave-vaisselle *(m.)*	*dishwasher*	renard *(m.)*	*fox*
loyer *(m.)*	*rent*	renne *(m.)*	*reindeer*
machine *(f.)* à laver	*washing machine*	requin *(m.)*	*shark*
marbre *(m.)*	*marble*	serpent *(m.)*	*snake*
meubles *(m. pl.)*	*furnishings*	singe *(m.)*	*monkey*
mobilier *(m.)*	*furniture*	souris *(f.)*	*mouse*
moquette *(f.)*	*carpet*	tortue *(f.)*	*turtle*
parquet *(m.)*	*floor*	vache *(f.)*	*cow*
passer l'aspirateur	*to vacuum*	vautour *(m.)*	*vulture*
péniche *(f.)*	*houseboat*		
pièce *(f.)*	*room*	**Les plantes et les arbres**	
ranger les affaires	*to tidy up*	arbre *(m.)* à gomme	*rubber tree*
repasser	*to iron*	arbrisseau *(m.)*	*shrub*
rideaux *(m. pl.)*	*curtains*	bananier *(m.)*	*banana tree*
salle *(f.)* à manger	*dining room*	bouleau *(m.)*	*birch tree*
salle *(f.)* de bain	*bathroom*	bruyère *(f.)*	*heather*
salon *(m.)*	*living room*	buisson *(m.)*	*bush*
s'installer	*to settle down, move in*	cèdre *(m.)*	*cedar tree*
sous-sol *(m.)*	*basement*	cerisier *(m.)*	*cherry tree*
table basse *(f.)*	*coffee table*	chêne *(m.)*	*oak tree*
téléviseur *(m.)*	*TV set*	chèvrefeuille *(m.)*	*honeysuckle*
		citronnier *(m.)*	*lemon tree*
Divers		citrouille *(f.)*	*pumpkin*
cacahouète *(f.)*	*peanut*	cocotier *(m.)*	*coconut tree*
colline *(f.)*	*hill*	coquelicot *(m.)*	*red poppy*
cru(e)	*raw*	érable *(m.)*	*maple tree*
environs *(m. pl.)*	*surroundings*	fougère *(f.)*	*fern*
fier, fière	*proud*	houx *(m.)*	*holly*
grignoter	*to munch, to nibble*	jonquille *(f.)*	*daffodil*
Santé ! Chin, chin !	*To your health ! Cheers !*	lierre *(m.)*	*ivy*
terre *(f.)*	*earth, land*	marguerite *(f.)*	*daisy*
trinquer	*to toast*	marronnier *(m.)*	*chestnut tree*
		mousse *(f.)*	*moss*
Les animaux		orme *(m.)*	*elm tree*
abeille *(f.)*	*bee*	palmier *(m.)*	*palm tree*
aigle *(m.)*	*eagle*	papayer *(m.)*	*papaya tree*
araignée *(f.)*	*spider*	pensée *(f.)*	*pansy*
baleine *(f.)*	*whale*	pin *(m.)*	*pine tree*
cafard *(m.)*	*cockroach*	platane *(m.)*	*plane tree*
canard *(m.)*	*duck*	poirier *(m.)*	*pear tree*
castor *(m.)*	*beaver*	pommier *(m.)*	*apple tree*
cerf *(m.)*	*deer*	sapin *(m.)*	*fir tree*
chameau *(m.)*	*camel*	sumac vénéneux *(m.)*	*poison ivy*
cheval *(m.)*	*horse*	tournesol *(m.)*	*sunflower*
chèvre *(f.)*	*goat*	trèfle *(m.)*	*clover*
cochon *(m.)*	*pig*	vigne *(f.)*	*vines*
coq *(m.)*	*rooster*		
corbeau *(m.)*	*crow*	**Les disputes**	
cougar *(m.)*	*mountain lion*	aller jusqu'au bout	*to go the distance/to go all the way*
dauphin *(m.)*	*dolphin*	au bout de	*at the end of*
fourmi *(f.)*	*ant*	avoir honte de	*to be ashamed*
furet *(m.)*	*ferret*	bout *(m.)*	*end*
grenouille *(f.)*	*frog*	but *(m.)*	*goal/objective*
hibou *(m.)*	*owl*	conforts *(m. pl.)*	*comforts*
hippopotame *(m.)*	*hippopotamus*	devoir de l'argent	*to owe money*
hirondelle *(f.)*	*swallow*	impensable	*unthinkable*
hyène *(m.)*	*hyena*	moyen *(m.)*	*way/means*
lapin *(m.)*	*rabbit*	puissant(e)	*powerful*
marmotte *(f.)*	*groundhog*	se prendre pour	*to take oneself for, to think of oneself as*
mouche *(f.)*	*fly*	se servir de	*to use for, as*

8 Un tableau suisse

i Culture

La **Confédération helvétique**, c'est-à-dire la **Suisse**, se trouve dans les Alpes, entre la France, l'Italie, l'Autriche, le Liechtenstein et l'Allemagne. Ce pays montagneux a été fondé le 1er août 1291 par plusieurs communautés qui voulaient se défendre des Hapsbourg, une famille autrichienne puissante, et qui se sont ensuite déclarées pays neutre. Entre 1798 et 1815, la France a occupé la Suisse, mais ce pays a regagné son indépendance et rétabli sa neutralité politique après la chute de Napoléon Bonaparte. Aujourd'hui composé de 26 cantons, la Suisse reste un pays neutre et indépendant, choisissant de ne pas joindre ses voisins dans l'Union européenne. À cause de sa neutralité, plusieurs organisations internationales, telles la Croix-Rouge et l'ONU, y ont leur siège. La capitale de ce pays de l'Europe centrale est la ville de Berne, quoique la ville de Zurich soit la plus grande. Il existe trois langues officielles en Suisse : le français (parlé par 19% de la population), l'italien (parlé par 8%) et l'allemand (parlé par la majorité des citoyens, 64%). On y parle aussi le romanche (une langue romane) et plusieurs dialectes de l'allemand et de l'italien. Les cantons francophones se trouvent à l'est du pays, entre les montagnes du Jura et le Lac Léman. Les villes francophones les plus importantes sont Genève, Neuchâtel et Lausanne.

Une promenade près du Lac Léman à Genève.

À lire

Jean-Louis avait assuré à Claire que le petit chalet suisse de sa famille, qui se trouve dans le village de Coppet, tout près de Genève et au bord du Lac Léman, serait l'endroit le plus paisible afin d'entreprendre la lecture du manuscrit. Pourquoi pas, pensait-elle. Elle y pourrait lire le manuscrit aussi bien qu'ailleurs. Et, si Voltaire et Rousseau avaient choisi ce pays comme leur retraite littéraire au 18ème siècle, il lui servirait aussi bien. Donc, ils prennent l'avion pour Genève et s'installent dans le chalet où, finalement, Claire pourra lire le manuscrit...

L'art de lire

Avant de lire

Pour décrire **les arts plastiques**, on peut parler de la peinture : d'un tableau (*picture*), d'une toile (*canvas*), d'un chef-d'œuvre (*masterpiece*) ou plus généralement d'une œuvre (*work*). Il y a aussi des dessins (*drawings*), des esquisses (*sketches*), des gravures (*engravings*), des mosaïques, des céramiques, des fresques, des collages ou des aquarelles (*watercolors*). Les artistes peuvent donc se spécialiser comme peintres, dessinateurs, graveurs, céramistes ou sculpteurs. Les sujets des peintures sont souvent des paysages, des portraits de gens, des scènes d'action ou bien des objets. La nature morte, par exemple, est un tableau de plusieurs objets assemblés, comme des fruits ou des outils. Quelques **grands mouvements** dans la peinture sont le symbolisme (où l'artiste représente des idées par des figures ou des objets symboliques), le réalisme (où l'artiste essaie de reproduire la réalité aussi fidèlement que possible), l'impressionnisme (où l'artiste évoque une impression ou un sentiment avec des images et des couleurs vives), l'expressionnisme (où l'artiste offre une représentation de l'angoisse et de la violence de l'esprit) et le cubisme (où l'artiste présente une abstraction de son sujet, en mettant l'accent sur le point de vue du spectateur).

1. Les arts

Répondez aux questions suivantes. Discutez de vos réponses avec vos camarades de classe et n'hésitez pas à poser des questions supplémentaires si vous voulez en savoir plus.

1. Aimez-vous visiter les musées et les expositions d'art ? Pourquoi ou pourquoi pas ?
2. En ce qui concerne les arts plastiques, c'est-à-dire les arts qui s'intéressent à la forme, préférez-vous la peinture, la sculpture, le dessin, la photographie… ?
3. Connaissez-vous des artistes français ? Nommez-les.
4. Aimez-vous les peintures symbolistes, impressionnistes, réalistes ou abstraites ? Pourquoi ?
5. Avez-vous jamais essayé de créer une œuvre d'art ? Décrivez-la.

2. La Suisse

Dans l'avion, Claire et Jean-Louis parlent des différences entre le Sénégal et la Suisse. Consultez les cartes de la Suisse et du Sénégal. Ensuite, indiquez si les observations suivantes sont probablement vraies ou peut-être fausses.

1. Il fait plus froid en Suisse qu'au Sénégal.
2. Il y a autant de grands lacs en Suisse qu'au Sénégal.
3. Le Sénégal a moins de montagnes que la Suisse.
4. Les cocotiers sont plus nombreux en Suisse qu'au Sénégal.
5. Le Sénégal est plus près de l'océan atlantique que la Suisse.
6. Le fleuve, le Rhône, est aussi long que le fleuve, le Sénégal.

3. Critiquer ou apprécier ?

Jean-Louis, qui connaît bien la région, fait des observations sur le peuple suisse. Indiquez si ce sont des critiques négatives ou positives.

1. Les Suisses sont les gens les plus paisibles de l'Europe.
2. À mon avis, la vie en Suisse est moins stressante que la vie en France.
3. La chose la plus bizarre est qu'ils disent «octante» et «nonante».
4. Les montagnes suisses sont les plus belles montagnes du monde.
5. Si tu aimes le ski ou les randonnées, la Suisse est aussi intéressante que la France.
6. Le fromage suisse est aussi frais que le fromage français.

LECTURE : *L'art de lire*

À la sortie de l'aéroport de Genève, Claire est frappée au visage par un vent froid et pénétrant descendu des sommets neigeux des montagnes, comme pour annoncer les rigueurs de l'hiver qui approche. Envahie par un vague sentiment d'appréhension qu'elle attribue à l'anxiété de pouvoir bientôt lire le roman, elle monte dans la voiture de location, le manuscrit empaqueté sous le bras, et se laisse conduire *au village de Coppet. Là, sur une colline, entourée de sapins, elle trouve la petite maison champêtre. De la fenêtre de sa chambre, Claire a une belle vue du lac et des montagnes neigeuses qui se trouvent de l'autre coté. Comme il fait un peu froid, Jean-Louis fait un feu dans la cheminée. Il invite Claire à s'asseoir dans un fauteuil près du feu et à commencer sa lecture du manuscrit pendant qu'il va au supermarché et qu'il commence à préparer le dîner. Claire accepte, ouvre le manuscrit et se perd dans l'histoire d'un jeune soldat français qui est déchiré entre son amour pour une femme italienne et son devoir envers l'armée française de Napoléon Bonaparte. Le soleil se couche, le feu pétille, le vent souffle et Claire lit. Quand Jean-Louis annonce que le dîner est prêt, Claire a déjà lu une centaine de pages du manuscrit…*

JEAN-LOUIS : Allez ! À table ! J'ai préparé une bonne fondue au fromage, selon une ancienne recette régionale. Si tu aimes le fromage, tu vas adorer cette fondue.

CLAIRE : Ah ! J'adore la fondue, et j'aime mieux la fondue au fromage que la fondue à la viande. Quelle heure est-il ?

JEAN-LOUIS : Neuf heures passées. Tu étais si absorbée par ta lecture, je n'ai pas voulu t'interrompre. Le manuscrit est donc aussi intéressant que tu le souhaitais ?

CLAIRE : Plus intéressant, en fait. C'est un vrai chef-d'œuvre. C'est l'histoire d'un jeune soldat français qui combat en Italie avec l'armée de Napoléon Bonaparte. Il tombe amoureux d'une jeune Italienne qu'il pense être la plus belle femme qu'il ait jamais vue. Mais, l'action se passe pendant la campagne de la plaine du Pô en 1800, et je crois que ce soldat et cette femme vont devoir être séparés. Il y a autant de violence, de passion et de volupté que dans un tableau de Delacroix ou une symphonie de Chopin.

JEAN-LOUIS : La campagne de la plaine du Pô ?

CLAIRE : Oui, le Pô est le fleuve le plus connu en Italie du nord, qui s'étend des Alpes jusqu'à Venise. C'est l'endroit d'où Bonaparte a lancé son invasion de l'Italie.

JEAN-LOUIS : Oui, je sais, mais pourquoi est-ce que Laclos aurait choisi cette bataille pour le cadre de son roman ?

CLAIRE : J'y réfléchissais moi-même. D'abord, l'Italie est un pays qui a inspiré beaucoup d'auteurs romantiques.

JEAN-LOUIS : Comme Madame de Staël… qui a habité ici à Coppet à la fin du dix-huitième siècle !

CLAIRE : Justement. Elle a écrit un roman intitulé *Corinne ou l'Italie*. Laclos était dans l'armée depuis les années 1760, mais ce n'est qu'en 1800, quand il était en Italie, qu'il a combattu pour la première fois. Alors, s'il est rentré à Paris après la campagne de la plaine du Pô, ça veut dire qu'il aurait écrit ce roman juste après cette campagne, entre 1801 et 1802, quand le souvenir des batailles était encore très vif.

JEAN-LOUIS : Quel âge avait-il à cette époque ?

CLAIRE : Il était assez âgé. Il est né en 1741, alors en 1801, il avait 60 ans. Tu sais, Laclos est même mort en Italie, à Tarente, quelques années plus tard quand il y est retourné avec l'armée française pour conquérir le sud.

JEAN-LOUIS : Quelle ironie que l'intrigue de son dernier roman se déroule en Italie !

CLAIRE : Hélas… mais il faut que je te remercie. Je suis si contente que tu me donnes le temps de lire ce manuscrit avant de le donner à ton patron. C'est vraiment sympa de ta part.

ℹ Culture

L'idée d'un «**fromage suisse**» n'existe pas vraiment en Suisse. Pour les recettes régionales, les Suisses utilisent l'emmenthal ou le gruyère, les deux fromages les plus connus dans cette partie du monde. La **fondue**, dont le nom vient du verbe **fondre** (*to melt*), est un plat soit à base de fromage fondu qui se mange avec des petits morceaux de pain, soit de viande cuite dans de l'huile très chaude, soit de chocolat fondu accompagné de petits morceaux de gâteau ou de fruits. Un autre plat régional à base de fromage est la **raclette**. Pour faire une raclette, on fait fondre de petites tranches de fromage dans une machine à raclette sur des tranches de pommes de terre cuites, ou bien on racle (*scrape*) sur les pommes de terre le fromage qui fond quand on expose un grand morceau de fromage à la flamme. La raclette se sert avec du saucisson et des cornichons.

JEAN-LOUIS :	Mais, c'est de l'opportunisme tout pur. Si tu vérifies l'authenticité du manuscrit en écrivant ta thèse là-dessus, la valeur du manuscrit augmentera énormément.
CLAIRE :	Quand même, je tiens à te remercier. Je n'aurais jamais poursuivi ce projet si tu ne m'avais pas aidée et encouragée à chaque pas.
JEAN-LOUIS :	Trinquons, alors, à la critique littéraire la plus perspicace et à l'antiquaire le plus tenace du monde francophone !

VOCABULAIRE

Les descriptions			
frappé(e)	struck, hit	pétiller	to crackle
envahi(e)	invaded	le cadre	setting
empaqueté(e)	packaged, wrapped up	s'étendre	to extend
champêtre	rustic	combattre	to fight, battle
la cheminée	fireplace	se dérouler	to unfold
déchiré(e)	torn	perspicace	perspicacious, shrewd
		tenace	tenacious, obstinate

ℹ Culture

www **Pour aller plus loin :**
CULTURE

ACTIVITÉ A : Voulez-vous voir des tableaux romantiques ? Consultez votre cahier électronique !

Après avoir lu

4. Avez-vous compris ?

Répondez aux questions suivantes. Justifiez vos réponses en citant le texte.

1. Que fait Jean-Louis pendant que Claire lit le manuscrit ?
2. Qu'est-ce que Claire pense de l'histoire qu'elle est en train de lire ? À quoi est-ce qu'elle la compare ?
3. Décrivez ce qui s'est passé en France durant la vie de Choderlos de Laclos. Quels événements historiques se sont passés entre sa naissance et sa mort ?
4. Qu'est-ce qui gêne Claire ? Pourquoi ?
5. Qu'est-ce qui se serait passé si Claire avait décidé que le manuscrit n'était pas de Laclos ?
6. Qu'est-ce qui se passera quand Claire et Jean-Louis retourneront à Paris ?

5. D'accord ou pas d'accord ?

Indiquez si vous êtes d'accord ou pas avec les phrases suivantes, d'après votre compréhension du récit. Justifiez vos opinions en citant le texte, si possible. Discutez de vos réponses avec la classe.

	D'accord	Pas d'accord
1. Claire a déjà terminé sa lecture du manuscrit.	_____	_____
2. Jean-Louis veut faciliter son étude du manuscrit.	_____	_____
3. L'histoire du roman est intéressante.	_____	_____

Napoléon Bonaparte, ou Napoléon 1er, est né en Corse en 1769. Il a fait ses études à l'École militaire de Paris et est devenu très populaire dans les années 1790 lors de plusieurs victoires militaires en Italie et en Égypte. Ensuite, il a participé au coup d'état en 1799 où il a pris le titre de Premier consul, changeant la constitution pour rester au pouvoir pour toute sa vie. Quoiqu'il ait perdu plusieurs colonies d'outre-mer, telles la Louisiane (qu'il a vendu aux États-Unis en 1803) et Saint-Domingue (qu'il a perdu suite à la Révolution haïtienne en 1804), ayant vaincu la Suisse et l'Italie, son pouvoir en Europe s'élargissait. En 1804, il est nommé empereur des Français. Il a continué à envahir d'autres pays de l'Europe, mais sa campagne en Russie en 1812, dramatisée par Tolstoï dans son roman *Guerre et paix*, était trop coûteuse pour l'armée française. À cause de cette défaite, Napoléon a dû abdiquer et a été exilé à l'île d'Elbe. Il s'est échappé, mais a passé le reste de ses jours exilé à Sainte-Hélène, île et colonie britannique. Son tombeau est aujourd'hui aux Invalides à Paris.

Pour aller plus loin : CULTURE

ACTIVITÉ B : Apprenez un peu plus sur la vie de Napoléon Bonaparte. Consultez votre cahier électronique !

4. Claire pense que ce roman est meilleur que les *Liaisons*. _____ _____
5. Choderlos de Laclos a écrit ce manuscrit. _____ _____

6. Suite à la lecture

Regardez les mots de vocabulaire qui suivent. Dans chaque ligne, il y a un mot qui cloche avec les trois autres. Entourez le mot qui ne va pas avec les autres et essayez d'expliquer pourquoi. Attention ! Il y a parfois plusieurs bonnes réponses. Il faut justifier votre choix !

1. une symphonie	un tableau	un roman	un chef-d'œuvre
2. le romantisme	le symbolisme	le réalisme	l'impressionnisme
3. peindre	sculpter	écrire	composer
4. aimer mieux	aimer autant	aimer plus	aimer trop
5. l'art	le musée	l'opéra	la bibliothèque
6. passionnant	paisible	champêtre	pittoresque

Langue

Vous rappelez-vous les conjugaisons des **verbes irréguliers** suivants : **peindre, feindre** et **atteindre** ? Si non, mémorisez leurs conjugaisons avant de continuer !

- **peindre** (*to paint*) : je peins, tu peins, il/elle/on peint, nous peignons, vous peignez, ils/elles peignent (*participe passé* : peint)

Les verbes **feindre** (*to feign/pretend*) et **atteindre** (*to attain*) sont conjugués comme **peindre**, aussi bien que le verbe **dépeindre** (*to depict*).

7. Des œuvres célèbres

Pendant le dîner, Claire et Jean-Louis discutent de l'art européen. Voici des œuvres européennes très célèbres que vous connaissez déjà probablement (si non, consultez l'internet !). Faites correspondre l'œuvre (*à gauche*) avec sa description (*à droite*).

1. *la Joconde* (*Mona Lisa*) de Léonard de Vinci

    a. Un portrait fait avec des couleurs sombres où l'angoisse du sujet est exprimée par la touche (*brushwork*) violente du peintre.

2. *le Penseur* de Rodin

    b. Une belle sculpture en marbre qui montre la force de l'homme par l'idéalisation de la forme du corps humain.

3. *les Nymphéas* (*Water lilies*) de Monet

    c. Un portrait fait avec des couleurs sombres où le réalisme et le détail font ressortir les sentiments ambigus du sujet.

4. *le Portrait de l'artiste à l'oreille coupée* de Van Gogh

    d. Un tableau intéressant où le peintre offre une interprétation fragmentée et décomposée afin d'offrir une idée abstraite du sujet.

Culture

Marc-Aurèle Fortin et **Clarence Gagnon** sont deux peintres québécois qui ont souvent dépeint les paysages québécois et les scènes typiques de la vie à la campagne. **Jean-Paul Lemieux** est connu pour son style moins réaliste, et ses tableaux évoquent des sentiments ambigus comme la tristesse et l'isolation qui touchent les Québécois pendant la saison hivernale. Lemieux est un des peintres les plus populaires au Québec aujourd'hui.

5. *les Demoiselles d'Avignon de Picasso*

e. Une belle sculpture en bronze qui montre la complexité de l'esprit humain et la faillibilité de l'humanité par la posture expressive du corps.

6. *le David de Michel-Ange*

f. C'est un tableau intéressant où le peintre évoque des sentiments en donnant une impression du sujet avec des couleurs très riches.

8. L'art français

Claire et Jean-Louis continuent à parler de l'art. Choisissez une des expressions entre parenthèses et lisez le dialogue à haute voix avec un partenaire. Quand vous voyez ???, vous pouvez imaginer votre propre expression.

JEAN-LOUIS : (Alors / Bon / Donc), quel est votre artiste français préféré ?

CLAIRE : J'adore les (tableaux / paysages) de Cézanne.

JEAN-LOUIS : (Ah, bon ? / Vraiment ? / Tiens, tiens !) Vous préférez Cézanne à Monet ?

CLAIRE : (Mais oui ! / Bien sûr / ???) Cézanne emploie des couleurs très vives et ses paysages me font (sourire / rêver). La façon dont il dépeint les montagnes provençales est vraiment impressionnante. Cela me rappelle (mes vacances à la campagne / ma jeunesse / ???). Il évoque des sentiments de bonheur en moi aussi bien qu'un Fortin ou un Lemieux, deux peintres québécois que j'adore.

JEAN-LOUIS : Moi, je (préfère / adore / ???) l'art surréaliste, comme les œuvres de Dalí ou de Magritte. Le surréalisme est le mouvement le plus (original / intéressant / passionnant) qui ait jamais été créé !

CLAIRE : C'est vrai que les (œuvres / tableaux / ???) surréalistes sont pleines d'imagination, mais leurs sujets n'évoquent que de la confusion.

JEAN-LOUIS : (Comment / Quoi / ???) ? Ce sont des œuvres (éblouissantes / exquises) ! Elles bouleversent l'esprit et choquent l'œil.

CLAIRE : Moi, quand je regarde une œuvre, je veux que cela me rende (heureuse / ???). Je ne veux pas être choquée. Ceci dit, j'apprécie tout à fait l'originalité du surréalisme.

Comment dire   *apprécier et critiquer*

To show appreciation

Comme c'est joli / intéressant / original / différent / émouvant / fascinant.
C'est vraiment touchant / frappant / passionnant / séduisant / déroutant.
C'est plein d'imagination / d'inspiration / d'originalité.
C'est beau / admirable / charmant / éblouissant / exquis.
Qu'il/elle est bien tourné(e) / bien achevé(e) / bien joué(e) !
Regarde(z) ces couleurs / ces lignes / cette symétrie / ces formes !
La façon dont l'artiste dépeint (*nom*) est vraiment émouvant !
Cette œuvre me fait pleurer / sourire / rire / rêver !

Le sujet me rend triste / heureux / amer / mélancolique.
Cela me fait penser à ma jeunesse / à la guerre / au bon vieux temps.
Cela rappelle / évoque / représente / dépeint / symbolise / exprime…
C'est plus (*adjectif*) que (*nom*) / C'est le plus beau (*nom*) qui soit !

To critique

C'est vraiment moche / peu impressionnant / banal / décoloré.
Je trouve que ce n'est pas très joli / intéressant / original…
Quel horreur ! / Il / Elle manque d'imagination / d'inspiration / d'originalité.
C'est mal fait / mal tourné / mal peint… Ceci ne m'intéresse pas.
Je ne l'aime pas trop. / Ce n'est pas mon genre. / C'est le pire imaginable ! /
C'est nul !

Culture

Le surréalisme est un mouvement artistique populaire en France. René Magritte est un peintre surréaliste belge très connu en France. Comme l'Espagnol Salvador Dalí et les autres surréalistes, ses œuvres choquent l'esprit et font penser leur public. Le style de Magritte est fondé sur la juxtaposition assez originale d'individus ou d'objets réalistes dans des contextes irréalistes. Dalí, aussi connu en France, a dépeint des objets ou des gens dans des états impossibles ou impensables, comme des montres qui fondent sur un escalier. Il y a un musée Dalí à Paris, dans le quartier de Montmartre.

9. À vous

Imaginez que vous êtes dans les situations suivantes. Que dites-vous ? Exprimez votre appréciation ou critiquez les choses suivantes. Avec un partenaire, jouez de petites scènes pour chaque situation.

1. Votre ami(e) a acheté de nouveaux vêtements pour une soirée élégante. Il/Elle a l'air très sophistiqué.
2. Des gens de votre quartier ont peint leur maison de couleurs très vives : orange, rouge et jaune. Toutes les autres maisons sont grises ou blanches.
3. Votre professeur de français joue une chanson française au piano. Il/Elle ne joue pas bien, mais s'amuse beaucoup.
4. Vos amis vous achètent une copie d'un tableau de Monet pour votre salon.
5. Vous visitez un nouveau musée d'art contemporain où il y a plusieurs boîtes vides qui pendent du plafond.

ACTIVITÉ C : Appréciez-vous les œuvres d'art du 20ème siècle ? Consultez votre cahier électronique !

10. Des œuvres célèbres

Avec un partenaire, choisissez une œuvre que tout le monde connaît—une peinture ou une sculpture célèbre ou bien une œuvre d'art qui se trouve sur votre campus—et décrivez-la sur une feuille de papier. Ensuite, lisez votre description à vos camarades de classe. Ils devront deviner de quelle œuvre il s'agit !

ACTIVITÉ D : Connaissez-vous bien l'art français ? Faites une visite virtuelle du Musée d'Orsay ! Consultez votre cahier électronique !

11. Au musée de la classe

Sur une feuille de papier, en petits groupes, écrivez un sujet de peinture (par exemple, un paysage, un bol de fruits, etc.). Pliez votre papier et échangez vos papiers au hasard avec les autres groupes. Sur une grande feuille de papier, ou bien au tableau noir, dessinez le sujet que vous avez reçu. Utilisez votre imagination ! Ensuite, circulez dans la salle de classe et regardez tous les dessins. Faites des commentaires afin de bien montrer votre appréciation des œuvres dans ce petit «musée».

Une maison genevoise.

Le Jet d'eau au Lac Léman.

**Pour aller plus loin :
CULTURE**

ACTIVITÉ E : Découvrez la ville de Genève ! Consultez votre cahier électronique !

ℹ️ Culture

À part la **Suisse**, il y a plusieurs autres pays qui font partie de **l'Europe francophone** et qui sont aussi des pays plurilingues. Au **Luxembourg**, un petit pays au nord-est de la France, on parle français et un dialecte luxembourgeois. En **Belgique**, au nord de la France, il y a deux groupes éthniques importants, les Wallons et les Flamands, et on parle deux langues. Dans la partie sud du pays, peuplée d'une majorité de gens d'origine wallonne, on parle français. Dans la partie nord du pays, peuplée d'une majorité de gens d'origine flamande, on parle hollandais. Il existe aussi des petits états indépendants comme **Andorre** (situé dans les Pyrénées entre la France et l'Espagne) et **Monaco** (sur la Côte d'Azur, au sud-est de la France).

L'Horloge de fleurs à Genève.

12. À Genève

Regardez les photos de Genève ci-dessus. Que pensez-vous de ces endroits ? Faites des commentaires pour critiquer ces images de la Suisse.

À l'écrit *première étape*

13. L'art du monde francophone

Choisissez une œuvre d'art française ou francophone que vous appréciez beaucoup. Vous pourriez consultez l'internet afin de trouver une image de votre œuvre préférée. Ensuite, écrivez un paragraphe pour décrire le sujet de l'œuvre (composition, couleurs, etc.) et pourquoi vous l'appréciez. Échangez votre description avec un camarade de classe et lisez la sienne avant de regarder l'image pour vérifier qu'il/elle a bien décrit le sujet. En bas de page, faites des suggestions ou des corrections possibles, et écrivez une ou deux phrases pour montrer votre appréciation de l'œuvre.

La visite du musée

Structures *le comparatif*

14. Le lendemain

Après avoir lu pendant toute la matinée, Claire s'arrête pour déjeuner avec Jean-Louis. Ils commencent à comparer la ville de Québec à celle de Genève. Lisez le dialogue et, pour chaque comparaison, indiquez ce qu'on compare. Pouvez-vous décrire comment fonctionne le comparatif en analysant ces exemples ?

CLAIRE : Il fait **plus froid** à Québec qu'à Genève.

JEAN-LOUIS : Mais, en automne, Québec est une ville **moins tranquille** que la ville de Genève.

CLAIRE : Pourtant, en hiver, les gens s'amusent **plus souvent** à Québec, avec le festival d'hiver et tous les sports.

JEAN-LOUIS : On peut trouver des pistes de ski **plus connues** dans les Alpes. Et est-ce que la cuisine québécoise est **aussi intéressante** que la cuisine genevoise ?

CLAIRE : Nous avons **autant de plats régionaux** que les Suisses. Mais enfin, il y a **moins de sirop d'érable** en Suisse, et on trouve **plus de fromages** qu'au Québec.

JEAN-LOUIS : Ce n'est pas **si simple** que ça ! La cuisine européenne est **meilleure** que la cuisine nord-américaine.

CLAIRE : Mais non ! Les gens savent **mieux** manger en Europe, peut-être, mais la cuisine nord-américaine n'est pas **pire** que les autres.

Comment faire *le comparatif*

The *comparative* (**le comparatif**) is used to make comparisons and can be used with nouns, adjectives or adverbs. The forms of the comparative are :

With adjectives/adverbs **plus... que**	**moins... que**	**aussi... que**
With nouns (quantities) **plus de... que**	**moins de... que**	**autant de... que**

Langue

Les mots **pire** et **pis** veulent dire, tous les deux, *worse* en anglais. Tandis que **pire** est employé le plus souvent dans les phrases comparatives et superlatives, le mot **pis** est utilisé dans plusieurs expressions. Par exemple : **tant pis** (*too bad*), **qui pis est** (*what's worse is*), **aller de mal en pis** (*to go from bad to worse*), **de pis en pis** (*worse and worse*), **en mettant les choses au pis** (*if worst comes to worst*), **au pis aller** (*at the very worst*), et **c'est un pis-aller** (*it's a last resort*).

- Remember that adjectives (usually following the verb **être**) *must agree* with the first thing mentioned in the comparison, though adverbs (used with other verbs) are invariable.

- Note that **aussi** can be replaced by **si** when used with a negative : Ce n'est pas **si** simple **que** ça !

- The adjective **bon** and the adverb **bien** both have irregular forms that must be used in comparative situations where **plus** would normally be used (never say "plus bon" or "plus bien") :

  bon (adj.) **meilleur(e)(s) que**   *bien (adv.)* **mieux que**

- The adjective **mauvais** has an alternative irregular form in comparative situations where **plus mauvais** can be used :

  mauvais (adj.)   **plus mauvais(e)(s)... que**
  pire que

15. Plus ou moins !

Faites des phrases complètes en combinant les éléments suivants. Utilisez un élément de chaque colonne. Ajoutez des mots ou des expressions si nécessaire.

Modèle : **Le Louvre est moins intéressant que le *Musée* de Genève.**

la Joconde	être	plus	grand	que	le Musée de Genève
le Louvre	avoir	moins	beau		*le Penseur*
notre prof	savoir	aussi	brillamment		le président des USA
Genève	peindre	autant	de peintures		le Musée d'art moderne à N Y
mes dessins			intéressant		Paris
je			d'argent		toi
???			???		???

16. Comparons

Avec un partenaire, comparez les choses de la liste suivante. Une personne va apprécier une chose, et l'autre va faire une comparaison. Suivez le modèle et faites attention à l'usage du comparatif !

Modèle : ***la Joconde* de Léonard da Vinci et le *Portrait de l'artiste à l'oreille coupée* de Van Gogh**
«*La Joconde* est un tableau exquis !»
—Mais ce tableau est moins intéressant que le *Portrait* de Van Gogh.

1. la *Joconde* de Da Vinci et le *Portrait de l'artiste à l'oreille coupée* de Van Gogh
2. votre université et la Sorbonne
3. une forêt et une plage
4. Napoléon Bonaparte et Abraham Lincoln
5. la maison de Monsieur Thibodeau et l'appartement de Jean-Louis
6. la cuisine louisianaise et la cuisine suisse

Pour aller plus loin : CULTURE

ACTIVITÉ F : Explorez les expositions aux musées suisses. Consultez votre cahier électronique !

Structures   *le superlatif*

17. Après le déjeuner

Claire et Jean-Louis sortent après le déjeuner pour prendre l'air et pour visiter la ville de Genève. Claire adore cette ville et n'arrête pas de s'exclamer avec des superlatifs. Lisez les phrases et, pour chaque exclamation superlative, indiquez de quoi il s'agit. Pouvez-vous décrire comment fonctionne le superlatif en analysant ces exemples ?

CLAIRE : Regarde la hauteur de ce jet d'eau ! C'est le jet d'eau **le plus haut** que j'aie jamais vu ! Sais-tu que les Chutes Montmorency à Québec sont les chutes d'eau **les plus hautes** d'Amérique du nord ? C'est vrai. Et regarde cette statue des réformateurs protestants. C'est la statue **la plus sérieuse** que j'aie jamais vue. Mais regarde ces jolies petites maisons. Ce sont les maisons **les plus mignonnes** de l'Europe. Elles sont **les moins luxueuses**, peut-être, mais j'ai l'impression que les Genevois sont les Européens qui vivent avec **le moins d'ostentation**. Enfin, ils vivent **le plus simplement**. Genève est une des villes qui **a le moins de crimes**. J'adore l'horloge en fleurs. C'est **la plus**

belle horloge qui soit. C'est **la meilleure** de toutes les sculptures naturelles que j'aie vues dans ma vie. Et elle marche **le mieux**. Tu vois comme elle donne l'heure exacte. Est-il vrai qu'en Suisse on compte **le plus grand nombre d'horlogers** de tous les pays du monde ? Enfin, les horlogers suisses **travaillent le plus**.

ℹ️ Culture

Le **protestantisme** est souvent associé à la ville de **Genève**. Au cours du 16ème siècle, des théologiens européens tels Martin Luther et Jean Calvin ont popularisé ce mouvement religieux dont le but était de simplifier la hiérarchie et le culte de la religion catholique et d'encourager la lecture et l'interprétation personnelle de la Bible. En Suisse ainsi qu'en France, cette Réforme a incité des guerres de religion et a divisé le pays. En Suisse, Genève et Berne étaient des villes protestantes tandis que Fribourg et Lucerne étaient des lieux de Contre-Réforme. Pourtant, la Conféderation a réussi à maintenir son unité et sa neutralité lors des conflits. En France, Henri IV, un calviniste, a dû renoncer au protestantisme et se convertir au catholicisme pour devenir roi en 1594. Selon la légende, ce prince aurait dit que «Paris vaut bien une messe». Après avoir pris le trône, en 1598, il a proclamé l'**Édit de Nantes** qui a autorisé le protestantisme et a mené à la paix religieuse. Cet édit a été révoqué un siècle plus tard par Louis XIV, qui a rétabli le catholicisme comme religion officielle en France. Pour cette raison, les philosophes et les libres penseurs français ont souvent été attirés par l'Angleterre et la Suisse, où ils trouvaient plus de tolérance.

Comment faire · *le superlatif*

The *superlative* (**le superlatif**) is used to make comparisons and can be used with verbs, nouns, adjectives, or adverbs. The forms of the comparative are :

With adjectives
With adverbs
With nouns
With verbs

le/la/les plus (+ *adjectif*)	**le/la/les moins** (+ *adjectif*)
le plus (+ *adverbe*)	**le moins** (+ *adverbe*)
le plus de (+ *nom*)	**le moins de** (+ *nom*)
(*verbe* +) **le plus**	(*verbe* +) **le moins**

- Note that verbs, nouns, and adverbs in the superlative take the masculine singular form, while the adjectives agree in gender and number with the subject.

- The adjective **bon** and the adverb **bien** both have irregular forms that must be used in superlative situations where **plus** would normally be used (never say "le plus bon" or "le plus bien") :

  bon (adj.)   **le/la/les meilleur(e)(s)**   *bien (adv.)*   **le mieux**

- The adjectives **mauvais** and **petit** have alternative irregular forms in superlative situations where **le plus mauvais/petit** can be used :

mauvais (adj.)	**le/la/les plus mauvais(e)(s)**	**le/la/les pire(s)**
petit (adj.)	**le/la/les plus petit(e)(s)**	**le/la/les moindre(s)**

- Note that the construction of a *superlative* sentence with adjectives generally conforms to one of the following structures :

With preceding adjectives
With regular adjectives

verb + superlative + noun	C'est la plus belle horloge qui soit.
verb + noun + superlative	C'est le jet d'eau le plus haut.

- Note that the *superlative* is often followed by **de + *nom*** to indicate what it is the superlative of : Ce sont les maisons les plus mignonnes de l'Europe.

- Sometimes the *superlative* is followed by **qui/que/où + *verbe au subjonctif*** to indicate a subjective opinion : C'est le jet d'eau le plus haut que j'aie jamais vu. C'est la plus belle horloge qui soit.

En Suisse, comme en Belgique, les gens utilisent des **mots différents pour compter** en français. Au lieu de dire soixante-dix, on dit **septante**. Au lieu de quatre-vingts et quatre-vingt-dix, on emploie **octante** et **nonante**. Ceci simplifie les chiffres, comme quatre-vingt-dix-neuf (99) qui est simplement **nonante-neuf**. Comment dirait-on soixante-dix-huit, quatre-vingt-cinq et quatre-vingt-quatorze en Suisse ?

18. Un tableau superlatif

Jean-Louis aime bien la ville de Genève, mais préfère sa ville natale. Faites des phrases superlatives en utilisant les éléments suivants. N'oubliez pas d'ajouter des articles définis et de faire l'accord entre l'adjectif et le nom, si nécessaire.

1. Paris / ville / plus / intéressant / de l'Europe
2. La Tour Eiffel / monument / élégant / de la France
3. Le Louvre / musée / avoir / moins / tableaux impressionnistes / de Paris
4. Le Musée d'Orsay / le musée / plus / bon / d'art impressionniste
5. Le TGV / train / aller / plus / vite / du monde

19. Le cours le plus intéressant

Posez vos questions à un partenaire afin de connaître ses préférences personnelles, suivant le modèle. Puis, répondez à votre tour. Attention à l'usage du **superlatif** et à l'usage du **subjonctif**.

MODÈLE : cours / intéressant / suivre
«**Quel est le cours le plus intéressant que tu suives ?**»
—**La physique est le cours le plus intéressant que je suive.**
—**Lequel est le moins intéressant ?**
—**La philosophie est le cours le moins intéressant que j'aie jamais suivi.**

1. cours / intéressant / suivre
2. émissions (*TV shows*) / amusantes / regarder
3. livres / profonds / lire
4. villes / animées / visiter
5. musicien / doué (*talented*) / écouter
6. film / long / voir

20. Faisons un tour de votre région !

Sans doute, il y a beaucoup d'endroits intéressants dans votre ville ou dans votre région. Imaginez que vous et votre partenaire organisez une visite guidée pour des touristes suisses qui viennent d'arriver dans votre région. Avec un partenaire, imaginez les endroits que vous leur montreriez. Faites des phrases comparatives et superlatives.

MODÈLE : —**Voici le monument le plus ancien de notre ville.**
—**Ce n'est pas aussi ancien que l'Arc de Triomphe, mais c'est aussi intéressant.**

Avant d'écouter

www Pour aller plus loin : LITTÉRATURE

ACTIVITÉ G : Qu'est-ce que c'est que la beauté ? Lisez la définition du *Dictionnaire philosophique* de Voltaire ! Consultez votre cahier électronique !

21. Avant la visite

Répondez aux questions suivantes selon vos opinions personnelles.

1. Avez-vous un musée préféré ? lequel ? Pourquoi ?
2. Pourquoi va-t-on au musée ? pour le plaisir d'apprécier une œuvre d'art, pour apprendre quelque chose d'un lieu ou d'une époque différente, pour se distraire ?
3. Si quelqu'un apprécie quelque chose (une peinture, une émission télévisée, etc.) que vous détestez, quelle est votre réaction ? Dites-vous la vérité ou essayez-vous d'être poli(e) ?
4. Dans quelles circonstances peut-on s'exprimer librement ? Dans quelles circonstances vaut-il mieux être réservé(e) ?

La visite du musée

Claire continue sa lecture du manuscrit et, au bout du troisième jour, elle l'a presque terminé. Vu que le 18ème siècle l'intéresse tellement, elle accepte l'invitation de Jean-Louis de passer un après-midi au Musée de Voltaire. Là, Claire et Jean-Louis découvrent des peintures et des sculptures du célèbre auteur, aussi bien que des objets qui lui appartenaient. Pendant leur visite, Jean-Louis pose encore quelques questions à propos du manuscrit…

 Regardez le vocabulaire qui suit, et puis **écoutez le dialogue sur votre CD**.

VOCABULAIRE

Les descriptions		l'écriture	*writing, handwriting*
une ride	*wrinkle*	néanmoins	*nonetheless*
la sagesse	*wisdom*	une époque	*era*
en revanche	*in return, on the other hand*	un scribe	*a scribe*
quoiqu'il en soit	*be that as it may*	transcrire	*to transcribe*
thématique	*thematic*	gaspiller	*to waste*
or	*now*	décevoir (qqun)	*to disappoint (someone)*
frappant(e)	*striking*	signé(e)	*signed*

Après avoir écouté

22. Qu'en pensez-vous ?

Après avoir écouté le dialogue entre Claire et Jean-Louis, répondez aux questions suivantes.

1. Où sont Claire et Jean-Louis ? De quoi parlent-ils au début ?
2. Qu'est-ce qui occupe l'esprit de Claire ? Décrivez son état d'esprit.
3. Pourquoi est-ce que Claire ne peut pas vérifier que l'écriture du texte est identique aux autres textes écrits à la main par Laclos ? Pourquoi voudrait-elle faire cela ?
4. Quelle solution est-ce que Jean-Louis offre pour expliquer ce qui aurait pu se passer si les écritures n'étaient pas identiques ? Pensez-vous que ce soit une bonne explication ?
5. Pourquoi est-ce que Jean-Louis veut que Claire vérifie l'authenticité du manuscrit ? Qu'est-ce qui se passerait si elle émettait l'opinion contraire ?

23. D'accord ou pas d'accord

Après avoir écouté le dialogue entre Claire et Jean-Louis, lisez les phrases suivantes et donnez votre opinion. Discutez en petits groupes.

	D'accord	Pas d'accord
1. Claire et Jean-Louis aiment la même sculpture.	_____	_____
2. Ils se disputent fréquemment, mais ils aiment discuter de leurs idées ensemble.	_____	_____
3. Claire pense que le manuscrit ne ressemble pas du tout aux autres textes de Laclos.	_____	_____

4. Le manuscrit est signé par l'auteur. _____ _____

5. Claire est absolument certaine que ce manuscrit est une œuvre de Choderlos de Laclos. _____ _____

Comment dire

To oppose an opinion

s'opposer à quelqu'un / quelque chose

Or / Cependant / Néanmoins / Par ailleurs / Par contre / Quoique…
En revanche / Loin de là / En fait / À l'opposé de / Au lieu de…
Cela n'empêche pas que… / Quoi qu'il en soit…
Malgré ce que tu dis/vous dites… / Malgré cela…
Contrairement à ce que vous pensez… / Il n'en est pas question.
Bien au contraire ! / Mais non ! / Quelle observation ! / Mais vous plaisantez !
Mais quelle idée ! / Pas du tout ! / Absolument pas !
Que dis-tu/dites-vous ? / Ai-je bien entendu ?
Tu es toqué ? (*familier*) / Tu as perdu la boule ? (*familier*)

www **Pour aller plus loin : CINÉMA**

ACTIVITÉ H : Regardez le film *Camille Claudel* qui met en scène le rapport passionné entre le sculpteur Auguste Rodin et son apprentie Camille Claudel. Consultez votre cahier électronique !

24. Que dites-vous ?

Qu'est-ce qu'on peut dire pour s'opposer aux opinions des autres dans les situations suivantes ? Avec un partenaire, décidez ce que vous pouvez dire et imaginez de petits dialogues.

1. Votre ami(e) pense que la peinture impressionniste est banale. Vous n'êtes pas d'accord.
2. Un vieil homme vous dit que tous les jeunes sont impolis. Vous n'êtes pas d'accord.
3. Vos amis adorent la musique zydeco. Vous préférez la musique classique.
4. La présidente de votre université veut éliminer le programme d'études françaises parce qu'elle ne pense pas que le français soit une langue mondiale. Certainement, vous n'êtes pas d'accord.
5. Votre fiancé(e) dit que les films de science-fiction sont les films les plus amusants. Vous préférez les comédies romantiques.

25. Soyez contrariants !

Imaginez que les étudiants dans votre classe sont tous contrariants ! Au tableau, faites une liste de plusieurs monuments ou sculptures célèbres. Si vous avez le temps, faites-en des dessins. Ensuite, circulez dans la salle de classe et bavardez avec vos camarades de classe. Faites des commentaires qui montrent votre appréciation de tous les monuments et sculptures ou bien faites-en des critiques. En tout cas, réagissez aux opinions des autres en y opposant la vôtre !

À L'écrit *deuxième étape*

26. L'art du monde francophone

Imaginez que vous êtes au musée avec un(e) ami(e) et que vous lui montrez votre œuvre préférée. Dites-lui pourquoi vous appréciez cette œuvre. Votre ami(e), qui n'aime pas ce genre d'art, s'oppose à vos vues. Il/Elle compare l'œuvre à une autre qu'il/elle trouve supérieure. Imaginez un dialogue où vous discutez vos opinions sur l'art. Finalement, avec un partenaire, révisez vos dialogues et lisez-les à haute voix.

Une hypothèse

Structures *les phrases de condition*

27. Si seulement…

Voici quelques citations d'auteurs du 18ème siècle qui ont vécu en Suisse. Pour chaque citation, indiquez le temps des verbes en **caractères gras**. Pouvez-vous décrire comment choisir le temps des verbes quand on construit une phrase où il y a une proposition qui commence par «Si… » ?

ℹ Culture

Plusieurs **auteurs du siècle des lumières** ont vécu en Suisse pour des raisons politiques ou philosophiques. Vers la fin de sa vie, **Voltaire** a habité à Ferney, tout près de Genève et loin de la corruption de la cour à Versailles. Jean-Jacques **Rousseau** est né à Genève et s'est souvent enfui en Suisse quand il ne pouvait pas tolérer la vie parisienne. Madame **de Staël**, exilée par Napoléon Bonaparte à cause de son salon littéraire qui réunissait des intellectuels qui critiquaient la situation politique, s'est installée à Coppet, tout près de Genève. Madame **de Charrière** s'est installée à Colombier, près de Neuchâtel, après son mariage.

«Je m'aperçois que je n'ai parlé que des femmes infidèles riches ou pauvres; j'aurais la même chose à dire des maris. **S'ils ne sont pas** riches, **ils donnent** à une maîtresse le nécessaire de leurs femmes; **s'ils sont** riches, **ce n'est** que du superflu, et **ils leur laissent** mille amusements, mille ressources, mille consolations. Pour laisser épouser à ma fille un homme sans fortune, je veux qu'ils s'aiment passionnément : **s'il est** question d'un grand seigneur fort riche, **j'y regarderai** peut-être d'un peu moins près.»

—Madame de Charrière, *Caliste ou Lettres écrites de Lausanne*

«Tous les événements sont enchaînés dans le meilleur des mondes possibles : car **enfin si vous n'aviez pas été chassé** d'un beau château à coups de pied dans le derrière pour l'amour de mademoiselle Cunégonde, si **vous n'aviez pas été mis** à l'Inquisition, **si vous n'aviez pas couru** l'Amérique à pied, **si vous n'aviez pas donné** un bon coup d'épée au baron, **si vous n'aviez pas perdu** tous vos moutons du bon pays d'Eldorado, **vous ne mangeriez pas** ici des cédrats confits et des pistaches. Cela est bien dit, répondit Candide, mais il faut cultiver notre jardin.»

—Voltaire, *Candide ou l'Optimisme*

«Il semble que, quand on nous eût formés exprès pour nous unir, on n'aurait pu réussir mieux. **S'il avait** le cœur aussi tendre que moi, **il serait** impossible que tant de sensibilité de part et d'autre ne se heurtât quelquefois, et qu'il n'en résultât que des querelles. **Si j'étais** aussi tranquille que lui, trop de froideur **régnerait** entre nous et **rendrait** la société moins agréable et moins douce. **S'il ne m'aimait** point, nous vivrions mal ensemble…»

—Rousseau, *Julie ou la Nouvelle Héloïse*

Comment faire *les phrases de condition*

Si-*clauses*, or *conditional sentences* (**les phrases de condition**), are used to describe cause and effect, or the consequences of certain conditions in hypothetical situations. They can also be used to state a general rule or trend. Sentences with **si** require special attention to the sequence of verb tenses. With few exceptions (such as in the Voltaire quote above), the sequence of tenses is as follows :

si + *présent*	→	*présent* ou *futur* ou *impératif*
si + *imparfait*	→	*conditionnel*
si + *plus-que-parfait*	→	*conditionnel passé*

Some examples :

- si + *présent* → *présent* ou *futur* ou *impératif* : **Si je gagne** au loto, **j'irai** en Suisse. (*If I win, I will go…*); **Si je suis** fatigué, **je me couche.** (*If I'm tired, I go to bed.*); **Si vous êtes** pauvres, **jouez** à la loterie ! (*If you are poor, play the lottery !*)
- si + *imparfait* → *conditionnel* : **Si je gagnais** au loto, **j'irais** en Suisse. (*if I won, I would go*)
- si + *plus-que-parfait* → *conditionnel passé* : **Si j'avais gagné** au loto, **je serais allé(e)** en Suisse. (*If I had won, I would have gone…*)

28. Probabilités

Claire et Jean-Louis rentrent au chalet et continuent à discuter du manuscrit et de la vie de Laclos. Conjuguez les verbes entre parenthèses au **présent** ou au **futur**.

JEAN-LOUIS : Si tu dis que c'est un roman de Laclos, tout le monde te (croire) _____. Si la communauté littéraire accepte cette notion, nous (revendre) _____ ce texte pour une fortune.

CLAIRE : Comment ? Si tu (revendre) _____ le manuscrit, à qui appartiendra-t-il ? J'espère que tu sauras choisir un bon acheteur.

JEAN-LOUIS : Mais, si nous te donnons une photocopie du manuscrit, tu l'(avoir) _____ pour toujours. Et, si tu (être) _____ la première personne à publier un article sur ce manuscrit, tu seras célèbre !

29. Possibilités

La conversation continue. Conjuguez les verbes entre parenthèses à l'**imparfait** ou au **conditionnel**.

CLAIRE : Si je parlais à ton patron, est-ce qu'il (envisager) _____ de faire un don du manuscrit à la Bibliothèque nationale ?

JEAN-LOUIS : Si nous (proposer) _____ cela à mon patron, il éclaterait de rire ! Il ne (dépenser) _____ pas tant d'argent pour acquérir le manuscrit s'il ne pensait pas pouvoir en tirer un bon profit. Le marché de livres anciens, c'est comme un jeu. On doit hasarder un peu, et si jamais on tombait sur un trésor, on ne le (garder) _____ pas… on le (vendre) _____ pour en acheter d'autres encore plus précieux.

30. Impossibilités

Et elle continue. Conjuguez les verbes entre parenthèses au **plus-que-parfait** ou au **passé du conditionnel**.

CLAIRE : Si je n'avais pas déjà dépensé presque toute ma bourse, je (acheter) _____ le manuscrit moi-même.

JEAN-LOUIS : Toi ? Mais, tu as perdu la tête ? Même si tu (garder) _____ tout ton argent, cela (ne… pas / être) _____ assez pour acheter ce manuscrit ! Je ne t'ai pas dit ce que j'ai payé à Monsieur Thibodeau ? Enfin, disons qu'il (ne… pas / vendre) _____ le manuscrit si je (ne… pas / lui offrir) _____ une somme considérable.

31. L'authenticité

Et elle continue. Conjuguez les verbes entre parenthèses à un **temps qui convient**.

JEAN-LOUIS : Si tu trouves que l'écriture du manuscrit est différente de celle des lettres de Laclos, est-ce que tu (vérifier) _____ quand-même l'authenticité du manuscrit ?

CLAIRE : Je pense qu'elle sera identique. Pourtant, je pourrais demander à mon directeur de thèse, si je n'(arriver) _____ pas à en tirer une conclusion définitive. Mais, si tu avais raison, il (être) _____ bien possible que Laclos ait engagé un scribe. Si Laclos avait été en Italie en 1800, il (retourner) _____ en France l'année suivante et il (avoir) _____ 60 ans. S'il (vouloir) _____ faire copier rapidement son brouillon (*rough draft*), il aurait pu très facilement engager un scribe.

JEAN-LOUIS : Mais, si tu demandes l'aide de ton professeur, est-ce qu'il t'(aider) _____ ?

CLAIRE : Bien sûr ! Il me dit toujours, «Si jamais vous avez des difficultés, (contacter) _____ -moi !» Il est très sympa. Il y a beaucoup de professeurs qui (ne… pas / aider) _____ leurs étudiants s'ils étaient en congé sabbatique, mais le mien n'est pas comme ça.

32. Que pensez-vous ?

Faites une interview avec un(e) camarade de classe. Répondez aux questions en utilisant, pour chaque verbe, le temps qui convient.

1. Que porteriez-vous demain s'il pleuvait ? si on vous invitait à une soirée élégante ?
2. Si vous n'étiez pas allé(e) à l'université, qu'auriez-vous fait dans la vie ?
3. Si vous aviez le choix entre la Suisse, le Sénégal, la Martinique et la France, où passeriez-vous une année ?
4. Où iriez-vous si vous alliez en Europe pour les prochaines vacances ?
5. Si Claire Plouffe était venue à votre université pour faire de la recherche avant d'aller à la Nouvelle-Orléans, qu'est-ce qu'elle y aurait trouvé ?
6. Si vous rencontriez Claire et Jean-Louis au musée, que leur diriez-vous ?

33. À condition que…

Avec un partenaire, posez des questions hypothétiques et répondez à votre tour en disant sous quelles conditions vous feriez chaque chose suggérée. Utilisez, pour chaque verbe, le temps qui convient.

MODÈLE : peindre un auto-portrait
—**Peindrais-tu ton auto-portrait ?**
—**Je peindrais mon auto-portrait si j'avais du talent**.

1. acheter une nouvelle voiture
2. chanter à l'Opéra de Paris
3. aller en Louisiane
4. quitter l'université
5. commencer une conversation avec un inconnu
6. visiter un musée
7. danser dans la rue
8. se raser la tête

Claire va dans le bureau pour terminer sa lecture du manuscrit, mais d'abord, elle branche son ordinateur portable. Elle trouve un message de Gilles LaFfont, l'inspecteur de police à Paris…

CORRESPONDANCE : *Une hypothèse*

À : Claire PLOUFFE
De : Gilles LAFFONT
Date : le 18 octobre 2003
Réf : une hypothèse

Chère Madame Plouffe,

J'espère que vous vous souvenez de moi. Vous vous rappelez peut-être notre rencontre au café à Paris il y a un mois ? Je suis l'inspecteur de police qui vous a averti du danger du marché des livres anciens. Évidemment, vous n'avez pas écouté mes conseils. Mes sources me disent que vous êtes actuellement en Suisse et que le manuscrit est en votre possession. Je continue à mener mon enquête° sur le marché des livres anciens en France, et je vous écris afin de vous tenir au courant des derniers développements de l'affaire et de vous avertir encore une fois du danger que vous courez. — *investigation*

Peut-être connaissiez-vous le bouquiniste Nicolas Gustave ? Enfin, ils ont trouvé son corps° il y a huit jours sous un pont de la Seine. Apparemment, il a été empoisonné.° Il se peut que ce meurtre° soit lié° au commerce des livres car l'empoisonnement n'est pas le modus operandi le plus commun chez les petits voleurs. Par hypothèse, si Gustave s'était mêlé° à ces hommes dont je vous ai parlé lors de notre première rencontre et s'il les avait trahis° d'une manière ou d'une autre, ces hommes ou leurs associés auraient pu le tuer afin de le faire taire.° On ne sait pas encore exactement ce qui s'est passé, mais admettons-le comme hypothèse. Je vous répète qu'il existe des dealers peu scrupuleux qui essaient de profiter de la naïveté des acheteurs étrangers. Ce ne sont que des brutes° qui s'habillent en costume et qui sourient poliment pendant qu'ils trichent et volent. Je n'essaie pas de vous faire peur, mais je veux que vous sachiez combien cette situation est dangereuse pour des jeunes chercheurs tels que vous. — *body / poisoned / murder / to link / to get mixed up with / to betray / shut up / thugs*

Je vous assure que je ne pense qu'à votre sécurité et que je voudrais vous aider. En espérant que vous êtes tombée sur° le bon manuscrit, que rien de mauvais ne vous arrivera, et en attendant d'entendre de vos nouvelles, je vous prie, chère madame, d'accepter l'expression de mes sentiments les meilleurs. — *to come across*

Gilles LaFfont

Il existe plusieurs expressions en français **pour dire pourquoi** quelque chose se passe. La plus commune est la conjonction **parce que** + *sujet/verbe* (*because*), mais il y a aussi le mot **car** + *sujet/verbe* (*for*) qu'on utilise plutôt pour faire une observation ou pour établir un rapport entre deux événements que pour indiquer la raison pour laquelle un événement s'est passé. L'expression **à cause de** + *nom* (*because of, due to*) est employé, effectivement, pour indiquer la cause d'un événement quand la cause n'est pas une action mais une raison ou un état. Notez que cette expression a une connotation négative lorsque **grâce à** + *nom* (*thanks to*) a une connotation plutôt positive. Par exemple : «Gilles écrit à Claire **parce qu'il** est inquiet, mais il écrit aussi **à cause du** meurtre, **car** Claire avait rencontré Gustave à Paris. C'est **grâce à** Gustave qu'elle a pu trouver le manuscrit au Sénégal.»

Après avoir lu

34. Avez-vous compris ?

Avec un partenaire, répondez aux questions suivantes. Justifiez vos réponses en citant le texte.

1. Comment est-ce que l'auteur du message connaît Claire Plouffe ? Décrivez leur première rencontre au café (utilisez des verbes au passé).
2. Qu'est-ce que Gilles LaFfont annonce ? Quelle est son hypothèse ?
3. Qu'est-ce que Gilles sait des activités de Claire ? Comment le sait-il ?
4. Pourquoi est-ce que Gilles écrit à Claire ? Pensez-vous qu'il soit vraiment préoccupé de la sécurité de Claire ? Est-ce qu'il veut quelque chose d'autre ?

35. D'accord ou pas d'accord

Après avoir lu la lettre ci-dessus, lisez les phrases suivantes et donnez vos opinions personnelles. Discutez en petits groupes.

	D'accord	Pas d'accord
1. Claire connaît l'auteur de ce message.	_____	_____
2. Il croit que le meurtre de Gustave est lié au marché de livres.	_____	_____
3. Ces criminels sont des gens peu sophistiqués.	_____	_____
4. Gilles LaFfont se fait du souci (*is worried*) à propos de Claire.	_____	_____
5. Claire devrait répondre à ce message.	_____	_____

Comment dire · *établir une hypothèse*

To hypothesize

Admettons comme hypothèse / Par hypothèse / Hypothétiquement…
Dans la limite du possible… / Dans la mesure du possible… / Si c'est possible…
Avez-vous envisagé la possibilité que… ? / En envisageant toute éventualité…
Il est possible que / Il se peut que / Supposons que (+ *subjonctif*)
À supposer que… / Imaginons que… (+ *subjonctif*)
Peut-être (+ *inversion*) / Peut-être que (+ *subjonctif*)
Disons que… / Estimons que… / Si je devais choisir…
C'est pure conjecture, mais… / À vue de nez…
Tâchons de deviner… / Hasardons une conjecture…

36. Que dites-vous ?

Avec un partenaire, faites des hypothèses pour chacune des situations suivantes. Comparez vos idées.

1. Quelqu'un a volé le t-shirt de votre ami(e). Vous pensez que la femme de ménage l'a utilisé pour épousseter l'appartement.
2. Deux vieilles dames vous demandent s'il va neiger à la Martinique cet hiver.
3. Des petits enfants français veulent savoir si le Père Noël (*Santa Claus*) existe et comment il pourra entrer dans leur appartement cette année parce qu'il n'y a pas de cheminée.

4. Votre ami(e) croit que des extra-terrestres vivent parmi les êtres humains.

5. Vous avez fait vos devoirs, mais quand vous arrivez en classe, ils ne sont pas dans votre cahier.

37. Qui est le criminel ?

Sur une feuille de papier, écrivez le nom d'une chose que vous n'aimeriez pas perdre. Maintenant, imaginez que vous ne pouvez pas trouver cette chose ! Quelqu'un l'a peut-être volée ? Peut-être l'avez-vous laissée quelque part ? Circulez dans la salle de classe et demandez à vos camarades de faire des hypothèses. Si vous acceptez leur hypothèse comme possible, écrivez leur nom sur votre papier et passez au prochain étudiant. Si leur hypothèse est peu probable, passez sans écrire leur nom. À la fin du jeu, choisissez le nom de la personne qui a donné la meilleure hypothèse. L'étudiant le plus souvent choisi gagne !

38. Point d'interrogation ?

Le/La président(e) de votre université propose d'élever une statue géante d'un point d'interrogation (?) orange au milieu de votre campus. La sculpture représentera l'esprit critique qui règne sur votre campus. En petits groupes, discutez vos opinions sur cette proposition. Critiquez l'œuvre et opposez-la aux autres sculptures sur le campus. Si la plupart des étudiants sont contre cette idée, le/la président(e) y mettra une autre sculpture. Faites des hypothèses sur le type de statue qui représenterait le mieux l'esprit de votre université.

WWW **Pour aller plus loin : CULTURE**

ACTIVITÉ I : Explorez les arts africains et antillais. Consultez votre cahier électronique !

À l'écrit   *troisième étape*

39. L'art du monde francophone

Imaginez que vous avez un vieil oncle très riche qui veut vous offrir un cadeau extraordinaire pour votre prochain anniversaire. Pourtant, la dernière fois qu'il vous a invité(e) chez lui, vous n'y êtes pas allé(e) parce que vos amis vous avaient invité(e) à une fête. Écrivez-lui une lettre dans laquelle vous décrivez votre œuvre d'art préférée. Dites pourquoi vous l'aimez, comparez-la à d'autres œuvres. Aussi, demandez-lui pardon de ne pas être allé(e) chez lui la dernière fois et expliquez ce que vous feriez si vous pouviez revivre ce moment. Échangez votre lettre avec celle d'un(e) de vos camarades de classe (par courriel, si vous voulez !) et offrez-lui une réponse et quelques corrections possibles.

Dénouement

Activités de révision

40. Une soirée amusante

En groupes de trois personnes, imaginez que vous êtes à une soirée en Suisse où l'on discute de la ville de Genève et de son histoire. Choisissez l'un des rôles suivants et jouez une scène pour la classe.

PERSONNE 1 : Vous ne parlez qu'en superlatifs !
PERSONNE 2 : Vous contredites tout le monde !
PERSONNE 3 : Vous n'arrêtez pas de faire des hypothèses ! Toutes vos phrases commencent par «Si… » !

ACTIVITÉ J : Apprenez un peu au sujet de l'architecture. Consultez votre cahier électronique !

41. Un tour du campus

Avec un partenaire, choisissez une sculpture, une peinture, une fontaine, un jardin, une cour, une salle ou un bâtiment intéressants sur votre campus. Faites la description détaillée de cette œuvre ou de cet espace architectural. Ensuite, avec la classe, faites le tour du campus à pied et quand vous passez près de votre objet ou espace, lisez votre description. Les autres vont critiquer l'œuvre en la comparant aux autres !

42. Devinez l'objet

Avec un partenaire, choisissez un objet qu'on utilise tous les jours. Utilisez le comparatif et le superlatif pour décrire cet objet en moins de 5 phrases. Les autres groupes vont essayer de deviner de quel objet il s'agit.

MODÈLE : (un téléviseur)
—**C'est plus grand qu'un four à micro-ondes. Regarder cette chose est aussi amusant qu'aller au cinéma. C'est un objet moins interactif qu'un ordinateur. C'est l'invention la moins pratique pour la maison, mais la plus aimée par les enfants !**
—**C'est un téléviseur !**

43. Devinez la personne

Avec un partenaire, choisissez une personne célèbre (vivante, fictive ou historique). Utilisez des hypothèses pour décrire cette personne. Écrivez au moins 3 phrases. Les autres groupes vont essayer de deviner de quelle personne il s'agit.

MODÈLE : —**Si elle avait été plus perspicace, elle aurait su que son ami n'était pas un barman. Si elle avait choisi un autre sujet de thèse, elle n'aurait pas voyagé autour du monde. Si elle termine sa thèse sur le manuscrit Laclos, elle deviendra un professeur célèbre.**
—**C'est Claire Plouffe !**

Avant de lire   Corinne ou l'Italie

44. Les plus beaux musées

Imaginez que vous travaillez pour un nouveau musée qui vient d'ouvrir ses portes dans votre région. Faites une courte description de votre collection (les types d'œuvres dans la collection, les mouvements ou pays représentés) et indiquez les heures d'ouverture et les tarifs (adultes, enfants, étudiants, troisième âge). Puis, affichez votre description et vos informations pratiques au tableau. Avec votre partenaire, comparez les musées, parlez de vos goûts personnels et choisissez le musée qui vous semble être le meilleur. Attention : vous ne pouvez pas choisir le vôtre !

45. Premières impressions

Lisez l'extrait tiré du roman *Corinne ou l'Italie* de Germaine de Staël, sans essayer de comprendre chaque mot. Après votre première lecture du texte, répondez aux questions. Ensuite, relisez le texte une deuxième fois, plus attentivement.

1. Quel est le rapport entre Corinne et Oswald ? Sont-ils amis, amants, époux, cousins ou frère et sœur ?
2. Quand se passe cette histoire ? au présent ou au passé ?
3. Où se passe l'histoire ?
4. Qu'est-ce que Corinne propose à Oswald ?
5. Quelle est leur réaction à ce qu'ils voient ? Sont-ils ennuyés, indifférents, intéressés ou passionnés par ce qu'ils voient ?

LITTÉRATURE : *Corinne ou l'Italie*

Cet extrait est tiré du roman de Germaine de Staël Corinne ou l'Italie. *Dans ce roman, écrit à l'aube du romantisme, de Staël nous présente une poète italienne du nom de Corinne qui représente la femme indépendante du nouveau siècle. Corinne rencontre à Rome un Anglais nommé Oswald Nelvil. Cet étranger tombe éperdument amoureux de Corinne, mais souffre d'un malaise. Et cet étranger ne connaît pas encore assez bien cette femme qui a des secrets qu'elle ne veut pas révéler par peur de gâcher leur amour naissant. La faiblesse mélancolique d'Oswald et la passion calme et déterminée de Corinne sont mises en relief lors d'une visite au musée du Vatican…*

de Germaine de Staël

Corinne ou l'Italie (extrait)

Pendant les jours qui suivirent la maladie d'Oswald, Corinne évita soigneusement° ce qui pouvait amener une explication entre eux. Elle voulait rendre la vie de son ami aussi douce qu'il était possible; mais elle ne voulait point lui confier° encore son histoire. Tout ce qu'elle avait remarqué dans leurs entretiens ne l'avait que trop convaincue de l'impression qu'il recevrait en apprenant, et ce qu'elle était, et ce qu'elle avait sacrifié; et rien ne lui faisait plus de peur que cette impression qui pouvait le détacher d'elle.

Revenant donc à l'aimable adresse dont elle avait coutume de se servir pour empêcher Oswald de se livrer° à ses inquiétudes° passionnées, elle voulut

carefully

to confide

to give in to / worries

intéresser de nouveau son esprit et son imagination par les merveilles° des *marvels*
beaux-arts° qu'il n'avait point encore vus, et retarder ainsi l'instant où le sort *fine arts*
devait s'éclaircir et se décider. Une telle situation serait insupportable dans tout
autre sentiment que l'amour; mais il donne des heures si douces; il répand un
tel charme sur chaque minute, que bien qu'il ait besoin d'un avenir indéfini, il
s'enivre du présent, et reçoit un jour comme un siècle de bonheur ou de peine,
tant ce jour est rempli par une multitude d'émotions et d'idées ! Ah ! sans
doute, c'est par l'amour que l'éternité peut être comprise; il confond toutes les
notions du temps; il efface les idées de commencement et de fin; on croit avoir
toujours aimé l'objet qu'on aime, tant il est difficile de concevoir qu'on ait pu
vivre sans lui. Plus la séparation est affreuse,° moins elle paraît vraisemblable°; *atrocious, horrible / realistic*
elle devient, comme la mort, une crainte dont on parle plus qu'on n'y croit, un
avenir qui semble impossible, alors même qu'on le sait inévitable.

   Corinne, parmi ses innocentes ruses pour varier les amusements d'Oswald,
avait encore réservé les statues et les tableaux. Un jour donc, lorsque lord Nelvil fut rétabli, elle lui proposa d'aller voir ensemble ce que la sculpture et la
peinture offraient à Rome de plus beau.—Il est honteux, lui dit-elle en souriant,
que vous ne connaissiez ni nos statues, ni nos tableaux, et demain il faut commencer le tour des musées et des galeries.—Vous le voulez, répondit lord Nelvil, j'y consens. Mais en vérité, Corinne, vous n'avez pas besoin de ces
ressources étrangères pour me fixer auprès° de vous; c'est, au contraire, un *next to*
sacrifice que je vous fais, quand je détourne mes regards de vous pour quelque
objet que ce puisse être.[…]

   Ils allèrent d'abord au musée du Vatican, ce palais des statues où l'on voit
la figure humaine divinisée° par le paganisme, comme les sentiments de l'âme° *made godlike / soul*
le sont maintenant par le christianisme. Corinne fit remarquer à lord Nelvil ces
salles silencieuses où sont rassemblées les images des Dieux et des héros, où la
plus parfaite beauté, dans un repos éternel, semble jouir° d'elle-même. En *to enjoy*
contemplant ces traits et ces formes admirables, il se révèle je ne sais quel des-
sein de la divinité sur l'homme, exprimé par la noble figure dont elle a daigné° *to deign, condescend*
lui faire don.° L'âme s'élève par cette contemplation à des espérances pleines *make a gift, donation*
d'enthousiasme et de vertu; car la beauté est une dans l'univers, et, sous
quelque forme qu'elle se présente, elle excite toujours une émotion religieuse
dans le cœur de l'homme. Quelle poésie que ces visages où la plus sublime
expression est pour jamais fixée, où les plus grandes pensées sont revêtues° *to clothe, cover*
d'une image si digne° d'elles ! *worthy*

   Quelquefois un sculpteur ancien ne faisait qu'une statue dans sa vie, elle
était toute son histoire. Il la perfectionnait chaque jour : s'il aimait, s'il était
aimé, s'il recevait par la nature ou par les beaux-arts une impression nouvelle,
il embellissait° les traits de son héros par ses souvenirs et par ses affections. Il *to embellish*
savait ainsi traduire aux regards tous les sentiments de son âme. La douleur
dans nos temps modernes, au milieu de notre état social si froid et si oppressif,
est ce qu'il y a de plus noble dans l'homme; et, de nos jours, qui n'aurait pas
souffert, n'aurait jamais senti ni pensé. Mais il y avait dans l'antiquité quelque
chose de plus noble que la douleur, c'était le calme héroïque, c'était le sentiment
de sa force qui pouvait se développer au milieu d'institutions franches et libres.
Les plus belles statues des Grecs n'ont presque jamais indiqué que le repos. Le
Laocoon et la Niobé° sont les seules qui peignent des douleurs violentes; mais *figures from Greek mythology*
c'est la vengeance° du ciel° qu'elles rappellent toutes les deux, et non les pas- *revenge / the gods*
sions nées dans le cœur humain. L'être moral avait une organisation si saine° *healthy*
chez les anciens, l'air circulait si librement dans leur large poitrine et l'ordre
politique était si bien en harmonie avec les facultés,° qu'il n'existait presque *faculties, senses*

jamais, comme de notre temps, des âmes mal à l'aise° : cet état fait découvrir   *ill at ease, troubled*
beaucoup d'idées fines, mais ne fournit point aux arts, et particulièrement à la
sculpture, les simples affections, les éléments primitifs des sentiments qui peu-   *to express oneself (in this case,*
vent seuls s'exprimer° par le marbre éternel.   *passive voice : to be expressed)*

Après avoir lu

46. Avez-vous compris ?

En petits groupes, discutez de vos réponses aux questions suivantes.

1. **1er paragraphe :** Pourquoi est-ce que Corinne veut rendre aussi douce que possible la vie d'Oswald ? Pourquoi est-ce qu'elle veut éviter de discuter son passé avec lui ? À votre avis, qu'est-ce qu'elle a pu faire de honteux ?
2. **2ème paragraphe :** Qu'est-ce que Corinne veut faire pour «retarder» leur rupture inévitable ? Comment est-ce qu'elle décrit l'amour ? Quel est le rapport entre l'amour et le temps ? D'après le narrateur, est-ce que le temps passe plus vite ou est-ce que le temps semble s'arrêter quand on est avec la personne aimée ? Êtes-vous d'accord avec cette idée ?
3. **3ème paragraphe :** Quelle est la «ruse» de Corinne ? Quel compliment est-ce qu'Oswald fait à Corinne en acceptant sa proposition ?
4. **4ème paragraphe :** Quels types de sculptures trouvent-ils au musée du Vatican ? Comment est-ce qu'ils les admirent ou les critiquent ? Connaissez-vous des sculptures grecques ou romaines célèbres ? Pensez-vous que la description donnée est une bonne description ?
5. **5ème paragraphe :** Quel est le rapport entre le sculpteur ancien et sa sculpture ? D'après le narrateur, y a-t-il plus de douleur dans les vies des anciens que dans les vies des gens «modernes» de son époque ? Le sentiment du malaise est un thème très répandu chez les auteurs, musiciens et artistes romantiques. Pensez-vous que ce thème soit important dans cet extrait ? Pourquoi ?

WWW **Pour aller plus loin :**
LITTÉRATURE

ACTIVITÉ L : Qui est Madame de Staël ? Apprenez un peu sur sa vie, ses pensées et son œuvre. Consultez votre cahier électronique !

47. D'accord ou pas d'accord

Après avoir lu l'extrait du roman de Madame de Staël, lisez les phrases suivantes et donnez votre opinion. Discutez de vos réponses en petits groupes.

	D'accord	Pas d'accord
1. Oswald est un homme très fort et très énergique.	_____	_____
2. Corinne aime Oswald.	_____	_____
3. Oswald n'a pas envie de visiter les musées avec Corinne.	_____	_____
4. Les sculptures grecques sont généralement belles et nobles.	_____	_____
5. L'homme «moderne» et l'homme ancien se ressemblent.	_____	_____

48. Analyse littéraire

Examinez ce texte de près. Répondez aux questions suivantes et discutez de vos réponses en classe.

1. Quel est le ton du texte ? Qu'est-ce qui contribue à ce ton (le vocabulaire, le style d'écriture, la forme du texte) ?
2. Y a-t-il des images ou des couleurs qui dominent dans ce texte ? Comment est-ce que ces images ont influencé votre lecture du texte ?
3. Quel temps domine dans ce texte (le présent, le passé, le futur, etc.) ? Quel est l'effet de l'usage de ce temps (un sens d'urgence, une distance impersonnelle, la nostalgie, la possibilité, la certitude ou l'incertitude, l'orgueil, etc.) ? Y a-t-il un moment où le temps change ? Quel en est l'effet ?
4. Y a-t-il d'autres éléments structurels (ponctuation, mots ou sons répétés, phrases longues ou courtes, contrastes, métaphores, etc.) que l'auteur emploie systématiquement ? Si oui, quels sont les effets de l'emploi de ces éléments ?

Synthèses

49. Réfléchissons à la culture

Voici quelques éléments de la culture suisse que vous avez étudiés dans ce chapitre. En petits groupes, répondez aux questions et discutez de vos impressions avec vos camarades.

la fondue   la neutralité politique   le romantisme

1. Définissez ou décrivez chaque élément.
2. Pourquoi chaque élément est-il important à cette culture ? Y a-t-il un phénomène historique ou social qui explique son importance ?
3. À votre avis, est-ce que ces éléments témoignent de la richesse et de la diversité de la culture suisse de nos jours, ou sont-ils stéréotypiques ? Pourquoi ?
4. Est-ce que votre impression de cette culture est différente maintenant que vous avez commencé à l'étudier ? Si oui, comment et pourquoi ? Si non, pourquoi pas ?

50. À débattre

Lisez les questions suivantes et discutez en groupes. Si possible, parlez de vos expériences personnelles relatives aux questions.

1. **L'art !** Aujourd'hui, l'art n'est plus limité à la peinture et la sculpture. Il y a des formes d'art moins traditionnelles comme les graffiti sur les murs dans les espaces urbains ou des objets quotidiens ou même des déchets qu'on met dans les expositions aux musées d'art moderne. Pensez-vous que les graffiti et les déchets soient de l'art ? Doit-on définir plus strictement ce qu'est une œuvre d'art ?
2. **Un pays neutre ?** On pense que la neutralité est généralement une bonne chose, mais est-ce que la neutralité peut être une mauvaise chose aussi ? En Suisse, par exemple, on a établi des lois qui protègent l'anonymité des clients qui mettent leur argent dans les banques. Un client peut y garder son argent sans donner son nom ou son adresse à la banque. Ce système est intéressant surtout pour les riches étrangers qui ne veulent pas payer d'impôts dans leur propres pays, mais il intéresse aussi les trafiquants de drogues et les organisations criminelles internationales qui veulent cacher leurs affaires aux représentants de la loi dans leurs pays d'origine. En admettant comme hypothèse que la vente des drogues et

Pour aller plus loin : CULTURE

ACTIVITÉ M : Apprenez un peu plus sur la cuisine dans les pays de l'Europe francophone (la Suisse, la Belgique, le Luxembourg). Consultez votre cahier électronique !

Si vous voulez bouger et faire quelque chose pour mieux connaître la Suisse, ou pour aider les autres à mieux connaître les arts des pays francophones, consultez la section **Pour agir** dans votre cahier électronique ! Il y a tant de choses à faire :

- **Organisez une exposition d'art**, ou bien **faites des dessins et faites imprimer des cartes de vœux** que vous pouvez vendre, et contribuez l'argent que vous gagnez à une organisation qui aide les artistes au monde francophone ou qui restaure des peintures européennes.
- **Enseignez** ce que vous savez des arts du monde francophone à des enfants de l'école primaire.
- **Entrez en contact** avec des Suisses ou d'autres Européens francophones qui vivent dans votre communauté ou quelque part aux États-Unis.
- **Faites une excursion** à un musée pour explorer les arts du monde francophone.
- **Cuisinez !** Préparez une vraie fondue suisse avec vos camarades de classe.

les activités terroristes globales diminueraient si les Suisses avaient des lois plus strictes en ce qui concerne l'usage des banques, pensez-vous que la Suisse ait tort de rester «neutre» dans ce cas ? Ou croyez-vous qu'ils aient raison de protéger le droit de chacun de mener une vie privée et de placer son argent ?

3. **La civilisation ou la vie primitive ?** Une des idées de Jean-Jacques Rousseau, célèbre écrivain suisse, était l'idée que plus une société devient «civilisée», plus elle devient décadente. Il admirait la vie simple et heureuse des paysans à la campagne et critiquait souvent l'excès et le manque de moralité qu'on trouvait dans les grandes villes. Êtes-vous d'accord avec Rousseau que la civilisation mène à la décadence ? Ou pensez-vous que les bénéfices de la civilisation (le développement des arts, des sciences et de la technologie) sont plus importants que ses aspects négatifs ?

51. À l'impromptu

Voici des situations interactives. Avec une ou deux autres personnes, choisissez une scène et improvisez devant la classe. Si vous ne voulez pas improviser, écrivez votre dialogue avant et puis jouez-le pour la classe.

1. (a) Vous accompagnez les parents de votre fiancé(e) qui arrivent de Suisse pour passer quelques jours avec vous à la Nouvelle-Orléans. Vous avez choisi de leur faire visiter le musée du Mardi gras et de leur présenter les masques, objets importants dans la culture de la Louisiane. Essayez de prouver à vos beaux-parents, qui sont plutôt conservateurs, que ces objets ont une valeur artistique.

   (b) et (c) Jouez le rôle des beaux-parents qui ne sont guère convaincus de la beauté de ces masques. Comparez-les à des tableaux européens plus classiques que vous appréciez davantage. Essayez cependant de ne pas blesser la sensibilité de votre beau-fils ou belle-fille !

2. (a) Vous voulez passer vos vacances de printemps dans une île ensoleillée comme la Martinique ou la Guadeloupe ou même Tahiti. Essayez de convaincre vos amis québécois qui, eux, voudraient aller faire du ski. Comparez la plage à la montagne et exprimez votre enthousiasme pour les vacances à la plage en utilisant de nombreuses expressions superlatives.

   (b) Vous êtes un(e) étudiant(e) québécois(e) qui a décidé de rester au Québec pour les vacances de printemps. Votre budget-vacances est limité. Essayez de dissuader votre ami d'aller à une île tropicale en imaginant tout ce qui pourrait mal se passer.

À l'écrit *étape finale*

52. L'art du monde francophone

Un magazine francophone cherche à publier des critiques d'œuvres d'art du monde francophone. Révisez et élaborez vos travaux d'écriture de ce chapitre (Activités 13, 26 et 39) et rédigez un article critique au sujet de votre œuvre d'art préférée. Décrivez l'œuvre et l'artiste, et comparez-la à d'autres œuvres de la même période ou du même mouvement artistique. Utilisez le **comparatif** et le **superlatif** et les temps des verbes qui conviennent. N'oubliez pas les éléments suivants :

- une introduction
- une description de l'œuvre
- une description de l'artiste
- une comparaison à d'autres œuvres
- une conclusion

À suivre

«Mais non ! Il y a quelque chose qui ne va pas», a pensé Claire en terminant sa lecture du manuscrit. Il y avait quelque chose d'abérrant, de gênant, de troublant dans le dernier chapitre du manuscrit. D'abord, elle n'arrivait pas à identifier d'où venait son angoisse, mais en relisant ce dernier chapitre, elle l'a trouvé. À l'avant-dernière page, il était là. Un terrible anachronisme. Une référence très brève dans une conversation entre deux soldats à la perte de Saint-Domingue aux Antilles et à l'établissement d'une nouvelle république nommée Haïti. C'était en 1804 que la République haïtienne avait été établie mais Choderlos de Laclos était mort en Italie en 1803. Le manuscrit ne pouvait donc pas avoir été écrit par Laclos…

53. Qu'est-ce qui s'est passé ?

Pensez à ce qui s'est passé dans ce chapitre. Écrivez 6 phrases au temps passé pour décrire les événements que vous pensez être les plus importants. Parlez de vos idées avec vos camarades de classe.

54. Qu'est-ce qui va se passer ?

Imaginez ce qui va se passer dans le prochain chapitre. Écrivez 6 phrases et parlez de vos idées avec vos camarades de classe.

VOCABULAIRE UTILE

Les arts

aquarelle (f.)	*watercolor*
chef-d'œuvre (m.)	*masterpiece*
dessin (m.)	*drawing*
esquisse (f.)	*sketch*
gravure (f.)	*engraving*
nature morte (f.)	*still-life painting*
œuvre (f.)	*work (of art)*
tableau (m.)	*picture*

Les descriptions

cadre (m.)	*setting*
champêtre	*rustic*
cheminée (f.)	*fireplace*
combattre	*to fight, battle*
déchiré(e)	*torn*
décevoir (qqun)	*to disappoint (someone)*
écriture	*writing, handwriting*
empaqueté(e)	*packaged, wrapped up*

en revanche	*in return, on the other hand*
envahi(e)	*invaded*
époque (f.)	*era*
frappant(e)	*striking*
frappé(e)	*struck, hit*
gaspiller	*to waste*
néanmoins	*nonetheless or now*
perspicace	*perspicacious, shrewd*
pétiller	*to crackle*
quoiqu'il en soit	*be that as it may*
ride (f.)	*wrinkle*
sagesse (f.)	*wisdom*
se dérouler	*to unfold*
s'étendre	*to extend*
signé(e)	*signed*
tenace	*tenacious, obstinate*
thématique	*thematic*
transcrire	*to transcribe*

9 Une affaire provençale

> Quand on parle du loup,
> on en voit la queue.
>
> —expression française

ℹ Culture

La **Provence** est une région au sud-est de la France qui comprend plusieurs départements comme le Gard, le Vaucluse et les Bouches du Rhône. Cette région variée, près de la frontière italienne, a été développée par les Romains sous Jules César. La ville d'Avignon, avec son grandiose palais des Papes, était le siège de l'église catholique de 1309 à 1377. La région a été réunie à la France en 1487 sous Charles VIII. On y parlait **provençal**, une langue romane qui est encore parlée aujourd'hui par une minorité de la population. La célèbre Côte d'Azur (*Riviera*) se trouve en Provence aussi, mais ses plages et villes touristiques (Nice, Antibes, Cannes, Saint-Tropez) se distinguent très fort des petites villes et villages pittoresques de l'intérieur de la région. À part Marseille, ville plus moderne, les villes provençales comme Nîmes, Arles, Avignon et Aix-en-Provence sont caractérisées par leurs petites rues pavées (*cobbled streets*), leurs places charmantes, leurs marchés en plein air et leurs ruines romaines. À la campagne, on trouve des champs de lavande, des vignobles et des villages construits aux sommets de montagnes rocheuses.

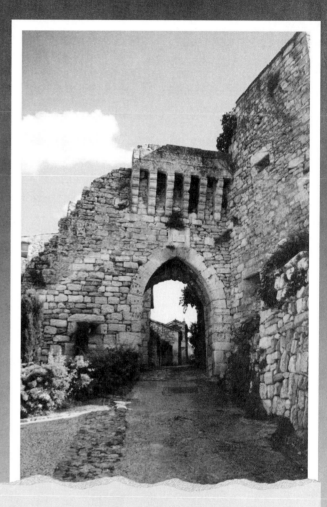

Une petite rue à Châteauneuf-du-Pape, en Provence.

À lire

Dans le dernier chapitre du manuscrit, deux soldats français discutent la perte de l'île de Saint-Domingue et l'établissement de la République d'Haïti. Ces événements se sont passés en 1804, une année après la mort de Laclos. Ayant découvert cet anachronisme, Claire doit admettre à Jean-Louis que ce texte qu'ils ont cherché jusqu'au bout du monde ne peut pas avoir été écrit par Laclos. Que faire maintenant ? Jean-Louis décide de retourner à Paris afin d'expliquer ce qui se passe à son patron. Claire, elle, prend le TGV en direction de la Provence où elle espère consulter son directeur de thèse, le Professeur Thuillier. Dans le train, elle rencontre une femme qui lui parle, par coïncidence, du marché des livres anciens, et quand elle arrive en Provence, elle est surprise de rencontrer la personne dont elle vient de parler…

L'anachronisme

Avant de lire

Langue

Pour **parler des affaires**, au lieu d'utiliser le terme de compagnie, on peut parler d'une société, d'une maison de commerce ou d'une entreprise. Les grandes sociétés ont souvent des succursales (*branches*) ou des filiales (*subsidiaries*) dans plusieurs villes et un siège (*headquarters*) dans une ville principale. Les personnes qui travaillent pour une société sont des hommes et femmes d'affaires, ou plus précisément des administrateurs, des cadres (*executives*) ou des directeurs. Le chef de la société est le PDG ou Président-Directeur Général. Il y a aussi des gérants (*managers*), des vendeurs (*salespeople*), des comptables (*accountants*), des techniciens, des secrétaires et des assistants qui travaillent dans un bureau (*office*). Normalement, les sociétés vendent au public des services ou des produits. Il y a beaucoup de concurrence (*competition*), donc la gestion (*management*), le marketing de leur marque (*brand*) et la publicité sont importants. Si une S.A., ou société anonyme (*public corporation*), réalise de gros bénéfices (*profits*), des individus peuvent investir dans la société en achetant des actions (*shares of stock*) à la bourse (*stock exchange*). Mais si la société perd trop d'argent à cause d'une grève (*strike*) des travailleurs, des créances gelées (*frozen assets*) suite à un procès (*trial*) ou simplement à cause d'une concurrence croissante, elle risque de faire faillite (*to go bankrupt*) et de laisser tous ses employés au chômage.

1. Vos opinions sur les affaires et la vie moderne

Répondez aux questions suivantes. Discutez de vos réponses avec vos camarades de classe et n'hésitez pas à poser des questions supplémentaires si vous voulez en savoir plus.

1. Avez-vous jamais travaillé pour une grande entreprise ? Si oui, quelles étaient vos responsabilités ? Si non, connaissez-vous quelqu'un qui travaille dans les affaires ? Si oui, pour quelle compagnie ?
2. Pouvez-vous décrire ce que font les hommes et femmes d'affaires qui travaillent pour des compagnies internationales ou de grandes sociétés (*corporations*) ? Quelles activités quotidiennes font-ils ? Quels sont leurs buts (*goals*) ?
3. À votre avis, une connaissance de la technologie est-elle nécessaire afin de survivre dans notre société moderne ? Quels appareils technologiques utilisez-vous le plus souvent—la télé, l'ordinateur, le téléphone portable, la voiture… ?
4. Quels sont les avantages de la technologie ? et ses désavantages ?
5. Pensez-vous que le commerce soit important à l'économie de votre pays ? Est-il important à votre bonheur personnel ? Pourquoi ou pourquoi pas ?
6. Quel est votre conte de fées (*fairy tale*) préféré ? Quelle leçon est-ce qu'il enseigne ? Est-ce que cette leçon est encore valable aujourd'hui ?

2. En province

Souvent les régions en province souffrent du fait que l'économie française se concentre dans la région parisienne. Pourtant, chaque région a des produits régionaux qu'elle vend à l'intérieur du pays et sur le marché mondial. En voici quelques-uns des plus connus : en petits groupes, faites correspondre la région (*à gauche*) avec les produits traditionnels qu'elle vend (*à droite*). Utilisez une carte de la France afin de vous aider à deviner de quelle région il s'agit.

Région	Produits traditionnels
1. Provence	a. la moutarde dijonnaise et le vin rouge
2. Bretagne / Normandie	b. les textiles colorés, les parfums et le vin des Côtes-du-Rhône
3. Champagne-Ardenne	c. le vin rouge de Bordeaux
4. Aquitaine	d. la bière, la choucroute et la quiche lorraine
5. Bourgogne	e. le vin blanc pétillant et le foie gras
6. Alsace-Lorraine	f. le cidre, la tarte aux pommes, les huîtres, les crêpes

3. Passif ou actif ?

Avant de parler avec Jean-Louis, Claire essaie de réviser les faits. Pour chaque phrase, indiquez si l'action est décrite d'une façon **active** (le sujet fait l'action) ou **passive** (l'action est fait au sujet).

1. Le manuscrit de Laclos a été donné à la famille de Sandrine Fontenot.
2. La famille Fontenot a vendu le manuscrit à Lionel Gustave.
3. Le manuscrit a été vendu à Monsieur Thibodeau par Nicolas Gustave.
4. Les policiers ont trouvé le corps de Nicolas Gustave la semaine dernière.
5. Nicolas avait été empoisonné par des criminels.
6. Jean-Louis a acheté le manuscrit de Monsieur Thibodeau au Sénégal.
7. Je viens de trouver un anachronisme dans le dernier chapitre du manuscrit.
8. Ce manuscrit n'est pas de Laclos.

Pour aller plus loin : CULTURE

ACTIVITÉ A : Apprenez un peu plus au sujet du français des affaires. Consultez votre cahier électronique !

Pour aller plus loin : CULTURE

ACTIVITÉ B : Voulez-vous explorer les régions de la France ? Consultez votre cahier électronique !

Langue

La France est souvent divisée en deux parties : Paris et la province. **La province**, c'est tout ce qui n'est pas la région urbaine parisienne ; c'est à dire, toutes les régions en province. Il ne faut pas confondre la province avec **la Provence**, une région au sud-est du pays. Bien sûr, la Provence est en province, mais elle n'est pas la seule région en province !

LECTURE : *L'anachronisme*

Et voilà. L'anachronisme montre indisputablement que le manuscrit qu'ils ont acheté à Monsieur Thibodeau n'est pas de Choderlos de Laclos. Quand Claire descend à la cuisine du chalet le matin après avoir terminé sa lecture du manuscrit, son visage révèle sa déception. Quand elle explique à Jean-Louis ce qu'elle a trouvé, il est stupéfait. Bouche bée, il reste immobile pendant plusieurs moments à réfléchir à ce que cela veut dire avant de répondre…

CLAIRE : Tu entends ce que je te dis ? Ce manuscrit n'est pas de la main de Laclos.

JEAN-LOUIS : Mais, ce n'est pas possible ! Tu dois te tromper.

CLAIRE : Non. À la mort de Laclos, les troupes françaises n'avaient pas encore perdu Saint-Domingue et une République haïtienne n'était pas encore concevable. Je ne sais pas qui est l'auteur de ce texte, mais ce n'est pas l'auteur des *Liaisons dangereuses*.

JEAN-LOUIS : Mais qu'est-ce que je vais dire à Jules ?

CLAIRE : À qui ?

JEAN-LOUIS : À mon patron, Jules Raphaël Rolland. C'est l'antiquaire qui a fourni l'argent pour l'achat du manuscrit. Oh là là là là là ! Je suis fichu !

CLAIRE : Ce n'est pas si grave que ça, quand même. Ce Monsieur Rolland… Jules Raphaël, tu as dit ?… enfin, c'est un homme d'affaires calé, n'est-ce pas ? Il a sûrement calculé les risques d'un tel investissement ?

JEAN-LOUIS : Nous étions sûrs de gagner le gros lot avec ce manuscrit. On allait le revendre à un client allemand qui fait collection de manuscrits inédits de la fin du 18ème siècle. Tout le monde comprend la nature aléatoire de ce commerce, mais Monsieur Rolland est un homme très fier qui a créé une grosse entreprise à partir d'une petite maison. Il en est PDG, tu sais, et il n'aime pas quand son argent est mal placé. Ce n'est pas une organisation à but non-lucratif ! Il avait d'autres employés plus rompus aux affaires que moi, mais je l'ai convaincu que j'étais prêt à devenir acheteur et à négocier des transactions importantes. Avant, je n'étais qu'un assistant au gérant de la service de ventes. Et j'ai tout gâché ! Maintenant, j'aurai de la chance s'il ne me renvoie pas sur-le-champ.

CLAIRE : Tu exagères, j'en suis sûre. Ce n'est pas de ta faute que le manuscrit n'est pas de Laclos. Tu ne perdras pas ton boulot. Mais qu'est-ce que je vais faire,

	moi ? Voilà un semestre passé, une bourse gaspillée et un sujet de thèse qui est lettre morte. Je vais devoir recommencer à zéro.
JEAN-LOUIS :	Zut ! Tu as raison. Je n'avais pas pensé à ta situation. Enfin, moi, je dois retourner à Paris aussitôt que possible pour apprendre la nouvelle à Monsieur Rolland. Mais, toi, tu n'es pas obligée de venir avec moi. Il faut que tu t'occupes de tes propres affaires. Vas-tu au Québec ? Que vas-tu faire ?
CLAIRE :	Je devrai me décider sur un nouveau sujet de thèse, et vite. J'irai en Provence où travaille mon directeur de thèse et je vais lui parler. Après cela, qui sait !
JEAN-LOUIS :	Bon. Je vais faire mes valises. Alors, nous irons à la gare de Genève ensemble… disons dans une demi-heure ? Tu prends le TGV, n'est-ce pas ?
CLAIRE :	Oui, si possible… Je vais juste faire quelques appels, en PCV bien sûr, et puis je serai prête à partir moi aussi. Mais, Jean-Louis… après ?
JEAN-LOUIS :	Ne t'inquiète pas. On se parlera.

VOCABULAIRE

Les affaires

un patron	*a boss*
fournir	*to furnish, supply*
un investissement	*an investment*
le gros lot	*the jackpot*
aléatoire	*risky, uncertain*
à but non-lucratif	*nonprofit (organization)*
rompu aux affaires	*experienced in business*
une entreprise	*a company, business*
une maison	*a company, business*
placer (de l'argent)	*to invest (money)*
PDG (président directeur-général)	*CEO*
le/la gérant(e)	*manager*
le service de ventes	*sales division*
renvoyer	*to fire (an employee)*

sur-le-champ	*immediately*
un boulot	*a job (slang)*

Divers

stupéfait	*stunned*
bouche bée	*open-mouthed*
vouloir dire	*to mean*
lettre morte	*worthless; a dead issue*
s'éloigner	*to distance oneself*
être fichu(e)	*to be done for, to have had it*
grave	*serious*
calé(e)	*smart, clever (slang)*
tel(le)	*such*
TGV (train de grande vitesse)	*high-speed express train*
PCV (payable chez vous)	*collect call*

Après avoir lu

4. Avez-vous compris ?

Répondez aux questions suivantes. Justifiez vos réponses en citant le texte.

1. Pourquoi est-ce que Claire déclare que le manuscrit n'est pas de Laclos ?
2. Quelle est la réaction de Jean-Louis ? Est-ce une réaction normale ?
3. Où vont Claire et Jean-Louis ? Pourquoi est-ce qu'ils doivent se séparer ? Que pouvez-vous leur conseiller ?
4. Que pensez-vous de l'entreprise pour laquelle Jean-Louis travaille ? Imaginez et décrivez comment elle fonctionne. Quels postes pourrait-on y avoir ?
5. Voudriez-vous travailler dans cette entreprise ? Pourquoi ou pourquoi pas ?

5. D'accord ou pas d'accord ?

Indiquez si vous êtes d'accord ou pas avec les phrases suivantes, d'après votre compréhension du récit. Justifiez vos opinions en citant le texte, si possible. Discutez de vos réponses avec la classe.

	D'accord	Pas d'accord
1. Jean-Louis est surpris d'apprendre la nouvelle de l'anachronisme.	_____	_____

Pour aller plus loin :
CULTURE

ACTIVITÉ C : Voulez-vous explorer le marché des livres anciens et d'antiquaires à Paris ? Consultez votre cahier électronique !

2. Monsieur Rolland a une petite entreprise modeste.   _____ _____
3. En affaires, on prend toujours des risques.   _____ _____
4. Claire veut retourner à Paris avec Jean-Louis.   _____ _____
5. Jean-Louis espère revoir Claire un jour.   _____ _____

6. Les affaires

Regardez les mots de vocabulaire qui suivent. Dans chaque ligne, il y a un mot qui cloche avec les trois autres. Entourez le mot qui ne va pas avec les autres et essayez d'expliquer pourquoi. Attention : il y a parfois plusieurs bonnes réponses. Il faut justifier votre choix !

1. les affaires	le commerce	le marché	l'investissement
2. investir	acheter	vendre	placer son argent
3. une entreprise	une maison	un bureau	une société
4. fichu	rompu	calé	intelligent
5. le patron	l'employée	le gérant	l'assistant

7. Qui paie ses dettes s'enrichit !

Voici plusieurs entreprises qui s'occupent d'argent. Avec un partenaire, essayez de décrire ce que font les gens qui travaillent pour chacune et comment l'entreprise gagne son argent.

une banque
un grand magasin
une agence de tourisme
une crèche (*day-care center*)

la bourse (*stock market*)
une maison d'édition (*publisher*)
une agence immobilière (*real-estate agency*)
un atelier de réparations (*repair shop*)

 ## Culture

En France, on utilise beaucoup de **sigles** (abréviations) pour parler des aspects de la vie moderne. Vous connaissez déjà quelques sigles pour les partis politiques (RPR, PS, UDF, PCF, FN), mais connaissez-vous tous les sigles suivants ? Y a-t-il des sigles équivalents en anglais ?

- **en affaires :** PDG (président-directeur général), PNB (produit national brut), BNP (Banque Nationale de Paris), DAB (distributeur automatique de billets), TTC (toutes taxes comprises), SMIC (salaire minimum interprofessionnel de croissance, *minimum wage*), SA (société anonyme), TVA (taxe à valeur ajoutée)
- **en politique :** RF (République Française), UE (Union européenne), ONG (organisation non-gouvernementale), ONU (Organisation des Nations unies), OTAN (Organisation du traité de l'Atlantique Nord)
- **à la poste :** PTT (Poste, Télécommunications et Télédiffusion), a/s (aux soins de), BP (boîte postale)
- **en télécommunications :** FAI (fournisseur d'accès à l'internet), PCV (payable chez vous, *collect call*), TF1 (Télé France 1), AFP (Agence France-Presse), RFI (Radio France International)
- **en transports :** TGV (train à grande vitesse), SNCF (Société nationale des chemins de fer), RER (Réseau express régional), RATP (Régie autonome des transports parisiens)
- **divers :** BCBG (bon chic bon genre), RSVP (répondez s'il vous plaît), QI (quotient d'intelligence), QG (quartier général), RdC (rez-de-chaussée), HLM (Habitation à Loyer Modéré), SDF (sans domicile fixe, *homeless*), OVNI (objet volant non-identifié), SPA (Société protectrice des animaux), W-C (toilette, *water closet*), EDF (Électricité de France), GDF (Gaz de France)

8. Votre QI

Imaginez que vous parlez avec plusieurs personnes professionnelles françaises devant lesquelles vous voulez montrer votre familiarité avec la société française en employant autant de sigles que possible. En petits groupes, écrivez 3 à 4 phrases dans lesquelles vous employez autant de sigles que possible ! Ensuite, lisez vos phrases à la classe.

MODÈLE : **Hier, j'ai pris le TGV de Paris au QG de l'ONU à Genève où j'ai rencontré le PDG de la BNP parce que je travaille pour RFI et je fais un reportage sur le SMIC et l'UE.**

9. Ne quittez pas !

Claire ferme la porte de sa chambre pour faire ses appels. D'abord, elle téléphone à l'hôtel de Monsieur Thuillier, son directeur de thèse, mais il n'y est pas. Elle lui laisse un message disant qu'elle arrive le soir-même à Aix-en-Provence. Ensuite, elle retire de son portefeuille la carte d'affaires du détective parisien, Gilles LaFfont. Elle doit lui parler. Donc, elle compose le numéro, et une femme répond au téléphone. Choisissez une des expressions entre parenthèses et lisez le dialogue à haute voix avec un partenaire. Quand vous voyez ???, vous imaginez votre propre expression.

LA SECRÉTAIRE :	Allô ? Oui ?
CLAIRE :	Bonjour, madame. Est-ce bien le bureau de l'inspecteur LaFfont, Gilles LaFfont ?
LA SECRÉTAIRE :	Oui, mademoiselle. Vous ne vous êtes pas trompée de numéro. Voulez-vous que je vous le passe ?
CLAIRE :	(Oui, merci / S'il vous plaît, madame / ???).
LA SECRÉTAIRE :	C'est de la part de qui ?
CLAIRE :	Je m'appelle Claire Plouffe. (Je l'ai rencontré à Paris. / Il vient de m'envoyer un e-mail. / ???).
LA SECRÉTAIRE :	(Un instant / Un moment / Une minute). Ne quittez pas… [*quelques secondes passent*] … (Excusez-moi / Zut alors / Quelle bêtise) ! Je suis (désolée / navrée), mais Monsieur est parti. J'aurais dû le savoir ! Et maintenant, je vous ai fait attendre pour rien. Ce n'est pas (gentil / très professionnel / ???) de faire attendre des clients.
CLAIRE :	(Ce n'est pas grave / Cela ne fait rien / Ne vous inquiétez pas), madame. (Je rappellerai plus tard. / Je lui enverrai un e-mail. / ???).
LA SECRÉTAIRE :	Vous ne voulez pas laisser de message ?
CLAIRE :	Non, merci. (Au revoir / À bientôt / ???), madame.

Comment dire   *diminuer ou accentuer l'importance d'un fait*

To downplay Ce n'est pas grave / grand-chose / la fin du monde !
Ce n'est rien (du tout) ! / Ce n'est pas la mer à boire !
Il n'y a pas de mal ! / Ne vous en faites pas !
C'est une bagatelle / un petit rien / sans importance
Peu importe / Cela importe peu / Cela ne fait rien / Ce n'est rien
Ne t'inquiète pas / Ne vous inquiétez pas

To emphasize Zut ! / Zut, alors ! / Bon sang ! / Bonté divine !
Oh là là ! / Oh là là là là là là ! / Oh la vache !
C'est incroyable ! / super ! / inimaginable ! / urgent !
Ce n'est pas amusant / rigolo / une blague / vrai / possible !

Quel scandale ! / Quelle bêtise ! / Quelle horreur ! / Quelle catastrophe !
C'est vraiment quelque chose ! / Ça, c'est déjà quelque chose !
J'en crois pas mes oreilles ! / Mais c'est impossible !

i Langue

La **litote** est souvent employée en conversation ou dans la littérature. Employer une litote, c'est essayer de diminuer l'importance de quelque chose pour faire entendre que c'est vraiment une chose très importante. Par exemple, on dit souvent «pas mal» pour dire qu'on va assez bien. Ou, une personne pourrait dire «je ne le déteste pas» pour signifier qu'elle l'aime. Donc, si on emploie une litote, on diminue l'importance d'une chose afin de l'accentuer. Dans la tragédie classique *Phèdre* (1677) de Jean Racine, le personnage principal est amoureuse du fils de son mari. En avouant sa passion, Phèdre emploie une litote. Elle lui dit : «Va, je ne te hais point».

Pour aller plus loin :
CULTURE

ACTIVITÉ D : Cherchez des renseignements sur le Festival du Film à Cannes. Consultez votre cahier électronique !

Pour aller plus loin :
CULTURE

ACTIVITÉ E : Connaissez-vous les grandes marques françaises ? Consultez votre cahier électronique !

Pour aller plus loin :
LITTÉRATURE

ACTIVITÉ F : Connaissez-vous des titres de contes de fées français ? Consultez votre cahier électronique !

10. À vous

Avec un partenaire, imaginez que vous êtes dans les situations suivantes. Une personne veut diminuer l'importance du fait et l'autre veut l'accentuer. Que dites-vous ? Choisissez des expressions diverses pour chaque situation.

1. Votre ami(e) veut encore vous emprunter (*to borrow*) de l'argent.
2. Une vieille femme à la gare de Genève se plaint parce que son train est en retard.
3. Votre patron annonce qu'il doit renvoyer tous les employés de votre bureau parce que vous n'êtes pas assez rompu en affaires.
4. Vous devez terminer une lettre d'affaires avant la fin de la journée, mais votre ordinateur est tombé en panne (*broken down*).
5. Vos collègues vont passer un weekend à une réunion d'affaires dans un grand hôtel de luxe à Cannes, pendant le Festival du Film, mais vous n'êtes pas invité(e).

11. À vendre !

Sur une feuille de papier, écrivez une phrase pour décrire un produit (réel ou imaginaire) que vous voulez vendre à vos camarades de classe. Ensuite, pliez votre papier et échangez-le au hasard avec un(e) autre étudiant(e). Puis, circulez dans la salle de classe et essayez de vendre le produit que vous avez reçu. Bien sûr, il faut accentuer son importance. Si une personne accepte de l'acheter, faites-lui signer votre papier ; si l'étudiant(e) refuse, diminuez l'importance de la vente et passez à quelqu'un d'autre. Essayez de vendre votre produit à autant de personnes que possible !

12. Une réunion d'affaires

En petits groupes, faites une liste des produits ou des services que vous voulez vendre tout en justifiant leur intérêt. Ensuite, préparez une présentation pour la classe en imaginant que vos camarades sont des investisseurs qui vous donneront de l'argent afin de développer votre entreprise. À votre tour, écoutez les présentations des autres. Posez des questions tout en exagérant ou en diminuant l'importance des faits.

À l'écrit *première étape*

13. Un conte de fées moderne

Choisissez un conte de fées que vous aimeriez adapter au 21ème siècle. Faites une liste des personnages et des objets importants dans l'histoire et décrivez brièvement leurs caractéristiques et fonctions dans le conte original. Aussi, indiquez ce que vous changeriez pour rendre le conte plus moderne. Ensuite, échangez votre liste avec celle d'un camarade de classe. Vérifiez que votre partenaire s'est bien exprimé, faites des corrections possibles et ajoutez vos commentaires en bas de page.

L'explication

Structures les pronoms relatifs

14. Le «Petit Chaperon rouge» (*Little Red Riding Hood*)

En attendant leurs trains dans la gare de Genève, Claire et Jean-Louis s'asseoient dans la salle d'attente. Là, ils entendent un homme qui raconte une histoire à sa fille. C'est une version moderne de l'histoire du «Petit Chaperon rouge». Lisez-la et comparez-la avec la version traditionnelle que vous connaissez. Ensuite, examinez les **pronoms relatifs**, qui sont en **caractères gras**, et répondez aux questions qui suivent.

Il était une fois une jeune fille **qui** portait toujours un manteau rouge. Le manteau **qu'**elle portait avait un chaperon. C'est la raison **pour laquelle** on l'appelait le Petit Chaperon rouge. Elle aimait aller chez sa grand-mère **qui** habitait de l'autre côté d'un bois. C'était le bois **où** habitait un méchant loup. Mais, elle voulait voir sa grand-mère et lui apporter les provisions **dont** elle avait besoin.

Le jour **où** elle a traversé le bois pour aller chez sa grand-mère, il faisait froid. Elle portait deux sacs en plastique **dans lesquels** elle avait mis les provisions. Tout d'un coup, le loup **dont** tout le monde parlait est sorti du bois. «Où vas-tu avec ces provisions ?» a-t-il demandé à la jeune fille **qui** souriait. «Je vais à la maison **qui** est de l'autre côté du bois», a-t-elle répondu. Et, regardant le loup **qui** était très mince et affamé, elle a ajouté : «Viens avec moi et ma grand-mère te donnera le dîner **dont** tu rêves».

Cet acte de charité inattendu a touché le cœur du loup. Il a accompagné la jeune fille à la maison **dont** elle lui avait parlé. Là, la grand-mère a préparé le festin **que** la fille avait promis au loup. Ils ont tous bien mangé. La jeune fille a dit au loup, «Quels grands yeux vous avez ! Quelle grande bouche vous avez !» Le loup, content du repas et de ses nouvelles amies, a répondu, «C'est la bouche **avec laquelle** j'ai bien mangé ce soir. Le repas **que** vous avez préparé était délicieux ! Et, ce sont les yeux **avec lesquels** je regarde mes nouvelles amies !» Après le dîner, il a promis à la jeune fille de la protéger quand elle traverserait le bois, et il est reparti au fond du bois **d'où** il était venu.

1. Le pronom relatif **qui** est suivi de quoi ?
   a. un sujet   b. un verbe   c. une préposition
2. Le pronom relatif **que** est suivi de quoi ?
   a. un sujet   b. un verbe   c. une préposition
3. Le pronom relatif **où** est employé pour indiquer un endroit où quelque chose se passe (*a place where*) et aussi pour indiquer… ?
   a. une chose (*what*)   b. une personne (*who*)   c. un moment (*when*)
4. Les verbes qui suivent le pronom relatif **dont** sont des verbes qui sont normalement suivis de quelle préposition ?
   a. à   b. de   c. avec
5. Le pronom relatif **lequel** est toujours précédé par quoi ?
   a. un sujet   b. un verbe   c. une préposition
6. Il faut faire l'accord entre le pronom relatif **lequel** et… ?
   a. le nom qui précède   b. le nom qui suit   c. le sujet du verbe

Culture

Le loup est un animal folklorique présent dans beaucoup de contes et proverbes français, comme les proverbes : «Quand on parle du loup on en voit la queue», «Il faut hurler avec les loups» (il faut faire comme les autres) ou «Les loups ne se mangent pas entre eux» (les amis se protègent). Le loup est un animal parfois méchant, toujours affamé et souvent nocturne qui vit en liberté dans la forêt. On est fasciné par ce côté sauvage du loup dont on parle toujours dans la langue quotidienne. Il y a toute une mythologie du **loup-garou**, l'homme-loup qui sort pendant la pleine lune. À l'heure du coucher du soleil, on est **entre chien et loup** (c'est-à-dire entre la journée et la nuit). Si on est très connu dans la société, on est **connu comme le loup blanc**. Si on marche sans faire de bruit, comme pour surprendre quelqu'un, on marche **à pas de loup**. Y a-t-il des expressions en anglais où on parle du loup ?

www Pour aller plus loin : LITTÉRATURE

ACTIVITÉ G : Lisez le poème «La mort du loup» d'Alfred de Vigny. Consultez votre cahier électronique !

les pronoms relatifs

Relative pronouns **(les pronoms relatifs)** are used to join two clauses together and avoid repetition. Choose the appropriate relative pronoun according to the verb phrase in the second clause.

With verbs that do not take prepositions before a noun :	**qui, que, où**
With verbs that are followed by the preposition **de** before a noun :	**dont**
With verbs that take other prepositions (other than **de**) before a noun :	*(preposition +)* **qui**, *(preposition +)* **lequel**

The *relative pronoun* **qui** (*who, that*) is usually followed by a conjugated verb and functions as a subject of the relative clause.

- Example : Il était une fois une jeune fille. La jeune fille portait toujours un manteau rouge. → Il était une fois une jeune fille **qui** portait toujours un manteau rouge.
- **Note :** Never drop the **i** to contract **qui** with a verb beginning with a vowel or silent **h.**
- **Note :** **Qui** can also be the object of a preposition (other than **de**), in which case it is followed by a subject and verb (*preposition* + **qui** + *subject* + *verb*) and can only refer to people. → C'est la fille **avec qui** le loup a dîné.

The *relative pronoun* **que** (*that, which*) is usually followed directly by a subject and verb. **Que** often follows a direct object of the verb in the relative clause.

- Example : La jeune fille portait un manteau. Le manteau avait un chaperon. → Le manteau **qu'**elle portait avait un chaperon.
- **Note :** Always drop the **e** to contract **que** with a subject beginning with a vowel or silent **h.**
- **Note :** Always make the past participle agree with the preceding direct object if the second verb is in the passé composé. → C'est la forêt **qu'**elle a traversé**e.**

The *relative pronoun* **où** (*where, when*) is usually followed by a subject and verb. **Où** also often follows a direct object of the verb in the relative clause, but is used only to indicate place or time.

- Example : C'était un bois. Le loup habitait dans le bois. → C'était le bois **où** habitait un méchant loup.
- **Note :** When used to indicate a place, **où** is interchangeable with a *preposition* + **lequel.** → C'était le bois **dans lequel** habitait un méchant loup.

The *relative pronoun* **dont** (*about / of which, that*) is usually followed by a subject and verb. **Dont** is used exclusively with verbs that take the preposition **de.**

- Example : Elle voulait lui apporter des provisions. Sa grand-mère avait besoin de provisions. → Elle voulait apporter les provisions **dont** sa grand-mère avait besoin.
- **Note :** Remember that a number of French verbs require the preposition **de**, although it is sometimes not evident in the English translation (translation of example : *She wanted to bring the groceries that her grandmother needed.*)

The *relative pronouns* **qui** and **lequel** (*to whom, in which, etc.*), which function as objects of any *preposition other than* **de** (**à, avec, sur, dans, chez**, etc.), are usually followed by a subject and verb. Use **qui** when referring to people (**à qui** = *to/about whom*) and use the appropriate form of **lequel** when referring to other nouns (**auquel** = *to/about which*).

- Example : J'ai une bouche. J'ai bien mangé avec cette bouche ce soir. → C'est la bouche **avec laquelle** j'ai bien mangé ce soir.
- Remember that **lequel** has four forms (**lequel, laquelle, lesquels, lesquelles**) and must agree in number and gender with the noun in the first clause; also remember that the preposition **à** contracts with **lequel** in the masculine and plural forms (**auquel, auxquels, auxquelles**).
- **Note : Sometimes lequel** can also be used when referring to people. → C'est la fille avec laquelle le loup a dîné.

ℹ Langue

Vous rappelez-vous quels verbes ont besoin d'une préposition avant un nom ? Voici **quelques verbes** fréquemment utilisés qui sont suivis d'une préposition. Révisez-les avant de continuer !

- *Verbes qui ne sont pas suivis d'une préposition* : aimer, apprendre, attendre, chercher, comprendre, écouter, essayer, étudier, parler (une langue), payer, prendre, recevoir, savoir, visiter, voir
- *Verbes qui sont suivis de la préposition* **de** : avoir besoin de, avoir envie de, avoir peur de, parler de (quelqu'un ou quelque chose), rêver de, s'agir de, s'inquiéter de, se souvenir de
- *Verbes qui sont suivis de la préposition* **à** : dire à, écrire à, parler à (quelqu'un), penser à, permettre à, réfléchir à, rendre visite à, s'intéresser à, téléphoner à

Notez que le verbe **parler** peut être suivi de **à**, de **de** ou de rien. Tout dépend du contexte : Claire parle à Jean-Louis; elle parle du manuscrit; elle parle beaucoup !

15. Un message important

Claire et Jean-Louis se disent au revoir à la gare sans cérémonie, et Claire monte dans le TGV où elle trouve son siège. Elle décide d'écrire un e-mail à Gilles LaFfont qu'elle enverra quand elle arrivera à son hôtel en Provence. Lisez le message et remplissez les blancs avec le pronom relatif **qui**, **que** ou **où**.

```
À    :   Gilles LaFfont
De   :   Claire Plouffe
Date :   20/10/03
Ref  :   renseignements

   Cher Inspecteur LaFfont :

   J'ai essayé de vous téléphoner ce matin, mais vous n'étiez pas au bureau. Mon
ami et moi avons acheté le manuscrit _____ nous cherchions, celui
_____ je croyais être écrit par Choderlos de Laclos. Pourtant, le manuscrit
_____ je viens de lire n'est pas de Laclos. Un anachronisme _____ se
trouve dans le dernier chapitre en est la preuve. Deux personnages parlent d'une
```

bataille _____ a eu lieu après la mort de Laclos. Donc, l'homme _____ m'a aidé à trouver le manuscrit est rentré aujourd'hui à Paris, la ville _____ il demeure. Quant à moi, je me dirige vers Aix-en-Provence _____ j'espère consulter mon directeur de thèse. Évidemment, le sujet de thèse _____ j'ai choisi s'est révélé être une perte de temps ! Hélas, la chose _____ je voulais vous dire c'est le nom du patron de mon ami. Vous m'avez dit une fois de me méfier de quelqu'un _____ s'appelle Julie ou de quelqu'un _____ s'appelle Raphaël. Enfin, le nom de l'antiquaire parisien _____ a fourni l'argent pour l'achat du manuscrit, est Jules Raphaël Rolland. Je ne sais pas si c'est une coïncidence ou non, mais voilà ce _____ j'ai appris ce matin. Je ne pense pas être en danger moi-même, mais je m'inquiète un peu pour mon ami. Je dormirai mieux le jour _____ vous arrêterez la personne _____ a tué le bouquiniste…

16. Une rencontre

Claire est interrompue par une femme qui s'assied à côté d'elle et qui commence à lui parler. Remplissez les blancs avec le pronom relatif **dont** ou avec la forme appropriée de **lequel**.

LA FEMME : Excusez-moi, madame. Est-ce que cette place est libre ?

CLAIRE : Oui, oui. Je vous en prie.

LA FEMME : J'aime votre ordinateur. C'est l'ordinateur _____ j'ai besoin. Je suis vendeuse dans une parfumerie en Provence, et je voyage souvent à Paris. Pourtant, la parfumerie pour _____ je vends du parfum est assez petite, et les collègues avec _____ je travaille sont assez traditionnels. Ils n'utilisent pas les ordinateurs. La compagnie _____ je parle est à Grasse. Connaissez-vous cette ville ?

CLAIRE : Oui, j'ai entendu dire que c'est la ville dans _____ se trouvent de nombreuses parfumeries.

LA FEMME : C'est exact. Vous êtes touriste ? Tenez, je peux vous donner un guide touristique gratuit, sur _____ j'ai travaillé l'année dernière, qui parle de tous les sites importants de la région.

ℹ Culture

La ville de **Grasse**, en Provence, est très connue pour ses parfumeries. Dans cette région, on trouve beaucoup de fleurs qu'on utilise pour fabriquer des huiles et des essences pour les parfums. Les champs de lavande sont abondants dans cette région. Grasse est le village natal de Jean-Honoré Fragonard, célèbre peintre du 18ème siècle qui a fait plusieurs tableaux fantaisistes dans le style rococo. La parfumerie Fragonard est une des plus importantes de la région.

www Pour aller plus loin : CULTURE

ACTIVITÉ H : Explorez la Provence. Consultez votre cahier électronique !

17. Les sites touristiques provençaux

Claire regarde les photos dans le guide et écoute la femme qui décrit les sites historiques provençaux. Combinez les phrases en employant des pronoms relatifs. Choisissez le pronom qui convient.

MODÈLE : Voilà la Maison carrée. J'ai visité la Maison carrée l'été dernier.
Voilà la Maison carrée <u>que</u> j'ai visitée l'été dernier.

Un spectacle de corrida aux Arènes de Nîmes, en Provence.

1. Voilà la Camargue. Des chevaux et taureaux sauvages habitent la Camargue.
2. C'est le palais des Papes. Ce palais est situé à Avignon.
3. Voici le fleuve du Gard. Les gens se baignent dans le Gard en été.
4. Ce sont des champs de lavande à Grasse. J'ai parlé de ces champs tout à l'heure.
5. Vincent Van Gogh a habité à Arles. Il y a peint de nombreuses toiles.
6. Ce sont les Arènes de Nîmes. Vous pouvez assister à une corrida aux Arènes ce weekend.

Le Pont du Gard, un aqueduc romain, en Provence.

i Culture

On trouve beaucoup de **ruines romaines** en **Provence**, une région conquise par Jules César. Les Romains ont construit des temples, comme la Maison Carrée à Nîmes, et des arènes, comme celles à Nîmes ou à Arles, où on organise des **corridas** (*bullfights*) traditionnelles. Un des chef d'œuvres des Romains, pourtant, est l'aqueduc du Pont du Gard qui conduit de l'eau courante d'un côté du fleuve (le Gard) à l'autre. En Camargue, une région en Provence sur la côte de la Méditerranée, on trouve beaucoup de marécages et de parcs naturels. On peut y voir des chevaux et des taureaux sauvages. Les **taureaux** sont importants à la culture provençale. À part les spectacles de corridas organisés aux arènes, on peut trouver des jeux de «taureau-piscine» dans les petits villages pendant les fêtes. Pour gagner à ce jeu, une personne doit retirer une décoration des cornes du taureau. Au centre de la cour, on met une petite piscine. Si le taureau commence à poursuivre le joueur, il peut sauter dans l'eau de la piscine afin de se sauver !

18. Qu'est-ce que c'est ?

Avec un partenaire, posez des questions à propos des objets suivants. Décrivez l'objet en employant un pronom relatif. Offrez autant de descriptions que possible.

MODÈLE : «Qu'est-ce que c'est qu'un bureau ?»
—C'est une salle <u>où</u> on a des rendez-vous d'affaires.
—C'est aussi un meuble <u>sur lequel</u> on écrit des lettres.

1. un bureau (une salle, un meuble)
2. un ordinateur (une machine)
3. un tableau (une chose)
4. des arènes (un endroit, une structure)
5. le parfum (un liquide)
6. des taureaux (des animaux)

Structures   *les pronoms relatifs indéfinis*

19. Ce qui se passe aujourd'hui

Quand Claire finit de regarder le guide touristique, la femme assise à côté d'elle dans le TGV lui offre son journal dans lequel il y a un article intéressant. Regardez tous les pronoms relatifs indéfinis : **ce qui, ce que, ce dont,** ou **ce à quoi**. Quelles sont les similarités entre les **pronoms relatifs** (**qui, que, dont, à qui/lequel**) et les **pronoms relatifs indéfinis** qu'on trouve dans ce dialogue ? Pouvez-vous décrire comment employer les pronoms relatifs indéfinis ?

LA FEMME :	Voudriez-vous lire le journal ? C'est un journal parisien que j'ai acheté avant de quitter la gare ce matin. Il y a un article intéressant sur l'économie. C'est **ce à quoi** tout le monde pense ces jours-ci avec le chômage et tout ça.
CLAIRE :	**Ce qui** m'intéresse n'est pas l'économie, mais la littérature.
LA FEMME :	Ah, alors, **ce dont** vous avez besoin, c'est d'une revue littéraire. C'est **ce que** j'achète chaque semaine moi. Tenez, voici une copie du dernier numéro. Vous pouvez la garder. Comme dit La Rochefoucauld, «C'est une grande folie de vouloir être sage tout seul !»
CLAIRE :	Merci beaucoup. C'est très gentil.

Comment faire · *les pronoms relatifs indéfinis*

The *indefinite relative pronouns* (**les pronoms relatifs indéfinis**) are used in context, when there is no definite phrase or antecedent clause in the sentence. The *indefinite relative pronouns* are : **ce qui** (*that which*), **ce que** (*that which*), **ce dont** (*that of/about which*), and **ce à quoi** (*that of/about which*).

- The choice of pronoun depends on whether the pronoun is a subject (**ce qui** + verb), a direct object (**ce que** + *subject* + *verb*), or an object of the preposition **à** or **de** (**ce à quoi / ce dont** + *subject* + *verb*).
- Some examples of *indefinite relative pronouns* are :

Quelque chose m'embête. Le voilà.	→	Voilà **ce qui** m'embête.
Je veux dire quelque chose. Vous voyez ?	→	Vous voyez **ce que** je veux dire ?
Vous avez parlé de quelque chose. C'est ça.	→	C'est **ce dont** vous avez parlé.
Je pensais à quelque chose. Vous le savez.	→	Vous savez **ce à quoi** je pensais.

20. Quelle coïncidence !

Claire commence à feuilleter (*to leaf through*) la revue littéraire et trouve un article éditorial intéressant. Remplissez les blancs avec un pronom relatif indéfini.

CLAIRE :	Quelle coïncidence ! Il y a un article sur le marché des livres anciens. J'écrivais un message à ce sujet quand vous vous êtes assise. Comme c'est bizarre.
LA FEMME :	Mais, _____ vous ignorez peut-être, madame, c'est que ce marché est très respecté en France. Les livres font partie de notre patrimoine national.
CLAIRE :	Vous avez raison. C'est _____ je me disais. Mais, quand même, c'est bizarre. C'est exactement _____ s'intéresse le destinataire du message que je viens d'écrire. Il est…
LA FEMME :	Oh, regardez ! On est presque arrivé à Avignon où je vais descendre. Vous descendez aussi ?
CLAIRE :	Oui, je dois changer de trains pour aller à Aix-en-Provence. Savez-vous _____ me gêne un peu ? Il y a un train qui part à 16 heures vingt, mais je crains de le rater à cause de tous ces bagages. C'est _____ j'ai peur.
LA FEMME :	Ne vous inquiétez pas. La gare d'Avignon est assez petite. Tout _____ vous avez à faire, c'est de descendre, d'attendre cinq minutes le prochain train, et de remonter. C'est facile. Bon voyage, madame, et bon séjour en Provence !

21. C'est quoi ?

Sur une feuille de papier, écrivez un mot (un objet, une personne ou un endroit). Pliez votre papier et échangez vos papiers au hasard avec vos camarades de classe. Puis, circulez dans la classe et essayez de trouver l'auteur du papier que vous avez reçu. Attention ! Vous ne pouvez pas révéler le mot qui est sur le papier. Vous devez le décrire en employant des pronoms relatifs !

MODÈLE : un livre → C'est ce qu'on utilise pour étudier. C'est un objet qui se trouve en bibliothèque.

22. C'est quoi encore ?

En petits groupes, écrivez 3 ou 4 phrases pour décrire un nom (un objet, une personne, un endroit). Ensuite, lisez votre description à haute voix. Les autres groupes vont essayer de deviner le nom dont il s'agit. Attention à l'usage des pronoms relatifs.

Pour aller plus loin : LITTÉRATURE

ACTIVITÉ I : Lisez quelques maximes de François de La Rochefoucauld. Consultez votre cahier électronique !

Avant d'écouter

23. Avant l'explication

Voici quelques conversations animées que Claire entend en descendant du TGV. Imaginez pourquoi ces gens s'expliquent. Qu'est-ce qu'ils ont fait ? Discutez de vos idées avec vos camarades de classe.

1. «Chérie, ne te fâche pas ! Je vais tout t'expliquer. Le train était en retard… »
2. «Écoutez, ce que j'avais l'intention de faire, c'était de vous aider avec vos bagages, monsieur. Je ne suis pas un voleur, moi !»
3. «Pas de panique ! Je vais vous arranger ça ! Oh là là, quelle grande tâche ! Je vais vous acheter une nouvelle chemise. C'est promis !»
4. «Mais, maman, j'ai déjà dépensé l'argent que tu m'avais donné ce matin ! J'avais besoin de quelques bonbons !»

À L'ÉCOUTE : *L'explication*

Claire descend à la gare d'Avignon et attend le prochain train sur le quai. Il fait assez froid et il y a un vent terrible. C'est peut-être le Mistral, pense-t-elle en mettant ses gants et son chapeau de laine. Tout d'un coup, elle entend une voix d'homme. Qui est-ce ? Enfin, quand on parle du loup…

 Regardez le vocabulaire qui suit, et puis **écoutez le dialogue sur votre CD**.

Décrire les circonstances		un parafe	*initials*
en partie	*partially, in part*	contrefait (contrefaire)	*forged (to forge)*
une enquête	*inquiry, investigation*	la contrefaçon	*forgery*
un reporter	*reporter*	se déguiser	*to disguise oneself*
mettre en lumière	*to bring to light, to expose*	un associé	*associate*
gâcher	*to spoil, to ruin*	la fontaine de	
prétendu	*so-called*	jouvence	*the fountain of youth*

Frédéric Mistral était un poète provençal qui a gagné le Prix Nobel en 1904. En son honneur, on a donné le nom de «**Mistral**» au vent qui souffle très fort en Provence. Mistral a écrit ses poèmes en **provençal**, une variante de la langue occidentale qu'on appelle aussi la langue d'oc. Au Moyen Age, la France était divisée en deux zones linguistiques, ceux qui parlaient la langue d'oc vivaient au sud et ceux qui parlaient la langue d'oïl habitaient le nord. «Oc» et «oïl» étaient leurs deux façons de dire «oui». Au cours des siècles, on a supprimé l'enseignement et l'usage des langues et dialectes régionaux (le provençal en Provence, le breton en Bretagne, l'alsacien en Alsace), et on a promu l'usage d'un français standard.

Craignant la perte de leurs cultures régionales et valeurs traditionnelles face à la modernisation et à la **mondialisation** (*globalization*) qui ont marqué les dernières décennies du 20ème siècle, les Français de plusieurs régions ont tenté de ranimer l'intérêt du public pour les langues et les traditions régionales qui commençaient à disparaître. Cet esprit du **régionalisme** a touché la Provence et beaucoup d'autres régions, comme la Bretagne et l'Alsace, où on trouve aujourd'hui des gens qui parlent le dialecte ou la langue régionale et des enseignes (*signs*) publiques et privées en français et en dialecte ou langue régionale.

**Pour aller plus loin :
CULTURE**

ACTIVITÉ J : Lisez un article sur le régionalisme. Consultez votre cahier électronique !

Après avoir ecouté

24. Avez-vous compris ?

En petits groupes, répondez aux questions suivantes.

1. Pourquoi est-ce que Gilles est à la gare d'Avignon ? À propos de quoi a-t-il menti ?
2. Quelle est la réaction de Claire ? Est-ce que vous réagiriez de la même façon ?
3. Quel est le problème avec le marché des livres anciens que Gilles étudie ? Pourquoi est-ce qu'il s'intéresse à ce sujet ?
4. Depuis quand est-ce que Gilles suit Claire ? Pourquoi ? Comment est-ce qu'il a réussi à la suivre sans qu'elle ne le sache ?
5. Pensez-vous que Jean-Louis soit un criminel ? Pourquoi ou pourquoi pas ?

25. D'accord ou pas d'accord

Après avoir écouté le dialogue à la gare d'Avignon, lisez les phrases suivantes et donnez votre opinion. Discutez en petits groupes.

	D'accord	Pas d'accord
1. C'est une coïncidence que Claire rencontre Gilles à la gare d'Avignon.	_____	_____
2. Gilles a menti à Claire.	_____	_____
3. Claire est fâchée d'entendre l'explication de Gilles.	_____	_____
4. Gilles est un beau jeune homme blond.	_____	_____
5. Claire va continuer à aider Gilles dans son enquête.	_____	_____

Comment dire   *s'expliquer*

To begin an explanation

Il faut que je m'explique. / Attends / Attendez que je m'explique.
Patience ! / Du calme ! / Pas de panique ! / Ne panique(z) pas !
Tu verras / Vous verrez / Tout sera clair / Laisse(z)-moi parler.
Laisse-moi t'expliquer / Laissez-moi vous expliquer.
Tu vas / Vous allez comprendre pourquoi j'ai agi ainsi
Je te/vous dois une explication. / Ce que je vais dire va te / vous choquer.

To explain one's actions	Il fallait / J'ai dû / J'ai voulu (faire quelque chose) parce que…
	Voici / Voilà ce que j'ai fait…
	Ce que j'avais envie / l'intention de faire, c'était de…
	Ce que j'ai décidé de faire, c'était de…
	Je n'avais pas l'intention de te / vous blesser / impliquer / mettre en danger.
	Ce qui m'embête, c'est… / Ce qui me gêne, c'est… / Ce qui me rend triste est…
	J'étais bouleversé(e) / choqué(e) / fâché(e) parce que…

Pour aller plus loin : CULTURE

ACTIVITÉ K : Explorez la ville d'Avignon et les sites touristiques provençaux. Consultez votre cahier électronique !

26. Que dites-vous ?

Qu'est-ce qu'on peut dire pour s'expliquer dans les situations suivantes ? Avec un partenaire, décidez de ce que vous pouvez dire.

1. Vous vous asseyez dans le bureau de votre patron pour téléphoner à votre fiancé(e) quand le patron revient brusquement et vous y trouve.
2. Vous n'avez pas fait vos devoirs pour la classe d'histoire aujourd'hui et votre professeur veut savoir pourquoi.
3. Vous êtes en Provence et vous quittez un café sans payer l'addition. Vous avez oublié ! Bien sûr, le patron vous poursuit et veut savoir ce qui s'est passé.
4. Vos amis veulent savoir pourquoi vous ne voulez pas voyager à Saint-Tropez avec eux ce printemps. Vous aviez accepté d'y aller il y a trois mois, mais vous avez changé d'avis !

27. Expliquez-vous !

Sur une feuille de papier, écrivez une phrase pour décrire une faute que les gens commettent souvent dans notre monde moderne. Ensuite, pliez vos papiers et échangez-les au hasard. Lisez la faute que vous recevez et circulez dans la salle de classe en vous expliquant. Ne montrez pas votre papier et ne dites pas exactement ce qu'est votre faute. Vos camarades vont essayer de deviner pourquoi vous vous expliquez ! Si quelqu'un devine ce dont il s'agit, faites-lui signer votre papier. Celui avec le plus grand nombre de signatures aura gagné !

À l'écrit *troisième étape*

28. Un conte de fées moderne

Vous voulez vendre votre conte de fées moderne à Canal+, une maison de production cinématographique en France. Révisez votre liste des personnages et des objets du conte (Activité 13) et imaginez un dialogue où vous expliquez vos idées au PDG de la compagnie pour rendre le conte plus moderne. Bien sûr, le PDG essaie de diminuer l'importance de vos idées (afin de vous payer moins). Finalement, avec un partenaire, révisez vos dialogues et lisez-les à haute voix.

Pour aller plus loin : CINÉMA

ACTIVITÉ L : Regardez les films *Jean de Florette* et *Manon de la Source*, où l'action se déroule en Provence. Consultez votre cahier électronique !

"Le devoir m'appelle"

Structures   la voix passive et la voix active

29. Un scénario

Claire et Gilles vont au restaurant. Ils discutent comment et pourquoi on vendrait des livres contrefaits. Lisez les propositions suivantes. Dans chaque phrase, dites si le sujet du verbe, qui est en **caractères gras**, est un sujet **actif** (qui fait l'action du verbe) ou **passif** (qui reçoit l'action du verbe). Pouvez-vous décrire comment fonctionne la voix passive en analysant ces exemples ?

GILLES :   Voici le scénario. **Les manuscrits** sont produits par des contrefacteurs. **Ces contrefacteurs** donnent les manuscrits à votre ami Jean-Louis Royer. **Royer** place chaque manuscrit chez un bouquiniste. **Un collectionneur** est identifié par le bouquiniste. **Le manuscrit** est acheté par le collectionneur. **Royer, le bouquiniste et les contrefacteurs** partagent l'argent. **Tout le monde** est bien payé pour son rôle dans l'affaire.

CLAIRE :   Et moi, alors ?

GILLES :   Bonne question. Cette fois, **le manuscrit** fait du bruit dans le monde académique. **Une étudiante québécoise** commence à s'y intéresser. **Le patron de Royer** désire acquérir le manuscrit. **Royer** est chargé d'acheter le manuscrit au collectionneur et de collaborer avec vous afin de l'authentifier. **Il** fait son travail parce qu'**il** a peur que **son patron** découvre son jeu illégal. **Ce patron** est craint de tous ses employés.

CLAIRE :   Alors, **j'**ai été dupée par ce mec (*guy*) ! Mais **il** était si gentil ! Pourquoi est-ce qu'**il** m'a fait ça ? De toute façon, **je** ne vais pas authentifier ce manuscrit. **Monsieur Rolland**, le patron, va tout découvrir.

GILLES :   Surtout après la publication de mon article…

Comment faire   la voix passive et la voix active

The *passive voice* (**la voix passive**) describes how events happened to someone or something, making the subject of the verb a recipient of the action of the verb rather than an active agent. In French, only verbs that take direct objects can be constructed in the *passive voice*, as the *direct object* becomes the subject of the verb. There are some constructions, therefore, that are common in English but cannot exist in French. Below you will find ways to deal with such situations by avoiding the passive construction in French.

- The **voix passive** is composed of two parts : the verb **être**, conjugated according to the tense desired, plus the *past participle* of the passive verb.

	Actif	Passif
présent	Royer vend le manuscrit	Le manuscrit **est vendu** par Royer
passé composé	Royer a vendu le manuscrit	Le manuscrit **a été vendu** par Royer
imparfait	Royer vendait le manuscrit	Le manuscrit **était vendu** par Royer
futur proche	Royer va vendre le manuscrit	Le manuscrit **va être vendu** par Royer
futur	Royer vendra le manuscrit	Le manuscrit **sera vendu** par Royer
futur antérieur	Royer aura vendu le manuscrit	Le manuscrit **aura été vendu** par Royer
conditionnel	Royer vendrait le manuscrit	Le manuscrit **serait vendu** par Royer
subjonctif	Il faut que Royer vende le manuscrit	Il faut que le manuscrit **soit vendu** par Royer

- Remember that the *past participle*, which acts like an adjective in a passive construction, must always agree in number and gender with the subject of the verb : les manuscrits sont produit**s**
- Use the *preposition* **par** to indicate the agent of an action : Les manuscrits sont produits **par** des contrefacteurs
- Use the *preposition* **de** to indicate the agent of a state or emotion : Ce patron est craint **de** tous ses employés
- In a *negative* construction, place the **ne… pas** (or other negative expression) around the verb **être**, following the same rules as you normally would for each tense : Les manuscrits **ne** sont **pas** produits par des contrefacteurs.

The *passive voice* is used much less frequently in French than in American English and often sounds awkward to native speakers. You should usually try to avoid the *passive voice* in written French unless you intend to make your subject a passive one. Here are some ways to turn a passive construction into an *active* one :

- Turn *the agent* of the verb (indicated by **par** or **de**) into the subject : Les manuscrits sont produits par des contrefacteurs. → **Des contrefacteurs produisent** les manuscrits. Ce patron est craint de tous ses employées. → Tous **les employées craignent** ce patron.
- Use the *general subject* **on** : Royer est chargé d'acheter le manuscrit. → **On charge** Royer d'acheter le manuscrit.
- Use a *reflexive verb* : Les manuscrits **se vendent** facilement chez les bouquinistes.

30. Le loup et le chien

Gilles essaie de rassurer Claire et d'expliquer pourquoi son ami aurait fait ce crime s'il avait déjà un bon emploi chez Monsieur Rolland. Il lui raconte la fable du loup et du chien. Récrivez les phrases passives à la voix active. Ensuite, discutez et expliquez la morale de la fable.

Modèle : Le chien est regardé par le loup.
Le loup regarde le chien.

1. Le chien, qui était gros, **a été bien nourri** par son maître.
2. Le loup, qui était mince, **n'a pas été nourri**.
3. Un jour, le chien **est vu** par le loup.
4. Une question **est posée** au chien par le loup : «Pourquoi est-ce que tu es si robuste et si content ?»
5. La situation **est expliquée** au loup par le chien.
6. Le chien **est caressé** par le maître, et il **est aimé** de toute la famille.
7. Tous les jours, des os (*bones*) **sont donnés** au chien par le maître.
8. Le loup **est invité** par le chien à vivre avec lui dans la maison du maître.
9. Le collier qui attache le chien à la maison **est vu** par le loup.
10. Une autre question **est posée** par le loup : «Qu'est-ce là ?»
11. Une explication **est donnée** par le chien.
12. La vie du chien **est contrôlée** par le maître.
13. L'offre de rester à la maison **est rejetée** par le loup.
14. La liberté **sera toujours aimée** par le loup.
15. Le chien **sera toujours attaché** à la maison.
16. La forêt **sera toujours habitée** par le loup.

ACTIVITÉ M : Lisez la fable «le Chien et le Loup» de Jean de La Fontaine. Consultez votre cahier électronique.

31. L'article de Gilles

Gilles explique qu'il va essayer d'écrire un article de fond qui exposera les contrefacteurs. Dans les articles d'actualité, il faut parfois employer la voix passive. Gilles ouvre son cahier où il a déjà commencé à écrire quelques notes pour son article. Formez des phrases en mettant les verbes à la **voix passive** selon le temps des verbes indiqué.

1. (*présent*) Le public français / impressionner / par les ventes du marché des livres anciens
2. (*passé*) Un bouquiniste / tuer / il y a deux semaines
3. (*présent*) Les assassins / ne… pas, connaître / de la police
4. (*passé*) Des livres contrefaits / vendre / par plusieurs bouquinistes
5. (*futur*) Un lien / établir / entre le meurtre et la contrefaçon
6. (*conditionnel*) La maison de l'antiquaire Rolland / mettre / au centre de la controverse par un employé infidèle
7. (*passé*) L'employé / payer / pour son rôle dans la vente des manuscrits contrefaits
8. (*subjonctif*) Il est nécessaire que cette affaire / résoudre / par la police

32. Les dates et les lieux

Gilles doit partir pour Paris, mais il donne à Claire une copie de ses notes sur l'affaire du faux manuscrit de Laclos. Il lui demande de les lire et de le contacter si elle pense à d'autres événements importants. Faites des phrases, **passives** ou **actives** selon votre goût, pour décrire ce qui s'est passé à chaque moment suivant. Vous pouvez parler des événements indiqués entre parenthèses ou ajouter d'autres événements dont vous vous souvenez !

1. août 2003 à la Nouvelle-Orléans (la rencontre de Claire et Jean-Louis)
2. septembre 2003 à Paris (la vente du manuscrit à Monsieur Thibodeau)
3. octobre 2003 à Dakar (l'achat du manuscrit)
4. octobre 2003 en Suisse (la lecture du manuscrit, la découverte de l'anachronisme)
5. novembre 2003 à Paris (la publication de l'article de Gilles)

33. Le malchanceux

Imaginez une personne très malchanceuse à qui il arrive toujours de malheureuses aventures. Faites une liste de 10 événements qui lui arrivent et comparez-la avec celles de vos camarades de classe.

MODÈLE : **Ses croissants sont dévorés par son chien.**
Son ordinateur est cassé par son secrétaire.

Claire et Gilles se séparent à la gare après leur dîner ensemble, et Claire prend le train à Aix-en-Provence où elle s'installe dans son hôtel. Il est tard, et il n'y a pas de messages pour elle à la réception. Le lendemain matin, elle se lève et essaie encore de contacter le Professeur Thuillier, mais sans succès. Le soir, elle branche son ordinateur portable et trouve le message suivant…

CORRESPONDANCE : *Le devoir m'appelle*

À :   Claire Plouffe
De :   P.F. Thuillier
Date : 21/10/03
Réf :   le devoir m'appelle

Chère Mademoiselle Plouffe,

Je viens de rentrer à mon hôtel où la réceptionniste m'a donné les messages que vous m'aviez laissés. J'ai été absent pendant toute la journée, et, malheureusement, je dois partir demain matin de très bonne heure.° Pas moyen de faire autrement.° Une affaire administrative me fait rentrer à Québec. Le devoir m'appelle.° On n'aura donc pas le temps de se voir cette semaine. Il est dommage que vous soyez venue à Aix-en-Provence le jour où je dois partir pour Québec, mais je vous conseille de rester ici encore quelque temps et de profiter des sources historiques aux Archives coloniales. *early / there's no way out of it* *duty calls*

J'ai compris, d'après ce que vous m'aviez dit dans votre dernier message, que vous aviez réussi à retrouver le manuscrit perdu de Laclos et que vous croyiez y avoir trouvé un anachronisme. Êtes-vous sûre de ne pas vous tromper° ? N'est-il pas possible que Laclos ait prévu,° par une coïncidence bizarre, un événement° historique inévitable et imminent ? Si j'étais à votre place, je relirais le texte et je me renseignerais° mieux sur l'événement en question. N'abandonnez pas votre projet maintenant. N'oubliez pas que dans la fiction, tout est possible ! *to be mistaken* *to foresee/anticipate* *event* *to inform oneself*

Encore une fois, je suis désolé de ne pouvoir vous rencontrer afin de discuter plus longuement de votre situation. Soyez sans crainte,° mademoiselle, je vous assure que nous nous verrons cet hiver. J'imagine que vous rentrerez au Québec pour les fêtes de Noël,° et je m'engage à passer un après-midi avec vous. Et, je serai toujours heureux de répondre à vos demandes de renseignements électroniquement. Vive la technologie ! *fear* *Christmas holidays*

En espérant que vous continuerez à faire des progrès dans vos recherches, et en attendant de vous lire, je vous prie d'accepter l'expression de mes sentiments les plus cordiaux.

P.F. Thuillier

Directeur de la Recherche et des Études Littéraires
L'Université de Sainte-Foy

Après avoir lu

34. D'accord ou pas d'accord

Après avoir lu le message ci-dessus, lisez les phrases suivantes et donnez vos opinions personnelles. Discutez en petits groupes.

	D'accord	Pas d'accord
1. Professeur Thuillier est obligé de rentrer à Québec.	_____	_____
2. Il espère voir Claire le lendemain matin avant son départ.	_____	_____
3. Il lui conseille d'abandonner son sujet de thèse.	_____	_____
4. Laclos est peut-être l'auteur du manuscrit.	_____	_____
5. Claire va rester à Aix-en-Provence et continuer ses recherches.	_____	_____

 Comment dire *exprimer une obligation*

Making a promise
Je te / vous le promets / Je promets de (faire quelque chose)
Je m'engage à (faire quelque chose) / Je vous assure que…
Je le ferai / Je n'oublierai pas / Je serai là.
Vous pouvez / Tu peux compter sur moi.
C'est promis / Je te/vous le jure / Je te/vous donne ma parole.
Sois/Soyez sans crainte. / Je tiens à le faire sans délai.

Expressing obligation
Il faut que je… / Je dois absolument… / Je suis obligé de…
J'ai promis de… / Je suis tenu de… / Je ferai tout ce qu'il faudra…
Je suis dans l'incapacité de… / Je ne peux pas me dégager de mes obligations.
Impossible de lui refuser ce service. / Pas moyen de faire autrement.
Le devoir m'appelle. / C'est obligatoire. / Impossible d'annuler…
Je suis votre obligé(e). / Je vous suis reconnaissant(e).

ℹ️ Langue

Vous rappelez-vous l'usage du verbe irrégulier **devoir** ?

- **devoir** + *objet direct* = une dette à payer (*to owe*) : Je dois 10 euros à mon frère.
- **devoir** + *infinitif* = une obligation ou une nécessité (*to have to*) : Tu dois partir ce soir. Il a dû partir ce matin.
- **devoir** + *infinitif* = une probabilité (*must be, probably*) : Il doit être fou ! Tu as dû te tromper !
- **devoir** + *infinitif* = une intention ou une hypothèse (*to be supposed to*) : L'article doit paraître dimanche. Il devait parler avec son patron.

35. Situations

Que diriez-vous dans les situations suivantes pour exprimer votre obligation auprès des gens suivants ? Avec un partenaire, décidez de ce que vous pourriez dire.

1. Votre tante vous avait présenté à son patron, et à cause de cela vous avez reçu une offre d'emploi dans l'entreprise.

2. Vos amis vous invitent à dîner parce que vous avez oublié votre portefeuille.
3. Votre patron vous donnera une promotion si vous acceptez de travailler le weekend.
4. Vos parents vous demandent de les aider à peindre leur maison, et vous acceptez même si vous préféreriez sortir avec vos copains.
5. Votre fiancé(e) n'aime pas votre chien et ne veut pas être obligé(e) de le promener.
6. Vos voisins ont surveillé votre maison pendant votre voyage en Pro-vence, et vous avez promis de leur préparer un vrai repas provençal à votre retour !

36. Promesses et obligations

Souvent, dans les contes de fées, il y a des personnages qui font des pro-messes ou qui sont obligés de faire quelque chose. En petits groupes, pensez à 4 ou 5 personnages féeriques connus qui font des promesses ou qui ont des obligations à tenir. Écrivez leurs promesses ou obligations sur une feuille de papier, sans nommer le personnage. Ensuite, échangez votre papier avec celui d'un autre groupe et essayez de deviner les noms des personnages !

37. Les contes de fées mélangés

Avez-vous un personnage préféré (bon ou méchant) de contes de fée ? Sur une feuille de papier, écrivez le nom de ce personnage et une phrase pour décrire son rôle dans le conte. N'y mettez pas votre nom. Pliez et échangez vos papiers au hasard. Puis, circulez dans la classe en jouant le rôle du per-sonnage que vous avez reçu. Les autres vont essayer de deviner qui vous êtes. Faites signer votre papier par chaque personne qui devine bien. La per-sonne qui a reçu le plus grand nombre de signatures gagne !

38. Des héros modernes

En petits groupes, imaginez un héros ou une héroïne moderne dont l'histoire pourrait servir à enseigner aux enfants d'aujourd'hui le fonctionnement du capitalisme et des affaires. Décrivez votre héros ou héroïne du monde des affaires (faites le portrait physique et moral) et faites une liste de ses obliga-tions. Comparez votre personnage avec ceux de vos camarades de classe.

À l'écrit *troisième étape*

39. Un conte de fées moderne

Le PDG de Canal+ s'intéresse à votre idée de faire un film adapté d'un conte de fées moderne. Écrivez une lettre au PDG dans laquelle vous redécrivez votre idée pour un conte de fées moderne (révisez vos Activités 13 et 28). N'oubliez pas de préciser quand le manuscrit sera terminé, quand et où le film sera tourné (*filmed*) et le type de publicité qui sera diffusée. Échangez vos lettres (par courriel, si vous voulez !) et offrez une réponse à votre cama-rade de classe avec quelques corrections possibles et vos commentaires sur son projet.

Dénouement

Activités de révision

40. À vous de parler

Pensez à une réponse pour chaque catégorie suivante. En petits groupes, partagez vos réponses avec les autres et expliquez pourquoi. Ensuite, imaginez 4 à 6 autres catégories. Échangez vos catégories avec un autre groupe et parlez-en de la même façon ! Attention à l'usage des pronoms relatifs.

1. l'endroit où vous aimez vous reposer
2. le/la professeur avec qui vous aimeriez dîner
3. le moment de la journée que vous aimez le plus
4. le voyage dont vous rêvez

41. Devinez qui c'est !

En petits groupes, pensez à une personne que tout le monde connaît. Écrivez quelques phrases pour décrire la vie de cette personne, mais utilisez uniquement la voix passive ! Mettez vos phrases au tableau. Les autres groupes vont essayer de deviner la personne. Ils peuvent poser des questions supplémentaires mais doivent utiliser uniquement la voix passive aussi !

MODÈLE : «Il a été nommé un des hommes les plus riches du monde. Des ordinateurs sont vendus par son entreprise. Il a été accusé d'avoir restreint la concurrence.»
—C'est Bill Gates !

Avant de lire   *Lettres de mon moulin*

42. Vivre libre !

Imaginez comment seraient vos vies si vous n'aviez pas les contraintes des factures (*bills*) à payer ou du travail à faire. Tout est gratuit (*free*), tout le monde reçoit ce dont il a besoin pour vivre confortablement, et tout le monde est libre de faire ce qu'il/elle veut. Comment serait votre vie ? Que feriez-vous de votre temps ? Quels seraient les désavantages de ce système ? Discutez de vos idées en petits groupes. Attention à l'usage de la voix passive et des pronoms relatifs.

43. Premières impressions

Lisez le conte «la Chèvre de M. Seguin», tiré des *Lettres de mon moulin* d'Alphonse Daudet, sans essayer de comprendre chaque mot. Après votre première lecture du texte, répondez aux questions. Ensuite, relisez le texte une deuxième fois, plus attentivement.

1. Qui parle ? un petit garçon, un homme, un vieillard ?
2. À qui parle le narrateur ? Quelle est la profession du destinataire du conte ?
3. À quelle période se passe cette histoire ? au présent, au passé, à l'avenir ?
4. Où se passe l'histoire ?
5. Que veut la chèvre de Monsieur Seguin ? Que veut Monsieur Seguin ?
6. Que devient la chèvre à la fin de l'histoire ?

Le moulin de Daudet à Fontvieille, en Provence.

LITTÉRATURE : *Lettres de mon moulin :*
«la Chèvre de M. Seguin»

Ce conte vient du recueil d'Alphonse Daudet, Lettres de mon moulin. *Dans ce recueil de contes provençaux, écrit en Provence au 19ème siècle, Daudet cherche dans le folklore de la région des histoires simples et touchantes qu'il raconte pour son public «moderne»—le public sophistiqué de la métropole parisienne. Dans ce conte capricieux, Daudet écrit à un poète imaginaire à Paris afin de le persuader des dangers de la vie bohème de l'auteur indépendant. En même temps, il dépeint avec compassion le conflit essentiel de l'homme moderne : vendre sa liberté pour un peu de sécurité économique ou sacrifier sa tranquillité d'esprit pour être indépendant et réaliser ses rêves. Autrement dit, peut-on vivre libre dans une société capitaliste où il faut de l'argent pour bien vivre ? Ce conte nous présente ce dilemme en toute sa complexité psychologique et se termine avec ambiguité. Veut-il nous persuader qu'il ne faut pas poursuivre la vie dont nous rêvons, ou veut-il simplement nous rappeler les dangers d'une telle décision ?*

d'Alphonse Daudet

la «*Chèvre de M. Seguin*»

Tu seras bien toujours le même, mon pauvre Gringoire ! Comment ! on t'offre une place de chroniqueur° dans un bon journal de Paris et tu as l'aplomb° de refuser… Mais regarde-toi, malheureux garçon ! Regarde ce pourpoint° troué, ces chausses° en déroute, cette face maigre qui crie la faim. Voilà pourtant où t'a conduit ta passion des belles rimes ! Voilà ce que t'ont valu dix ans de loyaux services dans les pages du sire Apollo… Est-ce que tu n'as pas honte, à la fin ?

Fais-toi donc chroniqueur, imbécile ! fais-toi chroniqueur ! Tu gagneras de beaux écus° à la rose, tu auras ton couvert° chez Brébant,° et tu pourras te montrer les jours de première avec une plume° neuve à ta barrette°…

Non ? Tu ne veux pas ? Tu prétends rester libre à ta guise° jusqu'au bout… Eh bien, écoute un peu l'histoire de *La Chèvre de M. Seguin.* Tu verras ce que l'on gagne à vouloir vivre libre.

M. Seguin n'avait jamais eu de bonheur avec ses chèvres.

Il les perdait toutes de la même façon ; un beau matin, elles cassaient° leur corde, s'en allaient dans la montagne, et là-haut le loup les mangeait. Ni les caresses de leur maître, ni la peur du loup, rien ne les retenait.° C'étaient, paraît-il, des chèvres indépendantes, voulant à tout prix° le grand air et la liberté.

Le brave° M. Seguin, qui ne comprenait rien au caractère de ses bêtes, était consterné.° Il disait : «C'est fini; les chèvres s'ennuient chez moi, je n'en garderai pas une.»

Cependant, il ne se découragea pas, et, après avoir perdu six chèvres de la même manière, il en acheta une septième ; seulement, cette fois, il eut soin de la prendre toute jeune, pour qu'elle s'habituât mieux à demeurer chez lui.

Ah ! Gringoire, qu'elle était jolie la petite chèvre de M. Seguin ! qu'elle était jolie avec ses yeux doux, sa barbiche° de sous-officier, ses sabots° noirs et luisants, ses cornes zébrées et ses longs poils° blancs qui lui faisaient une houppelande° ! C'était presque aussi charmant que le cabri° d'Esméralda—tu te rappelles, Gringoire ?—et puis, docile, caressante, se laissant traire sans bouger, sans mettre son pied dans l'écuelle.° Un amour de petite chèvre…

M. Seguin avait derrière sa maison un clos entouré d'aubépines.° C'est là qu'il mit la nouvelle pensionnaire. Il l'attacha à un pieu° au plus bel endroit du

columnist / audacity

clothes with holes
pants

unit of money / meal
a good restaurant
feather pen / bar

as you please

to break

to hold back
at any cost

good
dismayed

goatee / hoof
hair / greatcoat
kid/baby goat

bowl

hawthorns
stake

pré,° en ayant soin de lui laisser beaucoup de corde, et de temps en temps il venait voir si elle était bien. La chèvre se trouvait très heureuse et broutait° l'herbe de si bon cœur que M. Seguin était ravi. «Enfin, pensait le pauvre homme, en voilà une qui ne s'ennuiera pas chez moi !»

meadow
to graze

M. Seguin se trompait, sa chèvre s'ennuya.

Un jour, elle se dit en regardant la montagne : «Comme on doit être bien là-haut ! Quel plaisir de gambader° dans la bruyère, sans cette maudite longe qui vous écorche° le cou !... C'est bon pour l'âne ou le bœuf de brouter dans un clos !... Les chèvres, il leur faut du large.»

to gambol, bound
to chafe

A partir de ce moment, l'herbe du clos lui parut fade. L'ennui lui vint. Elle maigrit, son lait se fit rare. C'était pitié de la voir tirer tout le jour sur sa longe, la tête tournée du côté de la montagne, la narine ouverte, en faisant *Mé !...* tristement.

M. Seguin s'apercevait bien que sa chèvre avait quelque chose, mais il ne savait pas ce que c'était…

Un matin, comme il achevait de la traire,° la chèvre se retourna et lui dit dans son patois° : «Écoutez, monsieur Seguin, je me languis° chez vous, laissez-moi aller dans la montagne.

to milk
jargon/lingo / to languish

—Ah ! mon Dieu !... Elle aussi !» cria M. Seguin stupéfait, et du coup il laissa tomber son écuelle ; puis, s'asseyant dans l'herbe à côté de sa chèvre : «Comment, Blanquette, tu veux me quitter !» Et Blanquette répondit : «Oui, monsieur Seguin.»

—Est-ce que l'herbe te manque ici ?

—Oh ! non, monsieur Seguin.

—Tu es peut-être attachée de trop court. Veux-tu que j'allonge la corde ?

—Ce n'est pas la peine, monsieur Seguin.

—Alors, qu'est-ce qu'il te faut ? qu'est-ce que tu veux ?

—Je veux aller dans la montagne, monsieur Seguin.

—Mais, malheureuse, tu ne sais pas qu'il y a le loup dans la montagne… Que feras-tu quand il viendra ?

—Je lui donnerai des coups de corne, monsieur Seguin.

—Le loup se moque bien de tes cornes. Il m'a mangé des biques autrement encornées que toi… Tu sais bien, la pauvre vieille Renaude qui était ici l'an dernier ? une maîtresse chèvre, forte et méchante comme un bouc.° Elle s'est battue avec le loup toute la nuit… puis, le matin, le loup l'a mangée.

goat

—Pécaïre° ! Pauvre Renaude !... Ça ne fait rien, monsieur Seguin, laissez-moi aller dans la montagne !

too bad

—Bonté divine !... dit M. Seguin ; mais qu'est-ce qu'on leur fait donc à mes chèvres ? Encore une que le loup va me manger… Eh bien, non… je te sauverai malgré toi, coquine° ! et de peur que tu ne rompes ta corde, je vais t'enfermer dans l'étable°, et tu y resteras toujours.»

rascal
stable

Là-dessus, M. Seguin emporte la chèvre dans une étable toute noire, dont il ferma la porte à double tour.° Malheureusement, il avait oublié la fenêtre, et à peine eut-il le dos tourné, que la petite s'en alla…

two turns

Tu ris, Gringoire ? Parbleu ! je crois bien ; tu es du parti des chèvres, toi, contre ce bon M. Seguin… Nous allons voir si tu riras tout à l'heure.

Quand la chèvre blanche arriva dans la montagne, ce fut un ravissement général. Jamais les vieux sapins n'avaient rien vu d'aussi joli. On la reçut comme une petite reine.° Les châtaigniers° se baissaient jusqu'à terre pour la caresser du bout de leurs branches. Les genêts° d'or s'ouvraient sur son passage, et sentaient bon tant qu'ils pouvaient. Toute la montagne lui fit fête.

queen / chestnut trees
broom

Tu penses, Gringoire, si notre chèvre était heureuse ! Plus de corde, plus de pieu… rien qui l'empêchât de gambader, de brouter à sa guise… C'est là qu'il y en avait de l'herbe ! jusque par-dessus les cornes, mon cher !... Et quelle herbe ! Savoureuse, fine, dentelée,° faite de mille plantes... C'était bien autre chose que le gazon du clos. Et les fleurs donc !... De grandes campanules° bleues, des digitales° de pourpre à longs calices,° toute une forêt de fleurs sauvages débordants de sucs capiteux° !...

La chèvre blanche, à moitié saoule,° se vautrait° là-dedans les jambes en l'air et roulait le long des talus,° pêle-mêle avec les feuilles tombées et les châtaignes... Puis, tout à coup, elle se redressait d'un bond sur ses pattes.° Hop ! la voilà partie, la tête en avant, à travers les maquis° et les buissières, tantôt sur un pic,° tantôt au fond d'un ravin, là-haut, en bas partout... On aurait dit qu'il y avait dix chèvres de M. Seguin dans la montagne.

C'est qu'elle n'avait peur de rien, la Blanquette. Elle franchissait° d'un saut de grands torrents qui l'éclaboussaient° au passage de poussière humide et d'écume. Alors, toute ruisselante,° elle allait s'étendre sur quelque roche plate et se faisait sécher par le soleil... Une fois, s'avançant au bord d'un plateau, une fleur de cytise° aux dents, elle aperçut en bas, tout en bas dans la plaine, la maison de M. Seguin avec le clos derrière. Cela la fit rire aux larmes. «Que c'est petit ! dit-elle; comment ai-je pu tenir là-dedans ?»

Pauvrette ! de se voir si haut perchée, elle se croyait au moins aussi grande que le monde...

En somme, ce fut une bonne journée pour la chèvre de M. Seguin. Vers le milieu du jour, en courant de droite et de gauche, elle tomba dans une troupe de chamois° en train de croquer° une lambrusque° à belles dents. Notre petite coureuse en robe blanche fit sensation. On lui donna la meilleure place à la lambrusque, et tous ces messieurs furent très galants... Il paraît même—ceci doit rester entre nous, Gringoire—qu'un jeune chamois à pelage° noir eut la bonne fortune de plaire à Blanquette. Les deux amoureux s'égarèrent° parmi le bois une heure ou deux, et si tu veux savoir ce qu'ils dirent, va le demander aux sources bavardes qui courent invisibles dans la mousse.°

Tout à coup le vent fraîchit. La montagne devint violette; c'était le soir... «Déjà !» dit la petite chèvre, et elle s'arrêta fort étonnée.

En bas, les champs étaient noyés de brume.° Le clos de M. Seguin disparaissait dans le brouillard, et de la maisonnette on ne voyait plus que le toit avec un peu de fumée. Elle écouta les clochettes d'un troupeau° qu'on ramenait, et se sentit l'âme toute triste... Un gerfaut,° qui rentrait, la frôla° de ses ailes en passant. Elle tressaillit°... puis ce fut un hurlement° dans la montagne : «Hou ! hou !»

Elle pensa au loup, de tout le jour la folle n'y avait pas pensé... Au même moment une trompe sonna bien loin dans la vallée. C'était ce bon M. Seguin qui tentait un dernier effort.

«Hou ! hou !... faisait le loup.
—Reviens ! reviens !... criait la trompe.

Blanquette eut envie de revenir ; mais en se rappelant le pieu, la corde, la haie° du clos, elle pensa que maintenant elle ne pouvait plus se faire à cette vie, et qu'il valait mieux rester.

La trompe ne sonnait plus...

La chèvre entendit derrière elle un bruit de feuilles. Elle se retourna et vit dans l'ombre deux oreilles courtes, toutes droites, avec deux yeux qui reluisaient°... C'était le loup.

Enorme, immobile, assis sur son train de derrière, il était là regardant la petite chèvre blanche et la dégustant° par avance. Comme il savait bien qu'il la mangerait, le loup ne se pressait pas ; seulement, quand elle se retourna, il se

lacy

harebells (flower)

foxgloves (flower) / cups / heady sap

drunk / to wallow

slope

paws

bush

peak

to cross

to splash

dripping

laburnum (type of flower)

mountain goat
to munch on / wild vine

animal coat
to wander off

moss

drowned in fog

herd
falcon / to graze
to quiver / howl

hedge

to gleam

to taste

mit à rire méchamment. «Ha ! ha ! la petite chèvre de M. Seguin» ; et il passa sa grosse langue rouge sur ses babines d'amadou.° *cajoling mouth, chops*

Blanquette se sentit perdue… Un moment, en se rappelant l'histoire de la vieille Renaude, qui s'était battue toute la nuit pour être mangée le matin, elle se dit qu'il vaudrait peut-être mieux se laisser manger tout de suite ; puis, s'étant ravisée,° elle tomba en garde, la tête basse et la corne en avant, comme une brave chèvre de M. Seguin qu'elle était… Non pas qu'elle eût l'espoir de tuer le loup—les chèvres ne tuent pas le loup—mais seulement pour voir si elle pourrait tenir aussi longtemps que la Renaude… *to change one's mind*

Alors le monstre s'avança, et les petites cornes entrèrent en danse.

Ah ! la brave petite chevrette, comme elle y allait de bon cœur ! Plus de dix fois, je ne mens pas, Gringoire, elle força le loup à reculer° pour reprendre haleine.° Pendant ces trêves° d'une minute, la gourmande cueillait° en hâte encore un brin° de sa chère herbe ; puis elle retournait au combat, la bouche pleine… Cela dura toute la nuit. De temps en temps la chèvre de M. Seguin regardait les étoiles danser dans le ciel clair, et elle se disait : «Oh ! pourvu que je tienne jusqu'à l'aube… » *to pull back / to catch one's breath / truces, respites / gather, cut down / blade of grass*

L'une après l'autre, les étoiles s'éteignirent. Blanquette redoubla de coups de cornes, le loup de coups de dents… Une lueur° pâle parut dans l'horizon… Le chant du coq enroué° monta d'une métairie.° *glimmer, flash / hoarse / farm*

«Enfin !» dit la pauvre bête, qui n'attendait plus que le jour pour mourir ; et elle s'allongea par terre dans sa belle fourrure° blanche toute tachée de sang°… *fur / bloodstained*

Alors le loup se jeta sur la petite chèvre et la mangea.

Adieu, Gringoire ! L'histoire que tu as entendue n'est pas un conte de mon invention. Si jamais tu viens en Provence, nos ménagères° te parleront souvent de *la cabro de moussu Seguin, que se battégue touto la neui emé lou loup, e piei lou matin lou loup la mangé.* *housewives*

Tu m'entends bien, Gringoire : *E piei lou matin lou loup la mangé.*

Après avoir lu

www **Pour aller plus loin : CULTURE**

ACTIVITÉ P : Apprenez un peu plus sur la vie et l'œuvre d'Alphonse Daudet. Consultez votre cahier électronique !

44. Avez-vous compris ?

En petits groupes, discutez de vos réponses aux questions suivantes.

1. Qui sont les trois personnages principaux de cette histoire ? Décrivez le caractère de chaque personnage.
2. Pourquoi est-ce que Blanquette décide de s'échapper vers la montagne ? À votre avis, est-ce que c'était une bonne décision ou une mauvaise décision ? Pourquoi ?
3. Est-ce que le personnage du loup est stéréotypique dans ce conte ? Pourquoi ou pourquoi pas ? Comparez-le à d'autres loups fictifs dans les contes populaires que vous connaissez.
4. Quelle est la morale du conte ? Que pensez-vous de cette morale ? Est-ce que la morale aurait été différente si Blanquette avait survécu à la fin ? Comment ?
5. À la fin du conte, le narrateur écrit une phrase en langue provençale. Pouvez-vous traduire cette phrase en français ? Pourquoi est-ce qu'il écrit cette phrase en provençal et pas en français ? Quel est l'effet de répéter la dernière partie de la phrase à la fin du conte ?

45. D'accord ou pas d'accord

Après avoir lu le conte de Daudet, lisez les phrases suivantes et donnez votre opinion. Discutez de vos réponses en petits groupes.

	D'accord	Pas d'accord
1. Le narrateur parle à quelqu'un qu'il ne connaît pas bien.	_____	_____
2. Toutes les chèvres de M. Seguin se sont échappées de la ferme.	_____	_____
3. La nouvelle chèvre est assez contente chez M. Seguin.	_____	_____
4. La chèvre voulait tuer le loup.	_____	_____
5. Blanquette était une chèvre très courageuse.	_____	_____

46. Analyse littéraire

Examinez ce texte de près. Répondez aux questions suivantes et discutez de vos réponses en classe.

1. Quel est le ton du texte ? Qu'est-ce qui contribue à ce ton (le vocabulaire, le style d'écriture, la forme du texte) ?
2. Y a-t-il des images ou des couleurs qui dominent dans ce texte ? Comment est-ce que ces images ont influencé votre lecture du texte ?
3. Quel temps domine dans ce texte (le présent, le passé, le futur, etc.) ? Quel est l'effet de l'usage de ce temps (un sens d'urgence, une distance impersonnelle, la nostalgie, la possibilité, la certitude ou l'incertitude, l'orgueil, etc.) ? Y a-t-il un moment où le temps change ? Quel en est l'effet ?
4. Y a-t-il d'autres éléments structurels (ponctuation, mots ou sons répétés, phrases longues ou courtes, contrastes, métaphores, etc.) que l'auteur emploie systématiquement ? Si oui, quels sont les effets de l'emploi de ces éléments ?

Synthèses

47. Réfléchissons à la culture

Voici quelques éléments de la culture provençale que vous avez étudiés dans ce chapitre. En petits groupes, répondez aux questions et discutez de vos impressions avec vos camarades.

la langue provençale   les corridas   la mondialisation

1. Définissez ou décrivez chaque élément.
2. Pourquoi chaque élément est-il important à cette culture ? Y a-t-il un phénomène historique ou social qui explique son importance ?
3. À votre avis, est-ce que ces éléments témoignent de la richesse et de la diversité de la culture provençale de nos jours, ou sont-ils stéréotypiques ? Pourquoi ?
4. Est-ce que votre impression de cette culture est différente maintenant que vous avez commencé à l'étudier ? Si oui, comment et pourquoi ? Si non, pourquoi pas ?

48. À débattre

Lisez les questions suivantes et discutez en groupes. Si possible, parlez de vos expériences personnelles relatives aux questions.

1. **Entre chien et loup.** Jean Cocteau, un auteur et cinématographe français, a écrit une fois une lettre dans laquelle il préconise (*advocates*) un équilibre entre la sécurité et la liberté. Il termine la lettre en disant : «Mon conseil à la jeunesse est de vivre entre chien et loup». Que pensez-vous de son conseil ? Ne devrait-on pas prendre des risques afin de réaliser ses rêves ? Ne pourrait-on pas vivre en liberté totale ? Que pensez-vous ?

2. **Le régionalisme contre la mondialisation.** En Europe, à l'aube de l'expansion de l'Union européenne, on est très conscient de l'importance de la mondialisation, du marché économique global, au succès de son pays. Pourtant, il y a un contre-courant de cette pensée. On dit qu'en devenant esclaves de l'économie mondiale, un peuple perdra son caractère individuel et ses traditions culturelles uniques. Les petits commerçants, les artisans et les fermiers perdront leurs clients locaux à de grandes entreprises multinationales. Dans les régions où il n'y a pas de grand centre urbain ou de développement industriel, le mode de vie traditionnelle disparaîtra. Qu'en pensez-vous ?

3. **Des contes didactiques.** Les versions originales de beaucoup de contes populaires européens sont très violentes et parfois très sombres. Dans la version originale du «Petit Chaperon rouge», par exemple, la petite fille meurt violemment, mangée par le loup. Aujourd'hui, on ne veut pas faire peur aux enfants ou enseigner la violence, donc on invente de nouveaux contes plus polis et moins choquants. Est-ce vraiment une mauvaise chose de raconter un conte qui fait peur ? Est-ce que les contes doivent enseigner une leçon morale ou est-ce qu'ils peuvent simplement être amusants et intéressants ? Est-ce une hypocrisie d'éliminer la violence des contes quand les enfants peuvent voir des scènes violentes à la télé ? Qu'en pensez-vous ?

49. À l'impromptu

Voici des situations interactives. Avec une ou deux autres personnes, choisissez une scène et improvisez devant la classe. Si vous ne voulez pas improviser, écrivez votre dialogue avant et puis jouez-le pour la classe.

1. (a) Vous êtes PDG d'une petite entreprise américaine qui vend des produits provençaux en Amérique du Nord. Vous avez de bonnes nouvelles à partager avec vos collègues français : Ces produits vendent bien et vous réalisez de gros bénéfices ! Expliquez pourquoi.

   (b) Vous êtes agriculteur en Provence où vous cultivez de la lavande (*lavender*). Vous voulez en vendre au PDG. Exagérez l'importance du marché international et essayez de vendre votre produit au PDG.

   (c) Vous êtes gérant(e) d'une usine en Provence qui fabrique des tissus (*fabric*) provençaux traditionnels. Vous préféreriez vendre vos produits en Provence et contribuer à l'économie régionale. Diminuez l'importance de l'exportation à l'étranger.

2. (a) Vous travaillez comme caissier/caissière dans une petite boutique en Provence. Vous travaillez souvent seul(e), il n'y a pas beaucoup de clients, et vous vous ennuyez. Un jour, vous décidez de fermer la

www

Pour aller plus loin : CINÉMA

ACTIVITÉ Q : Regardez un des films basés sur les romans de l'auteur provençal Marcel Pagnol : *la Gloire de mon père* ou *le Château de ma mère*. Consultez votre cahier électronique.

boutique une heure plus tôt que d'habitude parce que vous avez rendez-vous avec un(e) ami(e). Le/la propriétaire est fâché(e) quand il/elle apprend ce que vous avez fait. Expliquez-vous et promettez de ne plus faire de choses pareilles !

(b) Vous êtes propriétaire d'une petite boutique en Provence. Vous vous rendez compte que votre employé(e) a l'habitude de fermer la boutique avant l'heure de la fermature. Demandez à l'employé(e) de s'expliquer et accentuez la gravité (*seriousness*) de son erreur. Ensuite, décidez si vous voulez renvoyer (*to fire*) l'employé(e).

À l'écrit *étape finale*

50. Un conte de fées moderne

Le PDG a accepté votre idée ! Maintenant, il faut écrire votre conte ! Révisez et élaborez vos travaux d'écriture de ce chapitre (Activités 9-13, 9-28 et 9-39) et écrivez votre conte de fées moderne. Attention à l'usage des pronoms relatifs et de la voix passive.

Pour agir : LA PROVENCE !

Si vous voulez bouger et faire quelque chose pour mieux connaître la Provence, ou pour aider les autres à mieux connaître les cultures francophones, consultez la section **Pour agir** dans votre cahier électronique ! Il y a tant de choses à faire :

- **Vendez des sachets de lavande** et contribuez l'argent que vous gagnez à une organisation qui aide les jeunes en Provence.
- **Enseignez** ce que vous savez de la culture provençale à des enfants de l'école primaire. Lisez-leur des contes de fées français !
- **Entrez en contact** avec des francophones qui vivent dans votre communauté ou quelque part aux États-Unis.
- **Organisez un voyage** en Provence pour les prochaines vacances.
- **Cuisinez** ! Préparez un vrai repas provençal avec vos camarades de classe.

À suivre

Suivant les conseils de son directeur de thèse, Claire décide de passer quelque temps aux Archives coloniales mais ne trouve rien de nouveau en ce qui concerne Laclos et la Révolution haïtienne. Chaque jour, elle achète le journal et cherche l'article de Gilles sur la corruption dans le marché des livres anciens, mais on ne l'a pas encore publié. Elle essaie aussi de téléphoner à l'appartement de Jean-Louis à Paris, mais la ligne est toujours en panne. Après quelques semaines, ne faisant pas de progrès et presque sans argent, elle décide de quitter le soleil du sud de la France et de rentrer chez elle au Québec...

51. Qu'est-ce qui s'est passé ?

Pensez à ce qui s'est passé dans ce chapitre. Écrivez 6 phrases aux temps passés pour décrire les événements que vous pensez être les plus importants. Parlez de vos idées avec vos camarades de classe.

52. Qu'est-ce qui va se passer ?

Imaginez ce qui va se passer dans le dernier chapitre ! Écrivez 6 phrases et parlez de vos idées avec vos camarades de classe.

Les affaires

à but non-lucratif	*nonprofit (organization)*
actions *(f.)*	*shares of stock*
aléatoire	*risky, uncertain*
bénéfices *(f. pl.)*	*profits*
boulot *(m.)*	*job (slang)*
bourse *(f.)*	*stock exchange*
cadre	*executive*
chômage *(m.)*	*unemployment*
comptable	*accountant*
concurrence *(f.)*	*competition*
créances gelées *(f. pl.)*	*frozen assets*
entreprise *(f.)*	*company, business*
faire faillite	*to go bankrupt*
filiale *(f.)*	*subsidiary*
fournir	*to furnish, supply*
gérant(e)	*manager*
gestion *(f.)*	*management*
grève *(f.)*	*workers' strike*
gros lot *(m.)*	*jackpot*
investir	*to invest*
investissement *(m.)*	*investment*
maison *(f.)*	*company, firm*
marketing *(m.)*	*marketing*
marque *(f.)*	*brand*
patron(ne)	*boss*
PDG *(m.)*	*CEO*
placer (de l'argent)	*to invest (money)*
procès *(m.)*	*trial*
publicité *(f.)*	*advertising*
renvoyer	*to fire (an employee)*
rompu(e) aux affaires	*experienced in business*
secrétaire	*secretary*
service *(f.)* de ventes	*sales division*
siège *(m.)*	*headquarters*
société *(f.)*	*company, firm*

société anonyme *(f.)*	*public corporation*
succursale *(f.)*	*branch office*
sur-le-champ	*immediately*
technicien(ne)	*technician*
vendeur (-euse)	*salesperson*

Divers

bouche bée	*open-mouthed*
calé(e)	*smart, clever (slang)*
être fichu(e)	*to be done for, to have had it*
grave	*serious*
lettre morte *(f.)*	*worthless; a dead issue*
PCV (payable chez vous)	*collect call*
s'éloigner	*to distance oneself*
stupéfait(e)	*stunned*
tel(le)	*such*
TGV (train de grande vitesse)	*high-speed train*
vouloir dire	*to mean*

Décrire les circonstances

associé(e)	*associate*
contrefaçon *(f.)*	*forgery*
contrefaire	*to forge*
en partie	*partially, in part*
enquête *(f.)*	*inquiry, investigation*
fontaine *(f.)* de jouvence	*fountain of youth*
gâcher	*to spoil, to ruin*
mettre en lumière	*to bring to light, to expose*
parafe *(m.)*	*initials*
prétendu(e)	*so-called*
reporter *(m.)*	*reporter*
se déguiser	*to disguise oneself*

10 De retour au Québec

> L'arbre tombe toujours
> du côté où il penche.
> —proverbe québécois

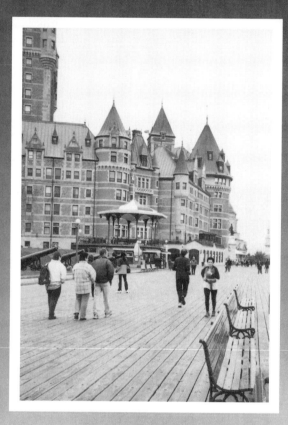

À la Terrace Dufferin, devant le Château Frontenac à Québec.

ℹ Culture

Le **Québec** est la plus grande province du Canada. **Jacques Cartier**, un explorateur français, a été le premier Français à parcourir, en 1534, cette région peuplée d'Amérindiens. Les Français ont nommé ce pays la Nouvelle France. En 1608, **Samuel de Champlain** a fondé la ville de Québec qui est aujourd'hui la capitale de la province, et en 1643, Paul de Chomedey a établi la colonie de Ville-Marie qui deviendrait la ville de Montréal. L'expansion française a continué jusqu'en 1759, date à laquelle les troupes françaises perdent une bataille importante contre les envahisseurs anglais sur les **Plaines d'Abraham**. À partir de cette date, le Québec devient la possession des Anglais et une province du Canada.

À lire

En descendant de l'avion à Montréal, Claire regarde la terre blanche de neige et entend l'accent familier de ses compatriotes. Elle est, enfin, de retour chez elle. Sa sœur Marie et ses parents l'attendent à l'aéroport et ils rentrent ensemble à la maison. La mère de Claire, qui s'inquiète toujours de la santé de sa famille, prépare un copieux repas, et la famille écoute Claire raconter tout ce qui s'est passé pendant son voyage. La jeune chercheuse a toujours des doutes et des questions. Comment est-ce que Jean-Louis a pu lui mentir ? Que savait-il du meurtre du bouquiniste ? Ira-t-il en prison ? Le manuscrit, était-il un faux ou un vrai Laclos ? Le reporter Gilles LaFfont, qui téléphone avec des nouvelles de Paris, va lui procurer les réponses qu'elle attendait tout en donnant naissance à d'autres questions...

Je me souviens

Avant de lire

1. Vos opinions sur la santé

Répondez aux questions suivantes. Discutez de vos réponses avec vos camarades de classe et n'hésitez pas à poser des questions supplémentaires si vous voulez en savoir plus.

1. Pensez-vous que la santé soit importante dans la vie ? Pourquoi ou pourquoi pas ? Y a-t-il d'autres aspects de la vie qui sont plus ou aussi importants ? Lesquels ?
2. D'après vous, que faut-il faire pour être en bonne santé : faire du sport ou de l'exercice, manger bien, être heureux, dormir assez ?
3. Allez-vous régulièrement chez le médecin et le dentiste ou y allez-vous seulement quand vous êtes malade ? Quelles sont les raisons pour lesquelles les gens évitent d'aller chez le médecin ou le dentiste ?
4. Faites-vous du sport régulièrement ? combien de fois par semaine ? pendant combien de temps ?
5. Aimez-vous participer à des compétitions sportives ? Pourquoi ou pourquoi pas ?

2. Les sports au Québec

Les sports d'hiver et d'été sont très populaires au Québec, où la topographie variée permet toutes sortes d'activités sportives. En voici quelques-unes des plus connues. En petits groupes, faites correspondre le nom d'un sport (*à gauche*) avec la description d'une activité sportive au Québec (*à droite*). Utilisez la carte du Québec afin de trouver les villes et régions dont il s'agit.

Sports	Activités sportives au Québec
1. le ski	a. À Ste-Anne, près du grand canyon et de la chute d'eau (*waterfall*), il y a des gens qui marchent sur les pistes (*trails*) à travers les bois et autour du canyon.
2. le kayak	b. Dans les rues de Montréal, en été, des gens font le tour de l'île sur un truc en métal avec deux roues qu'on peut faire avancer en poussant sur des pédales avec les pieds.
3. la planche à voile	c. À Baie-Ste-Catherine, sur le fleuve Saint-Laurent et près de l'estuaire Saguenay, des gens regardent les baleines de près, assis sur de petits bateaux étroits et tenant des pagaies (*paddles*) qu'on met dans l'eau pour avancer.
4. le hockey sur glace	d. À Magog, sur le Lac Memphrémagog, des gens balancent sur de grands morceaux de bois et tiennent des perches qui guident des morceaux de tissu dans le vent.
5. les randonnées	e. À Mont Tremblant, dans les Laurentides, les gens mettent beaucoup de vêtements chauds et glissent du haut d'une montagne jusqu'en bas sur deux longs morceaux de bois.

ℹ️ Langue

Quand on parle du Québec, il faut faire attention aux prépositions qu'on emploie pour distinguer entre la ville de Québec et la province du Québec. Pour **parler de la ville**, il faut préciser qu'on va **à** Québec ou qu'on vient **de** Québec. Pour **parler de la province**, on dit qu'on va **au** Québec ou on vient **du** Québec (*préposition + article défini*).

6. le vélo

f. Au Centre Molson, au centre-ville de Montréal, une foule regarde des gens qui glissent sur une surface d'eau gelée et utilisent des morceaux de bois pour projeter un petit palet noir dans un filet (*net*).

Langue

Connaissez-vous **les sports** suivants ? Lesquels avez-vous déjà essayés ? Lesquels voudriez-vous essayer ? Y a-t-il d'autres sports que vous aimez faire qui ne sont pas sur la liste ?

www **Pour aller plus loin : CULTURE**

ACTIVITÉ A : Apprenez plus au sujet des sports au Québec. Consultez votre cahier électronique !

- **Sports d'hiver :** le ski, le ski de fond (*cross-country skiing*), le patinage (*skating*), le hockey sur glace, le toboggan, l'escalade de glace (*ice climbing*), la raquette de neige (*snowshoeing*), la planche de neige (*snowboarding*)
- **Autres sports :** les randonnées, le jogging, le vélo (le cyclisme), le VTT (vélo tout-terrain), le golf, le tennis, le foot, la natation, le surfing, la planche à voile (*windsurfing*), le ski nautique, le kayak, le canoë (le canot, au Québec), le football américain, la marche, l'équitation (*horseback riding*), le basket, le baseball, le patin en ligne (*inline skating*)

Notez qu'en français, on emploie souvent le verbe **faire** avec les sports (faire du vélo, faire du ski, faire du cheval). Pourtant, avec des sports d'équipe et avec quelques sports où il y a des compétitions, on utilise le verbe **jouer** (jouer au golf, jouer au foot).

3. Qu'est-ce qu'il a dit ?

Avant de parler avec sa famille, Claire pense à tout ce qui s'est passé ces trois derniers mois. Il lui semble que plusieurs personnes lui ont menti. Pour chaque phrase, indiquez si Claire parle de Jean-Louis Royer ou de Gilles LaFfont.

www **Pour aller plus loin : CULTURE**

ACTIVITÉ B : Voulez-vous explorer la ville de Montréal ? Consultez votre cahier électronique !

1. Au début, il a dit qu'il avait travaillé comme barman, mais plus tard il a avoué qu'il travaillait pour un antiquaire.
2. Il répétait tout le temps que le marché des livres anciens était un commerce dangereux.
3. Il m'a dit au début qu'il était détective de police.
4. Un jour, il a annoncé qu'il publierait un article sur l'affaire du faux manuscrit.
5. Il a affirmé que son patron revendrait le manuscrit à un collectionneur.
6. Il a dit qu'il était surpris d'apprendre que le manuscrit n'était pas de Laclos.

 LECTURE : *« Je me souviens »*

Rentrée chez ses parents à Montréal, Claire se sent finalement chez elle. Après avoir mangé une bonne tourtière que sa mère a préparée pour fêter son retour au Québec, Claire et sa famille s'asseyent autour de la cheminée avec leurs cafés. Lorsque la neige tombe dehors, Claire commence à parler de ses aventures. Marie essaie de comprendre ce que sa sœur a éprouvé, et elle a beaucoup de questions. Claire pense aux événements, et elle devient émue. Plus elle parle de ses souvenirs, plus elle a mal à la tête et mal à la gorge.

CLAIRE : Rien n'était comme je l'avais imaginé avant mon départ. Deux ans auparavant, à l'université de Sainte-Foy, j'avais lu cet article que mon professeur m'avait suggéré. Il se trouvait dans une revue littéraire où on mentionnait un manuscrit perdu de Laclos. L'année d'après, quand j'ai trouvé à la Bibliothèque nationale de Paris une lettre de Laclos à un certain François Fontenot, dans laquelle il décrit un paquet envoyé à ce dernier, j'ai cru avoir résolu le mystère. Enfin, je me suis dit que j'irais à la Nouvelle-Orléans au mois d'août, que j'y trouverais le manuscrit, que je l'étudierais et que je rentrerais à Québec en septembre pour écrire ma thèse.

MARIE : Nous t'avons averti que la Nouvelle-Orléans serait un endroit dangereux.

CLAIRE : Mais, cette ville n'était pas plus dangereuse qu'une autre. Mon hôtelier, Philippe Aucoin, était très sympa, et Sandrine Fontenot-Chardin était charmante. C'est elle qui m'a raconté l'histoire du manuscrit hérité de son ancêtre François Fontenot. Il est vrai, pourtant, qu'elle m'a dit de me méfier des inconnus, et je ne l'ai pas fait.

MARIE : Tu parles de Jean-Louis ?

CLAIRE : Oui… au début, j'ai pensé qu'il voulait sortir avec moi. Mais je crois maintenant qu'il est venu à la Nouvelle-Orléans exprès pour me rencontrer. Il voulait se servir de moi pour authentifier le manuscrit contrefait. Et il m'a menti plusieurs fois. Il m'a dit qu'il était barman, et puis plus tard, à Paris, il m'a avoué qu'il travaillait pour un antiquaire. J'aurais dû comprendre qui il était ! (*Elle éternue et se mouche.*)

MARIE : À tes souhaits. Tu vas bien ? Tu as l'air un peu pâle.

CLAIRE : Ça va. C'est que je suis à bout de nerfs. Comment Jean-Louis a-t-il pu me mentir autant ? Quelle idiote ! Comme j'ai pu être naïve ! Savait-il depuis le début que j'irais chez le bouquiniste Gustave à Paris et que ce bouquiniste nous enverrait chez Monsieur Thibodeau ? Mais comment est-ce possible ? Je suis sûre que Sandrine m'a dit la vérité à propos du manuscrit. Je n'arrive pas à saisir comment Jean-Louis aurait tout organisé comme cela. Quand nous étions en Suisse, dans son chalet, il avait l'air si sincère. J'ai vraiment cru qu'il voulait m'aider avec ma thèse et qu'il s'intéressait à la littérature. Est-ce possible qu'il ait collaboré avec Nicolas Gustave et des contrefacteurs, qu'il ait trahi son patron, qu'il ait payé Sandrine pour mentir ? Et maintenant le pauvre Nicolas Gustave est mort. Est-ce que Jean-Louis a commandité ce meurtre ? Ira-t-il en prison ? Ah ! l'angoisse…

MARIE : Mais, comment as-tu deviné finalement que Jean-Louis avait tout manigancé ?

CLAIRE : En discutant avec Gilles LaFfont, le reporter dont je t'ai parlé. Il a un informateur qui lui a dit qu'un vendeur de livres anciens collaborait avec des bouquinistes et des contrefacteurs. Pourtant, Gilles, lui aussi, m'a menti. Il a prétendu au début qu'il était détective de police.

MARIE : Et tu es absolument sûre que le manuscrit que Jean-Louis a acheté à Monsieur Thibodeau à Dakar était un faux ?

CLAIRE : Je ne suis sûre de rien. Quand j'ai découvert l'anachronisme, et que je l'ai révélé à Jean-Louis, nous étions assez certains que ce n'était pas un roman de Laclos. Et pourtant, mon directeur de thèse, le Professeur Thuillier, m'a dit qu'un anachronisme ne prouve rien. Alors, que penser maintenant ?

MARIE : Je ne sais pas, mais j'ai une question. Comment Jean-Louis a-t-il pu savoir que tu cherchais le manuscrit perdu de Laclos en Louisiane en août ? L'article que tu as lu sur le manuscrit a été publié il y a trois ans. Il t'a fallu une année pour trouver le nom de François Fontenot, et tu es partie pour la Nouvelle-Orléans une année après cela. C'est vraiment trop. Je crois que ta rencontre avec Jean-Louis a dû être une vraie coïncidence.

CLAIRE : Belle coïncidence ! Alors, je suis naïve et malchanceuse. (*Elle renifle.*) Écoute, tu as raison. Ça ne va pas très fort. Je suis un peu déprimée et un peu enrhumée aussi, je crois. Je vais me coucher et essayer d'oublier tout cela. Si je me sens mieux demain, nous pourrons aller faire du ski. Cela me fait toujours du bien.

Que ce soit à cause de la fatigue du voyage, du stress de sa thèse ou d'un petit rhume, Claire ne le sait pas, mais elle est tombée malade. Se sentant un peu fiévreuse à la fin de la conversation, elle décide de prendre quelques comprimés et de se mettre au lit…

VOCABULAIRE

Décrire son état

ému(e)	*emotional; moved; upset*	un rhume	*a cold*
mal à la gorge	*sore throat*	fiévreux (-euse)	*feverish*
éternuer	*to sneeze*	un comprimé	*tablet, lozenge*
se moucher	*to blow one's nose*		
à tes souhaits	*in American, "Bless you !"*	**Divers**	
être à bout de nerfs	*to have frazzled nerves*	la tourtière	*a meat pie (reg. Québec)*
renifler	*to sniffle*	exprès	*on purpose*
déprimé(e)	*depressed*	saisir	*to grasp, understand*
enrhumé(e)	*sick with a cold*	trahir	*to betray*
faire du bien à qqn	*to do good; to make someone feel better*	manigancer	*to plot*
tomber malade	*to get sick*	jurer	*to swear*
		prétendre que	*to claim that*

Après avoir lu

4. Avez-vous compris ?

Répondez aux questions suivantes. Justifiez vos réponses en citant le texte.

1. Pourquoi est-ce que Claire est allée à la Nouvelle-Orléans en août ? À votre avis, est-ce que la rencontre de Jean-Louis et Claire était une coïncidence ? Pourquoi ou pourquoi pas ?
2. Est-ce que l'histoire que Sandrine a racontée à Claire à propos du manuscrit était la vérité ou est-ce que Jean-Louis l'a payée pour qu'elle l'invente ? Qu'en pense Claire ? Qu'en pensez-vous ?
3. Jean-Louis et Gilles LaFfont, tous les deux, ont menti à Claire. Pourquoi est-ce que chacun a menti ? Quelles étaient leurs motivations ?
4. Décrivez l'état physique et émotif de Claire. Est-ce une réaction normale au stress ? Devrait-elle aller chez le médecin ? Pourquoi ou pourquoi pas ?

5. D'accord ou pas d'accord ?

Indiquez si vous êtes d'accord ou pas avec les phrases suivantes, d'après votre compréhension du récit. Justifiez vos opinions en citant le texte, si possible. Discutez de vos réponses avec la classe.

	D'accord	Pas d'accord
1. Claire est heureuse et en bonne santé.	_____	_____
2. Elle comprend pourquoi Jean-Louis lui a menti.	_____	_____
3. Jean-Louis a commandité le meurtre de Nicolas Gustave.	_____	_____

4. Le manuscrit était un faux.
5. La rencontre de Claire et Jean-Louis à la Nouvelle-Orléans était une vraie coïncidence.

_____ _____

i Langue

Connaissez-vous les maux, les états, les symptômes et les remèdes suivants ?

- **Maux typiques** avoir un rhume/être enrhumé, avoir la grippe (*flu*), avoir des allergies / être allergique à quelque chose, avoir une bronchite (*bronchitis*), avoir mal au cœur (*nausea*), être atteint(e) de l'arthrite/de rhumatisme (*rheumatoid arthritis*), avoir une carie dentaire (*a cavity in a tooth*), avoir la gueule de bois (*a hangover*), avoir une infection, avoir un coup de soleil (*sunburn*), avoir une migraine
- **Maux sérieux** avoir un cancer, une crise cardiaque, une maladie du cœur (*heart disease*), une attaque d'apoplexie (*stroke*), une pneumonie, le SIDA (*AIDS*)
- **États physiques** être en forme, être en bonne santé, être enceinte (*pregnant*), être fumeur, avoir le bras cassé, se casser le bras (la jambe, le doigt, etc.), se fouler la cheville/la poignée (*to sprain one's ankle/wrist*), être contagieux (*contagious*)
- **Symptômes** avoir mal à la tête (à l'oreille, à l'estomac, à la gorge, aux dents, etc.), éternuer, renifler, avoir le nez qui coule, avoir la toux, tousser, frissonner (*to shiver*), avoir de la fièvre, se sentir froid (chaud, mal à l'aise, bizarre, etc.), avoir des crampes / des courbatures (aux muscles), avoir la nausée, avoir une inflammation, ne pas avoir d'appétit, avoir le vertige (*to be dizzy*), être paralysé, être fatigué, avoir une démangeaison (*to have an itch / be itchy*), avoir du mal à respirer (parler, bouger, marcher, etc.)
- **Remèdes** un comprimé, une aspirine, un sirop, un médicament, une crème, des vitamines, du repos, de l'activité physique, des liquides (de la soupe au poulet, du jus d'orange), un plâtre (*cast*), des béquilles (*crutches*), l'hospitalisation

6. La santé

Regardez les mots de vocabulaire qui suivent. Dans chaque ligne, il y a un mot qui cloche avec les trois autres. Entourez le mot qui ne va pas avec les autres et essayez d'expliquer pourquoi. Attention ! Il y a parfois plusieurs bonnes réponses. Il faut justifier votre choix !

1. déprimé	enrhumé	pâle	fiévreux
2. renifler	éternuer	se moucher	tousser
3. sportive	active	en forme	enceinte
4. dormir	se mettre au lit	se reposer	se coucher
5. un médecin	un dentiste	un chirurgien	un pédiatre (*pediatrician*)

7. Des symptômes

Beaucoup des amis de Marie sont malades en ce moment. Elle décrit leurs symptômes. Avec un partenaire, essayez de deviner la maladie typique ou l'état physique de ses amis, et ensuite suggérez un remède.

1. Paul m'a dit qu'il était tombé en faisant du ski hier et qu'il s'était fait mal à la cheville.
2. Aurélie m'a avoué qu'elle avait la nausée chaque matin et qu'elle se sentait un peu bizarre.

ℹ️ Culture

La province de Québec, la plus grande des 10 provinces et 3 territoires canadiens, est trois fois la taille de la France. Dans cette grande région, on trouve 11 nations **autochtones** (c'est-à-dire des peuples amérindiens). Parmi eux sont les Hurons, les Iroquois et les Inuits. Depuis l'arrivée des Français au 16ème siècle, ces peuples autochtones partageaient avec les Européens leurs connaissances de la terre et des eaux. En échange, les Européens faisaient du commerce avec les autochtones. Les **industries principales** à cette époque étaient la pêche, la pêche à la baleine et la traite de la fourrure de castor. De ce point de vue, les échanges entre les autochtones et les colonisateurs français étaient mutuellement profitables. Pourtant, les Européens ont aussi amenés avec eux des **maladies infectieuses** qui ont tué une grande partie de la population indigène. Au 19ème siècle, les autochtones ont été poussés plus au nord de la province ou bien sur des réserves, lorsque les Français ont voulu développer le commerce du bois, commerce qui dépendait du fleuve Saint-Laurent et qui a entraîné le développement des villes dans le sud de la province.

Pour aller plus loin : LITTÉRATURE

ACTIVITÉ C : Lisez un extrait du *Malade imaginaire* de Molière ! Consultez votre cahier électronique !

Une pharmacie à Québec.

3. Benoît et Georges me disent toujours qu'ils ont mal à la tête, qu'ils ont la nausée et qu'ils sont fatigués le matin après un grand match de hockey.
4. Grand-mère me dit qu'elle a mal aux mains et aux genoux quand il pleut.
5. Sophie m'a dit ce matin qu'elle avait toussé et reniflé toute la nuit, mais qu'autrement elle se sentait bien.
6. Louis-Philippe explique qu'il frissonne, qu'il n'a pas d'appétit et qu'il a de la fièvre.

8. Des maladies

En petits groupes, imaginez les symptômes qu'on pourrait avoir si on avait les maladies suivantes.

1. une allergie aux chats
2. un rhume
3. l'arthrite
4. une carie dentaire
5. une bronchite
6. une migraine

9. Allô ?

Claire ne va pas directement au lit. Il y a quelque chose qui la gêne. Elle veut poser une question à Sandrine Fontenot-Chardin et elle ne veut pas attendre. Donc, elle lui téléphone. Choisissez une des expressions entre parenthèses et lisez le dialogue à haute voix avec un partenaire. Quand vous voyez ???, vous pouvez imaginer votre propre expression.

SANDRINE : Allô ?

CLAIRE : Madame Fontenot-Chardin ? Excusez-moi de (vous téléphoner / vous déranger) si tard. C'est Claire Plouffe, l'étudiante qui est venue vous voir en août. Vous allez bien ?

SANDRINE : Mademoiselle Plouffe ! Quelle (bonheur / surprise) ! Je suis si (contente / heureuse / ???) d'entendre votre voix. Je pense souvent à vous. Ici, tout va à merveille. Je suis en pleine forme. Et vous ? (Tout va bien / Ça ne va pas / ???) ?

CLAIRE :	Enfin, ça ne marche pas très fort en ce moment. (*Elle se mouche*) Excusez-moi. J'ai un petit rhume, et… enfin… Ça pourrait aller mieux. (*Elle renifle.*)
SANDRINE :	Oh, mais ! Vous pleurez ? (Qu'est-ce qui se passe ? / Qu'avez-vous ?)
CLAIRE :	Je ne sais pas ce que j'ai… J'ai peur. Je suis (triste / angoissée / ???). J'ai des frissons. J'aurai peut-être besoin de (tranquillisants / médicaments / être hospitalisée) à cause de ce maudit manuscrit.
SANDRINE :	Vous exagérez, j'en suis sûre. Dites-moi ce qui ne va pas. N'avez-vous pas réussi à trouver le manuscrit de Laclos (en France / à Paris / chez le bouquiniste) ?
CLAIRE :	Si, je l'ai trouvé à Dakar, mais on croit que c'est (un faux / une contrefaçon). J'ai rencontré un reporter de Paris qui m'a dit que le manuscrit avait été contrefait et que l'homme qui m'avait aidé à le trouver était un grand criminel.
SANDRINE :	(C'est incroyable ! / Oh là là ! / ???) Alors, ce n'était pas le manuscrit que mon grand-père avait vendu à Monsieur Gustave ?
CLAIRE :	(Alors / Eh bien / ???), est-ce que l'histoire que vous m'avez racontée est vraie ?
SANDRINE :	(Bien sûr / Certainement / ???), mais je ne vous ai raconté que ce que mes parents et mes grand-parents m'ont toujours dit. Je n'ai jamais vu le manuscrit de mes propres yeux.
CLAIRE :	Et vous n'avez jamais parlé avec un Jean-Louis Royer ? Il ne vous a pas demandé (de mentir / d'inventer cette histoire) ?
SANDRINE :	(Bien sûr que non ! / Absolument pas ! / ???)
CLAIRE :	J'en étais sûre, mais je devais quand même vous poser la question. Merci beaucoup, Madame.

Comment dire   *exprimer les émotions (le bonheur et la tristesse)*

To express happiness
Quel bonheur ! / Quelle joie ! / Quel honneur ! / Quelle surprise !
Je suis si heureux (-euse) / content(e) / satisfait(e) de…
Je suis ravi(e) d'entendre que… / J'en suis ravi(e).
Je me sens bien. / Je suis en forme. / Je suis en pleine forme.
Ça va bien / très bien / parfaitement bien / super-bien.
La vie est belle ! / Tout va à merveille ! / Le moral remonte.
Ça marche très fort. / Ça ne va pas mal du tout !

To express sadness
Je suis triste / angoissé(e) / déprimé(e) / troublé(e) / malade.
C'est la déprime totale. / J'ai le cafard (*the blues*).
Ça ne va pas du tout. / Ça va mal ! / Ça pourrait aller mieux.
Ça ne marche pas très fort. / Je ne sais pas ce que j'ai.
Je pleure. / Je panique. / Je perds la tête. / J'ai peur de tout.
J'en ai assez. / J'en ai marre. / Rien ne va.

ℹ Langue

Vous rappelez-vous la conjugaison des verbes **naître** et **mourir** ?

- **naître** : je nais, tu nais, il/elle/on naît, nous naissons, vous naissez, ils/elles naissent; la plupart du temps utilisé au *passé composé* : je suis né(e)
- **mourir** : je meurs, tu meurs, il/elle/on meurt, nous mourons, vous mourez, ils/elle meurent; souvent utilisé au *passé composé* : il est mort, elle est morte

Notez les synonymes et autres verbes associés à ceux-ci. Pour parler de la naissance, on peut dire : donner naissance à un bébé, accoucher (*to give birth*), ou arriver au monde. L'expression «être décédé(e)» est un synonyme de l'expression «être mort(e)».

ℹ️ Culture

Les **Jeux Olympiques** sont des compétitions sportives internationales qui, chez les Grecs, se célébraient tous les quatre ans. Un Parisien, **Pierre de Coubertin**, a rénové les Jeux Olympiques en 1893. Aujourd'hui, le Comité International des Jeux Olympiques organise les jeux tous les deux ans partout dans le monde. Les deux langues officielles des Jeux Olympiques sont l'anglais et le français. Le Stade Olympique à Montréal, construit pour les jeux de 1976, se trouve sur l'avenue Pierre-de-Coubertin et offre une vue spectaculaire de la ville et des montagnes au nord.

ACTIVITÉ D : Apprenez un peu plus sur les jeux Olympiques. Consultez votre cahier électronique !

ACTIVITÉ E : Écoutez de la musique québécoise. Elle remonte le moral ! Consultez votre cahier électronique !

10. À vous

Avec un partenaire, imaginez que vous êtes dans les situations suivantes. Êtes-vous heureux(-se) ou triste ? Choisissez des expressions diverses pour chaque situation.

1. Vous alliez faire du kayak avec votre ami, mais il n'arrête pas de pleuvoir.
2. Des amis vous invitent à passer le weekend avec eux dans une station de ski dans les Laurentides.
3. Votre boa (*snake*) est mort, et vous êtes inconsolable.
4. Votre patron doit renvoyer dix employés à cause de la crise économique. Vous êtes un(e) de ces employé(e)s !
5. Votre meilleure amie vient d'accoucher : Ce sont des jumeaux !
6. Votre ami vient de gagner la médaille d'or aux Jeux Olympiques !

11. Comment allez-vous ?

Avec un partenaire, ou en petits groupes, regardez les événements suivants. À votre tour, choisissez au hasard un des événements et décrivez les émotions que vous ressentiriez à ce moment-là. Les autres vont essayer de deviner quel événement vous avez choisi.

votre anniversaire	le jour où vous tombez malade	après avoir fait du sport
un accident de ski	quand vos allergies sont au pire	le mariage de votre ami
le début d'un voyage	le jour où votre fiancé(e) vous quitte	lundi matin
quand il fait beau	quand vous recevez une promotion	la naissance de votre enfant
quand il pleut	le jour où votre chien est mort	après un bon concert

12. Êtes-vous malade ?

Sur une feuille de papier, écrivez le nom d'une maladie typique chez les étudiants. Ensuite, pliez votre papier et échangez-le au hasard avec un(e) autre étudiant(e). Puis, circulez dans la salle de classe et décrivez les symptômes que vous avez et les émotions que vous ressentez sans dire le nom de votre maladie. Si une personne diagnostique (*diagnoses*) correctement votre maladie, faites-la signer votre papier; si l'étudiant(e) ne devine pas bien, passez à quelqu'un d'autre. Essayez d'offrir le bon diagnostic à autant de personnes que possible !

À l'écrit *première étape*

13. À votre santé !

Choisissez un des personnages du texte (mais pas Claire !). Décrivez brièvement la santé de ce personnage (physique et psychique, sports pratiqués, maladies, préférences alimentaires, mauvaises habitudes) en imaginant la vie de cette personne. Inventez tout ce que vous ne savez pas de cette personne. Ensuite, faites la même chose pour décrire votre santé et vos habitudes. Échangez vos descriptions avec celles d'un(e) camarade de classe. Vérifiez que votre partenaire a bien décrit ses idées, faites des corrections possibles et réagissez à ce que vous lisez en ajoutant des commentaires en bas de page.

De retour au Québec **299**

Le choc

ℹ Culture

Fiers de leur langue et de leurs traditions, mais souffrant de leur statut minoritaire au cours de deux siècles (de la défaite sur les Plaines d'Abraham au 18ème siècle jusqu'aux bouleversements du 20ème siècle), les Québécois francophones voient une renaissance culturelle et une nouvelle activité politique dans les années 1960. On appelle cette renaissance, qui a mené au mouvement indépendantiste, la **Révolution tranquille**. Les séparatistes québécois, pourtant, ont été battus par les fédéralistes (ceux qui veulent que le Québec reste une province du Canada) aux référendums de 1980 et de 1995. Aujourd'hui, la question de l'indépendance de la province reste d'actualité.

Structures   *les adjectifs et pronoms indéfinis*

14. Chacun pour soi !

Le lendemain matin, Claire se lève et rencontre sa mère dans la cuisine. Celle-ci essaie de soulager sa fille en répétant quelques proverbes et expressions françaises. Regardez les mots en **caractères gras** et indiquez si ces mots sont des **adjectifs** ou des **pronoms** indéfinis. Quelles sont les différences que vous remarquez ? Pouvez-vous décrire comment employer les adjectifs et les pronoms indéfinis en analysant ces exemples ?

> **Chacun** a son goût, dit la vieille dame en embrassant sa vache !
> **Chacun** sait ce qui bout dans sa marmite.
> **Chaque** chaudron trouve son couvercle.
> À **chaque** cour son traître.
> **Tout** est bien qui finit bien.
> **Toute** vérité n'est pas bonne à dire.
> **Tout** le monde sait être sage après le coup.
> Dans **toutes** les entreprises, il y a un moment difficile.
> **Tout** vient à point à qui sait attendre.

Comment faire   *les adjectifs et pronoms indéfinis*

Indefinite adjectives and pronouns (**les adjectifs et pronoms indéfinis**) are used to indicate a subject or describe a person or thing that is unspecified. There are a number of common indefinite adjectives and pronouns, including :

	Adjectives	Pronouns
each / each one	chaque	chacun(e)
any / any one	n'importe quel	n'importe lequel (laquelle etc.)
several	plusieurs	plusieurs
every, all / everything, all	tout(e), tous / toutes	tout(e), tous / toutes
some / someone, a few, something	quelque(s)	quelqu'un, quelques-un(e)s, quelque chose

The *indefinite adjectives* must agree with the noun they modify. Note, however, that there are invariable indefinite adjectives, such as **chaque** (always used in the singular) and **plusieurs** (always used in the plural).

- Examples : **Chaque** chaudron trouve son couvercle. **Toute** vérité n'est pas bonne à dire.
- **Note** that the final **s** of **tous** is *not* pronounced when it is an adjective : Elle fait du ski tous les jours.
- **Note** that the negative expression **ne... aucun(e)** (*not any*) can also function as an *indefinite adjective* : Il n'y a aucune compétition sportive à la télé.

The *indefinite pronouns* agree with the nouns they replace. However, when the noun being replaced is not specified, the masculine singular is used.

- Examples : **Tout** est bien qui finit bien. **Chacun** sait ce qui bout dans sa marmite.

ℹ Langue

Le mot **tout** peut aussi fonctionner **comme adverbe**. C'est à dire qu'il modifie un verbe, un adjectif ou un autre adverbe. Comme adverbe, il est invariable, sauf devant un adjectif féminin qui commence par une consonne ! Par exemple : Claire est **tout** émue. Ses parents sont **tout** contents de la voir. *mais* : Sa sœur est **toute** contente de la voir aussi.

WWW **Pour aller plus loin :** **CULTURE**

ACTIVITÉ F : Apprenez un peu plus sur la littérature québécoise. Consultez votre cahier électronique !

- **Note** that the final **s** of **tous** is pronounced when it is a pronoun : Tou**s** sont arrivés à la fois.
- **Note** that the pronoun **tout** is often followed by the *indefinite relative pronouns* **ce qui**, **ce que,** or **ce dont** : Tout ce qui brille n'est pas or.
- **Note** that the expression **n'importe** can be used in several other ways : **n'importe comment** (*anyway*), **n'importe où** (*anywhere*), **n'importe quand** (*anytime*), **n'importe qui** (*anybody*), **n'importe quoi** (*anything*), **n'importe lequel** (*anyone*)
- **Note** that the negative expressions **ne... rien** and **ne... personne** can function as *indefinite pronouns* : Rien ne m'intéresse. Personne ne me connaît.

15. Toute fâchée !

Claire essaie d'écrire un message à Jean-Louis, mais décide finalement de ne pas l'envoyer. Lisez le message et remplissez les blancs avec un des **adjectifs indéfinis** suivants : **chaque, n'importe quel, plusieurs, tout** ou **quelque**. Utilisez chaque adjectif une fois. N'oubliez pas de faire l'accord.

Cher Jean-Louis :

Salut, traitre. _____ fois que je pense à ce qui s'est passé, je deviens de plus en plus en colère. Il y avait _____ signes que tu en savais plus que tu ne voulais l'avouer. Il y avait aussi _____ coïncidences bizarres, comme notre rencontre à la Nouvelle-Orléans. Et quelle chance pour toi que je ne cherchais pas _____ manuscrit ancien, mais que je cherchais le manuscrit que tu avais contrefait ! Mais comment as-tu pu organiser _____ cela ? Comment as-tu pu agir ainsi envers moi ?

16. N'importe quoi

Claire est interrompue par sa sœur. Remplissez les blancs avec un des **pronoms indéfinis** suivants : **chacun, n'importe lequel, plusieurs, tout** ou **quelque chose**. Utilisez chaque pronom une fois. N'oubliez pas de faire l'accord.

MARIE : Tu te sens mieux aujourd'hui ? À quelle station de ski veux-tu aller ? À Mont Tremblant ?

CLAIRE : _____ ! Ça m'est égal. À vrai dire, je ne suis pas d'humeur à faire du ski aujourd'hui. As-tu _____ à lire ? Un roman, par exemple. Je veux me distraire.

MARIE : Quel type de roman veux-tu ? Dans cette maison, _____ lit un genre différent. Veux-tu un roman policier ? Il y en a _____ dans ma chambre.

CLAIRE : Ah, non ! Pas ça ! Ma vie est un roman policier ! _____ ce que je veux c'est d'oublier le passé.

MARIE : Vraiment ? Tu ne veux pas savoir ce qui se passera quand l'article de Gilles LaFfont sera publié ?

CLAIRE : Oui et non. Je sais déjà le résultat.

17. Et tout tout !

Avec un partenaire, inventez vos propres proverbes ! Utilisez les proverbes de l'Activité 10-14 comme exemples. Faites trois phrases en employant les **adjectifs et pronoms indéfinis**. Ensuite, lisez vos proverbes à vos camarades et expliquez leur sens. Votez pour le meilleur proverbe !

MODÈLE : **Chacun** sait ce qui est dans son frigo.
Tout ce qui est mouillé n'est pas eau.

Avant d'écouter

18. Avant le choc

Voici quelques événements choquants dont parlent les parents de Claire. Imaginez pourquoi on trouve ces choses choquantes. Discutez de vos idées avec vos camarades de classe.

1. «Monsieur Côté est rentré à 2 heures du matin le weekend dernier !»
2. «Solange n'a jamais reçu son diplôme universitaire !»
3. «La police a arrêté le fils de Benoît devant le magasin.»
4. «Camille Rouget sert des produits congelés.»

ACTIVITÉ G : Apprenez un peu plus sur les traditions québécoises en visitant le site du musée de la Civilisation à Québec. Consultez votre cahier électronique !

À L'ÉCOUTE : *Le choc*

Deux jours plus tard, le téléphone sonne chez la famille Plouffe à Montréal. On appelle Claire. C'est Gilles LaFfont qui téléphone de Paris avec des nouvelles. Il admet qu'il a eu tort…

Regardez le vocabulaire qui suit, et puis **écoutez le dialogue sur votre CD.**

VOCABULAIRE

Décrire les circonstances

faux	*wrong (also, fake)*	affreux	*atrocious*
ébruiter	*to leak (news, information)*	de bon cœur	*with sincerity, sincerely*
une trouvaille	*a find*	être abasourdi(e)	*to be flabbergasted*
soupçonner	*to suspect*	tout s'explique !	*everything makes sense !*
un amateur de livres	*a book lover*	une bêtise	*a mistake, gaffe*
quelle horreur !	*how horrible !*	un procès	*a trial*

 Culture

La seule langue officielle du Québec est le français. La **Loi 101**, qui date de 1977, établit le français comme langue officielle. Pourtant, le Canada a deux langues officielles : l'anglais et le français. Quoique le Québec ait le plus grand nombre de francophones parmi toutes les provinces canadiennes, on trouve une présence francophone importante dans d'autres provinces, notamment en Ontario et au Nouveau-Brunswick. Les services sociaux sont offerts en anglais et en français partout au Canada afin de ne jamais manquer aux besoins des deux groupes linguistiques.

Après avoir écouté

19. Avez-vous compris ?

Après avoir écouté le dialogue, répondez aux questions suivantes.

1. Pourquoi est-ce que Gilles dit que Monsieur Rolland est coupable (*guilty*) ? Qu'est-ce qu'il a fait ?
2. Quel a été le rôle de Jean-Louis dans l'affaire du faux manuscrit de Laclos ? Quel a été le rôle de Nicolas Gustave ? Et le rôle du Professeur Thuillier ? Et le rôle de Claire ?
3. Qu'est-ce qui se serait passé si Nicolas n'avait pas vendu le manuscrit avant l'arrivée de Jean-Louis et Claire ? Et si Claire n'avait pas trouvé l'anachronisme, comment se serait terminée l'histoire ? (Attention à l'usage du conditionnel passé !)
4. Pourquoi est-ce que Gilles et Jean-Louis essaient de protéger l'anonymité de Claire ?
5. Que pensez-vous de ce que Gilles raconte à Claire ? Êtes-vous choqué(e) ? Pourquoi ou pourquoi pas ?

20. D'accord ou pas d'accord

Après avoir écouté le dialogue, lisez les phrases suivantes et donnez votre opinion. Discutez en petits groupes.

	D'accord	Pas d'accord
1. Jean-Louis est coupable (*guilty*).	_____	_____
2. Monsieur Rolland est innocent.	_____	_____
3. Claire est choquée quand elle entend les nouvelles.	_____	_____
4. Gilles dit que Claire a été la dupe de son professeur.	_____	_____
5. Claire va continuer à travailler avec Thuillier.	_____	_____

Comment dire   *exprimer les émotions (le choc, la peur et la colère)*

To express shock   Mais non ! / Ce n'est pas vrai ! / Ce n'est pas possible ! / Je n'arrive pas à le croire !
Je suis complètement surpris(e) / choqué(e) / abasourdi(e) !
C'est impossible / incroyable / sans précédent / historique !
Quel choc ! / Quelle surprise ! / Quel cauchemar (*nightmare*) !
Je ne sais pas… quoi dire / quoi faire / qui appeler / où aller !

To express fear   J'ai peur ! Je panique ! J'ai le trac ! J'ai la trouille ! (*familier*)
J'ai peur que (+ *subjonctif*) / J'ai peur de (+ *infinitif*) / J'ai horreur de (+ *infinitif*)
Ça m'inquiète vraiment ! / C'est épouvantable ! / C'est aberrant !
Tu me fais peur ! / Quelle angoisse !

To express anger   Je suis fâché(e) / en colère / troublé(e) / hors de moi (*beside myself*) !
Je suis fâché(e) que (+ *subjonctif*) / fâché(e) contre…
Je me suis mis(e) en colère quand… / Cela m'agace !
Non, non et non ! / Je n'en peux plus ! / C'est fini ! / J'en ai assez !

21. Que dites-vous ?

Qu'est-ce qu'on peut dire pour s'exprimer dans les situations suivantes ? Avec un partenaire, indiquez vos réactions.

1. Quelqu'un a volé la voiture de votre voisin(e) !
2. Votre professeur de français démissionne suite à un scandale : Il/elle est accusé(e) d'avoir accepté de l'argent en échange de bonnes notes.
3. Un ami québécois téléphone pour vous inviter à faire de l'escalade de glace avec lui cet hiver. C'est un sport assez dangereux et vous en avez peur.
4. Votre fiancé(e) annonce qu'il/elle ne vous aime plus !
5. Vous vous sentez malade, et vous craignez d'aller chez le médecin.
6. Vous venez d'aller chez le médecin. La visite a duré 10 minutes. Il vous a dit que vous êtes en bonne forme. Ensuite, vous devez lui verser une somme d'argent considérable !

Pour aller plus loin : CINÉMA

ACTIVITÉ H : Regardez le film québécois *Bonheur d'occasion*, basé sur le roman du même nom de Gabrielle Roy. Consultez votre cahier électronique !

22. Exprimez-vous !

Sur une feuille de papier, écrivez une phrase pour décrire un événement choquant ou bizarre (réel ou imaginaire). Ensuite, pliez vos papiers et échangez-les au hasard. Lisez le papier que vous recevez et circulez dans la salle de classe en décrivant ce qui s'est passé et en exprimant vos émotions. Vos camarades vont réagir en exprimant leurs émotions. Essayez de parler avec autant de personnes que possible !

À l'écrit *deuxième étape*

23. À votre santé !

Vous décidez de téléphoner au personnage que vous avez décrit et de lui parler de la santé et de vos sentiments. Révisez vos descriptions de votre santé et de la santé du personnage que vous avez choisi, et imaginez un dialogue entre vous et cette personne. Parlez de votre santé, des maladies que vous avez, des sports que vous faites, et donnez-lui des conseils pour se maintenir en forme et en bonne santé. Bien sûr, vous voulez exprimer vos émotions aussi. Finalement, avec un partenaire, révisez vos dialogues et lisez-les à haute voix.

En fin de compte

Structures le discours indirect

Une enseigne historique à la Place Royale à Québec.

24. Qu'est-ce qu'il a dit ?

Au moment où Claire raccroche le téléphone, Marie veut tout savoir. Lisez la conversation suivante dans laquelle Claire raconte ce que Gilles lui a dit. Claire va employer le discours indirect pour rapporter les paroles que Gilles lui a dites au téléphone. Dans chaque **phrase originale**, soulignez le verbe et indiquez le temps utilisé. Dans chaque **phrase de la conversation** où Claire utilise le discours indirect, soulignez le verbe subordonné (de la phrase répétée) et indiquez le temps utilisé. Ensuite comparez-les ! Pouvez-vous décrire comment fonctionne le discours indirect en analysant ces exemples ?

Les phrases originales : On publie mon article aujourd'hui. Le manuscrit était contrefait. Monsieur Rolland était le cerveau de ce crime. Rolland a tué le bouquiniste parisien. Ne vous inquiétez pas ! Jean-Louis ne savait rien de la contrefaçon des livres. Il aidera les avocats lors du procès contre Rolland. Le Professeur Thuillier était le partenaire de Rolland et il a préparé le faux manuscrit !

Le rapportage du dialogue :

CLAIRE : Gilles m'a dit qu'on publiait son article aujourd'hui.
MARIE : Ah bon ?
CLAIRE : Il a affirmé que le manuscrit était contrefait, et il a expliqué que Monsieur Rolland était le cerveau de ce crime. Il a ajouté que Rolland avait tué le bouquiniste parisien.
MARIE : Ça alors !
CLAIRE : Il m'a dit de ne pas m'inquiéter. Il a constaté que Jean-Louis ne savait rien de la contrefaçon des livres et qu'il aiderait les avocats lors du procès contre Rolland.

MARIE : Dis donc !

CLAIRE : Ce n'est pas tout ! Il m'a juré que le Professeur Thuillier était le partenaire de Rolland et qu'il avait préparé le faux manuscrit !

Comment faire le discours indirect

Indirect discourse (**le discours indirect**) is used to relate a conversation to someone. Indirect discourse is very common in spoken French, and the changes in tense sequences in French correspond to the changes one would make in English.

Indirect discourse : present or future

If the verb in the *introductory clause* (usually **dire**) is in the *present or future tense*, there is *no change* to the tense of the verb in the subordinate clause (the sentence being repeated) :

Direct	**Indirect** (present/future introductory verb)
«On **publie** mon article.»	Gilles dit qu'on **publie** son article.
«Rolland **a tué** le bouquiniste.»	Il annoncera que Rolland **a tué** le bouquiniste.

Indirect discourse : past tense

If the verb in the *introductory clause* is in a *past tense* (*passé composé, imparfait, plus-que-parfait*), as it often is when relating a prior conversation, some subordinate verbs change tenses and some remain the same :

- There is *no change* to the tense of *the subordinate verb* if the original utterance was in the imperfect, pluperfect, conditional, or past conditional :

Direct	**Indirect** (past tense introductory verb)
«Le manuscrit **était** contrefait.»	Il a affirmé que le manuscrit **était** contrefait.
«Jean-Louis **n'avait rien fait**.»	Il avait dit que Jean-Louis **n'avait rien fait**.
«Les journalistes **parleraient** de lui.»	Il disait que les journalistes **parleraient** de lui.
«On **aurait interviewé** Jean-Louis.»	Il a dit qu'on **aurait interviewé** Jean-Louis.

- There are *changes* to the tense of the *subordinate verb* if the original utterance was in the present, future, future perfect, or passé composé :

Direct	**Indirect** (past tense introductory verb)
présent →	*imparfait*
«On **publie** mon article.»	Il a dit qu'on **publiait** son article.
passé composé →	*plus-que-parfait*
«Rolland **a tué** le bouquiniste.»	Il a dit que Rolland **avait tué** le bouquiniste.
futur →	*conditionnel*
«Jean-Louis **aidera** les avocats.»	Il a dit que Jean-Louis **aiderait** les avocats.
futur antérieur →	*conditionnel passé*
«Tout le monde **aura lu** mon article.»	Il disait que tout le monde **aurait lu** son article.

Indirect discourse : commands or questions

Use the *conjunction* **que** to link the introductory and subordinate clauses in most instances. However :

- When relating a command, use the *conjunction* **de** and put the subordinate verb in the *infinitive* :

Direct	**Indirect** (past tense introductory verb)
impératif	*infinitif*
«Ne **vous inquiétez** pas !»	Il m'avait dit **de** ne pas **m'inquiéter**.

- Use the *conjunction* **si** when relating a yes/no question, following the sequence of tenses above :

Direct	Indirect
«Tu as **lu** mon article ?»	Il demande **si** j'ai **lu** son article.
	Il a demandé **si** j'avais **lu** son article.

- Use the *relative pronouns* **ce qui** and **ce que** when relating a who ? / what ? question, or an interrogative expression for other types of information questions, following the sequence of tenses above :

Direct	Indirect
«**Qu'est-ce qui** se passe ?»	Il a demandé **ce qui** se passait.
«**Qu'est-ce que** tu as fait ?»	Il a demandé **ce que** j'avais fait.
«**Pourquoi** a-t-il peur ?»	Il a demandé **pourquoi** il avait peur.
«**Où** habiterez-vous ?»	Il a demandé **où** j'habiterais.

Note : In written French, you can avoid indirect discourse by using quotation marks : Gilles a dit, «On publie mon article aujourd'hui».

25. Répétez, s'il vous plaît

Tout d'un coup, Claire se sent mieux. Les nouvelles de Gilles l'ont ranimée. La mère de Claire veut savoir ce que Claire a appris. Jouez le rôle de Claire, et utilisez le **discours indirect** pour rapporter les phrases suivantes que Gilles a prononcées pendant leur conversation téléphonique. Variez les verbes afin de ne pas répéter le verbe **dire** chaque fois !

MODÈLE : «J'ai eu tort.»
Gilles m'a dit qu'il avait eu tort.

1. «J'ai évité de mentionner votre nom.»
2. «Jean-Louis est innocent.»
3. «Le professeur Thuillier avait fabriqué le manuscrit.»
4. «Thuillier a averti Rolland que je commençais mes recherches.»
5. «On a arrêté Monsieur Thuillier en Belgique.»
6. «André Thibodeau était un vrai amateur de livres anciens.»
7. «Jean-Louis sera libéré après le procès.»
8. «Je vous dis la vérité.»
9. «Thuillier ne retournera pas à l'université.»
10. «L'université aura renvoyé Thuillier avant son retour au Québec.»
11. «Il faudra vous trouver un nouveau directeur de thèse.»
12. «On n'est jamais sûr de rien.»

26. Quelles questions ?

Marie, qui écoutait pendant que Claire parlait au téléphone, a entendu toutes les questions que Claire a posées à Gilles. Elle veut savoir les réponses exactes que Gilles lui a données, mais Claire ne se souvient pas de toutes ses questions. Donc, Marie répète toutes les questions que Claire a posées. En jouant le rôle de Marie, employez le discours indirect pour rapporter les questions suivantes.

MODÈLE : «Le manuscrit que j'ai lu était contrefait ?»
Tu lui a demandé si le manuscrit que tu avais lu était contrefait.

1. «Rolland a tué Nicolas Gustave ?»
2. «Qu'est-ce que Jean-Louis savait de ce crime ?»
3. «Jean-Louis est-il innocent ?»
4. «Notre rencontre, était-elle une vraie coïncidence ?»
5. «Qu'est-ce qui se passera ?»

i Langue

Pour **rapporter une conversation**, il y a beaucoup de verbes qu'on peut employer. On n'est pas limité au verbe **dire** ! On peut substituer un des verbes suivants : affirmer que, ajouter que, annoncer que, apprendre à quelqu'un que, assurer que, avertir quelqu'un que, avouer à quelqu'un que, communiquer que, confirmer que, constater que, convaincre quelqu'un que, crier à quelqu'un que, déclarer à quelqu'un que, démontrer que, s'exclamer que, indiquer que, insister que, juger que, jurer à quelqu'un que, mentionner que, montrer que, prétendre que (*to claim that*), promettre à quelqu'un que, prouver que, répondre que, révéler que.

27. Devinez les citations !

Claire branche son ordinateur portable et trouve l'article de Gilles sur l'internet. En voici quelques phrases dans lesquelles Gilles a employé le discours indirect. Devinez les citations originales !

MODÈLE : Un informateur a dit que plusieurs bouquinistes vendaient des livres contrefaits. **«Plusieurs bouquinistes vendent des livres contrefaits.»**

1. Un employé de la maison Rolland a affirmé que le manuscrit était faux.
2. On lui a demandé depuis combien de temps il travaillait pour Rolland.
3. L'employé a affirmé qu'il avait acheté le manuscrit à Dakar avec l'argent de Rolland.
4. Une étudiante de doctorat lui a révélé qu'un anachronisme existait dans le texte.
5. Rolland a dit qu'il consulterait ses avocats avant de répondre aux accusations.
6. Rolland a conseillé au public d'attendre les résulats du procès avant de le condamner.
7. Thuillier a promis qu'il n'enseignerait plus la littérature si on le libérait.

28. Qu'est-ce que je vous ai dit ?

Pensez à ce que vos professeurs vous ont dit dans le passé : leurs conseils, leurs blagues, leurs anecdotes. Avec un partenaire, faites une liste de 3 ou 4 choses que vos professeurs vous ont dites. Utilisez le discours indirect. Ensuite, comparez votre liste avec celles de vos camarades.

29. Écoutez et faites circuler ! *(Listen and pass it on)*

Placez vos chaises en cercle. Pensez à une question au sujet des sports ou de la santé, et posez-la à la personne à votre droite. Ensuite, rapportez la réponse de cette personne à la personne à votre gauche. Cette personne répétera la phrase dans l'oreille de la personne à sa gauche et ainsi de suite. Continuez jusqu'à ce que vous entendez votre réponse de la personne à votre droite ! Est-ce exactement ce que vous avez dit ?

MODÈLE : *(à droite)* «Marie, as-tu déjà fait du ski ?»
(Marie répond) —Oui, j'ai fait du ski l'hiver dernier.
(à gauche) —Marie a dit qu'elle avait fait du ski l'hiver dernier.

Un jour, Claire reçoit une lettre écrite à la main, envoyée de Paris…

CORRESPONDANCE *En fin de compte*

Paris, le 5 décembre 2003
Ma chère Claire,

Je ne sais pas comment commencer cette lettre. J'éprouve° de si nombreuses émotions à la fois° : de la tristesse, de la colère, de la honte, de l'angoisse. Enfin, j'imagine que le reporter qui a exposé l'affaire du faux manuscrit t'a déjà tout expliqué. Il faut que je te dise que je suis complètement innocent dans cette affaire. J'ignorais° ce que mon patron faisait. Je

to feel

at once

to not know, be ignorant of

**Pour aller plus loin :
LITTÉRATURE**

ACTIVITÉ I : Explorez le Festival de la Santé à Montréal. Consultez votre cahier électronique.

**Pour aller plus loin :
CULTURE**

ACTIVITÉ J : Connaissez-vous des athlètes canadiens ? Consultez votre cahier électronique !

voulais l'impressionner et atteindre mon but, celui d'acquérir et d'authentifier le manuscrit, mais je ne savais pas que ce manuscrit était contrefait. Je ne l'aurais jamais poursuivi si je l'avais su, et je ne t'aurais jamais impliquée dans cette affaire. J'ai vraiment voulu t'aider avec ta thèse. Tout ce que j'ai fait au cours° des mois que nous avons passés ensemble, je l'ai fait de bon cœur.° Il est important que tu comprennes cela. Je suis vraiment désolé. Je n'ai jamais eu l'intention de te mettre dans une situation aussi difficile.

throughout, during

sincerely

En fin de compte,° j'ai été la dupe de mon patron. Je me sens entièrement responsable des ennuis que je t'ai causés. J'aurais dû deviner° que ce que mon patron faisait était illégal. Avant mon départ pour la Nouvelle-Orléans en août, il m'avait parlé de l'importance de la discrétion et il m'avait défendu de contacter la police. C'est pour cette raison que je n'ai pas voulu téléphoner à la police quand on a cambriolé° mon appartement à Versailles. Ce que j'étais aveugle° ! Mais après tout cela, j'ai appris une bonne leçon. En un mot, dans le monde des affaires, c'est chacun pour soi. Il faut toujours écouter son instinct, poser des questions difficiles et faire ce qu'on pense être juste.

all said and done

to guess

to burglarize

blind

Encore une fois, je suis navré que tu aies été la victime de cette affaire, et j'espère que tu me pardonneras un jour. Je me permets de te souhaiter mes meilleurs en cette fin d'année. Écris-moi, si tu le veux. Je serai toujours heureux d'avoir de tes nouvelles.

Bien à toi,
Jean-Louis

Après avoir lu

30. Avez-vous compris ?

Après avoir lu la lettre ci-dessus, lisez les questions suivantes et donnez vos opinions personnelles. Discutez en petits groupes.

1. Pourquoi est-ce que Jean-Louis écrit à Claire ? Quel est son état d'esprit ?
2. Comment explique-t-il sa naïveté ou son manque de perspicacité en ce qui concerne les affaires de son patron ?
3. Quelles leçons Jean-Louis a-t-il apprises ? Êtes-vous d'accord avec ses conclusions ?
4. Jean-Louis vous paraît-il sincère ? Est-ce que vous lui pardonneriez ?
5. Imaginez la réaction de Claire lorsqu'elle lit cette lettre. Écrira-t-elle une réponse ? Quel en sera le ton ?

31. D'accord ou pas d'accord

Après avoir lu le message ci-dessus, lisez les phrases suivantes et donnez vos opinions personnelles. Discutez en petits groupes.

	D'accord	Pas d'accord
1. Jean-Louis est vraiment désolé.	_____	_____
2. Il savait que son patron faisait des choses illégales.	_____	_____
3. Il écrit à Claire parce qu'il se sent coupable.	_____	_____
4. Claire a été la seule victime dans cette affaire.	_____	_____
5. Claire enverra une réponse à Jean-Louis.	_____	_____

Comment dire *conclure une histoire*

To conclude

En conclusion / En fin de compte / En somme / En un mot / En bref…
Pour conclure / Finalement / Tout compte fait / Après tout / Ils ont fini par…
Au fond / Enfin / En guise de conclusion (*by way of conclusion*)…
J'ai tout dit ! / Et voilà ! / Voilà l'affaire ! / C'est tout ! / Tout est bien qui finit bien !
Ils vivèrent heureux et eurent beaucoup d'enfants. Fin !

32. Situations

Que diriez-vous dans les situations suivantes pour conclure l'histoire ? Avec un partenaire, décidez de ce que vous pourriez dire.

1. Vous venez d'expliquer à votre ami(e) pourquoi vous êtes en retard à votre rendez-vous.
2. Vos amis voulaient savoir comment vous avez rencontré votre meilleur(e) ami(e). Vous achevez l'histoire.
3. Vous terminez un conte de fée que vous avez inventé pour votre neveu/nièce.
4. Vous venez d'expliquer à votre fiancé(e) comment vous avez rencontré quelqu'un au cours d'un voyage au Québec.
5. Dans votre classe de français, vous terminez une présentation orale au sujet de l'histoire du Québec.

33. Achevons !

Vous ennuyez-vous rapidement quand les autres parlent de leurs émotions ? En petits groupes, pensez à une histoire émouvante que vous n'avez pas envie d'entendre. Écrivez le début de votre histoire au tableau. Ensuite, lisez les débuts des histoires des autres groupes et écrivez une conclusion rapide à chaque histoire ! Comparez vos conclusions avec celles de vos camarades.

À l'écrit *troisième étape*

34. À votre santé

Écrivez une lettre à Claire dans laquelle vous rapportez tout ce que l'autre personne vous a dit de sa santé et tout ce qu'il/elle vous a conseillé de faire (révisez vos Activités 10-13 et 10-23). N'oubliez pas d'exprimer vos sentiments sur ce qui se passe dans la vie de Claire en ce moment. Faites attention à l'usage du **discours indirect** et à votre façon de **conclure la lettre**. Échangez vos lettres (par courriel, si vous voulez !) et offrez une courte réponse à votre camarade de classe en jouant le rôle de Claire.

Dénouement

Activités de révision

35. Belle opinion !

Sur une feuille de papier, écrivez une opinion au sujet des sports ou de la santé des gens qui habitent en Amérique du nord (États-Unis, Canada, Mexique). Cette fois, mettez-y votre nom ! Pliez vos papiers et échangez-les au hasard. Ensuite, circulez parmi vos camarades et rapportez l'opinion de l'auteur. Exprimez vos émotions en ce qui concerne cette opinion (bonheur, tristesse, surprise, peur, colère). Attention à l'usage du **discours indirect** en rapportant l'opinion de l'auteur et à l'usage du **subjonctif** en exprimant vos émotions !

36. Une charade !

Divisez la classe en équipes (4 ou 5 équipes). Choisissez une personne de la première équipe qui se présente devant la classe. Le professeur lui indique un sport ou une maladie de la liste de vocabulaire de ce chapitre. L'étudiant(e) aura une minute pour faire comprendre à son équipe le mot de vocabulaire en question, mais sans parler ! Il faut faire des gestes ou de la pantomime. Si son équipe devine le mot, elle reçoit un point et on passe à la prochaine équipe. Si son équipe n'arrive pas à deviner le mot, les autres équipes peuvent tenter une réponse. L'équipe qui devine le mot gagne un point. L'équipe avec le plus grand nombre de points à la fin gagne !

Avant de lire *Les Aurores montréales*

37. Premières impressions

Lisez l'extrait suivant, qui vient d'une nouvelle du recueil *Les Aurores montréales* de Monique Proulx, sans essayer de comprendre chaque mot. Après votre première lecture du texte, répondez aux questions suivantes. Ensuite, relisez le texte une deuxième fois, plus attentivement.

1. Quel est le rapport entre Martine et Fabienne ? amies ? cousines ? sœurs ? mère et fille ?
2. Où se passe cette histoire : en ville ou à la campagne ?
3. Quand se déroule cette histoire ? au présent, au passé, à l'avenir ?
4. Décrivez les émotions de Martine lors de la visite de Fabienne : Est-elle contente, fâchée, ennuyée, angoissée ? ou ressent-elle plusieurs émotions à la fois ?
5. Quelles émotions éprouve-t-elle à la fin de l'extrait ?

WWW Pour aller plus loin : CULTURE

ACTIVITÉ K : Voulez-vous apprendre à jouer aux boules ? C'est un jeu français amusant ! Consultez votre cahier électronique !

La ville de Montréal vue du plateau au sommet du Mont Royal.

LITTÉRATURE : *Les Aurores montréales*

Cette nouvelle vient du recueil de Monique Proulx intitulé Les Aurores montréales. *En choisissant ce titre, Proulx joue sur l'expression «aurore boréale»—phénomène lumineux observable dans les cieux dans les régions du nord—et le nom de la ville de Montréal, la plus grande ville de la province du Québec. Dans ce recueil, publié au Québec en 1996, Proulx nous offre une pluralité de perspectives sur la vie humaine à travers les histoires de plusieurs habitants de la ville de Montréal. Dans la nouvelle «Le futile et l'essentiel», d'où est tiré l'extrait suivant, une mère arrive de la campagne pour passer quelques jours chez sa fille, une jeune femme qui habite à Montréal. La visite soulève toutes sortes d'émotions de la part de la jeune femme qui, depuis quelques années, cherche à oublier le passé et à vivre indépendamment…*

de Monique Proulx

Les Aurores montréales (extrait)

    Échoué° devant la gare comme une baleine anthropophage,° l'autobus avait commencé à se délester° de ses intérieurs : de petits êtres fripés° émergeaient de l'air conditionné en clignotant des yeux, parmi lesquels Martine reconnut instantanément Fabienne, le chapeau de guingois° sur la tête. Le chapeau ondoya° jusqu'à la soute à bagages,° parut engager là quelque rixe° sanglante avec des têtes nues,° puis resurgit triomphant de la mêlée avec, en guise de butin,° deux valises corpulentes. Le visage de Fabienne, d'abord flou,° devint quelque chose de très anxieux qui s'avançait rapidement vers Martine, en essayant de sourire.

    —J'ai faim, clama de loin Fabienne, bien avant qu'elles se touchent. Le voyage a été horrible, des enfants mal élevés m'ont crié trois heures dans les oreilles, ma voisine puait° la sueur, j'aurais dû prendre le train, quelle chaleur, quel monde, j'ai très faim, où on va ?…

    —Bonjour, maman.

    Elles s'étreignirent° maladroitement. Fabienne sentait° l'eau de Cologne bon marché et la confiture, la naphtaline° des armoires et le gazon° fraîchement tondu° du petit bungalow de Val-Bélair. Martine fut envahie aussitôt par des relents° fantômes qui la secouèrent.° Une touffeur° de marécage sourdait° de la

grounded, run aground
man-eating
to unburden oneself
tired, worn

lopsided / to undulate
luggage compartment
scuffle / naked / spoils
soft

to stink

to embrace / to smell
mothballs / lawn
to mow
musty smells / to shake up
suffocating heat / to spring up

rivière Jacques-Cartier en crue° tandis que les vêtements humides trépidaient° *rising / to vibrate* sur la corde à linge, son père allumait une pipe sur la galerie et tout à coup c'était l'été crissant° de foin,° de cigales et de tabac sucré, «tu fumes trop, disait *squeaking / hay* Fabienne, tu fumes trop, c'est dangereux.»

Martine s'empara° des corpulentes valises et elles se mirent° à louvoyer° *to take hold of / began to
to tack, move back and forth* vers la sortie. Fabienne déambulait° de côté tel un crabe, le regard sollicité par *to saunter* mille monstruosités citadines° («Mon Dieu ! La fille a les cheveux roses… Ma *city (adj.)* parole, ce type se promène quasiment° TOUT NU !… As-tu vu, c'est tous des *almost* nègres, les chauffeurs de taxi…»). Mais ce n'est qu'à bord de la voiture, alors qu'elles remontaient la rue Berri dans la fièvre assassine des fins de journée, plongées soudain au cœur de la faune cavalant° chacun pour soi vers sa *running away / den, hovel* tanière,° que Martine retrouva intégralement sa mère, moulin à débiter du *rumor mill of emptiness outlet,* vide,° incroyable déversoir° de puérilités° diverses. «Ton frère s'est acheté une *safety valve / childishness* tondeuse° à propulsion avec une manette° intégrée qui verse de l'insecticide, la *mower / handle, lever* petite Agnès s'est fait couper les cheveux comme Madonna c'est un amour, Mme Cayouette tu te rappelles la voisine d'en face avec une tache de vin° sur la *birthmark* joue ? m'a dit l'autre jour que Mme Bigras—la nouvelle voisine d'en arrière qui a un petit chien bâtard insupportable—prétend que je jette mes feuilles mortes dans sa cour, est-ce assez insultant ?»

Martine, prise de vertige, luttait désespérément pour ne pas couler :° peut- *to run, slip away* être pouvait-on mourir d'une surdose° d'insignifiances, ou, à tout le moins, en *overdose* rester diminuée pour la vie, et luttait pour recréer le silence intérieur tandis que toutes sortes d'animalcules criards°—petite Agnès Madonna à propulsion *nagging* insecticide tache de vin de petit chien bâtard sur feuilles mortes—s'infiltraient en ricanant° dans ses oreilles. Elle risqua un coup d'œil vers sa mère : le visage *to sneer* de Fabienne, anémié° par l'âge et les diètes successives, était tendu° avec avi- *made anemic / to stretch* dité vers la rue Saint-Denis, mais son regard demeurait replié en dedans, au creux° des vaguelettes clapotantes° qui lui tenaient lieu d'univers. *hollow
choppy little waves*

Sitôt franchie la porte de l'appartement de Martine, Fabienne manifesta un désarroi° infini. Elle était venue à Montréal deux ans auparavant, alors *disarray* que le coquet six pièces de sa fille empruntait toutes les apparences de la nor- malité. Maintenant, elle se retrouvait dans un désert immense et blanc, ANORMALEMENT immense et blanc, et elle cherchait des yeux les cloisons,° *partitions, compartments* les portes, les meubles, toutes ces choses familières qui proclament clairement l'individu civilisé.

—Où est Simon ? finit-elle par lâcher,° d'un ton effaré qui suggérait : où *to release* diable sont passés les murs et le seul être raisonnable de cet endroit ?…

—Voyons, maman.

Simon s'était volatilisé° depuis deux ans, en même temps que les murs et la *to fade away* pesanteur° ancienne de l'existence, et Fabienne avait été la première à l'ap- *weight, heaviness* prendre et à l'oublier aussitôt. Martine n'eut pas l'énergie de lui reprocher sa bévue.° Elle pressentait° que cette semaine serait infernale, elle l'avait pressenti *blunder / to sense,
foreshadow* avant même de s'abandonner à cette masochiste invitation, et maintenant sa mère se tenait devant elle, flanquée de son absurde éternel petit chapeau et de ses valises de provinciale, silencieuse pour un moment infinitésimal, et la certi- tude s'installait : la semaine, oui, serait infernale.

Avec une audace de petite fille, Fabienne s'enhardit° à pénétrer plus avant *to get up the courage* dans le loft, amusée par le claquement martial que produisaient ses talons sur le plancher de cette cathédrale vide. Elle ouvrit avec empressement la porte qui menait aux toilettes—enfin ! quelque chose d'un peu conventionnel !—puis une autre porte, qui ouvrait sur une petite pièce sans fenêtre, munie d'un seul futon, baignée par un éclairage bleuâtre.

—C'est ma chambre ? s'enquit-elle avec terreur.

—Non, dit Martine. C'est mon... mon coin de méditation. De réflexion, corrigea-t-elle, devant le regard ahuri° de Fabienne.

disconcerted

Après, il fallut manger de toute urgence, car l'estomac de Fabienne exigeait de la ponctualité dans l'ingurgitation des nourritures. Sa mère aurait préféré se bâfrer° parmi le monde, au sein de la foule huppée° si possible, mais Martine avait confectionné un couscous aux légumes que Fabienne, amante enragée de protéines animales, dévora avec désolation.

to stuff oneself / high-class

Après, toute la soirée se tenait encore devant elles, inentamée,° stagnante, attendant lugubrement de passer, et ce n'était que la première. Fabienne fut saisie d'une recrudescence de volubilité :° les inepties° de la tribu abominable, là-bas, connurent de nouveau leur heure de gloire. En proie à une lâche résignation, Martine écoutait vraiment par moments, sidérée° une fois de plus par l'éloignement galactique de ces êtres tiédasses,° ses frères, ses sœurs, agglutinés° à des semblablement tarés,° qui vivaient dans la détestation inquiète de tout ce qui émergeait de Val-Bélair. Fabienne était la plus récupérable, mais elle traînait° tant de choses lourdes avec elle, tant de fardeaux° auxquels Martine tentait depuis toujours d'échapper. Et elle ne s'informait jamais de Martine, jamais sincèrement, comme horrifiée par l'étrange vie que menait sa cadette. Martine se laissait sombrer dans une hargne° marécageuse lorsque Fabienne, d'elle-même, interrompit soudain le déluge pour bondir vers la plus volumineuse de ses valises.

unbroached

new outbreak of talkiness / ineptitudes

flabbergasted

tepid

bound to / degenerate

to drag / burdens

bad temper

—C'est vrai ! J'oubliais !... Je t'ai apporté des petites choses...

Et elle sortit des entrailles de sa valise de provinciale des confitures de framboises et de prunes, des poires à l'alcool, du vinaigre de mûres sauvages, des marinades fruitées, des pains de ménage, du vin de gadelle,° des noisettes, du sucre d'érable, des brioches, une catalogne° tissée° à la main, deux chandails,° des gants et un passe-montagne° assortis en laine rouge sur lesquels voletaient° des bernaches° noires. Et ce qui luisait° dans ses yeux, tandis qu'elle étalait fièrement ses trésors, était de l'authentique amour maternel, qui ne s'achète ni ne se feint, qui laisse un trou° vertigineux quand il vient à manquer, devant lequel il n'y a rien d'autre à faire que fondre° d'émotion.

red currant

wool rug / to weave / sweater

balaclava (a hat that covers ears)

to flutter / barnacle

to glow

hole

to melt

Après avoir lu

Pour aller plus loin : CULTURE

ACTIVITÉ L : Apprenez un peu plus sur la vie et l'œuvre de Monique Proulx. Consultez votre cahier électronique !

38. Avez-vous compris ?

En petits groupes, discutez de vos réponses aux questions suivantes.

1. Décrivez le ton de cet extrait et la gamme d'émotions que ressent Martine à cause de l'arrivée de sa mère à Montréal. Justifiez vos impressions en citant le texte.

2. Est-ce que les émotions de Martine sont typiques pour une femme qui reçoit sa mère chez elle ? Pourquoi ou pourquoi pas ?

3. Imaginez le passé de Martine : Pourquoi a-t-elle quitté Val-Bélair pour aller vivre en ville ? Avec qui vivait-elle ? Quelle était sa réaction dans les débuts ? De quelle façon sa vie a-t-elle changé ?

4. Que savez-vous de la vie de Fabienne à Val-Bélair ? Qu'est-ce que Fabienne disait à son mari lorsqu'il fumait sa pipe ? Qu'est-ce que la voisine, Mme Cayouette, a dit que Mme Bigras avait dit de Fabienne ?

5. Quels cadeaux est-ce que Fabienne a apportés ? Est-ce que ce sont des cadeaux que vous recevriez d'un membre de votre famille lors d'une visite ?

6. À la fin de l'extrait, Martine est émue : est-ce à cause des cadeaux ou est-ce autre chose ? Expliquez.

39. D'accord ou pas d'accord

Après avoir lu l'extrait de la nouvelle de Proulx, lisez les phrases suivantes et donnez votre opinion. Discutez de vos réponses en petits groupes.

	D'accord	Pas d'accord
1. Fabienne a pris l'avion pour aller à Montréal.	_____	_____
2. Martine est contente de voir Fabienne au début.	_____	_____
3. Fabienne est une femme réservée et timide.	_____	_____
4. Martine s'intéresse à ce qui se passe à Val-Bélair où habitent Fabienne et son frère.	_____	_____
5. En fin de compte, Martine est touchée par l'amour de Fabienne.	_____	_____

40. Analyse littéraire

Examinez ce texte de près. Répondez aux questions suivantes et discutez de vos réponses en classe.

1. Quel est le ton du texte ? Qu'est-ce qui contribue à ce ton (le vocabulaire, le style d'écriture, la forme du texte) ?

2. Y a-t-il des images ou des couleurs qui dominent dans ce texte ? Comment est-ce que ces images ont influencé votre lecture du texte ?

3. Quel temps domine dans ce texte (le présent, le passé, le futur, etc.) ? Quel est l'effet de l'usage de ce temps (un sens d'urgence, une distance impersonnelle, la nostalgie, la possibilité, la certitude ou l'incertitude, l'orgueil, etc.) ? Y a-t-il un moment où le temps change ? Quel en est l'effet ?

4. Y a-t-il d'autres éléments structurels (ponctuation, mots ou sons répétés, phrases longues ou courtes, contrastes, métaphores, etc.) que l'auteur emploie systématiquement ? Si oui, quels sont les effets de l'emploi de ces éléments ?

Synthèses

41. Réfléchissons à la culture

Voici quelques éléments de la culture québécoise que vous avez étudiés dans ce chapitre. En petits groupes, répondez aux questions et discutez de vos impressions avec vos camarades.

les autochtones   les sports d'hiver   la Loi 101

1. Définissez ou décrivez chaque élément.

2. Pourquoi chaque élément est-il important à cette culture ? Y a-t-il un phénomène historique ou social qui explique son importance ?

3. À votre avis, est-ce que ces éléments témoignent de la richesse et de la diversité de la culture québécoise de nos jours, ou sont-ils stéréotypiques ? Pourquoi ?

4. Est-ce que votre impression de cette culture est différente maintenant que vous avez commencé à l'étudier ? Si oui, comment et pourquoi ? Si non, pourquoi pas ?

42. À débattre

Lisez les questions suivantes et discutez en groupes. Si possible, parlez de vos expériences personnelles relatives aux questions.

1. **Les effets psychologiques ?** Une des raisons pour lesquelles beaucoup de Québécois francophones revendiquent leur souveraineté est le souvenir de la discrimination qu'ils ont subie de la part des colonisateurs anglais. On peut constater que les effets psychologiques de la colonisation ont été plus importants que les effets économiques ou sociaux. Pensez-vous que les effets psychologiques jouent un rôle important dans le débat de la souveraineté ? Pourquoi ou pourquoi pas ?

2. **Le rapport esprit-corps !** Existe-t-il un rapport entre la santé physique et l'état d'esprit (*mind*) ? Les médecins de l'Europe et de l'Amérique du nord, pour la plupart, guérissent les malades avec des médicaments ou des traitements qui s'adressent au corps. Pourtant, dans beaucoup de cultures, on croit que ces maladies peuvent être soignées, ou mieux évitées, en traitant l'esprit. Qu'en pensez-vous ? Et, si vous pensez qu'un rapport existe entre l'esprit et le corps, est-ce que les frais des massages et de la méditation devraient être payés par les compagnies d'assurance médicale ? Pourquoi ou pourquoi pas ?

3. **Fumeur ou non-fumeur ?** Le grand débat continue ! Dans beaucoup de bâtiments et restaurants, on n'a plus le droit de fumer. On dit que la fumée est nocive (*harmful*) pour ceux qui la respirent. Pourtant, les cigarettes ne sont pas illégales. Les fumeurs ont-ils le droit de fumer où ils veulent ? Même si vous êtes non-fumeur, pensez-vous que les règles contre les fumeurs soient arbitraires ? Il y a beaucoup d'autres choses qui nuisent plus sérieusement à la santé publique. Alors, pourquoi limiter particulièrement l'usage du tabac ?

43. À l'impromptu

Voici des situations interactives. Avec une ou deux autres personnes, choisissez une scène et improvisez devant la classe. Si vous ne voulez pas improviser, écrivez votre dialogue avant et puis jouez-le pour la classe.

1. (a) Vous êtes en vacances au Québec. Vous venez d'arriver à Mont Tremblant pour faire du ski avec des amis mais vous n'avez plus envie de monter au sommet de la montagne. Essayez d'expliquer à vos amis que pour la première fois de votre vie, vous souffrez du vertige (*fear of heights*) ! Revenez sur le sujet jusqu'à ce que vous soyez entendu(e).

   (b) Vous êtes à Mont Tremblant pour skier avec des amis. Un(e) de vos amis dit qu'il/elle souffre du vertige. Vous pensez qu'il/elle exagère un peu. Vous ne voulez pas passer la journée à parler dans votre chambre d'hôtel. Essayez de mettre fin à cette conversation.

   (c) Vous aussi vous êtes à Mont Tremblant pour skier avec des amis. Un(e) de vos amis souffre du vertige. Donnez-lui des conseils en suggérant de nombreux remèdes contre le vertige (massages, jacuzzi, sauna, méditation, etc.).

www Pour agir : **LE QUÉBEC !**

Si vous voulez bouger et faire quelque chose pour mieux connaître le Québec, ou pour aider les autres à mieux connaître les cultures francophones, consultez la section **Pour agir** dans votre cahier électronique ! Il y a tant de choses à faire :

- **Vendez du sirop d'érable** et contribuez l'argent que vous gagnez à une organisation qui aide les pauvres au Québec.
- **Entrez en contact** avec des québécois francophones.
- **Organisez des jeux francophones** sur votre campus et contribuez l'argent à une organisation à but non-lucratif !
- **Voyagez au Québec ou suivez des cours d'été** à l'Université Laval à Québec.

2. (a) Vous assistez aux jeux Olympiques d'hiver. Votre ami(e) qui connaît un juge canadien vous invite à une réception afin de rencontrer les athlètes canadiens. Quelques-uns d'entre eux sont légèrement blessés et vous font part de ce qui leur est arrivé et des blessures qu'ils ont endurées.

(b) Vous êtes skieur/skieuse et vous vous êtes blessé(e) au genou. Parlez de l'incident et dites ce que vous ont conseillé les médecins afin de vous rétablir au plus tôt. Avouez aussi que vous êtes arrivé à la 18ème place.

(c) Vous êtes patineur/patineuse de glace. Cela fait une semaine que vous avez mal au coeur. Parlez de vos symptômes et des remèdes suggérés par les médecins. Annoncez que vous avez gagné la médaille d'argent dans votre compétition de patinage artistique.

À l'écrit   *étape finale*

44. À votre santé !

Tout est bien qui finit bien ! Vous venez d'écrire une lettre à Claire. Quelle sera sa réaction ? Comment est-ce que l'histoire se conclut ? Révisez et élaborez vos travaux d'écriture de ce chapitre (Activités 10-13, 10-23 and 10-34) et écrivez une conclusion narrative à l'histoire du faux manuscrit de Laclos.

VOCABULAIRE UTILE

Les sports

canoë (m.)	*canoe*
canot (m.)	*canoe (reg. Québec)*
cyclisme (m.)	*cycling*
équitation (f.)	*horseback riding*
escalade (f.) de glace	*ice climbing*
filet (m.)	*net*
hockey (m.) sur glace	*ice hockey*
marche (f.)	*walking*
natation (f.)	*swimming*
pagaies (f. pl.)	*paddles*
patin (m.) en ligne	*in-line skating*
patinage (m.)	*skating*
piste (f.)	*trail*
planche (f.) à voile	*windsurfing*
planche (f.) de neige	*snowboarding*
randonnée (f.)	*hiking*
raquette (f.) de neige	*snowshoeing*
ski de fond (m.)	*cross-country skiing*
ski nautique (m.)	*waterskiing*
toboggan (m.)	*sledding*
vélo (m.)	*biking*
VTT (vélo tout-terrain) (m.)	*mountain bike*

Décrire son état

à tes souhaits	*In America, "bless you."*
déprimé(e)	*depressed*
ému(e)	*emotional / moved*
enrhumé(e)	*sick with a cold*

être à bout de nerfs	*to have frazzled nerves*
faire du bien à qqn	*to do good / to make someone feel better*
fiévreux (-euse)	*feverish*
mal (m.) à la gorge	*sore throat*
rhume (m.)	*cold (illness)*
se moucher	*to blow one's nose*
tomber malade	*to get sick*

Divers

exprès	*on purpose*
jurer	*to swear*
manigancer	*to plot*
prétendre que	*to claim that*
saisir	*to grasp, understand*
tourtière (f.)	*meat pie (reg. Québec)*
trahir	*to betray*

La santé

aspirine (f.)	*aspirin*
attaque d'apoplexie (f.)	*stroke*
avoir une bronchite	*to have bronchitis*
béquilles (f. pl.)	*crutches*
carie dentaire (f.)	*cavity (in a tooth)*
comprimé (m.)	*tablet, lozenge*
contagieux (-euse)	*contagious*
coup (m.) de soleil	*sunburn*
courbature (f.)	*muscle aches*
crise cardiaque (f.)	*heart attack*
démangeaison (f.)	*itch*
enceinte	*pregnant*

éternuer	to sneeze	repos (m.)	rest
être allergique	to be allergic to something	se casser le bras	to break one's leg
être atteint(e) de		se fouler la cheville	to sprain one's ankle
l'arthrite / de		SIDA (m.)	AIDS
rhumatisme	to have (rheumatoid) arthritis	sirop (m.)	cough syrup
être en forme	to be in shape	tousser	to cough
être enrhumé(e)	to have a cold	toux (f.)	cough
fièvre (f.)	fever	vertige (m.)	vertigo, dizziness
frissonner	to shiver		
grippe (f.)	flu	**Décrire les circonstances**	
gueule (f.) de bois	hangover (slang)	affreux	atrocious
mal au cœur (m.)	heartburn	bêtise (f.)	mistake, gaffe
maladie (f.) du cœur	heart disease	de bon cœur	with sincerity, sincerely
médicament (m.)	medicine	ébruiter	to leak (news, information)
nausée (f.)	nausea	être abasourdi(e)	to be flabbergasted
plâtre (m.)	cast	faux, fausse	wrong (also, fake)
pneumonie (f.)	pneumonia	soupçonner	to suspect
poignée (f.)	wrist	tout s'explique !	everything makes sense !
renifler	to sniffle	trouvaille (f.)	a find

Glossaire

This glossary includes all terms presented in the "Vocabulaire" lists and vocabulary-related "Centres d'information." Serious students should invest in a French-English / English-French dictionary or use one of the on-line dictionaries suggested in the "Pour vous aider" section of the Cahier électronique.

LEXIQUE FRANÇAIS-ANGLAIS

A

à but non-lucratif *nonprofit (organization)*
à fleurs *floral pattern*
à la une *front-page stories*
à peine *barely*
à rayures *striped pattern*
à tes souhaits *equivalent of "Bless you"*
abeille *(f.) bee*
aborder *to approach*
actions *(f.) share of stock*
affaires *(f. pl.) business*
affreux/-euse *atrocious*
agité(e) *agitated*
aigle *(m.) eagle*
ail *(m.) garlic*
aîné(e) *oldest*
ajouter *to add*
aléatoire *risky/uncertain*
aller jusqu'au bout *to go the distance/to go all the way*
allophone *speaker of languages other than French, English, or Indian (reg. Québec)*
âme *(f.) sœur soul mate/like-minded person*
âme *(f.) soul*
amener *to bring (someone)*
amère *bitter*
amorcer *to introduce (a topic of conversation)*
ananas *(m.) pineapple*
animal familier *(m.) pet*
anniversaire *(m.) birthday*

anorak *(m.) winter jacket*
antiquaire *(m.) antiques dealer*
apparaître *to appear*
appareil-photo *(m.) camera*
apporter *to bring (things)*
aquarelle *(f.) watercolor*
araignée *(f.) spider*
arbre *(m.) à gomme rubber tree*
arbrisseau *(m.) shrub*
argent *(m.) silver*
arrière-grand-parents *(m. pl.) great-grandparents*
ascenseur *(m.) elevator*
aspirine *(f.) aspirin*
associé(e) *associate*
attaque *(f.) d'apoplexie stroke*
attentat *(m.) attack*
atterrir *to land (a plane)*
attirer *to attract*
au bout de *at the end of*
au cas où *just in case*
au hasard *by chance*
auberge *(f.) de jeunesse youth hostel*
aubergine *(f.) eggplant*
auteur *(m.) author*
autochtone *speaker of native American languages (reg. Québec)*
averse *(f.) downpour*
avoir honte de *to be ashamed*
avoir la trentaine *to be in one's 30s*
avoir une bronchite *to have bronchitis*

B

bague *(f.) ring*
baguettes *(f. pl.) chopsticks*
bail *(m.) lease*
baladeur *(m.) Walkman™*
balcon *(m.) balcony*
baleine *(f.) whale*
banane *(f.) banana*
bananier *(m.) banana tree*
barbe *(f.) beard*
basilic *(m.) basil*
beau-fils *(m.) son-in-law/stepson*
beau-frère *(m.) brother-in-law*
beau-père *(m.) father-in-law/stepfather*
bégayer *to stutter*
beige *beige*
belle-famille *(f.) in-laws*
belle-fille *(f.) daughter-in-law/stepdaughter*
belle-mère *(f.) mother-in-law/stepmother*
belle-sœur *(f.) sister-in-law*
bénéfices *(f. pl.) profits*
béquilles *(f. pl.) crutches*
bête *(f.) animal*
bêtise *(f.) mistake, gaffe*
beurre *(m.) butter*
bijoux *(m. pl.) jewels, jewelery*
blanc(he) *white*
blessé(e) *wounded*
blesser *to wound*
bleu(e) *blue*
bœuf *(m.) beef*

boire *to drink*
bol *(m.) bowl*
bottes *(f. pl.) boots*
bouche bée *open-mouthed*
boucles *(m. pl.) d'oreille earrings*
bougainvillée *(f.) Bougainvillea flower*
bouleau *(m.) birch tree*
boulot *(m.) job, work (slang)*
bouquin *(m.) book (slang)*
bourse *(f.) stock exchange*
bout *(m.) end*
bracelet *(m.) bracelet*
brocoli *(m .pl.) broccoli*
bronzé(e) *bronze*
brosse à cheveux *(f.) hairbrush*
brosse à dents *(f.) toothbrush*
brouillard *(m.) fog*
brume *(f.) fog*
brun(e) *brown*
bruyère *(f.) heather*
buisson *(m.) bush*
bureau *(m.) office*
but *(m.) goal/objective*

C

cacahouète *(f.) peanut*
cadeau *(m.) present*
cadet(te) *youngest child*
cadre *(m.) setting*
cadre *(m.) executive*
cafard *(m.) cockroach*
calé(e) *smart/clever (slang)*
canapé *(m.) couch*
canard *(m.) duck*
canicule *(f.) heat wave*
canoë *(m.) canoe*
canot *(m.) canoe (reg. Québec)*
car *(m.) intercity bus*
car *for, because*
carie dentaire *(f.) cavity(in a tooth)*
carotte *(f.) carrot*
carré(e) *square*
case *(f.) hut*
castor *(m.) beaver*
caution *(f.) security deposit*
cèdre *(m.) cedar tree*
ceinture *(f.) belt*
céleri *(m.) celery*
cerf *(m.) deer*
cerisier *(m.) cherry tree*
chair *(f.) de poule goose bumps*
chaleur *(f.) heat*
chambre *(f.) à coucher bedroom*
chambre *(f.) d'hôte guest room*
chameau *(m.) camel*
champêtre *rustic*
chanson *(f.) song*
chapeau *(m.) hat*
charmant(e) *charming*
chasse *(f.) hunting*
chaussette *(f.) sock*
chaussures *(f. pl.) shoes*
chef-d'œuvre *(m.) masterpiece*

cheminée *(f.) fireplace*
chemise *(f.) shirt*
chemisier *(m.) blouse*
chêne *(m.) oak tree*
cheval *(m.) horse*
cheveux *(m. pl.) hair*
chèvre *(f.) goat*
chèvrefeuille *(m.) honeysuckle*
chômage *(m.) unemployment*
chute *(f.) de boue mudslide*
cicatrice *(f.) scar*
ciel *(m.) sky*
citron *(m.) lemon*
citronnier *(m.) lemon tree*
citrouille *(f.) pumpkin*
clair(e) *light (colored)*
clé *(f.) key*
client(e) *hotel guest, client*
climatisé(e) *air-conditioned*
cochon *(m.) pig*
cocotier *(m.) coconut tree*
collant *(m.) pantyhose*
collier *(m.) necklace*
colline *(f.) hill*
colon *(m.) colonist*
colonne *(f.) de lit bedpost*
combattre *to fight, battle*
commander *to order*
comprimé *(m.) tablet/lozenge*
comptable *accountant*
concombre *(m.) cucumber*
concurrence *(f.) competition*
conduire *to drive*
confier *to confide/disclose*
conforts *(m. pl.) comforts*
consciencieux/-euse *conscientious*
contagieux/-euse *contagious*
contrefaçon *(f.) forgery*
contrefaire *to forge*
copain *(m.), copine (f.) friend or boy/girl-*
    friend
coq *(m.) rooster*
coquelicot *(m.) red poppy*
corbeau *(m.) crow*
costume *(m.) man's suit*
coton *(m.) cotton*
cougar *(m.) mountain lion*
coup *(m.) de soleil sunburn*
cour *(f.) courtyard*
courbatures *(f. pl.) muscle aches*
courgette *(f.) zucchini*
courriel *(m.) e-mail*
cousin(e) *cousin*
craindre *to fear*
cravate *(f.) tie*
créances gelées *(f. pl.) frozen assets*
crème *(f.) cream*
crevette *(f.) shrimp*
crier *to yell/shout*
crise cardiaque *(f.) heart attack*
cru(e) *raw*
cuir *(m.) leather*

cuisine *(f.) kitchen*
cyclisme *(m.) cycling*

D

danser *to dance*
dauphin *(m.) dolphin*
de bon cœur *with sincerity*
de mal en pis *from bad to worse*
décennie *(f.) decade*
décevoir qqn *to disappoint (someone)*
déchiré(e) *torn*
déconcertant(e) *disconcerting, troubling*
démangeaison *(f.) itch*
déménager *to move (out of a house, apart-*
    ment, etc.)
demi-sœur *(f.), demi-frère (m.) half-*
    sister/brother
dentifrice *(m.) toothpaste*
déodorant *(m.) deodorant*
dépister *to track down*
déprimé(e) *depressed*
dérangé(e) *deranged*
descendant(e) *descendant*
dessin *(m.) drawing*
devoir de l'argent *to owe money*
dinde *(f.) turkey*
disparaître *to disappear*
domestique *housekeeper, servant*
dossier *(m.) file*
doux, douce *sweet*
droit *(m.) right (legal)*

E

ébruiter *to leak (news, information)*
écrevisse *(f.) crawfish*
écrire une thèse *to write a thesis*
écriture *(f.) writing, handwriting*
efficace *efficient*
élire *to elect*
empaqueté(e) *packaged, wrapped up*
ému(e) *emotional/moved*
en chair et en os *in the flesh*
en partie *partially, in part*
en revanche *in return, on the other hand*
en vouloir à quelqu'un *to hold a grudge*
    against someone
enceinte *pregnant*
endroit *(m.) place*
énergique *energetic*
enfer *(m.) hell*
enquête *(f.) inquiry, investigation*
enrhumé(e) *sick with a cold*
entouré(e) *surrounded*
entrepôt *(m.) warehouse, storage house*
entreprise *(f.) company/business*
entrouvert(e) *half-open, ajar*
envahi(e) *invaded*
environs *(m. pl.) surroundings*
épeler *to spell*
épice *(f.) spice*
époque *(f.) era*
épousseter *to dust*
équitation *(f.) horseback riding*

érable (m.) maple tree
escalade (f.) de glace ice climbing
escalier (m.) stairs
espèces (m. pl.) cash
esquisse (f.) sketch
estimer to estimate/to think
étagère (m.) shelf/bookcase
éternuer to sneeze
être à bout de nerfs to have frazzled nerves
être abasourdi(e) to be flabbergasted
être allergique to be allergic to something
être atteint(e) de l'arthrite/de rhuma-
    tisme to have (rheumatoid) arthritis
être au complet to be full, no vacancy
être bien habillé(e) to be well dressed
être en forme to be in shape
être enrhumé(e) to have a cold
être fichu(e) to be done for/to have had it
être navré(e) to be sorry
être ravi(e) to be delighted
être retardé (de) to be delayed (flight,
    transportation)
évier (m.) large sink
exposition (f.) exhibit
exprès on purpose

F

faire cuire to cook
faire de son mieux to do one's best
faire do-do to go night-night (slang)
faire du bien à qqn to do good/to make
    someone feel better
faire faillite to go bankrupt
faire la lessive to wash clothes
faire la vaisselle to wash dishes
faire le ménage to do housework
faire mijoter to simmer
faire sauter to sautée
faire une excursion to take a short trip
fais do-do (m.) a dance party (reg. Acadia)
faits divers (m. pl.) human-interest stories
fan(atique) fan, a lover of something
farine (f.) flour
fauteuil (m.) armchair
faux, fausse wrong (also, fake)
femme (f.) wife
femme de ménage (f.) chambermaid,
    housekeeper
fer forgé (m.) wrought iron
feuille (f.) leaf
feutre (m.) felt
fiable reliable
fiancé(e) fiancé
fiche (f.) form, sheet
fichu(e) ruined
fier, fière proud
fièvre (f.) fever
fiévreux/-euse feverish
filet (m.) net
filiale (f.) subsidiary
fille (f.) daughter
filleul (m.) godson
filleule (f.) goddaughter

fils (m.) son
foncé(e) dark
fontaine (f.) de jouvence fountain of youth
forcément necessarily
foudre (f.) lightning
fougère (f.) fern
foulard (m.) scarf
foule (f.) crowd
four (m.) à micro-ondes microwave oven
four (m.) oven
fourmi (f.) ant
fournir to furnish/supply
foyer (m.) entranceway/lobby, home
fraise (f.) strawberry
framboise (f.) raspberry
franchement frankly
frappant(e) striking
frappé(e) smacked/hit
frère (m.) brother
frissonner to shiver
fromage (m.) cheese
fruits des bois (m. pl.) berries
fumeur, non-fumeur smoking,
    non-smoking
furet (m.) ferret

G

gâcher to spoil, to ruin
garage (m.) garage
gaspiller to waste
gérant(e) manager
gestion (f.) management
gilet (m.) cardigan
glace (f.) ice, ice cream
grande salle (f.) great room, main room
grandes vacances (f. pl.) summer vacation
grand-parents (m. pl.) grandparents
gratuit(e) free
grave serious
gravure (f.) engraving
grêle (f.) hail
grenouille (f.) frog
grève (f.) workers' strike
grignoter to munch, to nibble
grippe (f.) flu
gris(e) grey
gros lot (m.) jackpot
gueule (f.) de bois hangover (slang)
guide (touristique) (m.) guidebook

H

hall (m.) d'entrée foyer
haricot (m.) bean
hibou (m.) owl
hippopotame (m.) hippopotamus
hirondelle (f.) swallow
hockey (m.) sur glace ice hockey
homard (m.) lobster
hôtelier, hôtelière innkeeper, hotel owner
houx (m.) holly
huile (f.) oil
huître (f.) oyster
hyène (f.) hyena

I

il vaut la peine it's worth the trouble
il vaut mieux it's better, it would be better
impensable unthinkable
imperméable (m.) raincoat
infatigable tireless
inondation (f.) flood
investir to invest
investissement (m.) investment
ivoire ivory

J

jambon (m.) ham
jaune yellow
jean (m.) jeans
jeu (m.) game
jogging (m.) sweats
jonquille (f.) daffodil
jumeaux (m.), jumelles (f.) twins
jupe (f.) skirt
jurer to swear

K

krach boursier (m.) stock market crash

L

laine (f.) wool
lait (m.) milk
lapin (m.) rabbit
lavabo (m.) small sink
lavande lavender
lave-vaisselle (m.) dishwasher
lecture (f.) reading
lendemain (m.) the next day
lettre morte (f.) worthless/a dead issue
lèvres (f. pl.) lips
lierre (m.) ivy
lire to read
littérature (f.) literature
livraison (f.) des bagages enregistrés
    baggage claim area
loi (f.) law
louer to rent
loyer (m.) rent
lunettes (f. pl.) glasses

M

machine (f.) à laver washing machine
magie (f.) magic
maillot de bain (m.) swimsuit
maire (m.) mayor
maïs (m.) corn
maison (f.) company/firm
majoritaire majority (adj.)
majoritairement in majority (adv.)
mal (m.) à la gorge sore throat
mal à l'aise uneasy
mal au cœur (m.) heartburn
maladie (f.) du cœur heart disease
manifestation (f.) protest
manigancer to plot
manteau (m.) overcoat
maquillage (m.) makeup

marbre (m.) marble
marche (f.) walking
marguerite (f.) daisy
mari (m.) husband
marié (m.), mariée (f.) groom/bride
marketing (m.) marketing
marmite (f.) cooking pot
marmotte (f.) groundhog
marque (f.) brand
marraine (f.) godmother
marronnier (m.) chestnut tree
maussade gloomy
mauve mauve
mayonnaise (f.) mayonnaise
médicament (m.) medicine
mensonge (m.) lie
mentir to lie
mère (f.) mother
messe (f.) (religious) mass
mettre en lumière to bring to light, to
    expose
meuble (m.) à tiroirs cabinet
meubles (m. pl.) furnishings
miel (m.) honey
mien(ne) mine
mijoter to simmer
mijoter un projet to hatch a scheme
mince thin
ministre (m.) minister (of culture, of foreign
    affairs, etc.)
mobilier (m.) furniture
montre (f.) watch
moquette (f.) carpet
mouche (f.) fly
mouffette (f.) skunk
moule (f.) mussel
mousse (f.) moss
moustache (f.) mustache
moustique (m.) mosquito
moutarde (f.) mustard
moutarde mustard yellow
mouton (m.) sheep
moyen (m.) way/means
moyen(ne) medium

N

natation (f.) swimming
nature morte (f.) still-life painting
nausée (f.) nausea
néanmoins nonetheless
neige (f.) snow
nerveux/-euse nervous
nettement significantly
neveu (m.) nephew
nez (m.) nose
nièce (f.) niece
n'importe quoi anything at all
noir(e) black

O

œuf (m.) egg
œuvre (f.) work (of art)
offrande (f.) offering

oie (f.) goose
oignon (m.) onion
oiseau (m.) bird
olive olive
on verra we'll see
oncle (m.) uncle
opprimé(e) oppressed
opprimer to oppress
or (m.) gold
or now
orage (m.) storm
orange (f.) orange
ordinateur portable (m.) laptop computer
oreilles (f. pl.) ears
orgueil (m.) pride
orignal (m.) moose
orme (m.) elm tree
ouragan (m.) hurricane
ours (m.) bear

P

pagaies (f. pl.) paddles
paille (f.) straw
palmier (m.) palm tree
pantalon (m.) pants
papayer (m.) papaya tree
papillon (m.) butterfly
paradis (m.) paradise/heaven
parafe (m.) initials
parapluie (m.) umbrella
parfum (m.) perfume/flavor
parier to bet
parmi among
paroisse (f.) parish / geographical area (reg.
    Acadia)
parquet (m.) floor
parrain (m.) godfather
part (f.) slice
pas (m.) step
passer l'aspirateur to vacuum
patin (m.) en ligne in-line skating
patinage (m.) skating
patron(ne) boss
PCV (payable chez vous) collect call
PDG (m.) CEO
pêche (f.) peach
peigne (m.) comb
pellicule (f.) film
péniche (f.) houseboat
pensée (f.) thought, pansy flower
pension (f.) bed-and-breakfast
perdre confiance en to lose confidence in
père (m.) father
permis de conduire (m.) driver's license
perspicace perspicacious, shrewd
pétiller to crackle
petite-fille (f.) granddaughter
petit-fils (m.) grandson
phoque (m.) seal
pièce (f.) play (theatrical), room
pin (m.) pine tree
piquant(e) spicy/sharp
piscine (f.) pool

piste (f.) trail
placer (de l'argent) to invest (money)
planche (f.) à voile windsurfing
planche (f.) de neige snowboarding
plastique (f.) plastic
platane (m.) plane tree
plâtre (m.) cast
pleurer to cry
pneumonie (f.) pneumonia
poêle (f.) frying pan
poignée (f.) handle, wrist
pointu(e) pointy
poire (f.) pear
poirier (m.) pear tree
poisson chat (m.) catfish
poisson rouge (m.) goldfish
poivre (m.) pepper
poivron (m.) bell pepper
polyester (m.) polyester
pomme (f.) apple
pomme (f.) de terre potato
pommier (m.) apple tree
porc (m.) pork
porte-documents (m.) briefcase
portefeuille (m.) wallet
poulet (m.) chicken
prendre feu to catch fire
prendre un pot to have a drink
prétendre que to claim that
prétendu(e) so-called
procès (m.) trial
publicité (f.) advertising
puissant(e) powerful
pull-over (m.) sweater

Q

quai (m.) embankment, walkway, or road-
    way next to the river
qui pis est what's even worse
quoiqu'il en soit be that as it may

R

raccrocher to hang up (the phone)
rafale (f.) de vent gusty wind
ragoût (m.) stew
raisin (m.) grapes
ramasser to pick up, gather up
randonnée (f.) hiking
ranger les affaires to tidy up
raquette (f.) de neige snowshoeing
rasoir (m.) raser
rater to miss (a day, a bus, an event, etc.)
raton laveur (m.) raccoon
ravissant(e) ravishing, beautiful
rayonne (f.) rayon
réception (f.) check-in desk
recette (f.) recipe
recherche (f.) research
réflexion (f.) reflection
relier to link together
remercier to thank
remonte-pente (m.) ski lift
remuer to stir

renard (m.) fox
rendre service (à) to be of service (to)
renifler to sniffle
renne (m.) reindeer
renseignement (m.) information
renvoyer to fire (an employee)
repasser to iron
reporter (m.) reporter
repos (m.) rest
requin (m.) shark
ressentir to feel strongly
rhume (m.) cold (illness)
ride (f.) wrinkle
rideaux (m. pl.) curtains
riz (m.) rice
robe (f.) dress
roman (m.) novel
roman épistolaire (m.) epistolary novel
roman policier (m.) detective novel
rompu(e) aux affaires experienced in
    business
ronfler to snore
rose pink
rôtir to roast
rouge red
rougir to redden, to blush
rouleau (m.) de printemps spring roll
roulettes (f. pl.) little wheels
roux, rousse red (hair)
ruban (m.) ribbon

S

sable noir (m.) black sand
sac à dos (m.) backpack
sac à main (m.) handbag
s'accroître to increase
sagesse (f.) wisdom
saisir to grasp, understand
salade (f.) lettuce, salad
salle (f.) à manger dining room
salle (f.) de bain bathroom
salon (m.) living room
sandales (f. pl.) sandals
Santé! Chin, chin! To your health! Cheers!
sapin (m.) fir tree
sauf except
saumon (m.) salmon
savon (m.) soap
science-fiction (f.) science fiction
se casser le bras to break one's arm
se déguiser to disguise oneself
se dérouler to unfold
se détendre to relax, unwind
se diriger to make one's way
se fouler la cheville to sprain one's ankle
se méfier de to beware of
se moucher to blow one's nose
se prendre pour to take oneself for, to think
    of oneself as
se reposer to relax, rest
se réunir to get together
se sentir to feel
se serrer la main to shake hands

se servir de to use for/as
se tromper de to be mistaken
s'échapper to escape
sèche-cheveux (m.) hairdryer
secrétaire secretary
sel (m.) salt
s'éloigner to distance oneself
s'en faire to worry, get upset
s'ennuyer to get bored
sentir to smell
serpent (m.) snake
service (f.) de ventes sales division
s'étendre to extend
shampooing (m.) shampoo
short (m.) shorts
SIDA (m.) AIDS
siècle (m.) (le 18ème siècle) century (the
    18th century)
siège (m.) headquarters, seat
siège arrière (m.) back seat
sien(ne) his/hers
signé(e) signed
singe (m.) monkey
s'installer to settle down, move in
sirop (m.) cough syrup
ski de fond (m.) cross-country skiing
ski nautique (m.) waterskiing
slip (m.) briefs
société (f.) company, firm
société anonyme (f.) public corporation
sœur (f.) sister
soie (f.) silk
sole (f.) sole (type of fish)
soupçonner to suspect
sourire to smile
souris (f.) mouse
sous clé under lock and key
sous-sol (m.) basement
sous-vêtements (m. pl.) underwear
soutien-gorge (m.) bra
souvenir (m.) memory
souveraineté (f.) sovereignty
spectacle (m.) show
stupéfait(e) stunned
succursale (f.) branch office
sucre (m.) sugar
sumac vénéneux (m.) poison ivy
supplier to beg
sur-le-coup on the spot, instantly
sur-le-champ immediately
surmonter to overcome
syndicat (m.) workers' union

T

table basse (f.) coffee table
tableau (m.) picture
taille (f.) size, height
tailleur (m.) women's suit
talons hauts/plats (m. pl.) high/low heels
tante (f.) aunt
tapis roulant (m.) conveyor belt
tartan/écossais(e) plaid
tatouage (m.) tattoo

technicien(ne) technician
tel(le) such
téléphone mobile/portable (m.) cell phone
téléviseur (m.) TV set
télé(vision) (f.) television
témoin (m.) witness
tempête (f.) storm
tenace tenacious, obstinate
tennis (m. pl.) sneakers
terrain (m.) de camping camp ground
terre (f.) earth, land
TGV (train de grande vitesse) high-speed
    train
thématique thematic
thon (m.) tuna
tirer to fire (a weapon)
toboggan (m.) sledding
tomate (f.) tomato
tomber malade to get sick
tonnerre (m.) thunder
tortue (f.) turtle
tournesol (m.) sunflower
tourtière (f.) meat pie (reg. Québec)
tousser to cough
tout s'explique! everything makes sense!
toux (f.) cough
trahir to betray
transcrire to transcribe
trèfle (m.) clover
trinquer to toast
trottoir (m.) sidewalk
trouvaille (f.) a find
turquoise turquoise

V

vache (f.) cow
valise (f.) suitcase
valoir to be worth
vautour (m.) vulture
veau (m.) veal
vélo (m.) biking
vendeur/-euse salesperson
vert(e) green
vertige (m.) vertigo/dizziness
veston (m.) men's sport jacket
vigne (f.) vines
vinaigre (f.) vinegar
violet(te) purple
visage (m.) face
vol (m.) flight
voler to steal
vouloir dire to mean
VTT (vélo tout-terrain) (m.) mountain bike

Y

yaourt (m.) yogurt
yeux (m. pl.) eyes

LEXIQUE ANGLAIS-FRANÇAIS

A

accountant comptable
add (v.) ajouter
advertising publicité (f.)
agitated agité(e)
AIDS SIDA (m.)
air- conditioned climatisé(e)
ajar entrouvert(e)
allergic allergique
among parmi
animal bête (f.)
ant fourmi (f.)
antiques dealer antiquaire (m.)
appear (v.) apparaître
apple pomme (f.)
apple tree pommier (m.)
approach (v.) aborder
armchair fauteuil (m.)
arthritis arthrite (f.), rhumatisme (m.)
ashamed of (v.) avoir honte de
aspirin aspirine (f.)
assets créances (f. pl.)
associate associé(e)
atrocious affreux (-euse)
attack attentat (m.)
attract (v.) attirer
aunt tante (f.)
author auteur (m.)

B

back seat siège arrière (m.)
backpack sac à dos (m.)
baggage claim area livraison (f.) des bagages enregistrés
balcony balcon (m.)
banana banane (f.)
banana tree bananier (m.)
bankrupt (v.) faire faillite
barely à peine
basement sous-sol (m.)
basil basilic (m.)
bathroom salle (f.) de bain(s)
be of service (to) (v.) rendre service (à)
bean haricot (m.)
bear ours (m.)
beard barbe (f.)
beaver castor (m.)
bedpost colonne (f.) de lit
bed-and-breakfast pension (f.)
bedroom chambre (f.) à coucher
bee abeille (f.)
beef bœuf (m.)
beg (v.) supplier
beige beige
belt ceinture (f.)
berries fruits des bois (m. pl.)
bet (v.) parier
betray (v.) trahir

beware of (v.) se méfier de
biking vélo (m.)
birch tree bouleau (m.)
bird oiseau (m.)
birthday anniversaire (m.)
bitter amère
black noir(e)
blouse chemisier (m.)
blow one's nose (v.) se moucher
blue bleu(e)
blush (v.) rougir
book (slang) bouquin (m.)
boots bottes (f. pl.)
bored ennuyé(e), *(v.)* s'ennuyer
boss patron(ne)
Bougainvillea flower bougainvillée (f.)
bowl bol (m.)
boyfriend copain (m.)
bra soutien-gorge (m.)
bracelet bracelet (m.)
branch office succursale (f.)
brand marque (f.)
break one's arm (v.) se casser le bras
bride mariée (f.)
briefcase porte-documents (m.)
briefs slip (m.)
bring (someone) (v.) amener
bring (things) (v.) apporter
broccoli brocoli (m. pl.)
bronchitis bronchite (f.)
bronze bronzé(e)
brother frère (m.)
brother-in-law beau-frère (m.)
brown brun(e)
bush buisson (m.)
business affaires (f. pl.)
butter beurre (m.)
butterfly papillon (m.)
by chance au hasard

C

cabinet meuble (m.) à tiroirs
camel chameau (m.)
camera appareil-photo (m.)
campground terrain (m.) de camping
canoe canoë (m.), canot (m.) (reg. Québec)
cardigan gilet (m.)
carpet moquette (f.)
carrot carotte (f.)
cash espèces (m. pl.)
cast plâtre (m.)
catch fire (v.) prendre feu
catfish poisson chat (m.)
cavity(in a tooth) carie dentaire (f.)
cedar tree cèdre (m.)
celery céleri (m.)
cell phone téléphone mobile (m.), portable (m.)

century siècle (m.)
CEO PDG (m.)
chambermaid, housekeeper femme de ménage (f.)
charming charmant(e)
check-in desk réception (f.)
cheers! chin, chin! santé!
cheese fromage (m.)
cherry tree cerisier (m.)
chestnut tree marronnier (m.)
chicken poulet (m.)
chopsticks baguettes (f. pl.)
claim (v.) prétendre que
clever (slang) calé(e)
client client(e)
clover trèfle (m.)
cockroach cafard (m.)
coconut tree cocotier (m.)
coffee table table basse (f.)
cold (illness) rhume (m.), enrhumé(e)
collect call PCV (payable chez vous)
colonist colon (m.)
comb peigne (m.)
comforts conforts (m. pl.)
company entreprise (f.), maison (f.), société (f.), compagnie (f.)
competition concurrence (f.)
confide (v.) confier
conscientious consciencieux/-euse
contagious contagieux/-euse
conveyor belt tapis roulant (m.)
cook (v.) faire cuire
cooking pot marmite (f.)
corn maïs (m.)
cotton coton (m.)
couch canapé (m.)
cough syrup sirop (m.)
cough toux (f.), *(v.)* tousser
courtyard cour (f.)
cousin cousin(e)
cow vache (f.)
crackle (v.) pétiller
crawfish écrevisse (f.)
cream crème (f.)
cross-country skiing ski de fond (m.)
crow corbeau (m.)
crowd foule (f.)
crutches béquilles (f. pl.)
cry (v.) pleurer
cucumber concombre (m.)
curtains rideaux (m. pl.)
cycling cyclisme (m.)

D

daffodil jonquille (f.)
daisy marguerite (f.)
dance (v.) danser
dark (color) foncé(e)

daughter fille (f.)
daughter-in-law belle-fille (f.)
decade décennie (f.)
deer cerf (m.)
delayed (flight, transportation) retardé(e)
delighted ravi(e)
deodorant déodorant (m.)
depressed déprimé(e)
deranged dérangé(e)
descendant descendant(e)
detective novel roman policier (m.)
dining room salle (f.) à manger
disappear (v.) disparaître
disappoint (someone) (v.) décevoir qqn
disconcerting déconcertant(e)
disguise oneself (v.) se déguiser
dishwasher lave-vaisselle (m.)
distance oneself (v.) s'éloigner
dizziness vertige (m.)
do housework (v.) faire le ménage
dolphin dauphin (m.)
downpour averse (f.)
drawing dessin (m.)
dress robe (f.), *(v.)* s'habiller
drink (v.) boire
drink (v.) boire, prendre un pot (slang)
drive (v.) conduire
driver's license permis de conduire (m.)
duck canard (m.)
dust (v.) épousseter

E

eagle aigle (m.)
earrings boucles (m. pl.) d'oreille
ears oreilles (f. pl.)
earth terre (f.)
efficient efficace
egg œuf (m.)
eggplant aubergine (f.)
elect (v.) élire
elevator ascenseur (m.)
elm tree orme (m.)
e-mail courriel (m.)
embankment quai (m.)
emotional ému(e)
end fin (f.), bout (m.)
energetic énergique
engraving gravure (f.)
era époque (f.)
except sauf
executive cadre
exhibit exposition (f.)
experienced in business rompu(e) aux affaires
expose (v.) mettre en lumière
extend (v.) s'étendre
eye, eyes œil (m.), yeux (m. pl.)
eyeglasses lunettes (f. pl.)

F

face visage (m.)
fake faux, fausse
fan fan(atique)

father père (m.)
father-in-law beau-père (m.)
fear (v.) craindre
feel (v.) se sentir, ressentir
felt feutre (m.)
fern fougère (f.)
ferret furet (m.)
fever fièvre (f.)
feverish fiévreux/-euse
fiancé fiancé(e)
fight (v.) combattre
file dossier (m.)
film pellicule (f.)
fir tree sapin (m.)
fire (a weapon) (v.) tirer
fire (an employee) (v.) renvoyer
fireplace cheminée (f.)
flabbergasted abasourdi(e)
flight vol (m.)
flood inondation (f.)
floor plancher (m.), parquet (m.)
floral pattern à fleurs
flour farine (f.)
flu grippe (f.)
fly mouche (f.)
fog brouillard (m.), brume (f.)
forge (v.) contrefaire
forgery contrefaçon (f.)
form, sheet fiche (f.)
fountain of youth fontaine (f.) de jouvence
fox renard (m.)
foyer hall (m.) d'entrée
frankly franchement
free gratuit(e)
friend copain (m.), copine (f.)
frog grenouille (f.)
front-page stories à la une
frying pan poêle (f.)
furniture mobilier (m.), meubles (m. pl.)

G

game jeu (m.)
garage garage (m.)
garlic ail (m.)
get together (v.) se réunir
girlfriend copine (f.)
gloomy maussade
goal but (m.)
goat chèvre (f.)
goddaughter filleule (f.)
godfather parrain (m.)
godmother marraine (f.)
godson filleul (m.)
gold or (m.)
goldfish poisson rouge (m.)
goose oie (f.)
goose bumps chair (f.) de poule
granddaughter petite-fille (f.)
grandparents grand-parents (m. pl.)
grandson petit-fils (m.)
grapes raisin (m.)
grasp/understand (v.) saisir
great room, main room grande salle (f.)

great-grandparents arrière-grand-parents (m. pl.)
green vert(e)
grey gris(e)
groom marié (m.)
groundhog marmotte (f.)
guest room chambre (f.) d'hôte
guidebook guide (touristique) (m.)
gusty wind rafale (f.) de vent

H

hail grêle (f.)
hair cheveux (m. pl.)
hairbrush brosse à cheveux (f.)
hairdryer sèche-cheveux (m.)
half-sister/brother demi-sœur (f.), demi-frère (m.)
ham jambon (m.)
handbag sac à main (m.)
handle poignée (f.)
handwriting écriture (f.)
hang up (the phone) (v.) raccrocher
hangover gueule (f.) de bois (slang)
hat chapeau (m.)
hatch a scheme (v.) mijoter un projet
headquarters siège (m.)
heart attack crise cardiaque (f.)
heart disease maladie (f.) du cœur
heartburn mal au cœur (m.)
heat chaleur (f.)
heather bruyère (f.)
heat wave canicule (f.)
heaven paradis (m.)
heels (high/low) talons hauts/plats (m. pl.)
hell enfer (m.)
hike randonnée (f.)
hill colline (f.)
hippo hippopotame (m.)
his/hers sien(ne)
hit frappé(e)
holly houx (m.)
honey miel (m.)
honeysuckle chèvrefeuille (m.)
horse cheval (m.)
horseback riding équitation (f.)
houseboat péniche (f.)
housekeeper femme de ménage (f.), domestique (m./f.)
human-interest stories faits divers (m. pl.)
hunting chasse (f.)
hurricane ouragan (m.)
husband mari (m.)
hut case (f.)
hyena hyène (m.)

I

ice climbing escalade (f.) de glace
ice hockey hockey (m.) sur glace
ice, ice cream glace (f.)
immediately sur-le-champ
increase (v.) s'accroître
independence indépendance (f.), souveraineté (f.)

information renseignement (m.)
initials parafe (m.)
in-laws belle-famille (f.)
in-line skating patin (m.) en ligne
innkeeper, hotel owner hôtelier, hôtelière
intercity bus car (m.)
introduce (a topic of conversation) (v.)
   amorcer
invaded envahi(e)
invest (money) (v.) placer (de l'argent),
   investir
invest (v.) investir
investigation enquête (f.)
investment investissement (m.)
iron (v.) repasser
itch démangeaison (f.)
ivory ivoire
ivy lierre (m.)

J

jacket (men's) veston (m.)
jackpot gros lot (m.)
jeans jean (m.)
jewelry bijoux (m. pl.)
job (slang) boulot (m.)
just in case au cas où

K

key clé (f.)
kitchen cuisine (f.)

L

land (a plane) (v.) atterrir
land terre (f.)
laptop computer ordinateur portable (m.)
lavender lavande
law loi (f.)
leaf feuille (f.)
leak (news, information) (v.) ébruiter
lease bail (m.)
leather cuir (m.)
lemon citron (m.)
lemon tree citronnier (m.)
lettuce salade (f.)
lie mensonge (m.), *(v.)* mentir
light (colored) clair(e)
lightning foudre (f.)
link together (v.) relier
lips lèvres (f. pl.)
literature littérature (f.)
living room salon (m.)
lobster homard (m.)
lose confidence in (v.) perdre confiance en

M

mad at someone (v.) en vouloir à qqn
magic magie (f.)
majority majorité (f.), *(adj.)* majoritaire
makeup maquillage (m.)
management gestion (f.)
manager gérant(e)
man's suit costume (m.)
maple tree érable (m.)

marble marbre (m.)
marketing marketing (m.)
mass messe (f.) (religious)
masterpiece chef-d'œuvre (m.)
mauve mauve
mayonnaise mayonnaise (f.)
mayor maire (m.)
mean (v.) vouloir dire
medicine médicament (m.)
medium moyen(ne)
memory mémoire (f.), souvenir (m.)
microwave oven four (m.) à micro-ondes
milk lait (m.)
mine mien(ne)
minister (of culture, etc.) ministre (m.)
miss (a day, a bus, an event, etc.) (v.) rater,
   manquer
mistake erreur (f.), bêtise (f.)
mistaken (v.) se tromper de
monkey singe (m.)
moose orignal (m.)
mosquito moustique (m.)
moss mousse (f.)
mother mère (f.)
mother-in-law belle-mère (f.)
mountain bike VTT (vélo tout-terrain) (m.)
mountain lion cougar (m.)
mouse souris (f.)
move (out of somewhere) (v.) déménager
move toward, make one's way (v.) se diriger
mudslide chute (f.) de boue
muscle aches courbature (f.)
mussel moule (f.)
mustache moustache (f.)
mustard moutarde (f.)

N

nausea nausée (f.)
necklace collier (m.)
necessarily forcément
nephew neveu (m.)
nervous être à bout de nerfs, nerveux/-euse
nervous nerveux
net filet (m.)
next day lendemain (m.)
niece nièce (f.)
night-night (v.) faire do-do (slang)
no vacancy être au complet
nonetheless néanmoins
nonprofit (organization) à but non-lucratif
nose nez (m.)
novel roman (m.)
now maintenant, or

O

oak tree chêne (m.)
offering offrande (f.)
office bureau (m.)
oil huile (f.)
oldest (child) aîné(e)
on purpose exprès
on the other hand en revanche
onion oignon (m.)

on-the-spot sur-le-coup
open-mouthed bouche bée
oppress (v.) opprimer
orange orange (f.)
order (v.) commander
oven four (m.)
overcoat manteau (m.)
overcome (v.) surmonter
owe (money) (v.) devoir de l'argent
owl hibou (m.)
oyster huître (f.)

P

packaged empaqueté(e)
paddles pagaies (f. pl.)
palm tree palmier (m.)
pansy flower pensée (f.)
pants pantalon (m.)
pantyhose collant (m.)
papaya tree papayer (m.)
paradise paradis (m.)
parish paroisse (f.)
partially en partie
peach pêche (f.)
peanut cacahouète (f.)
pear poire (f.)
pear tree poirier (m.)
pepper poivre (m.); bell pepper poivron (m.)
perfume parfum (m.)
pet animal familier (m.)
pick up/gather up (v.) ramasser
picture tableau (m.)
pig cochon (m.)
pine tree pin (m.)
pineapple ananas (m.)
pink rose
place endroit (m.)
plaid tartan, écossais(e)
plane tree platane (m.)
plastic plastique (f.)
play (theatrical) pièce (f.)
plot (v.) manigancer
pneumonia pneumonie (f.)
pointy pointu(e)
poison ivy sumac vénéneux (m.)
polyester polyester (m.)
pool piscine (f.)
poppy flower coquelicot (m.)
pork porc (m.)
potato pomme (f.) de terre
powerful puissant(e)
pregnant enceinte
present cadeau (m.)
profits bénéfices (f. pl.)
protest manifestation (f.)
proud fier, fière
public corporation société anonyme (f.)
pumpkin citrouille (f.)
purple violet(te)

R

rabbit lapin (m.)
raccoon raton laveur (m.)

raincoat imperméable (m.)
raser rasoir (m.)
raspberry framboise (f.)
ravishing, beautiful ravissant(e)
raw cru(e)
rayon rayonne (f.)
reading lecture (f.)
recipe recette (f.)
red (hair) roux, rousse
red rouge
reflection réflexion (f.)
reindeer renne (m.)
relax, rest (v.) se reposer, se détendre
reliable fiable
rent loyer (m.), (v.) louer
reporter reporter (m.)
research recherche (f.)
rest repos (m.)
ribbon ruban (m.)
rice riz (m.)
right (legal) droit (m.)
ring bague (f.)
risky aléatoire
roast (v.) rôtir
room pièce (f.), chambre (f.)
rooster coq (m.)
rubber tree arbre (m.) à gomme
ruin (v.) gâcher
ruined fichu(e)
rustic champêtre

S
salad salade (f.)
sales division service (f.) de ventes
salesperson vendeur/-euse
salmon saumon (m.)
salt sel (m.)
sand sable (m.)
sandals sandales (f. pl.)
sautée (v.) faire sauter
scar cicatrice (f.)
scarf foulard (m.)
science fiction science-fiction (f.)
seal (animal) phoque (m.)
secretary secrétaire
security deposit caution (f.)
serious grave
servant domestique (m./f.)
setting cadre (m.)
settle in (v.) s'installer
shake hands (v.) se serrer la main
shampoo shampooing (m.)
shark requin (m.)
sheep mouton (m.)
shelf, bookcase étagère (m.)
shirt chemise (f.)
shiver (v.) frissonner
shoes chaussures (f. pl.)
shorts short (m.)
shout (v.) crier
show spectacle (m.)
shrewd perspicace
shrimp crevette (f.)

shrub arbrisseau (m.)
sick (fall ill) (v.) tomber malade
sidewalk trottoir (m.)
signed signé(e)
significantly nettement
silk soie (f.)
silver argent (m.)
simmer (v.) faire mijoter
sincerely sincèrement, de bon cœur
sink évier (m.)
sink lavabo (m.)
sister sœur (f.)
sister-in-law belle-sœur (f.)
size taille (f.)
skating patinage (m.)
sketch esquisse (f.)
ski lift remonte-pente (m.)
skirt jupe (f.)
skunk mouffette (f.)
sky ciel (m.)
sledding toboggan (m.)
slice part (f.)
smell (v.) sentir
smile (v.) sourire
smoking, nonsmoking fumeur, non-fumeur
snack, munch (v.) grignoter
snake serpent (m.)
sneakers tennis (m. pl.), baskets (m. pl.)
sneeze (v.) éternuer
sniffle (v.) renifler
snore (v.) ronfler
snow neige (f.)
snowboarding planche (f.) de neige
snowshoeing raquette (f.) de neige
soap savon (m.)
so-called prétendu(e)
sock chaussette (f.)
son fils (m.)
song chanson (f.)
son-in-law beau-fils (m.)
sore throat mal (m.) à la gorge
sorry désolé(e), navré(e)
soul âme (f.)
soul mate, like-minded person âme (f.) sœur
spell (v.) épeler
spice épice (f.)
spicy, sharp piquant(e)
spider araignée (f.)
sprain one's ankle (v.) se fouler la cheville
spring roll rouleau (m.) de printemps
square carré(e)
stairs escalier (m.)
steal (v.) voler
step pas (m.)
stepdaughter belle-fille (f.)
stepfather beau-père (m.)
stepmother belle-mère (f.)
stepson beau-fils (m.)
stew ragoût (m.)
still-life painting nature morte (f.)
stir (v.) remuer
stock exchange bourse (f.)
stock market crash krach boursier (m.)

stock shares actions (f.)
storm orage (m.)
storm tempête (f.)
straw paille (f.)
strawberry fraise (f.)
striking frappant(e)
striped à rayures
stroke attaque (f.) d'apoplexie
stunned stupéfait(e)
stutter (v.) bégayer
subsidiary filiale (f.)
such tel(le)
sugar sucre (m.)
suit (men's) costume (m.)
suit (women's) tailleur (m.)
suitcase valise (f.)
summer vacation grandes vacances (f. pl.)
sunburn coup (m.) de soleil
sunflower tournesol (m.)
supply (v.) fournir
surrounded entouré(e)
surroundings environs (m. pl.)
suspect (v.) soupçonner
swallow hirondelle (f.)
swear (v.) jurer
sweater pull-over (m.)
sweats jogging (m.)
sweet doux, douce
swimming natation (f.)
swimsuit maillot de bain (m.)

T
tablet comprimé (m.)
take a short trip (v.) faire une excursion
tattoo tatouage (m.)
technician technicien(ne)
television set téléviseur (m.)
tenacious tenace
thank (v.) remercier
thematic thématique
thesis thèse (f.)
thin mince
think (v.) penser, estimer
thought pensée (f.)
thunder tonnerre (m.)
tidy up (v.) ranger les affaires
tie cravate (f.)
tireless infatigable
to escape s'échapper
toast (speech) (v.) trinquer
tomato tomate (f.)
toothbrush brosse à dents (f.)
toothpaste dentifrice (m.)
torn déchiré(e)
track down (v.) dépister
trail piste (f.)
train train (m.), TGV (train de grande vitesse)
transcribe (v.) transcrire
trial procès (m.)
troubling déconcertant(e)
tuna thon (m.)
turkey dinde (f.)

turquoise turquoise
turtle tortue (f.)
twins jumeaux (m.), jumelles (f.)

U

umbrella parapluie (m.)
uncle oncle (m.)
under lock and key sous clé
underwear sous-vêtements (m. pl.)
uneasy mal à l'aise
unemployment chômage (m.)
unfold (v.) se dérouler
union (work) syndicat (m.)
unthinkable impensable
use (v.) employer, utiliser, se servir de

V

vacuum (v.) passer l'aspirateur
veal veau (m.)
vinegar vinaigre (f.)
vines vigne (f.)
vulture vautour (m.)

W

walking marche (f.)
Walkman™ baladeur (m.)
wallet portefeuille (m.)
warehouse entrepôt (m.)
wash clothes (v.) faire la lessive
wash dishes (v.) faire la vaisselle
washing machine machine (f.) à laver
waste (v.) gaspiller
watch montre (f.)
watercolor aquarelle (f.)
waterskiing ski nautique (m.)
way moyen (m.)
whale baleine (f.)
what's worse qui pis est
wheels roues (f. pl.), roulettes (f. pl.)
white blanc(he)
wife femme (f.)
windsurfing planche (f.) à voile
winter jacket anorak (m.)
wisdom sagesse (f.)
witness témoin (m.)
wool laine (f.)

work (of art) œuvre (f.)
workers' strike grève (f.)
worry (v.) s'en faire
worth (v.) valoir
worthless, a dead issue lettre morte (f.)
wound (v.) blesser
wounded blessé(e)
wrinkle ride (f.)
wrist poignée (f.)
writing écriture (f.)
wrong faux, fausse
wrought iron fer forgé (m.)

Y

yell (v.) crier
yellow jaune
yogurt yaourt (m.)
youngest child cadet(te)
youth hostel auberge (f.) de jeunesse

Z

zucchini courgette (f.)

Credits

Index

Tour Eiffel, 81
tout, 301
tramontane, 146
Travailler c'est trop dur (Richard), 24
Tunisie, 107
tutoyer, 10

U

Une enfance créole: chemin d'école
    (Chamoiseau), 196–197
Une si longue lettre (Bâ), 225–226
Union européenne, 144

V

vaudou, 40
vendre, 57

venir, 6
  de, 61
Versailles, 159
vêtements/style vestimentaire, expressions pour décrire
    les/le, 77, 79
Vietnam, 80, 86
Vieux Carré, 1
voir, 45
voix active, 275–276
voix passive, 275–276
Voltaire, 245
vouloir, 6, 98
  conditionnel, 8
vouvoyer, 10

Z

zydeco, 19